Grenzziehungen in der Stadt

Astrid Ouahyb Sundsbø

Grenzziehungen in der Stadt

Ethnische Kategorien und die Wahrnehmung und Bewertung von Wohnorten

Mit einem Geleitwort von Prof. Dr. Martin Kronauer

Astrid Ouahyb Sundsbø
Berlin, Deutschland

Zgl. Dissertation an der Humboldt-Universität Berlin (Philosophische Fakultät III), 2012
Gefördert aus Mitteln der Hans-Böckler-Stiftung

ISBN 978-3-658-01776-7   ISBN 978-3-658-01777-4 (eBook)
DOI 10.1007/978-3-658-01777-4

Die Deutsche Nationalbibliothek verzeichnet diese Publikation in der Deutschen Nationalbibliografie; detaillierte bibliografische Daten sind im Internet über http://dnb.d-nb.de abrufbar.

Springer VS
© Springer Fachmedien Wiesbaden 2014
Das Werk einschließlich aller seiner Teile ist urheberrechtlich geschützt. Jede Verwertung, die nicht ausdrücklich vom Urheberrechtsgesetz zugelassen ist, bedarf der vorherigen Zustimmung des Verlags. Das gilt insbesondere für Vervielfältigungen, Bearbeitungen, Übersetzungen, Mikroverfilmungen und die Einspeicherung und Verarbeitung in elektronischen Systemen.

Die Wiedergabe von Gebrauchsnamen, Handelsnamen, Warenbezeichnungen usw. in diesem Werk berechtigt auch ohne besondere Kennzeichnung nicht zu der Annahme, dass solche Namen im Sinne der Warenzeichen- und Markenschutz-Gesetzgebung als frei zu betrachten wären und daher von jedermann benutzt werden dürften.

Gedruckt auf säurefreiem und chlorfrei gebleichtem Papier

Springer VS ist eine Marke von Springer DE. Springer DE ist Teil der Fachverlagsgruppe Springer Science+Business Media.
www.springer-vs.de

Geleitwort

Seit ihren Anfängen in Chicago beschäftigt sich die Stadtsoziologie immer wieder mit der Konzentration von Migrantinnen, Migranten und deren Nachkommen in bestimmten Quartieren sowie den Folgen dieser Konzentration für die Integration in die Aufnahmegesellschaft. Ist die räumliche Nähe selbst gewählt, beruht sie auf dem „gleich und gleich gesellt sich gern", das die sozialräumliche Segregation der Wohnbevölkerung in Städten überhaupt kennzeichnet? Oder entspringt sie ökonomischen und sozialen Zwängen, sozialen und kulturellen Diskriminierungen auf den Wohnungs- und Arbeitsmärkten? Wirken die Nachbarschaften als Sprossen einer Aufstiegsleiter in die „Mehrheitsgesellschaft", erlauben sie es den Migrantinnen und Migranten, einander Hilfestellungen beim Ein- und Aufstieg zu leisten, Ressourcen zu bündeln, die Regeln der „neuen Welt" zu lernen, ohne die eigenen Wurzeln verleugnen zu müssen? Oder werfen sie die Neuankömmlinge und ihre Kinder auf sich selbst zurück, schneiden sie sie von den für den sozialen Aufstieg notwendigen materiellen und kulturellen Ressourcen ab? Erzeugen sie gar in einer Reaktionsbildung Tendenzen zur Selbstabschottung, in denen die Regeln innerhalb der „eigenen" community zu denen der „Mehrheitsgesellschaft" in Widerspruch geraten und somit Integration verhindern?

Die breite Literatur zu diesem Thema lässt wieder einmal nur den Schluss zu: ça depend, es kommt auf die Umstände an, und diese gilt es, wo nötig, zu verändern. Nicht die „ethnische Kolonie" als solche ist ein Problem, sondern, sofern sie stattfindet, die Konzentration sozial-ökonomischer Benachteiligungen und die Blockade sozialen Aufstiegs. Aber welche Rolle spielen dabei die ethnischen Zuschreibungen durch die „Mehrheitsgesellschaft"?

Einem wichtigen Aspekt dieser Frage widmet sich das vorliegende Buch. Zu Recht stellt Astrid Sundsbø fest, dass die Diskussion hierzulande über „ethische Kolonien" und die sozialräumliche Konzentration von Migrantinnen und Migranten vornehmlich aus der Perspektive einer „Mehrheitsbevölkerung" und „Mehrheitsgesellschaft" geführt wird, die sich selbst nicht ethnisch versteht und damit auch innerhalb des Systems ethnischer Zuschreibungen nicht selbst als eine Sondergruppe begreift. Ethnie, das sind die anderen. Ebenso verschiebt die ethnische Deutung sozialer Probleme in den Nachbarschaften die Bringschuld für die Lösung der Probleme auf die „Andersartigen". Luzide diskutiert die Autorin die Literatur zu ethnischen Grenzziehungen und deren sozialen Funktionen und bringt sie in Verbindung mit einem weiteren, klassischen Thema der Stadtsoziologie, den Präferenzen bei der Wohnungswahl.

Auf diese Weise gelingt in dem Buch ein fruchtbarer Perspektivenwechsel. Der Blick richtet sich nun nicht mehr auf die Migrantinnen und Migranten, sondern auf die „Autochthonen", die Angehörigen der „Mehrheitsgesellschaft", und ihre *Wahrnehmung* der Migrantinnen und Migranten in deren städtischem Umfeld. Dahinter steht eine plausible Vermutung: Könnte es nicht sein, dass für die sozialräumliche Segregation von Migrantengruppen die Distanzierung der „Autochthonen" von ihnen bei der eigenen Wohnortwahl eine ähnlich bedeutende Rolle spielt wie die materielle Lage der Migrantinnen und Migranten selbst, deren soziale und kulturelle Bindungen sowie die Diskriminierungen, denen sie durch die „gatekeeper" des Wohnungsmarkts ausgesetzt sind?

Die Forschung hierzu ist in anderen Ländern, insbesondere den USA, sehr viel weiter gediehen als in Deutschland. Erwähnt sei in diesem Zusammenhang die kürzlich erschienene, monumentale Studie von Robert J. Sampson „Great American City. Chicago and the Enduring Neighborhood Effect". Gewiss ist der Einfluss rassischer Stereotype auf die Standortwahl bei Wohnungswechseln in den USA stärker als in Deutschland. Wie aber steht es um den Einfluss ethnischer Stereotype in Deutschland oder auch Norwegen, um ein anderes von der Autorin gewähltes europäisches Beispiel zu nehmen, bei der Präferenz für eine Wohnlage? Und was sind die Folgen solcher „ethnischer Grenzziehungen" für städtische Ungleichheit?

Astrid Sundsbø charakterisiert ihre empirische, qualitative Studie, die sie in den Städten Berlin und Oslo durchführte, als einen „ersten Schritt" in Richtung auf die Beantwortung dieser Fragen. Weitere Schritte und solche, die sich zusätzlicher qualitativer und quantitativer Erhebungsverfahren bedienen, müssten und sollten folgen. Es ist ein wichtiges Verdienst des Buchs, dazu anzuregen. Denn es macht deutlich, wie notwendig es ist, Segregation als Distanzierung zu verstehen, und dazu stärker als bisher die autochthone Bevölkerung in den Blick zu nehmen.

Martin Kronauer　　　　　　　　Berlin, im März 2014

Inhaltsverzeichnis

Tabellen- und Abbildungsverzeichnis 11

Teil I: Grundlagen 13

1 Sozialräumliche Strukturen als Abbild gesellschaftlicher und
sozialer Prozesse 15
1.1   Einführung 15
1.2   Die Unzulänglichkeit in der bisherigen Erforschung von
ethnischer Segregation 17
1.3   Forschungslücke: Der Einfluss der Mehrheitsbevölkerung auf
ethnische Segregation 21
1.4   Hinweise auf ethnische Präferenzen von Mehrheitsangehörigen
bei der Wohnortwahl 24
1.5   Der Untersuchungsansatz dieser Arbeit 31
1.6   Aufbau des Buches 39

2 Der Zusammenhang zwischen ethnischer Segregation und
ethnischer Zugehörigkeit 41
2.1   Die stadtsoziologische Perspektive auf den städtischen Raum 42
2.2   Interdisziplinäre Erkenntnisse zur Bedeutung von ethnischer
Zugehörigkeit für gesellschaftliche und soziale Prozesse 53
2.3   Die ungleiche wohnräumliche Verteilung von Migranten und
Mehrheitsangehörigen als Ausgangspunkt einer These 66

3 Erläuterungen zur empirischen Untersuchung 73
3.1   Festlegungen 73
3.2   Zielgruppe, Auswahlverfahren und Stichprobe 76
3.3   Form und Inhalt der Fragen 83
3.4   Dokumentation 87
3.5   Auswertung 90
3.6   Reflexionen zur Aussagekraft der empirischen Untersuchung 91

Teil II: Fallstudie Berlin 93

**4 Die Wahrnehmung und Bewertung Berliner Stadtgebiete
und die Rolle von ethnischer Zugehörigkeit** 95
4.1   Städtische Teilgebiete und die Rolle von ethnischen Labels 95
4.2   Zum Einfluss von ethnischen Kategorien auf die Bewertung
städtischer Teilgebiete 98
4.3   Hintergründe zu den Wahrnehmungen und Bewertungen von
städtischen Gebieten und deren Bewohnern 107
4.4   Zusammenfassung 112

5   Wahrnehmungen und Bewertungen von Migranten 113
5.1   Die Prominenz der „Türken" und „Araber" in der Kategorie der
Migranten 113
5.2   „Türken", „Araber" beziehungsweise „Orientalen" als die Anderen. 116
5.3   Der Vergleich zwischen Migrantengruppen zeigt: „Türken" und
„Araber" sind die Unbeliebten 122
5.4   Ausländer vs. Studenten 126
5.5   Kontext: Kaum Kontakt zu Migranten 127
5.6   Zusammenfassung 129

**6 Die Bedeutung von ethnischer Zugehörigkeit für Wohnort-
präferenzen** 131
6.1   Die Bedeutung der ethnischen Zugehörigkeit der Nachbarn 132
6.2   Die Wohnortattraktivität von Migrantenvierteln 139
6.3   Grundlegende Bedingungen für Wohnortpräferenzen:
Soziale Nähe und Wohnort-Image 150
6.4   Zusammenfassung 155

Teil III: Fallstudie Oslo 157

**7 Die Wahrnehmung und Bewertung Osloer Stadtgebiete und die Rolle von
ethnischer Zugehörigkeit.** 159
7.1   Städtische Teilgebiete und die Rolle von ethnischen Labels 159
7.2   Zum Einfluss von ethnischen Kategorien auf die Bewertung
städtischer Gebiete 161
7.3   Hintergründe zu den Wahrnehmungen und Bewertungen
von städtischen Gebieten und deren Bewohnern 172
7.4   Zusammenfassung 176

8 Wahrnehmungen und Bewertungen von Einwanderern 179
- 8.1 Die Bedeutung der Hautfarbe 179
- 8.2 Positive Aspekte der Andersartigkeit von Einwanderern 181
- 8.3 Negative Aspekte der Andersartigkeit von Einwanderern 184
- 8.4 Somalier als besondere Andere 188
- 8.5 Kontext und Reflexion 191
- 8.6 Zusammenfassung 195

9 Die Bedeutung von ethnischer Zugehörigkeit für Wohnortpräferenzen 197
- 9.1 Die Bedeutung der ethnischen Zugehörigkeit der Nachbarn 198
- 9.2 Die Wohnortattraktivität von Einwanderervierteln 203
- 9.3 Kontext: Das Empfinden von sozialer Nähe als grundlegende Bedingung für Wohnortpräferenzen 209
- 9.4 Zusammenfassung 213

Teil IV: Ergebnisse und Diskussion 215

10 Ergebnisse der empirischen Untersuchung (Teil II und III) 217
- 10.1 Die Rolle von ethnischen Kategorien in der Wahrnehmung städtischer Teilgebiete und deren Bewohner 217
- 10.2 Die Bedeutung von ethnischer Zugehörigkeit für soziale Nähe 221
- 10.3 Abhängigkeiten zwischen „ethnischer Zugehörigkeit" und Wohnortpräferenzen 225

11 Schlussbetrachtungen: Ethnische Segregation als das Abbild von ethnischen Grenzziehungen? 229
- 11.1 Gleich und Gleich gesellt sich gern? Nicht unbedingt 229
- 11.2 Bedarf an weiteren Untersuchungen 233
- 11.3 Sozioökonomisch bedingte Segregation: Keine „ethnische Segregation" 236

Quellenverzeichnis 239

Danksagung 261

Tabellen- und Abbildungsverzeichnis

Tabellen:

Tabelle 1:	Zeitpunkte und Orte der Durchführung der Gruppendiskussionen	74
Tabelle 2:	Oslo: Wohnorte der Teilnehmer zum Zeitpunkt der Befragung	79
Tabelle 3:	Berlin: Wohnorte der Teilnehmer zum Zeitpunkt der Befragung	80
Tabelle 4:	Altersstruktur der Teilnehmer	80
Tabelle 5:	Angaben zum monatlichen Netto-Einkommen (in Intervallen)	81
Tabelle 6:	Angaben der Teilnehmer zur Wohndauer in der Stadt	82

Abbildungen:

Abbildung 1:	Schematische Darstellung des Auswahlverfahrens	78
Abbildung 2:	Erforderliche Schritte für die Überprüfung des Einflusses von ethnischen Abgrenzungsprozessen auf ethnische Segregation	105

Teil I: Grundlagen

1 Sozialräumliche Strukturen als Abbild gesellschaftlicher und sozialer Prozesse

1.1 Einführung

In der Stadtsoziologie wird die ungleiche Verteilung verschiedener Bevölkerungsgruppen über ein Stadtgebiet („Segregation") als das Abbild gesellschaftlicher und sozialer Prozesse interpretiert. Die *räumlich* beobachtbare Segregation zwischen verschiedenen Bevölkerungsgruppen ist demnach die Folge einer Projektion der *sozialen* Unterschiede auf den Raum (zusammenfassend siehe Dangschat 2000a). Vor diesem Hintergrund beschäftigen sich Stadtforscher[1] in unterschiedlichen Ländern mit der Konzentration und Streuung von Mitgliedern unterschiedlicher ethnischen Gruppen im städtischen Wohnraum und deren möglichen Ursachen (zusammenfassend Musterd 2005)[2].

Es gibt zwei unterschiedliche Erklärungsansätze für Segregation nach ethnischer Zugehörigkeit. In einigen Kontexten – wie in den USA, Großbritannien, Frankreich und den Niederlanden – wird das Auftreten von „ethnischer Segregation" erklärt durch die Bedeutung von ethnischer Zugehörigkeit beziehungsweise „Rasse" in gesellschaftlichen und sozialen Zusammenhängen (Clark 1991; Massey und Denton 1993; Peach 1999; Iceland et al. 2005; Quillian und Lagrange 2013; zusammenfassend siehe Musterd 2005; Bouma-Doff 2007; Feijten und van Ham 2009; Krysan et al. 2009). In anderen Kontexten hingegen – wie Deutschland und Norwegen – wird die *sozioökonomische* Ungleichheit zwischen Migranten[3] und Angehörigen der ethnischen Mehrheitsbevölkerung[4] als die wichtigste Ursache für ethnische Segregation gesehen (siehe u.a. Friedrichs 2000; Blom 2002; Häußermann und Siebel 2004; Blom 2006; Häußermann und Förste 2008; Häußermann 2008b). Das

---

[1] In diesem Buch wird bei Sammelbezeichnungen nicht nach Geschlecht spezifiziert: Stadtforscher bezeichnet sowohl Stadtforscherinnen als auch Stadtforscher. So ist es auch beispielsweise bei der Bezeichnung Migranten. Lediglich bei Gruppen, die ausschließlich aus weiblichen Mitgliedern zusammengesetzt ist, wird die spezifische Geschlechtsnennung (zum Beispiel Teilnehmerinnen) verwendet.
[2] Eine Forschungstradition, die seit der Chicagoer Schule in den 1920er Jahren (u.a. Parks 1926) besteht.
[3] Der Begriff Migranten bezeichnet Personen mit „Migrationshintergrund": Personen, die entweder selbst oder von denen mindestens ein Elternteil im Ausland geboren ist (§ 6 MighEV; siehe u.a. Blom 2006; Statistisches Bundesamt et al. 2013).
[4] Die Begriffe Mehrheitsangehörige beziehungsweise Angehörige der Mehrheitsbevölkerung bezeichnen Personen ohne „Migrationshintergrund".

heißt, es wird davon ausgegangen, dass die beobachtbare ethnische Segregation in erster Linie aufgrund einer sozioökonomisch bedingten fehlenden Möglichkeit der Migranten, ihren Wohnort frei zu wählen, zustande gekommen ist (ebd.).

Das vorliegende Buch zeigt Lücken in der Erklärung der ethnischen Segregation in der deutschen und norwegischen Stadt- beziehungsweise Segregationsforschung auf. Vor diesem Hintergrund wird die Annahme einer *Dominanz* sozioökonomischer Faktoren für das Auftreten von ethnischer Segregation kritisiert. Es wird dargelegt, dass sich die Segregationsforschung sowohl in Deutschland als auch in Norwegen nicht ausreichend mit der Bedeutung von ethnischer Zugehörigkeit für gesellschaftliche, soziale und sozialräumliche Prozesse befasst hat. Mit der derzeitigen empirischen Erkenntnisgrundlage in der Segregationsforschung lässt sich daher nicht eindeutig belegen, dass ethnische Zugehörigkeit lediglich einen nachrangigen Einfluss auf ethnische Segregation ausübt. Die Feststellung von Diskriminierung von Migranten auf dem Arbeits- und Wohnungsmarkt spricht dafür, dass die ethnische Zugehörigkeit erheblichen Einfluss auf den Zugang zum Wohnraum, insbesondere in „beliebten" Stadtteilen, ausübt. Es wurde jedoch bislang nicht angestrebt, den tatsächlichen Einfluss von Diskriminierung auf das Auftreten von ethnischer Segregation zu untersuchen.

Ein Kritikpunkt, der in diesem Buch ausführlicher behandelt wird, ist die fehlende Auseinandersetzung mit der Rolle der Mehrheitsbevölkerung in der Erforschung von ethnischer Segregation in Deutschland und Norwegen. Vor diesem Hintergrund wurde eine explorative Studie durchgeführt zum Einfluss von ethnischen Kategorien (Definition in Abschnitt 1.5) auf die Wahrnehmung und Bewertung unterschiedlicher Stadtteile seitens mehrheitsangehöriger Stadtbewohner. Dabei ging es auch um den Einfluss von ethnischen Kategorien auf die Wohnortpräferenzen von Mehrheitsangehörigen. Die Studie dient dazu, zu erkunden, ob sich mehrheitsangehörige Stadtbewohner sozial und räumlich von Migranten abgrenzen.

Die Datengrundlage der Studie bilden insgesamt zwölf qualitativ angelegte Gruppendiskussionsinterviews mit mehrheitsangehörigen Stadtbewohnern[5] in Berlin und Oslo (je sechs Gruppendiskussionen). Die Auswahl der Teilnehmer erfolgte gezielt nach Alter (zwischen 25 und 35 Jahren), Bildungsstand (möglichst Hochschulabschluss) und Familienstand (kinderlos). Die Kriterien sollten sicherstellen, dass die Diskutanten finanziell in der Lage wären, am Wohnungsmarkt eine freie Wahl zu treffen. Maßgeblich war auch, dass die Gruppen aus einem Bevölkerungssegment zusammengestellt werden sollten, das laut repräsentativer Umfragen weniger als andere zu fremdenfeindlichen Einstellungen neigt. Die Erhebung wurde anhand von offenen Fragen zur Wahrnehmung und Bewertung von unterschiedli-

---

[5] Personen ohne „Migrationshintergrund", die zum Zeitpunkt der Anfrage in der Stadt (Berlin oder Oslo) wohnhaft waren.

chen Stadtteilen, Wohnortpräferenzen sowie von Fragen zu bereits getroffenen Wohnortentscheidungen durchgeführt.[6]

Die Präsentation und Diskussion der Ergebnisse der Studie – und die daraus abzuleitenden Erkenntnisse für die Erforschung von ethnischer Segregation in Deutschland und Norwegen – bilden den Schwerpunkt dieses Buches.

1.2 Die Unzulänglichkeit in der bisherigen Erforschung von ethnischer Segregation

Ausgehend von der stadtsoziologischen Annahme, dass die räumliche Distanz zwischen verschiedenen Bevölkerungsgruppen eine soziale Distanz zwischen den Gruppen zum Ausdruck bringt (siehe Abschnitt 2.1)[7], haben sich Segregationsforscher in Deutschland und Norwegen seit Jahrzehnten mit der Frage befasst, ob die wohnräumliche Segregation von Migranten und Mehrheitsangehörigen in den Großstädten eine soziale Distanz zwischen diesen beiden Gruppen zum Ausdruck bringt. Vor diesem Hintergrund wurde untersucht, ob sich Migranten in Wohngebieten ansiedeln, in denen „ihre Landsleute" leben, weil sie sich in Deutschland und Norwegen „fremd fühlen". Dabei sind sie zu der ernüchternden Erkenntnis gekommen, dass wohl eher nicht von einer „kulturell bedingten" „freiwilligen Segregation" der Migranten ausgegangen werden kann (siehe Abschnitt 2.1).

Die andere Seite aber; ob und evtl. wie stark sich *mehrheitsangehörige* Stadtbewohner bei *ihrer* Wohnortwahl an „ethnischen Präferenzen" orientieren, stand bislang nicht im Fokus der Analyse von ethnischer Segregation in Deutschland und Norwegen (vgl. die Kritik von Schroer 2005; Lanz 2007; Vassenden 2008). Daher wird im Folgenden argumentiert, dass weitere empirische Untersuchungen erforderlich sind, um den Einfluss von ethnischer Zugehörigkeit auf ethnische Segregation zu bestimmen.

Bei ethnischer Zugehörigkeit sowie ethnischer Segregation handelt es sich um soziale und *relationale* Konzepte. So stehen Menschen *mit* Migrationshintergrund Personen *ohne* Migrationshintergrund gegenüber – es handelt sich um ein Konzept, das im Verhältnis zu etwas Anderem steht und durch Interaktion bedeutsam wird (siehe u.a. Wimmer 2008). Ohne dieses Gegenüber gibt es keine definierbare Ethnizität (siehe die weiteren Ausführungen in Abschnitt 2.2). Genauso ist es auch beim Konzept der residentiellen Segregation. Residentielle Segregation bildet die ungleiche räumliche Verteilung von einer Gruppe im Verhältnis zu einer anderen ab. Für eine stadtsoziologische Analyse von Segregation geht es also dabei nicht schlichtweg

---

[6] In Anlehnung an den „Grounded-Theory-Ansatz" von Strauss und Corbin: Strauss und Corbin 1990; Strauss und Corbin 1996.
[7] Dazu gehört die Annahme, dass Segregation (unter anderem) durch die Kumulation von Wohnortentscheidungen von Stadtbewohnern entsteht.

darum, die Verteilungen *einer* Gruppe abzubilden, sondern es geht um die Frage, durch welche sozialen und gesellschaftlichen Prozesse die ungleichen Verteilungen von unterschiedlichen Gruppen zustande gekommen sind (siehe u.a. Hamm 1982; Hamm 2003; weitere Erläuterungen hierzu in Abschnitt 2.1).

Was dies konkret für die Analyse von *ethnischer* Segregation bedeutet, wird anschaulich, wenn man sich ethnische Segregation als eine weiße Fläche, in der sich schwarze Punkte befinden, vorstellt. Dabei bilden die schwarzen Punkte Konzentrationen von Stadtbewohnern mit Migrationshintergrund ab. Die weiße Fläche um die schwarzen Punkte herum stellt die städteräumliche Verteilung von Mehrheitsangehörigen Stadtbewohnern dar. Mit diesem Bild wird verdeutlicht, dass ethnische Segregation *sowohl von Migranten als auch von Mehrheitsangehörigen* ausgehen kann (wie u.a. auch bei Schelling 1971 dargestellt). So handelt es sich auch in Gebieten mit einer Abwesenheit von schwarzen Punkten um ethnische Segregation.

Die Überrepräsentation von Mehrheitsangehörigen in städtischen Teilgebieten wurde jedoch in der deutschen und norwegischen Segregationsforschung bislang *nicht* unter dem Aspekt der ethnischen Segregation betrachtet. Die Beschreibung und Analyse von ethnischer Segregation in diesen Kontexten ist durch eine einseitige Betrachtung von ethnischer Segregation als die wohnräumliche Konzentration von Migranten geprägt.

Dies ist in den Segregationsstudien aus den USA, Großbritannien, Frankreich und den Niederlanden anders. Hier ist es üblich, dass nicht nur die schwarzen Punkte betrachtet werden. Dort wird neben der Segregation von Migranten beziehungsweise „Schwarzen" auch die Segregation der Mehrheitsbevölkerung beziehungsweise „Weißen" ins Visier genommen. So wird in Analysen zur Segregation zwischen „Schwarzen" und „Weißen" in den USA dargelegt, dass die Segregation durch die Einstellungen der „Weißen" zu den „Schwarzen" und den damit verbundenen sozialen Präferenzen der „Weißen" maßgeblich beeinflusst werde (u.a. (Smith 1989); (Massey und Denton 1989); (Clark 1992); (Massey und Denton 1993), (Ellen 2000); (Wacquant 2004); (Charles 2005); (Iceland et al. 2005); (Krysan et al. 2009). Clark (1991) geht sogar davon aus, dass soziale Präferenzen der „Weißen" für die Entstehung von „ethnischer Segregation" gar am bedeutendsten seien; das heißt bedeutender als die Präferenzen der „Schwarzen" oder der „Hispanics" (Clark 1991: 17; vgl. auch Clark 1992)[8].

Die bisher einseitige Betrachtung von ethnischer Zugehörigkeit und deren Bedeutung für sozialräumliche Segregation in der deutschen und norwegischen Segregationsforschung hat zur Folge, dass die Bedeutung von ethnischer Zugehörigkeit

---

[8] Diese Perspektive knüpft an die Diskussion über Ausgrenzung beziehungsweise Exklusion als ein Phänomen, das von der gesellschaftlichen Mitte ausgeht: vgl. Kronauer (2002); Bude und Willisch (2006); Gestring et al. (2006); Butterwegge (2007). Schließlich werden „Migranten" in Abgrenzung zu den „Nicht-Migranten" als solche definiert. Und so legt primär die (Mehrheits-)Gesellschaft fest, welche Bedeutung die Zuordnung „Migrant" bekommt.

für Wohnortpräferenzen von Mehrheitsangehörigen[9] nicht bekannt ist. So lässt sich derzeit nicht bestimmen, ob ethnische Zugehörigkeit (beziehungsweise ethnische Kategorisierung; siehe Abschnitt 1.5) eine zentrale oder nur eine nachrangige Bedeutung für das Auftreten von ethnischer Segregation hat[10]. Nach den bestehenden Erkenntnissen könnte beides möglich sein.

Einerseits ist es vorstellbar, dass die Segregationsforschung in Deutschland und Norwegen mit einem neuen beziehungsweise erweiterten Blick auf ethnische Zugehörigkeit zu einer ähnlichen Einschätzung wie die Studien aus den USA, Großbritannien, Frankreich und den Niederlanden kommt: Dass die ethnische Zugehörigkeit (beziehungsweise ethnische Kategorisierung) eine bedeutende Rolle für das Auftreten von ethnischer Segregation spielt (siehe hierzu Abschnitt 2.3). Immerhin dokumentieren aktuelle Studien aus der Sozialanthropologie, der Soziologie und der Politikwissenschaft in Deutschland und Norwegen, dass ethnische Grenzziehungen erheblichen Einfluss auf soziale und gesellschaftliche Prozesse ausüben, und zwar vor allem – vereinfacht ausgedrückt – aufgrund der Sicht von Mehrheitsangehörigen auf Migranten (siehe Abschnitte 1.4 und 2.2). In einer Vielzahl von Studien – aus der Sozialanthropologie, Soziologie und Politikwissenschaft – wird festgestellt, dass Mehrheitsangehörige in Deutschland und Norwegen eine soziale Distanz zu Migranten (inklusive Untergruppen) empfinden und Migranten[11] als „Andere" beziehungsweise „Fremde" wahrnehmen (siehe u.a. Brochmann 2002; Gullestad 2002; Eder et al. 2004b; Steinbach 2004; Beck-Gernsheim 2004; Gressgård 2005; Mannitz 2006). Die Frage aber, ob sich diese soziale Distanz zu Migranten auf ethnische Segregation auswirken kann, lässt sich anhand dieser Beiträge nicht beantworten – denn der Zusammenhang zwischen sozialer und räumlicher Grenzziehung gehört nicht zu ihrem zentralen Untersuchungsgegenstand. Es gibt allerdings Erkenntnisse aus einzelnen kleineren Studien mit städtischem Bezug, wonach Mehrheitsangehörige es ablehnen, in einer Wohnumgebung zu wohnen, in der sie den Anteil von Migranten[12] als „(zu) hoch" empfinden (siehe Abschnitt 1.4) (vgl. Friedrichs 2000).

Andererseits ist es genauso plausibel, dass die ethnische Zugehörigkeit letztendlich keine ausschlaggebende Rolle bei Wohnortpräferenzen und -entscheidungen von mehrheitsangehörigen Stadtbewohnern spielt. Für diese

---

[9] Hier: Die „Mächtigen", die „dominierende Gruppe" – diejenigen, die „Migranten" als solche definieren (vgl. u.a. Gressgård 2005; Mecheril 1999; Mecheril 2010).
[10] Empirische Untersuchungen, die unmittelbar untersuchen, ob das Auftreten von ethnischer Segregation in Deutschland und Norwegen mit „Vorurteilen", „Ethnisierung sozialer Problemlagen" oder „Stigmatisierung von Migranten" zusammenhängen könnte, liegen nach meinen Kenntnissen bislang nicht vor (vgl. Lanz 2007: 12; Vassenden 2008: 9ff.). Siehe hierzu die Erläuterungen in Abschnitt 1.3.
[11] Beziehungsweise Personen, die aufgrund von äußeren Merkmalen als solche kategorisiert werden.
[12] Hierbei kann es sich sowohl um Personen, die den amtlichen Status „mit Migrationshintergrund" innehaben als auch um Personen, die lediglich von den Befragten als Migranten wahrgenommen wurden, handeln. Deshalb ist der Begriff hier in Anführungszeichen wiedergegeben.

Sichtweise finden sich ebenfalls einschlägige Argumente. Erstens: Es könnte sein, dass die Ergebnisse von Untersuchungen zu Einstellungen zu Migranten auf nationaler Ebene (Abschnitte 1.4 und 2.2) die Einstellungen der mehrheitsangehörigen *Großstadtbewohner* nicht adäquat abbilden[13]. Der „Urbanitätsthese" (Simmel 1903a) zufolge gelten die Großstädter als „toleranter" und „indifferenter" als die übrige Bevölkerung (vgl. zusammenfassend Häußermann 1995).

Zweitens: Gerade im deutschen und norwegischen Kontext könnte angenommen werden, dass ethnische Zugehörigkeit keine bedeutende Rolle für soziale und räumliche Distanzierung spielt. Schließlich handelt es sich hierbei um zwei Länder, die sich politisch in je spezifischer Weise als besonders sensibel gegenüber kultureller Diffamierung und Diskriminierung profilieren. Seit der Niederschlagung des deutschen Faschismus ist die Rede von „Rassen" und folglich auch Rassismus in Deutschland noch weitgehend ein gesellschaftliches Tabu (Treichler 2004: 85). Politische und zivilgesellschaftliche Vertreter in Deutschland werben für „Toleranz" gegenüber Migranten und viele von ihnen bewerten die durch die Einwanderung erfolgte „Multikulturalität" als eine gesellschaftliche Bereicherung (vgl. Gesemann 2005; Lanz 2007; Binder 2007). In Norwegen steht ebenfalls eine strikte Ablehnung von diskriminierenden Einstellungen hoch im Kurs. Seit Anfang der 1990er Jahre pflegt Norwegen durch das Engagement für Konfliktlösung, Frieden, Demokratie und Menschenrechte in der Außenpolitik das Image einer „moralischen und humanitären Großmacht" (Østerud et al. 2003: 51). So präsentiert sich Norwegen als Vertreter einer „kosmopolitischen Spiritualität" (Thune und Ulriksen 2002).

Drittens: Die Knappheit von Wohnraum in den Großstädten und eine eventuell größere Bedeutung von anderen Faktoren wie eine „gute Lage", ein günstiger Miet- bzw. Kaufpreis oder eine zufriedenstellende Infrastruktur (siehe Abschnitt 2.1), sprechen ebenfalls gegen einen maßgeblichen Einfluss von ethnischer Zugehörigkeit auf die Wohnortentscheidungen von Stadtbewohnern.

Und schließlich viertens: Das Auftreten von ethnischer Segregation in der sozialräumlichen Struktur einer Großstadt suggeriert, dass das Merkmal „ethnische Zugehörigkeit" (Migrationshintergrund) in sozialen und gesellschaftlichen Prozessen bedeutend ist (siehe Abschnitt 2.1). Es könnte sich aber bei dem Konzept „ethnische Segregation" um ein von den Stadtforschern selbst konstruiertes Phänomen handeln. Die Berechnung und Analyse von ethnischer Segregation basiert auf statistischen Daten öffentlicher Institutionen zum Migrationshintergrund der Bewohner. Was wir sehen, wenn wir ethnische Segregation betrachten, sind also die Verteilungen der Stadtbewohner nach ihrer *amtlich festgelegten* „ethnischen Zugehörigkeit".

Bei diesen Darstellungen von ungleichen räumlichen Verteilungen von Bevölkerungsgruppen mit und ohne Migrationshintergrund muss mitbedacht werden, dass das Merkmal „Migrationshintergrund" nicht notwendigerweise mit der emp-

---

[13] Dies ließe sich gleichermaßen mit der „Kontakthypothese" (Allport 1954) annehmen.

fundenen ethnischen Zugehörigkeit korrespondiert (weiterführende Informationen hierzu: siehe Schönwälder et. al. 2008: vgl. auch die Kritik von Wippermann und Flaig 2009). So ist beispielsweise nicht auszuschließen, dass viele Migranten sich selbst (auch) als Deutsche wahrnehmen. In den Datensätzen, die für die Berechnung von ethnischer Segregation verwendet werden, spielt es keine Rolle, zu welcher ethnischen Gruppe sich jemand zugehörig fühlt (auch Mehrfachzugehörigkeiten sind ausgeschlossen). Letzteres ist jedoch ganz wesentlich für die Beschäftigung mit ethnischer Segregation – denn es geht dabei um die Empfindung von sozialer Distanz und darum, wie sich dies auf die räumliche Struktur überträgt (siehe hierzu die Erläuterungen in Kapitel 2). Möglicherweise hat also das Merkmal „Migrationshintergrund" keine Bedeutung für die sozialen Prozesse in der Stadt, weil sich die Stadtbewohner unter Umständen nicht untereinander als „ethnisch Fremde" wahrnehmen.

1.3 Forschungslücke: Der Einfluss der Mehrheitsbevölkerung auf ethnische Segregation

Die bestehenden Studien zum Thema ethnische Segregation in Deutschland und Norwegen befassen sich vor allem mit der Frage, ob die wohnräumliche Segregation der Migranten durch deren „kulturelle Andersartigkeit" oder durch deren sozioökonomische Benachteiligung bedingt ist (siehe Abschnitt 2.1). In einigen dieser Beiträge wird argumentiert, dass das Auftreten von ethnischer Segregation auch als ein Ausdruck von „ethnischer Koloniebildung" (siehe vor allem Heckmann 1992; Krummacher und Waltz 2000; Häußermann und Siebel 2001a: 74f.; Häußermann und Kapphan 2002: 224) beziehungsweise der Errichtung von „Parallelgesellschaften" (Heitmeyer 1996; Heitmeyer 1998: 464) interpretiert werden könne. Das Pendant zu dieser Annahme, ob sich *mehrheitsangehörige* Stadtbewohner von Migranten abgrenzen und *ihre eigenen* „ethnischen Kolonien" beziehungsweise „Schutzräume" bilden (vgl. Heitmeyer 1998: 450; Schroer 2005: 246), wird hingegen in diesen Studien kaum aufgegriffen.

Den Vorwurf, dass das Auftreten von ethnischer Segregation in der deutschen und norwegischen Stadtforschung zu einseitig betrachtet wird, haben bereits einige andere Forscher im Bereich der Stadt- oder Migrationsforschung formuliert (vgl. Ganter und Esser 1998: 26; Brevik et al. 1998; Fuglerud 2001; Pott 2001; Pott 2002; Schroer 2005; Lanz 2007; Vassenden 2008; vgl. hierzu auch Wimmer 2008). So ist bemängelt worden, dass die Annahme, dass Wohnortentscheidungen aufgrund von sozialer Nähe zu den „ethnisch Gleichen" zu Stande kommen, nur in Bezug auf die Migranten thematisiert wird. Zum Beispiel äußert Lanz (2007):

Im Fokus der deutschen Stadtforschung zum Themenkomplex 'Stadt und Migration' standen empirische Studien über Lebensverhältnisse von Migranten, vor allem bezogen auf das Arbeiten und das Wohnen. [...] 'Untersucht werden die Anderen, von denen man getrennt und isoliert steht' (ebd. [Sauter 2000: 13]). So existieren keine größeren Studien, um Zusammenhänge zwischen Stadtentwicklungsprozessen und imaginären Konstrukten zu untersuchen, die ein 'natio-ethno-kulturelles Wir' von einem 'Nicht-Wir' abspalten (Paul Mecheril) (Lanz 2007, S. 12).

Die Einseitigkeit in der Betrachtung von ethnischer Segregation in der deutschen und norwegischen Stadtforschung zeigt sich auch daran, dass ethnische Segregation in beiden Ländern als *eine wohnräumliche Konzentration von Migranten* thematisiert wird (siehe zum Beispiel Hagen et al. 1994; Siebel 1997; Friedrichs 2000; Blom 2002; Häußermann 2008c; Amt für Statistik Berlin-Brandenburg 2011; Dohnke et al. 2012). Die Tatsache, dass beim Auftreten von ethnischer Segregation auch die Mehrheitsbevölkerung segregiert lebt, wird nicht explizit formuliert. Dies erweckt den Eindruck, dass hier mit einem Verständnis von ethnischer Zugehörigkeit als eine Eigenschaft von (lediglich) Migranten gearbeitet wird – und nicht berücksichtigt wird, dass ethnische Zugehörigkeit *Relation* und *Interaktion* reflektiert (siehe Abschnitt 2.2). Dieser Verdacht eines mangelhaften Verständnisses vom Konzept der ethnischen Zugehörigkeit in der Stadtforschung bestätigt sich, wenn, wie es häufig in der Stadtforschung geschieht, ein Stadtteil, in dem viele Migranten wohnen, als ein „ethnisches Quartier" bezeichnet wird (u.a. Häußermann und Siebel 2001b: 135; Pettersen 2003; Blom 2006; Häußermann 2007b: 463).

Die fehlende Reflexion in der Stadtforschung darüber, dass auch Mehrheitsangehörige „ethnische Akteure" im Prozess der sozialräumlichen Segregation von Migranten und Mehrheitsangehörigen sein könnten, bedeutet nicht, dass der Beitrag der Mehrheitsangehörigen zur Segregation *völlig* außer Acht gelassen worden ist. In der Tat wird vermutet (wie zum Beispiel bei Friedrichs 2000; Friedrichs und Triemer 2008; oder Häußermann 2008b), dass Wanderungsbewegungen von Mehrheitsangehörigen durch „Vorurteile" (Friedrichs 2000, 2008) beziehungsweise „gesellschaftliche Stigmatisierung von Migranten" und „Ethnisierung sozialer Probleme" (Häußermann 2008b: 343) geprägt sein können. Der empirische Nachweis eines solchen direkten Zusammenhangs zwischen Einstellungen zu Migranten und der Wohnortwahl von Mehrheitsangehörigen steht jedoch meiner Kenntnisse nach noch aus. Zwar lässt sich aus Studien, die Diskriminierung von Migranten auf dem Wohnungsmarkt feststellen (Abschnitt 1.4), die Annahme ableiten, dass mehrheitsangehörige Stadtbewohner Vorbehalte gegen Nachbarn mit Migrationshintergrund haben könnten. Einen direkten Zusammenhang zwischen der Präsenz von Migranten und Wohnortentscheidungen von Mehrheitsangehörigen weisen sie allerdings nicht nach.

Bestehende Erkenntnisse, die auf einen möglichen Einfluss von ethnischer Zugehörigkeit der Bewohner auf Wohnortentscheidungen von Mehrheitsangehöri-

1.3 Forschungslücke: Der Einfluss der Mehrheitsbevölkerung auf ethnische Segregation

gen hindeuten (siehe Abschnitt 1.4), liefern eine Vorlage für eine gründlichere Analyse der räumlich beobachtbaren ethnischen Segregation. Sie können als Ausgangspunkt für den erforderlichen Perspektivenwechsel in der Erforschung von ethnischer Segregation dienen: Der Wechsel vom Blick auf „die Anderen" zum Blick auf die Mehrheitsbevölkerung. Verbirgt sich etwa hinter den verschiedenen, einzelnen Hinweisen das Phänomen, dass sich mehrheitsangehörige Stadtbewohner bei der Wohnortwahl in bedeutender Weise an „ethnischen Präferenzen" orientieren? Nehmen mehrheitsangehörige Großstadtbewohner Migranten (beziehungsweise „migrantisch aussehende" Personen) als „Fremde" wahr? Suchen sie gezielt bei der Wohnortwahl die Nähe zu „ihres ethnisch Gleichen" und Distanz zu den „ethnisch Fremden" (siehe Ganter und Esser 1998: 26)? Weitgehend unbeachtet geblieben ist auch die Frage, welche Rolle (kultureller) Rassismus für sozialräumliche Prozesse in Deutschland und Norwegen spielt (ein Thema, das weitgehend gesellschaftlich tabuisiert wird: Vgl. Brevik et al. 1998: 18; Gullestad 2002: 38; Schroer 2005; Lanz 2007: 11ff.)[14].

Zwar gilt es in der stadtsoziologischen Forschung als erwiesen, dass soziale Präferenzen sowie die Wahrnehmung und Bewertung der unterschiedlichen Wohngebiete und deren Bewohner für die Wohnortwahl eine entscheidende Rolle[15] spielen (siehe Abschnitt 2.1). Jedoch gibt es aus der deutschen und norwegischen Stadtforschung kaum empirische Erkenntnisse darüber, *weder* a) ob die Wahrnehmung und Bewertung von Wohngebieten und deren Bewohner mit der „ethnischen Zugehörigkeit"[16] der Bewohner zusammenhängt *noch* b) ob das Aufsuchen von räumlicher Nähe zu „Gleichgesinnten" bedeutet, dass Mehrheitsangehörige es bevorzugen, mit anderen Mehrheitsangehörigen zusammenzuwohnen. Die Aufgabe dieses Buches ist es, auf diese Forschungslücke aufmerksam zu machen und erste empirische Erkenntnisse aus der umgedrehten Perspektive auf ethnische Segregation zu präsentieren.

---

[14] Die genannten Autoren weisen darauf hin, dass das in der Stadtforschung häufig vorzufindene Argument, dass Diskriminierung und Rassismus in den USA und in weiteren anderen Ländern ausgeprägter seien als in Deutschland und Norwegen, nicht rechtfertigt, den Einfluss von Rassismus und Diskriminierung auf ethnische Segregation im eigenen Lande nicht zu untersuchen (Brevik et. al 1998: 18; Gullestad 2002: 38; Schroer 2005; Lanz 2007: 11ff.).
[15] Vorausgesetzt: Die Möglichkeit zur Umsetzung von Wohnortpräferenzen ist vorhanden (zum Beispiel die entsprechenden finanziellen Ressourcen, um auf dem Wohnungsmarkt eine Wahl zu treffen) (ausführlichere Erläuterungen folgen in Abschnitt 2.1).
[16] Hier: Ob oder evtl. wie sich die Wahrnehmung und Bewertung eines Wohngebietes verändert, je nach dem, ob dort „Deutsche" beziehungsweise „Norweger" oder „Migranten" wohnen.

1.4 Hinweise auf ethnische Präferenzen von Mehrheitsangehörigen bei der Wohnortwahl

Es gibt eine Reihe von Erkenntnissen aus der Stadtforschung, aus anderen Forschungsbereichen sowie aus Zeitungsberichten, die darauf hindeuten, dass Wohnortpräferenzen und -entscheidungen von mehrheitsangehörigen Stadtbewohnern in Berlin und Oslo durch das Empfinden von sozialer Distanz zu Migranten[17] (nachfolgend: „soziale Abgrenzungsprozesse in ethnischer Hinsicht") beeinflusst werden. Diese Erkenntnisse werden in diesem Abschnitt erläutert.

Mehrheitsangehörige und Migranten: „Wir" versus „die Anderen"

Die Studie von Steinbach (2004) auf der Grundlage von MARPLAN-BUS (1999) und ALLBUS (1996) hat ergeben, dass von einer *sozialen Distanz* der Deutschen zu bestimmten Migrantengruppen auszugehen ist (Steinbach 2004). Zwei Drittel der befragten Deutschen (hier: Personen ohne Migrationshintergrund) sind laut dieser Studie der Meinung, dass sich Türken (pauschal) in ihrem Lebensstil von dem der „einheimischen Deutschen" unterscheiden würden (ebd.: 125f.). Bezüglich der Asylbewerber sind es sogar vier Fünftel (ebd.)[18]. Die Empfindungen der Deutschen, dass Türken und Asylbewerber sich so stark von Deutschen unterscheiden, sind auch im Hinblick auf die Interaktion folgenreich, so ein weiteres Ergebnis:

> Gerade einmal 35% der befragten Deutschen würden Türken, Vietnamesen oder Afrikaner als Mitglied der eigenen Familie akzeptieren – im Gegensatz zu immerhin 60 beziehungsweise 70%, die sich das bei Griechen und Italienern vorstellen könnten. Aussiedler liegen mit einem Wert von ca. 50% zwischen diesen beiden ‚Extrem-Gruppen' (Steinbach 2004: 120).

Die Auswertungen im Datenreport von 2013 ((Statistisches Bundesamt et al. 2013); Datenbasis ALLBUS 2012) bekräftigen diese Annahme einer empfundenen sozialen Distanz von Deutschen zu den Migranten:

> Zusammenfassend ist festzuhalten, dass es zwar keine Hinweise auf ein generell ausländerfeindliches Meinungsklima in Deutschland gibt, denn die Zustimmungsquoten zu den diskriminierenden Forderungen sind nicht allzu hoch und es ist – vor allem langfristig, aber auch mit Blick auf die neusten Zahlen – eine Tendenz hin zu einer wachsenden Ablehnung solcher Forderungen zu erkennen. Gleichzeitig scheint die Haltung

---

[17] Personen mit Migrationshintergrund sowie Personen, die lediglich als Migranten wahrgenommen bzw. kategorisiert werden.
[18] Siehe auch die späteren ALLBUS-Studien; vor allem die Studie von 2006 mit dem Schwerpunkt „Ausländer / Ethnische Gruppen / Minderheiten".

der Deutschen zur multikulturellen Realität hierzulande von einer gewissen Skepsis gegenüber dem beziehungsweise den Fremden geprägt zu sein. Nach wie vor fordert eine große Mehrheit – in West- und Ostdeutschland sowie in allen hier unterschiedenen Subgruppen der Bevölkerung – eine größere Assimilationsbereitschaft der in Deutschland lebenden Ausländer ein (Statistisches Bundesamt et al. 2013, S. 211).

In den jährlichen repräsentativen Umfragen des Statistischen Zentralinstituts Norwegens (SSB) zum Thema „Einstellungen zu Einwanderern" („Einwanderer" ist das norwegische Pendant zum deutschen Begriff Migranten) äußert sich ebenfalls ein erheblicher Teil der Befragten eher ablehnend zu Einwanderern (Blom 2007[19]). So stimmten 35% der Befragten (Zahlen von 2007) der Aussage zu, dass die „Einwanderer generell eine Quelle von Unsicherheit in der Gesellschaft darstellen" (46% lehnten ab; 19% antworteten „teilweise"). Auch äußerten 45% der Befragten, dass sie der Auffassung sind, dass die Einwanderer sich bemühen sollten, den Norwegern so ähnlich wie möglich zu werden (36% lehnten die Aussage ab). In den Jahren 2002 bis 2007 antworteten im Durchschnitt 35% der Befragten, dass sie es als unangenehm empfinden würden, wenn sie einen Sohn oder eine Tochter hätten, die einen Einwanderer heiraten wollen würde[20]. In diesen jährlichen Umfragen werden zudem die Intensität und Art des Kontakts zu Einwanderern abgefragt (nachfolgende Zahlen beziehen sich auf Durchschnittsangaben 2002-2007). Während viele (40%) angeben, mit (meist zwei bis vier) Einwanderern durch die Arbeitsstelle in Kontakt zu sein (60% haben keinen Kontakt), haben nur 29% private Kontakte zu Einwanderern (Freunde/Bekannte) und 23% haben Kontakte zu Einwanderern durch die Nachbarschaft. Lediglich 9% geben an, Kontakte zu Einwanderern durch die „nahe Verwandtschaft" oder auf anderer Weise zu haben.

Nach aktuellen Forschungserkenntnissen aus Deutschland und Norwegen nehmen ethnische Unterscheidungen eine wichtige Funktion als Bindeglied in der Gesellschaft an (Gullestad 2001; Gullestad 2006; Farwick 2009; siehe die weiteren Darlegungen in Abschnitt 2.2.3). Außerdem sind Begriffe, die „ethnisch Andere" beschreiben, Teil des dominanten Ordnungsmodells moderner Gesellschaften (vgl. Berking 2000; Brochmann 2005; Scherschel 2008). Sowohl in Deutschland als auch in Norwegen hat sich in den letzten Jahren eine neuere Literatur über „(Re-) Ethnisierung" der gesellschaftlichen Debatten und der „diskursiven Arrangements" etabliert (siehe u.a. Jäger 1996; Gullestad 2002; Beck-Gernsheim 2004; Eder 2004;

---

[19] Datengrundlage: Von 2000 gezogenen Teilnehmern in der Stichprobe gibt es im Durschnitt (in Bezug auf die Datenbasis 2002-2007) etwa 1300 Respondenten.
[20] In den Jahren 2002-2007 äußerten rund 90% der Befragten, dass sie kein Problem damit hätten, „einen Einwanderer" als Nachbar zu bekommen. 8% hingegen gaben an, dies als unangenehm zu empfinden. Es lässt sich aus diesem Item allerdings nicht ablesen, ob es sich um eine „politisch korrekte Antwort" handelt – möglicherweise sind viele, die diese Frage gestellt bekommen haben, nicht tatsächlich mit dieser Situation konfrontiert, und werden es in Zukunft auch nicht voraussichtlich sein – und antworten deshalb „politisch korrekt".

Gressgård 2005; Lanz 2007). In Norwegen wurde festgestellt, dass sich dadurch zuvor nicht existierende Vorstellungen vom „Norwegischen" ausbreiteten (Østerud et al. 2003). In beiden Ländern wurde beobachtet, dass die Migranten und ihre Kinder immer wieder auf ihren geographischen Hintergrund hin reduziert und als Mitglieder eines homogenen, ethnisierten Kollektivs betrachtet wurden (Gressgård 2003; Gressgård 2005; Mannitz 2006; Rompel 2008).

Sofern die Annahme zutrifft, dass soziale Distanz in räumliche Distanz übersetzt wird, liefern die Erkenntnisse aus diesen und ähnlichen Beiträgen den wichtigen Hinweis, dass ethnische Zugehörigkeit durchaus als bedeutend für soziale und gesellschaftliche Prozesse in Deutschland und Norwegen einzuschätzen ist (siehe die weiteren Ausführungen hierzu in Abschnitt 2.2).

Durch „viele Migranten" sinkt die Wohnortattraktivität

Es gibt es einige Hinweise darauf, dass es einen Zusammenhang zwischen ethnischen Grenzziehungen seitens der Mehrheitsbevölkerung und deren Wohnortentscheidungen geben könnte. So wurde mehrfach nachgewiesen, dass die Wohnortattraktivität einer Wohnumgebung aus der Sicht von Mehrheitsangehörigen sinkt, wenn dort (viele) Migranten wohnen.

Unter anderem wurde dies in einer Studie von Gestring et al. (2006) festgestellt:

> Bestimmte Stadtteile [werden] von deutschen Wohnungssuchenden mit den Worten, sie seien "zu multikulturell" (W 17), kategorisch als mögliche Wohnorte ausgeschlossen. Auch wenn seitens der Gatekeeper betont wird, dass es für bestimmte Altbauquartiere eine deutsche Klientel mit eher alternativ orientierten Lebensstilen gibt, die bewusst das multiethnische Milieu sucht, so kommt doch für einen Grossteil der deutschen Wohnungssuchenden ein ethnisch gemischtes Viertel als Wohnort einfach nicht in Frage (Gestring et al. 2006: 78).

Die Vermieter, die in dieser Studie befragt wurden, erklärten, dass mehrheitsangehörige Wohnungssuchende bei einer Besichtigung in ihren Objekten stets nach dem Ausländeranteil im Haus fragen würden. Ein „zu hoher" Anteil von Bewohnern mit (türkischem) Migrationshintergrund, so ihre erfahrungsbasierte Einschätzung, würde die Attraktivität ihrer Objekte verringern (ebd.: 177).

Zu einem ähnlichen Ergebnis kommen Hansen und Brattbakk (2005) in ihrer Studie zur Wohnortattraktivität von Osloer „Trabantenstädten" (Großsiedlungen am Stadtrand). Ihren Analysen zufolge sei die ethnische Zusammensetzung eines Wohngebietes bestimmend für die Wohnortattraktivität. Nach Hansen und Brattbakk zählt dieser Faktor zu einer der fünf wichtigsten Faktoren, die die Wohnortattraktivität bestimmen[21] (ebd.: 54ff.). So gehen sie davon aus, dass ein „hoher" Anteil an Personen mit Migrationshintergrund *per se* zu einer Verringerung der Wohnortattraktivität für mehrheitsangehörige Wohnungssuchende führt. Diese Annahme wird in den Recherchen und Berichten der Zeitungen und Magazine bekräftigt, unter anderem in der dominierenden Zeitung *Aftenposten* (zum Beispiel Aftenposten 2009a). Der Titel eines dieser Berichte lautet: „Weiße verlassen die Wohngebiete, wenn der Migrantenanteil spürbar wird" (ebd.).

Eine repräsentative Bevölkerungsumfrage in Deutschland – allerdings ohne Bezug zu einer spezifischen Stadt[22] – hat ergeben, dass viele „Deutsche" das Zusammenleben mit Ausländern grundsätzlich ablehnen (etwa 20% im Westen, etwa 30% im Osten) (Böltken 2000: 152). Auch Farwick (2001) hält fest, dass Stadtbewohner, die als Ausländer oder Migranten wahrgenommen werden, aus der Perspektive von mehrheitsangehörigen Stadtbewohnern als Nachbarn und Mieter unbeliebt sind (ebd: 62).

Studien, die festgestellt haben, dass eine zunehmende „Präsenz" von jungen „weißen" Menschen in innerstädtischen „Migrantenvierteln" als positiv und aufwertend empfunden wird (Sæter 2005; Sæter und Ruud 2005; Ruud 2005; Ellefsen 2005; Gruner 2006; vgl. ferner Häußermann und Förste 2008: 52: Aufwertung durch Zuzug von „Studenten" und „Kreativen"), bekräftigen die Annahme, dass die Präsenz von (vielen) Migranten in einer Wohnumgebung mit einer negativen Bewertung seitens der Mehrheitsbevölkerung einhergeht.

Diskriminierung von Migranten auf dem Wohnungsmarkt

Offenbar gibt es die Tendenz, dass Stadtbewohner, die als Ausländer beziehungsweise Migranten wahrgenommen werden, nach Möglichkeit von Wohngegenden ferngehalten werden, die für Mehrheitsangehörige als attraktiv gelten (Häußermann 2008b: 1). Das bestätigen unter anderem so genannte „Gatekeeper" des Wohnungsmarktes (u.a. Gestring et al. 2006: 82). Sie geben zu, Wohnungsbewerber mit versus ohne Migrationshintergrund unterschiedlich zu behandeln (ebd.). Und sie rechtfertigen ihre diskriminierende Handlungspraxis, „deutsche" Wohnungsbewerber zu bevorzugen, mit der „Erhaltung der sozialen Stabilität" in einem Wohngebiet (ebd.; vgl. auch Tagesspiegel 2008). Offensichtlich ist die Diskriminierung von Migranten aber auch damit verbunden, dass die Vermieter (zu Recht) befürchten,

---

[21] Hansen und Brattbakk (2005) fassen folgende Erklärungen für geringe Wohnattraktivität bestimmter Trabantenstädte zusammen: 1) Weite Entfernung von der Innenstadt (Kilometer, Reisezeit und Anbindung) 2) Kompakte und hohe Bebauung (trotz dezentraler Lage) 3) Mangel an privaten und öffentlichen Dienstleistungen 4) Lage im Osten Oslos 5) Hoher Anteil von Personen mit Migrationshintergrund 6) Stigmatisierung durch die Medien (ebd.: 54).
[22] Datengrundlage: MARPLAN und ALLBUS.

dass ein hoher Migrantenanteil die Attraktivität ihrer Objekte verringert und ökonomische Verluste verursacht (vgl. Häußermann und Siebel 2004: 178), dies gilt insbesondere in Lagen mit „guten Adressen" (vgl. ebd.). Allein die Tatsache, dass jemand als „türkisch" beziehungsweise als Migrant wahrgenommen wird, verringert seine Chancen auf eine Wohnung in Gegenden mit hohem Sozialprestige. Das belegt die Studie von Kilic (2008; vgl. auch Tagesspiegel 2008), der ein Feldversuch in Berlin mit zwei fiktiven Wohnungsbewerberinnen zugrunde liegt. Abgesehen von den Namen (wovon ein Name „türkisch klingt"), brachten die Bewerberinnen identische Voraussetzungen mit. Es stellte sich heraus, dass die Wohnungsgesellschaften, insbesondere in Bezug auf Objekte im Untersuchungsgebiet Wilmersdorf, die „deutsche" Bewerberin bevorzugten. Diese wurde zu persönlichen Vorsprachen eingeladen, während die „türkische" Bewerberin kaum Antworten und nur Absagen erhielt (vgl. hierzu auch die Recherchen und Stichproben des ZDF unter der Referenz Frontal 21 2013).

Eine vergleichbare Studie hat das norwegische *Zentrum Gegen Ethnische Diskriminierung* (SMED 2004) auf dem Wohnungsmarkt in Oslo durchgeführt. Anhand von Tests mit Paaren unterschiedlicher „ethnischer Herkunft" mit den gleichen sozioökonomischen Voraussetzungen wurde festgestellt, dass Wohnungsbewerber mit einer „nicht-westlichen ethnischen Herkunft" besonders in „attraktiven Lagen" diskriminiert wurden. Das heißt, auch in Oslo gibt es Gebiete, in denen Migranten als „unerwünscht" gelten und deshalb kaum Möglichkeiten haben, Wohnungen zu bekommen. Die norwegischen Zeitung VG hat von einem solchen Fall berichtet (VG- Nett 2006). Ein Mann Namens Farooq Ahmed war der Meistbietende bei dem Privatverkauf einer Villa in Risløkka in Oslo. Das Haus wurde jedoch an eine andere Familie (wie die Zeitung berichtet: eine „norwegische Familie") verkauft, die etwa 7.000 Euro weniger geboten hatte. Der Verkäufer begründete seine Entscheidung damit, dass der Meistbietende nicht in die Gegend „hineinpassen" würde, und behauptete außerdem, dass der Meistbietende nicht in der Lage sei, sich um die Instandhaltung des Hauses und des Gartens zu kümmern. Seine Einschätzung des Meistbietenden hing offenbar nur mit dessen Aussehen beziehungsweise Namen zusammen (ebd.).

Im Rahmen einer repräsentativen Befragung von Personen „mit Migrationshintergrund" in Norwegen gaben 20 Prozent der Befragten an, dass sie beim Kauf oder bei der Bewerbung für eine Wohnung aufgrund ihrer „ethnischen Herkunft" diskriminiert worden seien (Blom und Henriksen 2008; vgl. auch die Befunde von erlebter Diskriminierung auf dem Wohnungsmarkt bei Gulløy et al. 1997 und Søholt 2007). In einer vergleichbaren Befragung von Ausländern in Deutschland (Mehrländer et al. 1996), gaben 36 Prozent der Befragten an, dass sie bei der Wohnungssuche Schwierigkeiten hätten (ebd.: 262ff.). Davon gaben 34 Prozent an, dass Vermieter Ausländer ablehnen würden (ebd.).

Mehrheitsangehörige „flüchten" vor den Migranten

Auf der Basis von qualitativen Befragungen von mehrheitsangehörigen Bewohnern in Osloer Großsiedlungen hat Vassenden (2008) einen unmittelbaren Zusammenhang zwischen einem als „zu hoch" empfundenen Migranten- beziehungsweise Ausländeranteil und Wohnortentscheidungen der Mehrheitsangehörigen festgestellt. So gaben die Befragten an, dass „der hohe Ausländeranteil" am Wohnort ein wesentlicher Grund dafür sei, dass sie in absehbarer Zeit umziehen wollten (ebd: 9, 207).

Von ähnlichen Beobachtungen berichtet auch die Zeitung *Aftenposten* am 15. Dezember 2009. Dem Zeitungsartikel zufolge verursache der vermehrte Zuzug von Einwanderern in einige Osloer Stadtteile den Wegzug von „Norwegern". Auf der Titelseite der Ausgabe heißt es: „Ola und Kari[23] flüchten vor den Einwanderern" (Aftenposten 2009b). Aus den Gesprächen mit Bewohnern und Sprechern lokaler Organisationen, auf denen der Zeitungsbericht basiert, geht die Einschätzung hervor, dass ein beträchtlicher Anteil der Fortzüge von „ethnischen Norwegern" aufgrund des Zuzugs von „Einwanderern"[24] erfolgt sei. Die Befragten berichten von einer grundlegenden „Skepsis" der Norweger gegenüber „Einwanderern". Diese werde durch „fehlende Kenntnisse der Einwanderer über ,Verhaltenscodes' im Umgang mit Nachbarn und bezüglich der Instandhaltung von Haus und Garten" verstärkt (ebd.). Auch wurden allgemeine „kulturelle" Unterschiede und „die vielen lauten Kinder der Einwanderer" als Gründe für die Skepsis der „Norweger" angegeben. Zum Teil wurden Parallelen zu den „Ghettos in Paris" gezogen und die Konzentration von „Einwanderern" als Ursache für die sozialen Probleme genannt. Eine weitere negative Folgewirkung des zunehmenden Anteils der „Einwanderer" im Wohngebiet sei der Wegfall des „Gefühls vom sozialen Zusammenhalt".

Auch die Studie von Gesemann et al. (2005) in Berlin kommt zu dem Ergebnis, dass ein als „zu hoch" empfundener Migrantenanteil beziehungsweise Ausländeranteil die Wohnortentscheidungen von mehrheitsangehörigen Stadtbewohnern beeinflussen kann. Die Studie basiert auf einer Befragung von fortgezogenen Mehrheitsangehörigen aus dem Gebiet Kottbusser Tor. Die Teilnehmer wurden zu den Beweggründen ihres bereits erfolgten Umzugs befragt. Dabei gaben sie an, dass „der hohe Ausländeranteil" ein wesentlicher Grund (neben anderen) für den Fortzug gewesen sei (ebd.: 44).

---

[23] „Ola und Kari" gelten als norwegische Musternamen.
[24] Hierbei handelt es sich womöglich sowohl um Personen mit Migrationshintergrund als auch um Personen, die lediglich als „Einwanderer" kategorisiert werden. Deshalb die Kennzeichnung mi Anführungsstrichen.

Ethnische Stigmatisierung

Häußermann und Siebel stellen fest, dass „in der Öffentlichkeit allgemein ein ‚ethnisches Quartier' vorschnell mit einem ‚Problemquartier' gleichgesetzt" werde (Häußermann und Siebel 2001b: 115; Häußermann und Siebel 2007: 98; vgl. auch Pott 2001; Krummacher 2007; Eriksen und Høgmoen 2011). Bei solchen Darstellungen (siehe beispielsweise Spiegel-TV-Special 2008; VG-Nett 2010b) wird den Rezipienten der Informationen suggeriert, dass die Präsenz von Migranten per se zu sozialen Problemen und Konflikten führt. Die Kritiker dieser Darstellungsweise problematisieren, dass dabei die sozialen Problemlagen von Migranten zu einem Merkmal ihrer „Kultur" erklärt werden, obwohl eine Erklärung durch soziale Faktoren wie den Bildungsstand, Einkommen oder berufliche Tätigkeit hinreichend möglich wäre (dies wird auch als *Ethnisierung* bezeichnet: Häußermann und Siebel 2007: 98; siehe die ausführlicheren Erläuterungen hierzu in Abschnitt 2.2). Häußermann (2007) präzisiert, dass damit ein „Nährboden" für die Stigmatisierung und Diskriminierung der Migranten entstehe (Häußermann 2007b; Häußermann 2008b; vgl. auch Friedrichs 1999, zit. nach Rauer 2004).

Es kann davon ausgegangen werden, dass der *Einwanderungsdiskurs* (u.a. Ytrehus 2001b; Gullestad 2002; Gullestad 2006; ; Eder et al. 2004b; Wengeler 2005; Krieger 2005), der stereotypisierende und diskriminierende Bilder der Migranten bereit hält (vgl. Jäger et al. 1998; Bundesregierung 2000; Beck-Gernsheim 2004; Eriksen 2009), die Verknüpfung von sozialen Problemlagen und „ethnischer Herkunft" untermauert (siehe die ausführlicheren Erläuterungen zum Einwanderungsdiskurs in Abschnitt 2.2).

Aus dem Berliner Kontext hat eine Befragung von „Weißen" (Gruner 2006) ergeben, dass Migranten beziehungsweise Ausländer unmittelbar mit sozialen Problemen assoziiert wurden:

> Being asked very general: „Are there any conflicts in the neighbourhood?" one 'white' interviewee answered: „Do you mean with foreigners?" Here we find the typical discoursive pattern to automatically characterize an area as ‚problematic' when ‚people of colour' are living there. In line with other studies we found that it is quite typical for ‚white' residents to explain conflicts with neighbours ‚of colour' with their so called ‚mentality' – here with images about a special ‚Turkish' or ‚Arab' mentality (Gruner 2006: 12).

Ebenfalls in Bezug auf Berlin haben Best und Gebhardt (2001) auf der Grundlage von Zeitungungsberichten (F.A.Z, Der Spiegel, Berliner Zeitung und B.Z.) eine *ethnisierende* Perspektive auf bestimmte Innenstadtviertel festgestellt. Nach ihren Analysen dominiert in der Berichterstattung über Kreuzberg, Neukölln und Wedding die Konstruktion „gefährlich fremder Orte" beziehungsweise „Ghetto-Erzählungen", die eine verlorene Kontrolle durch die deutsche Bevölkerung suggerieren (ebd.: 71ff.). Bestandteile dieser Darstellungen sind die Metapher von einem „schwer zurückzuschneidenden" „‚Wildwuchs' von türkischer Migration" (ebd.: 73) sowie die mediale Inszenierung von Vierteln der Zuwanderung als schmutzige, verwahrloste und kriminelle Orte (ebd.: 74).

Eine vergleichbare Studie, anhand einer Auswertung der Medienberichterstattung über den Stadtteil Romsås im Zeitraum 1995-2002, hat Gakkestad (2003) vorgelegt. Gakkestad stellte unter anderem fest, dass 70 Prozent der Berichte negative und ethnisch stigmatisierende Inhalte vermittelten, während lediglich 22 Prozent positiv ausgerichtet waren (vgl. hierzu auch Eriksens Beschreibungen der norwegischen Zuwanderungsdebatte und der darin enthaltenen Furcht vor lokalen Ghetto-Bildungen: Eriksen 2009).

1.5 Der Untersuchungsansatz dieser Arbeit

Hypothesen zum Einfluss von „ethnischer Zugehörigkeit" auf die Wohnortwahl

Die Erkenntnisse aus der obigen Darstellung könnten Anzeichen dafür sein, dass es einen Zusammenhang zwischen der ethnischen Zugehörigkeit der Bewohner eines Wohngebietes und Wohnortpräferenzen beziehungsweise -entscheidungen von Mehrheitsangehörigen geben könnte[25]. Zum einen aufgrund der stadtsoziologischen Grundannahme, dass sich soziale in räumliche Distanz übersetzt: Wenn mehrheitsangehörige Großstadtbewohner eine größere soziale Nähe zu anderen „Mehrheitsangehörigen"[26] empfinden als zu „Migranten"[27], ist es naheliegend, dass sie Wohngebiete bevorzugen, in denen keine oder nur wenige Migranten wohnen.

Zum anderen aufgrund der Ethnisierung sozialer Ungleichheit: Die ethnisierende Perspektive auf soziale Problemlagen von Migranten könnte zur Folge haben, dass allein die Präsenz beziehungsweise Konzentration von „Migranten"[28] in einem Stadtgebiet eine abschreckende Wirkung auf mehrheitsangehörige Wohnungssuchende hat. Möglicherweise befürchten sie, bedingt durch die Darstellungen von „Migrantenvierteln" als besonders „kriminelle, gefährliche und entfremdete" Orte in der Öffentlichkeit (Abschnitt 1.4.5), dass sie sich in diesen Gebieten etwa nicht „sicher" oder „wohl" fühlen könnten.

---

[25] Siehe Abschnitt 2.3 für weitere Erläuterungen zu den möglichen Zusammenhängen zwischen ethnischer Segregation und ethnischen Präferenzen von Mehrheitsangehörigen.
[26] Personen ohne Migrationshintergrund oder Personen, die als Mehrheitsangehörige kategorisiert werden (etwa aufgrund von äußerlicher körperlicher Merkmale; siehe Abschnitt 2.2).
[27] Personen mit Migrationshintergrund oder Personen, die als „Migranten" kategorisiert werden (etwa aufgrund von äußerlicher körperlicher Merkmale; siehe Abschnitt 2.2).
[28] Personen mit Migrationshintergrund oder Personen, die als „Migranten" kategorisiert werden.

Erkenntnisinteresse

In dieser Arbeit wird die Suche nach weiteren Hinweisen auf einen Zusammenhang zwischen der ethnischen Zugehörigkeit der Bewohner eines Wohngebietes und Wohnortpräferenzen beziehungsweise -entscheidungen von Mehrheitsangehörigen fortgesetzt. Im Mittelpunkt des Erkenntnisinteresses stehen drei Themen:
1. Der Einfluss der „ethnischen Zugehörigkeit" darauf, wie mehrheitsangehörige Stadtbewohner städtische Teilgebiete wahrnehmen und bewerten.
2. Der Einfluss von „ethnischer Zugehörigkeit" darauf, wie mehrheitsangehörige Stadtbewohner *andere Stadtbewohner* wahrnehmen und bewerten, vor allem, ob ethnische Zugehörigkeit das Empfinden von sozialer Nähe beeinflusst.
3. Eventuelle Zusammenhänge zwischen der „ethnischen Zugehörigkeit" der Bewohner eines Wohngebietes/Stadtteils und der Wohnortattraktivität des Gebietes für mehrheitsangehörige Stadtbewohner.

Untersuchungsmethode

Für die empirische Untersuchung habe ich eine semi-strukturierte qualitative Befragung von Stadtbewohnern „ohne Migrationshintergrund" in Berlin und Oslo[29] durchgeführt (6 Gruppen pro Stadt, insgesamt 49 Teilnehmer[30]). Die Befragung erfolgte in Gruppen[31] und anhand eines Interviewleitfadens mit einer geringen Anzahl an vorgegebenen Themen. Der Leitfaden wurde mit offenen Fragen, das heißt Fragen ohne Antwortvorgaben, gestaltet. Die Themen waren *das Leben in der Großstadt, die Wahrnehmung und Bewertung von unterschiedlichen Stadtteilen", eigene Wohnortpräferenzen sowie Einwanderung* (diese Auflistung entspricht der Reihenfolge der Themen in der Befragung)[32].

Die Idee dahinter war: Wenn sich in einem kaum vorstrukturierten Gespräch mit mehrheitsangehörigen Großstadtbewohnern zu Themen wie der Wahrnehmung und Bewertung von unterschiedlichen Stadtteilen oder Wohnortpräferenzen herausstellt, dass „ethnische Zugehörigkeit" eine Rolle spielt, sollten weitere Untersuchungen diesen Faktor genauer betrachten.

Die Entscheidung für eine qualitative Erhebungsmethode hängt damit zusammen, dass die bestehenden Erkenntnisse zur ethnischen Segregation in Berlin und Oslo keine Auskunft über den Einfluss von sozialen Abgrenzungsprozessen in

---

[29] Erläuterungen zur Auswahl dieser beiden Städte für die Untersuchung folgen in Abschnitt 1.5.
[30] Sofern nicht weiter spezifiziert gilt die Bezeichnung „Teilnehmer" sowohl für weibliche als auch männliche Teilnehmer. Genauere Informationen zu der Auswahl der Teilnehmer sind Kapitel 3 zu entnehmen.
[31] Eine Erklärung dazu, warum die Befragung in Form von Gruppeninterviews stattfand, folgt in Kapitel 3.
[32] Genauere Angaben zu den einzelnen Fragen sind den Erläuterungen in Kapitel 3 zu entnehmen.

ethnischer Hinsicht seitens mehrheitsangehöriger Stadtbewohner auf die Segregation geben können. Die Erkenntnisse der Segregationsforschung basieren meist auf (amtlichen) Sozialstrukturdaten: Daten zum „Migrationshintergrund" (das heißt Geburtsort der Eltern; siehe Definition in der Fußnote zu Abschnitt 1.1) und Daten zum „sozioökonomischen Status" (u.a. Bezug von ALGII). In beiden Städten lässt sich zeigen, dass sich ethnische und sozioökonomische Segregation überlagern. Dies ist ein ganz zentraler Grund dafür, warum von einer *Dominanz* sozioökonomischer Faktoren für das Auftreten von ethnischer Segregation in Berlin und Oslo ausgegangen wird (siehe Abschnitt 1.1). Es wird also angenommen, dass die Segregation nicht aufgrund der „ethnischen Zugehörigkeit" *per se* entsteht, sondern primär aufgrund der sozioökonomischen Benachteiligung der Stadtbewohner mit Migrationshintergrund. Hier wird dem entgegengesetzt: Allein die Feststellung von Korrelationen zwischen sozioökonomischer und ethnischer Segregation lässt uns noch nicht erkennen, ob das eine oder das andere, das heißt die ethnische Zugehörigkeit oder die sozioökonomische Ungleichverteilung die primäre Ursache der Segregation darstellt (vgl. das Henne-Ei-Problem). Dafür sind weitere Untersuchungen erforderlich, die eine nachrangige Bedeutung von ethnischer Zugehörigkeit (beziehungsweise sozioökonomischer Ungleichheit) für die wohnräumliche Segregation von Mehrheitsangehörigen und Migranten nachweisen können (siehe Abschnitte 1.2 und 1.3).

Bislang spielen Erhebungsinstrumente wie Befragungen von Stadtbewohnern für die Erforschung von ethnischer Segregation kaum eine Rolle (siehe zum Beispiel die Kritik von Schroer 2005). Dies ist schwer nachzuvollziehen, da die Auseinandersetzung mit wohnräumlicher Segregation in der Stadtforschung auf der Annahme basiert, dass Segregation soziale Abgrenzungsprozesse zwischen den Stadtbewohnern abbildet (Abschnitte 1.1 und 2.1) (vgl. die Kritik u.a. von Keim und Neef 2000: 252f.; Fuglerud 2001; Balog 2006; Vassenden 2008)[33]. Es ist daher wenig befriedigend, wenn das Auftreten von Segregation lediglich anhand von theoretischen Annahmen und Hypothesen beschrieben und erklärt wird, die aus anderen Kontexten generiert wurden (vor allem USA) (vgl. Friedrichs und Triemer 2008: S. 74). Vielmehr braucht es aus den jeweiligen Kontexten, in denen Segregation auftritt, *empirisch fundierte Erkenntnisse* darüber, ob soziale Distanzierungsprozesse zwischen Stadtbewohnern unterschiedlicher „ethnischer Herkunft" die räumlich beobachtbare Segregation verursachen können.

In der Tat ist es möglich, dass das Merkmal Migrationshintergrund keine beziehungsweise nur eine geringe Relevanz für die wohnräumliche Verteilung der Stadtbewohner hat[34]. In Abschnitt 1.2 wurde bereits erläutert, dass es sich bei dem

---

[33] Der übliche Verzicht auf die Perspektiven und Wahrnehmungen von Stadtbewohnern in der Segregationsforschung wird auch international als ein grundlegendes Problem der Segregationsforschung diskutiert: Siehe u.a. Borer 2006: 175; Blokland 2008: 374; Gans 2009: 215; Sampson 2012.
[34] In dem Fall gäbe es keinen Anlass mehr für die Stadtsoziologie diese Verteilungen als ethnische Segregation zu bezeichnen (vgl. Hamm 1982; Hamm 2003).

Phänomen ethnische Segregation eventuell nur um ein von der Wissenschaft selbst definiertes Phänomen handelt. Deshalb erachte ich es als dringend erforderlich, dass die Bedeutung von ethnischer Zugehörigkeit für soziale und sozialräumliche Prozesse weiter erforscht wird.

Auf der Grundlage dieser Vorüberlegungen und der vorhandenen kritischen Diskussion innerhalb der Stadtforschung entschied ich mich für einen qualitativen Ansatz in meiner eigenen empirischen Erhebung. Mein Interesse war es, einen tiefen Einblick in die Wahrnehmungen und Bewertungen, die mehrheitsangehörige Stadtbewohner von unterschiedlichen Stadtteilen und Bewohnern haben, zu gewinnen[35]. Außerdem war mein Anspruch, eventuelle „subtile Varianten der Einstellungen und Distanzierungen" (Ganter 2001: 111; vgl. auch Pettigrew und Meertens 1995) der Mehrheitsbevölkerung gegenüber Migranten zu erfassen. Eine detailliertere Beschreibung der durchgeführten empirischen Untersuchung folgt in Kapitel 3.

Definition „ethnische Kategorie"

In der Analyse des Interviewmaterials (Kapitel 4 bis einschließlich 9) wird oftmals anstelle der Bezeichnung „ethnische Zugehörigkeit" die Bezeichnung „ethnische Kategorie" verwendet. Der Hintergrund dafür ist, dass mit der Bezeichnung „ethnische Zugehörigkeit" meist nicht berücksichtigt wird, ob die Menschen, um die es geht, tatsächlich auch selbst die Empfindung haben, dass sie dieser Gruppe angehören[36]. Zum Beispiel muss es nicht unbedingt so sein, dass sich jemand, der anhand der amtlichen Definition einen „türkischen Migrationshintergrund" hat, sich selbst auch (ausschließlich beziehungsweise vorrangig) als „Türke" bezeichnen würde. Noch offensichtlicher wird der Akt der Kategorisierung beziehungsweise die Zuweisung einer ethnischen Zugehörigkeit dann, wenn zum Beispiel Frauen, die Kopftücher tragen, unmittelbar für „Türken" gehalten werden (das heißt als „Türken" kategorisiert werden)[37]. Hier handelt es sich um eine Kategorisierung, da nicht aufgedeckt wird, wie sich diese Frauen selbst bezeichnen würden (Beispiele für denkbare Alternativen: „Muslimas", „Deutsche" oder zum Beispiel auch „Syrerinnen").

Da die Erhebungen in meiner Arbeit auf Wahrnehmungen und Bewertungen aus der Sicht von Personen ohne Migrationshintergrund zielen, bevorzuge ich es, von „ethnischer Kategorisierung" beziehungsweise „ethnischen Kategorien" zu

---

[35] Die Wahrnehmung und Bewertung von Stadtteilen und deren Bewohnern gilt als ein zentraler Faktor für Wohnortpräferenzen beziehungsweise –entscheidungen (siehe Abschnitt 2.1).
[36] „Zugehörigkeit" zu einer ethnischen Gruppe setzt voraus, so das Konzept von Ethnizität, dass sie erlebt und empfunden wird (siehe Barth 1969; vgl. auch Mummendey und Simon 1997b: 12f.; Westin Westin 1999: 19f.; Wimmer 2008).
[37] Forscher in Deutschland und Norwegen haben festgestellt, dass die „ethnische" Kategorisierung von Menschen ganz wesentlich von äußeren, auch körperlichen, Merkmalen abhängt (u.a. Schneider 2001; Brochmann 2005; Gruner 2006; Vassenden 2008; siehe auch Abschnitt 2.2).

sprechen. Mit diesen Umschreibungen von ethnischer Zugehörigkeit möchte ich hervorheben, dass es sich um eine Kategorisierung handelt, wenn Menschen lediglich aufgrund von bestimmten Merkmalen (Migrations*hintergrund*[38], äußere, körperliche Merkmale) als „Migranten" beziehungsweise „Angehörige einer ethnischen Minderheit" bezeichnet werden (in Anlehnung an Jenkins Unterscheidung zwischen „group identification" und „social categorization": Jenkins 2008).

Wenn also die Teilnehmer in den Interviews Begriffe wie „Migranten" „Einwanderer", „Ausländer", „Deutsche", „Norweger" sowie sämtliche weitere Nationalitäten beziehungsweise „ethnische Marker" verwenden, handelt es sich dabei also nicht zwingend um Kategorien, denen sich die so Bezeichneten sich selbst zuordnen würden. Dies ist auch der Grund dafür, weshalb diese Begriffe in Anführungszeichen wiedergegeben werden.

Forschungsfragen

Ausgehend von dem bestehenden Vorwissen (Kapitel 2) [39] und den festgestellten Wissenslücken in der Erforschung von ethnischer Segregation (Abschnitte 1.2 und 1.3) wurde eine Reihe von Forschungsfragen zu den zwei Aspekten des Erkenntnisinteresses generiert. Dies erfolgte sowohl im Vorfeld als auch während der Erhebungsphase, in Anlehnung an den *Grounded-Theory-Ansatz* (siehe Kapitel 3). Die wichtigsten Forschungsfragen, die den Forschungsprozess begleiteten, waren:

1. Welche Rolle spielen ethnische Kategorien, wenn die Befragten die städtischen Teilgebiete und deren Bewohner beschreiben?
    1.a Prägt die „ethnische Zugehörigkeit" der Bewohner eines städtischen Teilgebietes die Wahrnehmung und Bewertung dieses Gebiets?
    1.b Ist es für die Wahrnehmung und Bewertung eines städtischen Teilgebietes relevant, um welche „ethnische Gruppe" (zum Beispiel „Deutsche" oder „Türken" vs. „Norweger" oder „Somalier") es sich handelt?
    1.c Aus welchen Quellen beziehen die Befragten ihre Wahrnehmungen und Bewertungen von städtischen Teilgebieten und deren Bewohner?
2. Prägt die „ethnische Zugehörigkeit" die Wahrnehmung von großstädtischen Bewohnern?

---

[38] Siehe hierzu die Debatte um „Migrationsvordergrund", bei der vor allem „Deutschtürken" ihre Frustration darüber zum Ausdruck bringen, dass ihr Migrationshintergrund in sozialen Zusammenhängen stets in den Vordergrund gestellt wird (u.a. Stuttgarter Zeitung 2010).
[39] Vgl. Strauss und Corbin 1996.

2.a Werden „Migranten" als „Andere" beziehungsweise als „Fremde" wahrgenommen? Wenn ja: Gibt es unterschiedliche Wahrnehmungen, etwa je nach Nationalität, in Bezug darauf, ob „Migranten" als „Fremde" wahrgenommen werden?
2.b Nehmen Bewohner der Großstädte Berlin und Oslo, die *keinen* Migrationshintergrund haben, sich selbst als „Deutsche" beziehungsweise „Norweger" wahr?
2.c Lässt sich anhand der Äußerungen der Befragten erkennen, dass soziale Problemlagen oder Kriminalität mit „ethnischer" oder „kultureller" Herkunft erklärt wird (vgl. das Konzept der Ethnisierung)?
3. Werden Abhängigkeiten zwischen der „ethnischen Zugehörigkeit" der Bewohner eines Wohngebietes/Stadtteils und der Wohnortattraktivität des Gebietes ausgesprochen?
3.a Werden Wohngebiete, in denen vergleichsweise viele Bewohner mit Migrationshintergrund leben, von den befragten Mehrheitsangehörigen als potentielle Wohnorte angegeben? Wenn nicht: Hängt die Ablehnung dieser Wohnorte als Wohnortpräferenz damit zusammen, dass diese Orte mit „vielen Migranten" assoziiert werden?
3.b Spielt die (wahrgenommene) „ethnische Zugehörigkeit" der Bewohner eines Wohngebietes/Stadtteils in den Äußerungen der Befragten zu ihren eigenen Wohnortpräferenzen beziehungsweise -entscheidungen eine Rolle?
3.c Äußern die Befragten Präferenzen für „deutsche" beziehungsweise „norwegische" Nachbarn? Wenn ja, wie wird es begründet? (zum Beispiel Präferenz für räumliche Nähe zu „Gleichgesinnten"?)
3.d Wie wichtig ist die „Empfindung sozialer Nähe zu den Nachbarn" für Wohnortpräferenzen beziehungsweise -entscheidungen, im Vergleich zu anderen „objektiven" Kriterien?
3.e Wie wichtig ist „der Ruf" beziehungsweise „das Image" eines Wohngebiets für Wohnortpräferenzen und Wohnortwahl?

Der Beitrag zur Segregationsforschung

Mit dem gewählten Forschungsdesign ist es nicht möglich, den theoretisch plausiblen Zusammenhang zwischen der Segregation von Migranten und Mehrheitsangehörigen und „ethnischer Zugehörigkeit" empirisch zu überprüfen. Die empirischen Erhebungen, die hier präsentiert werden, stellen den ersten Schritt in die Richtung dieses Ziels dar. Meines Erachtens wären insgesamt drei Schritte erforderlich, wobei der zweite und dritte Schritt von den Erkenntnissen der vorausgegangenen Untersuchungen abhängt.

Sollte meine Untersuchung zu Hinweisen darauf führen, etwa dass a) mehrheitsangehörige Großstadtbewohner es bevorzugen, mit anderen Mehrheitsangehörigen zusammenzuwohnen, oder b) dass „Migrantenviertel" aufgrund von negativen Wahrnehmungen von Migranten beziehungsweise deren „fremder Kultur" für Mehrheitsangehörige als wenig attraktiv gelten, wäre eine Grundlage für den zweiten Schritt geschaffen: Die Erfassung der Bedeutung dieser Faktoren für tatsächliche Wohnortentscheidungen von Mehrheitsangehörigen anhand eines quantitativen Forschungsdesigns. Sollte sich dann herausstellen, dass „ethnische Zugehörigkeiten" beziehungsweise ethnische Kategorien die Wohnortentscheidungen beeinflussen, wäre im dritten Schritt zu überprüfen, ob beziehungsweise wie stark sich dies auf die Segregation von Personen mit und ohne Migrationshintergrund auswirkt[40].

Die Entscheidung für Berlin und Oslo

Aus den vorangegangenen Ausführungen (Abschnitte 1.1 bis 1.5) geht hervor, dass ich mich in meiner Arbeit auf die Erforschung von ethnischer Segregation in Deutschland und Norwegen konzentriere, weil hier die Betrachtung und Analyse von ethnischer Segregation bislang sehr einseitig erfolgt ist. Die Auswahl der Fälle hing auch damit zusammen, dass es sich um zwei verschiedene nationalgesellschaftliche Kontexte handelt, die in je spezifischer Weise als besonders sensibel gegenüber kultureller Diffamierung und Diskriminierung sein wollen. So war eine Vorüberlegung, dass die Rolle der Mehrheitsbevölkerung für die Entstehung von ethnischer Segregation möglicherweise deshalb kaum untersucht wurde, weil es gesellschaftlich tabuisiert wird.

Während andere ehemalige Kolonialmächte wie Großbritannien, Spanien, Portugal und Holland über „Rassen" und Rassismus diskutieren, ist dies in Deutschland seit der Niederschlagung des deutschen Faschismus ein gesellschaftliches Tabu (Treichler 2004: 85). In Deutschland ist stattdessen von „ethnischen" beziehungsweise „kulturellen" Abweichungen der „ethnischen Minderheiten" die Rede. Politische und zivilgesellschaftliche Vertreter in Deutschland werben für „Toleranz" gegenüber Migranten und die durch die Einwanderung erfolgte „Multikulturalität"

---

[40] An dieser Stelle möchte ich ausdrücklich darauf hinweisen, dass die Relevanz von „ethnischer Zugehörigkeit" für Segregation auch auf anderem Wege als durch Wohnortentscheidungen von Stadtbewohnern erfolgen kann – etwa durch diskriminierende Praktiken von Gatekeepern auf dem Wohnungsmarkt oder strukturelle Diskriminierung von Angehörigen ethnische Minderheiten, etwa auf dem Arbeitsmarkt oder im Bildungssystem (Goldberg et al. 1995; Østerud et al. 2003; Wagner 2005; Kristen 2006; Rogstad 2006; Støren 2006; Baumert et al. 2006; Gomolla und Radtke 2007; Kalter 2008; Blom und Henriksen 2008; Blokland 2008: 376; Miegel et al. 2008; Hurrelmann und Zürn 2009).

wird oft als eine gesellschaftliche Bereicherung dargestellt (vgl. Gesemann 2005; Lanz 2007; Binder 2007). So werden zwar Unterschiede in der Bevölkerung betont, aber diskriminierende oder gar rassistische Einstellungen und Praktiken entschieden zurückgewiesen und womöglich deshalb wenig thematisiert.

In Norwegen steht ebenfalls eine strikte Ablehnung von diskriminierenden Einstellungen hoch im Kurs. Seit Anfang der 1990er Jahre pflegt Norwegen durch das Engagement für Konfliktlösung, Frieden, Demokratie und Menschenrechte in der Außenpolitik das Image einer „moralischen und humanitären Großmacht" (Østerud et al. 2003: 51). So präsentiert sich Norwegen als Vertreter einer „kosmopolitischen Spiritualität" (Thune und Ulriksen 2002). Und dies hat eine lange Tradition. Insbesondere seit dem Amtsantritt von Trygve Halvdan Lie als UNO-Generalsekretär im Jahre 1946 genießt das Land internationales Ansehen als Verteidiger eines „universellen Humanismus".

Dies hat Konsequenzen für norwegische Identitätskonstruktionen und Auffassungen vom „Norwegischen" gehabt (Tvedt 2005: 483). Tvedt verwendet in diesem Zusammenhang den Begriff „das nationale Barmherzigkeitsregime" (ebd.), um die stark verbreitete Auffassung zu beschreiben, dass es „typisch norwegisch" sei, „gut" oder barmherzig zu sein. So dominiert auch innenpolitisch eine Philosophie der „Gleichheit der Bürger" (Gullestad 2002; Seeberg 2002), die auch dem dortigen Wohlfahrtsregime zugrunde liegt (vgl. Esping-Andersen 1990).

Es gab unterschiedliche Gründe dafür, die Befragung in den Städten Berlin und Oslo durchzuführen. Erstens: In beiden Städten ist ein „signifikantes" Ausmaß von ethnischer Segregation festgestellt worden (u.a. Blom 2006; Häußermann und Förste 2008). In Berlin wurde für 1996 und 2006 ein Dissimilaritätsindex für türkische Staatsbürger von 58 respektive 59 festgestellt (Häußermann 2008d). Für Oslo hat Blom einen mäßigen bis hohen Dissimilaritätsindex unter „Migranten aus Drittweltländern" festgestellt, der je nach Gruppe zwischen 30 und 50 Prozent liegt (Blom 2002: 63f.). Oslo ist im Übrigen auch die einzige norwegische Stadt, in der ethnische Segregation als „signifikant" gilt (Brevik et al. 1998)[41].

Zweitens: Es gibt bereits Studien aus beiden Städten, die einen Zusammenhang zwischen Wohnortentscheidungen von Mehrheitsangehörigen und einen als „zu hoch" empfundenen Migrantenanteil herausstellen (siehe Abschnitt 1.4). Drittens: Beide Städte, beziehungsweise bestimmte Stadtteile in diesen Städten haben eine unvergleichbare Aufmerksamkeit in Medienberichterstattungen erfahren. So wurden insbesondere der Osloer Stadtteil Grønland (Innenstadt) sowie die Großsiedlungen am Stadtrand (sogenannte „Trabantenstädte") immer wieder mit dem Ghetto-Begriff konnotiert und die steigenden Anteile von Bewohnern mit „nicht-

---

[41] Der Anteil der Bevölkerung in Oslo „mit Migrationshintergrund" lag im Jahr 2010 bei rund 27 Prozent, davon 18 Prozent aus „nicht-westlichen" Ländern (Statistisk Sentralbyrå 2010). Oslo ist auch die Stadt mit dem höchsten Anteil an „Migranten" in Norwegen (ebd.).

westlichem" Migrationshintergrund dort mit Sorge betrachtet (zum Beispiel VG-Nett 2010a; vgl. auch Sæter und Ruud 2005: 189). In Berlin sind es vor allem die Stadtteile Kreuzberg und Neukölln, die eine unvergleichbare öffentliche Aufmerksamkeit auf sich gezogen haben. Unter anderem sind sie als „Beleg" für „existierende Parallelgesellschaften auf deutschem Boden" dargestellt worden (vgl. Heitmeyer 1998; Heitmeyer 2000; Best und Gebhardt 2001; Häußermann 2007b). Interessant ist Berlin auch deshalb, weil sie als eine Stadt der (multikulturellen) Konflikte identifiziert worden ist, so Häußermann und Kapphan (2002):

> Das multikulturelle Berlin ist eine Stadt der Konflikte: um Moscheebauten, Minarette und den Gebetsruf, um türkisch dominierte Wochenmärkte und den vermeintlich letzten deutschen Bäcker.
> (Häußermann und Kapphan 2002: 218)

Gleichzeitig hat die Stadt den Anspruch, eine „offene" (Häußermann 2008a) und „vielfältige" (Kleff und Seidel 2009) Stadt zu sein. Berlin will seine „Vielfalt fördern" (siehe Senat von Berlin 2007) und geht ausdrücklich mit seiner „Multikulturalität" feierlich um – wie etwa mit der im März 2011 gestarteten Kampagne „be Berlinternational" ersichtlich wird: „Sei international, sei vielfältig, sei Berlin" (Senat von Berlin 2011). Allerdings lässt sich bezweifeln, ob diese Sichtweise von der Masse der Stadtbewohner tatsächlich geteilt wird[42] – beispielsweise ob sie auch dann uneingeschränkt gilt, wenn die Internationalität und „Vielfalt" vor der eigenen Haustür beziehungsweise in der Schule ihrer Kinder spürbar wird[43].

1.6 Aufbau des Buches

Im folgenden Kapitel werden die theoretischen Grundlagen der Arbeit erläutert. Im ersten Teil des Kapitels wird die stadtsoziologische Sicht auf den städtischen Raum erörtert. Daraus geht hervor, dass die Raumstruktur als der Ausdruck von sozialen und gesellschaftlichen Prozessen interpretiert wird – darunter auch soziale Abgrenzungsprozesse zwischen Bewohnern. Im zweiten Teil des Kapitels werden Grundlagen aus der Migrationsforschung (darunter sozialanthropologische, soziologische und politikwissenschaftliche Perspektiven) vorgestellt. Anhand dessen wird gezeigt, dass ethnische Zugehörigkeit als ein relationales Konzept verstanden wird. Und

---

[42] Hier könnte man meinen, die Lancierung einer politischen Strategie beziehungsweise „Integrationskonzeptes" mit dem Titel „Vielfalt fördern- Zusammenhalt stärken" (Senat von Berlin 2007) zeuge davon, dass hier viel Handlungsbedarf ist.
[43] Siehe hierzu Häußermann und Siebel 2001a: Nach den Einschätzungen der Autoren können Angehörige der Mittelklasse die „Multikulturalität" deshalb befürworten, weil sie damit nur begrenzt in Berührung kommen.

weiter, dass seit einigen Jahren vermehrt über „soziale Abgrenzungsprozesse in ethnischer Hinsicht" seitens Mehrheitsangehöriger gegenüber „Ausländern", „Migranten" oder „Asylbewerbern" berichtet wird. Am Ende des Kapitels werden die Grundlagen zusammengeführt und daraus die zentrale These der Arbeit formuliert.

Im dritten Kapitel wird das methodische Vorgehen erläutert. Dort wird unter anderem dargelegt, nach welchen Kriterien die Teilnehmer ausgewählt wurden und wie die Befragungen durchgeführt und ausgewertet wurden.

In den Kapiteln vier bis einschließlich sechs werden die Ergebnisse aus der Untersuchung in Berlin präsentiert. Dabei bearbeitet jedes Kapitel einen jeweils anderen Aspekt des Erkenntnisinteresses der Arbeit (siehe Abschnitt 1.5). Im vierten Kapitel wird der Einfluss von „ethnischer Zugehörigkeit" auf die Wahrnehmung und Bewertung von Berliner Stadtgebieten untersucht. Ein zentraler Befund ist hier, dass die Teilnehmer durchaus in diesem Zusammenhang von „Migranten" oder „Ausländern" (usw.) sprechen. Deshalb befasst sich das fünfte Kapitel mit der Frage, wie die Teilnehmer „Migranten" oder „Ausländer" wahrnehmen. Ist etwa zu beobachten, dass sie als „Fremde" wahrgenommen werden beziehungsweise als „anders" im Vergleich zu „Deutschen"? Hier werden also Informationen darüber gesammelt, ob auch großstädtische Stadtbewohner (ohne Migrationshintergrund) eine soziale Distanz zu „Migranten" zum Ausdruck bringen, weil dies – so die stadtsoziologische Theorie – folgenreich für die Wohnortwahl sein könnte. Im sechsten Kapitel wird dargestellt, welche Äußerungen die Teilnehmer machen, in Bezug auf die Frage, ob die „ethnische Zugehörigkeit" der Bewohner der Wohnumgebung eine Rolle spielt für die Wohnortpräferenzen. Die Frage wird dabei in zwei Aspekte unterteilt. Erstens, ob Präferenzen für „deutsche" Nachbarn ausgesprochen werden und zweitens, ob „Migrantenviertel" als potentielle Wohnorte in Frage kommen. Am Ende des Kapitels sind zudem Aussagen in Bezug auf die Bedeutung von sozialen Faktoren für Wohnortpräferenzen beziehungsweise -entscheidungen eingebunden.

In den Kapiteln 7 bis einschließlich 9 werden die Ergebnisse aus der Osloer Untersuchung präsentiert. Dabei werden in Kapitel 7 dieselben Untersuchungsaspekte wie in Kapitel 4 für die Berliner Falluntersuchung behandelt, Kapitel 8 behandelt dieselben Aspekte für den Fall Oslo wie Kapitel 5 für den Fall Berlin und Kapitel 9 dieselben wie Kapitel 6 (siehe oben).

In Kapitel 10 werden die Erkenntnisse aus den beiden Falluntersuchungen zusammengetragen und im Kontext der zentralen Forschungsfragen der Arbeit (siehe Abschnitt 1.5) diskutiert. Und schließlich wird im elften und letzten Kapitel des Buches diskutiert, welche Bedeutung die Erkenntnisse dieser Arbeit für die Erforschung von ethnischer Segregation hat.

2 Der Zusammenhang zwischen ethnischer Segregation und ethnischer Zugehörigkeit

In diesem Kapitel wird der Zusammenhang zwischen ethnischer Segregation und ethnischer Zugehörigkeit diskutiert. Dafür werden theoretische und empirische Erkenntnisse aus sehr unterschiedlichen Fachtraditionen zusammengeführt. Im ersten Abschnitt (2.1) wird die stadtsoziologische Perspektive auf den städtischen Raum und auf das Phänomen der Segregation vorgestellt. Hier wird unter anderem gezeigt, warum sich die Stadtsoziologie mit dem städtischen Raum beschäftigt, und welche Erkenntnisse die Stadtsoziologie über die Ursachen von Segregation gewonnen hat. Zudem erfolgt eine Zusammenfassung der deutschen und norwegischen Diskussion über die Ursachen der spezifisch ethnischen Dimension von residentieller Segregation.

Im zweiten Abschnitt (2.2) wird anlässlich der engen und einseitigen Auseinandersetzung mit dem Einfluss von „ethnischer Zugehörigkeit" beziehungsweise „Ethnizität" in der Segregationsforschung (siehe hierzu die Erläuterungen in den Abschnitten 1.2 und 1.3), die *erweiterte* beziehungsweise *andere* Perspektive auf ethnische Zugehörigkeit vorgestellt. Dazu gehört die Definition von ethnischer Zugehörigkeit als ein relationales und soziales Konzept. Anders als im Falle des Merkmals „Rasse" beschreibt ethnische Zugehörigkeit *soziale* (und nicht körperliche, biologische) Unterschiede. Die Zugehörigkeit zu einer ethnischen Gruppe ist demnach die Folge *sozialer beziehungsweise ethnischer Grenzziehung*. Damit wird auch deutlich, dass nicht nur die Migranten und deren Verhältnis zur Mehrheitsgesellschaft betrachtet werden muss, sondern auch das Verhältnis der Mehrheitsangehörigen zu den Migranten. In diesem zweiten Abschnitt wird auch thematisiert, welche Bedeutung die Kategorisierung der Menschen in unterschiedliche ethnische Gruppen für das Verständnis und die Einstellung zur eigenen beziehungsweise zur fremden Gruppe hat. Im Anschluss daran werden empirische Erkenntnisse über die Bedeutung von ethnischer Zugehörigkeit für soziale und gesellschaftliche Prozesse in Deutschland und Norwegen vorgestellt.

Im dritten und letzten Abschnitt dieses Kapitels werden dann die unterschiedlichen Erkenntnisse, die in dem Kapitel vorgestellt werden, zusammengeführt und daraus eine zentrale These abgeleitet, die als Kontext beziehungsweise übergeordnete Fragestellung der vorliegenden Arbeit gelten kann. Es wird im Rahmen dieser Arbeit nicht möglich sein, diese These vollständig zu bearbeiten (siehe die Ausführungen zum Untersuchungskonzept dieser Arbeit in Abschnitt 1.5). Deshalb wird sie an dieser Stelle als Anregung für die weitere Erforschung von ethnischer Segregation in Deutschland und Norwegen erläutert.

2.1 Die stadtsoziologische Perspektive auf den städtischen Raum

2.1.1 Die Stadt als Ergebnis von Gesellschaft

Aus Sicht der Stadtsoziologie stellt die Stadt das „Ergebnis und Sinnbild übergeordneter gesellschaftsgültiger Prozesse" dar (Häußermann und Kemper 2005: 46). Demnach ist die Stadt ein Ort, „an dem die Wesenszüge und Strukturprobleme moderner Vergesellschaftung sich als und in ‚städtischen' Formationen quasi avantgardistischer Manier konstituieren" (ebd.). Die Struktur der Stadt, so Läpple, wird durch gesellschaftliche Kräfte geformt (Läpple 1991; vgl. auch Dangschat 2000a; Dangschat 2007; Mückenberger et al. 2008). Hamm (1982) hält fest, dass der (städtische) Raum nur deshalb soziologisch interessant ist, weil damit „soziale Organisation" zum Ausdruck gebracht wird (ebd.: 24). Häußermann und Siebel (2001a) erklären, dass die Merkmale und Mechanismen, nach denen der städtische Raum strukturiert ist, von der „gesellschaftlichen Formation" vorgegeben werden:

> Der Raum der Stadt ist stets sozial definierter Raum. Aber nach welchen Merkmalen er definiert ist – nach Geschlecht, Religion, Schicht oder Ethnizität –, über welche Mechanismen sich diese sozialen Merkmale in räumliche Strukturen übersetzen – durch physische Gewalt, über Marktmechanismen oder durch politische Planung – und wie die so entstandene Stadtstruktur wahrgenommen und bewertet wird – als gottgewollt, als quasi naturgesetzlich gegeben, als wünschenswerter Zustand oder als zu bekämpfende Ungerechtigkeit –, all dies wandelt sich mit der jeweiligen gesellschaftlichen Formation (Häußermann und Siebel 2001a: 71).

So ist die stadtsoziologische Auseinandersetzung mit sozialräumlicher Segregation darin begründet, dass (städtische) soziale Ungleichheit durch ihr Abbild im (städtischen) Raum analysiert werden kann (Dangschat 2000a: 211; vgl. Hamm 1982; Hamm 2003)[44].

2.1.2 Wie entsteht Segregation?

Die sozialräumliche Struktur einer Stadt ergibt sich aus der unterschiedlichen Attraktivität von Wohnquartieren, aus den Standortpräferenzen und der Kaufkraft der privaten

---

[44] Siehe hierzu Friedrichs (2000) Unterscheidung von „Segregation als Zustand" vs. „Segregation als Prozess" (ebd.: 174).

Haushalte und aus der Art und Weise, wie die Wohnungen auf die Bevölkerung verteilt beziehungsweise wie der Bevölkerung die Wohnungen zugeteilt werden. Je weniger Einfluss der Staat auf die Zuteilung von Wohnungen hat, desto direkter entscheiden Marktprozesse. Auf dem Markt unterscheiden sich die Preise der Wohnungen einerseits nach Qualität und Lage, und andererseits [...] nach dem sozialen Milieu beziehungsweise dem Prestige, das sich in der Wahrnehmung der Wohnungssuchenden mit einem bestimmten Gebiet verbindet (Häußermann 2008b, S. 342).

Die Segregation verschiedener Bevölkerungsgruppen (Gruppen, die sich hinsichtlich sozioökonomischer, demographischer oder ethnischer Merkmale unterscheiden[45]) in einer Stadt ist die Folge von Bedingungen sowohl auf der individuellen als auch auf der strukturellen Ebene (siehe Friedrichs 2000: 177ff.; sowie u.a. Dangschat 2000a; Häußermann und Siebel 2004).

Der Einfluss von Individuen beziehungsweise einzelnen Haushalten auf Segregation erfolgt aufgrund von unterschiedlichen Präferenzen und Ressourcen sowie das Ausmaß an Restriktionen, denen sie unterliegen (siehe Friedrichs 2000: 177). Ein wichtiger Einflussfaktor für Wohnortpräferenzen auf der individuellen Ebene ist der Wunsch, in einer Umgebung zu wohnen, in denen Menschen leben, die einem selbst hinsichtlich mehrerer Merkmale ähnlich sind (ebd.; vgl. Park 1926; Sennett 1970)[46]. Die Möglichkeit, diese Präferenz bei der Wohnortwahl zu verwirklichen, hängt allerdings von den Ressourcen des Individuums/Haushalts ab (ebd.). Eine wichtige Voraussetzung für die Umsetzung von Wohnortpräferenzen ist, dass das entsprechende ökonomische Kapital für die Wohnung (zum Beispiel durch das Einkommen) zur Verfügung steht (vgl. auch Häußermann und Siebel 2004: 139; Läpple und Walter 2007). Ist dies vorhanden, so setzt sich als zweites ein „kultureller Filter" ein: Die Auswahl eines Wohnortes, der zu dem eigenen Lebensstil am ehesten passt (Friedrichs 2000: 178). Dann sind auch noch weitere Faktoren wichtig, um in den wählbaren Wohngebieten auch tatsächlich eine Wohnung zu finden (ebd; Häußermann und Siebel 2004: 139; Läpple und Walter 2007).

Eine weitere wichtige Restriktion sind Vorurteile und diskriminierende Praktiken auf dem Wohnungsmarkt (siehe Gestring et al. 2006; Rogstad 2006; Kilic 2008: siehe Abschnitt1.3). Durch ihr Verhalten können Makler, Vermieter und auch Nachbarn verhindern, dass ein Individuum/Haushalt in ein gegebenes Wohngebiet ziehen kann (vgl. Friedrichs 2000: 179). Diese Form der Restriktion kann ebenfalls

---

[45] Die Analyse der ungleichen wohnräumlichen Verteilungen von Bevölkerungsgruppen in einer Stadt erfolgt in der Segregationsforschung anhand von drei unterschiedlichen Perspektiven (hier nach Häußermann und Siebel 2004: 143). Sie erfolgt entweder nach sozioökonomischen Merkmalen (Einkommen, Berufsqualifikation und Bildungsstand), nach demographischen Merkmalen (Alter oder Haushaltsgröße) oder nach ethnischer Zugehörigkeit (mit oder ohne Migrationshintergrund beziehungsweise nach „Rasse").
[46] Neben strukturellen Faktoren, die Wohnortpräferenzen beeinflussen, wie Lage, bauliche und infrastrukturelle Aspekte sowie soziale Netzwerke (siehe Wessel 1997; Brevik et al. 1998; Dangschat 2000a; Dangschat 2000b; Häußermann und Siebel 2004).

einflussreich sein für das Auftreten von Segregation, wie bereits in nordamerikanischen Studien dokumentiert worden ist (u.a. Turner et al. 2002; siehe auch Massey und Denton 1993). Mit Dangschat (2000) wird deutlich, dass ein solcher Mechanismus nicht nur in Nordamerika, sondern *überall* eine plausible Erklärung von Segregation darstellt: „Im Zuge wieder zunehmender sozialer Ungleichheit und wachsenden Bedeutung askriptiver Merkmale (wie Hautfarbe, Geschlecht, Alter, Behinderungen etc.) zur Diskriminierung ‚fremder' Menschen erhält die ungleiche Verteilung der Wohnstandorte von sozialen Gruppen in einer Stadt (‚residentielle Segregation') wieder eine verstärkte Bedeutung." (Dangschat 2000a: 209).

Strukturelle Bedingungen, die Segregation beeinflussen, sind vor allem das Angebot an Wohnraum in den jeweiligen Wohngebieten in der Stadt (Friedrichs 2000: 179; Häußermann und Siebel 2004). Hierbei sind Größe, Lage, Ausstattung und Mietpreis der Wohnung (analog des Hauses) von Bedeutung sowie Ausprägungen und Qualitäten der Infrastruktur in den jeweiligen Gebieten (zum Beispiel Geschäfte, Schulen, Erholungsflächen usw.). Auch milieuspezifische Merkmale von Stadtgebieten (etwa Angebote für bestimmte Lebensstilsgruppen), Eigentumsverhältnisse und Wohnungsmarktpolitik (u.a. die geografische Streuung von sozialem Wohnungsbau) beeinflussen Segregation (vgl. auch Wessel 1997; Brevik et al. 1998; Dangschat 2000a; Häußermann und Siebel 2004). Für die Segregation in „ethnischer Hinsicht" kann die Zahl der Ausländer beziehungsweise Migranten in der Stadt von Bedeutung sein (Friedrichs 2000: 179). Je größer die Zahl der Angehörigen einer Minorität ist, desto eher entstehen eine ethnische Infrastruktur und ethnische Arbeitsmärkte, so Friedrichs (ebd.; vgl Floeting et al. 2005).

Aufgrund der Hierarchisierung des städtischen Raumes in „attraktiven" und „weniger attraktiven" Lagen und der Etablierung von unterschiedlichen Milieus in städtischen Teilgebieten korrespondiert der Wohnort einer Person oder Gruppe mit dem sozialen Status dieser Person oder Gruppe (Hamm 2003: 300). Oder wie es Bourdieu (1991) formuliert: Der „von einem Akteur eingenommene Ort und sein Platz im angeeigneten physischen Raum [sind] hervorragende Indikatoren für seine Stellung im sozialen Raum" (ebd.: 25)[47].

2.1.3 Segregation als Abbild sozialer Abgrenzungsprozesse

Die Beschäftigung mit dem Thema Segregation in der Stadtsoziologie geschieht vor dem Hintergrund, dass die räumliche Distanz zwischen verschiedenen Bevölke-

---

[47] Die „Stellung im sozialen Raum" bezieht sich hier sowohl auf die Stellung im „Raum der Lebensstile"; u.a. „kultureller Geschmack", „Wertemuster" als auch auf die Stellung im „Raum der sozialen Positionen", das System sozialer Hierarchie, das aus dem Volumen vom „ökonomischem", „sozialem" und „kulturellem" Kapital gebildet wird (Bourdieu 1991; weitere Erläuterungen hierzu in Dangschat 2000: 209).

rungsgruppen als Ausdruck von sozialer Distanz zwischen den Gruppen interpretiert wird (vgl. Bourdieu 1991; Siebel 1997; Friedrichs 2000; Häußermann und Siebel 2001a; Häußermann 2008e)[48]. Bereits im Jahre 1903 formulierte Simmel die bis heute noch gültige Annahme, dass „räumliche Grenzen" mit „psychologischen" und „sozialen" Abgrenzungsprozessen von Individuen zusammenhängen[49]: „Nicht die Länder, nicht die Grundstücke, nicht der Stadtbezirk und der Landbezirk begrenzen einander; sondern die Einwohner oder Eigentümer üben die gegenseitige Wirkung aus", hielt Simmel in seinen Ausführungen über den städtischen Raum als eine „soziale Tatsache" fest (Simmel 1903b).

Dabei gilt die Annahme, dass die Attraktivität eines Wohnortes maßgeblich durch das Empfinden sozialer Nähe zu den dort lebenden Bewohnern beeinflusst wird (vgl. Wessel 1997; Hansen und Brattbakk 2005; Häußermann 2008b). So vermeiden Personen mit „hohem Sozialstatus" ganz bewusst und forciert Wohngegenden, in denen vermehrt Personen mit „niedrigem Sozialstatus" (vor allem „Arme", „Arbeitslose" und „Ausländer"[50]) leben (vgl. Wessel 1997; Siebel 1997: 39f.; Häußermann und Siebel 2001a: 75)[51].

Für diejenigen, die ihren Wohnort auswählen können (siehe oben), spielt also der Wunsch, mit „Gleichgesinnten" beziehungsweise Menschen mit einem ähnlichen sozialen Status zusammen zu leben, eine wichtige Rolle (u.a. Sennett 1970; siehe auch Friedrichs 2000: 177 sowie zur „Konflikthypothese": Häußermann und Siebel 2004: 182f.). Schroer (Schroer 2005) bezeichnet dieses Phänomen als eine „weit verbreitete, empirisch gut belegte Tendenz" (ebd.: 246). Er fügt hinzu, dass der Wunsch nach sozialer Homogenität im Wohnumfeld eine Reaktion auf empfundene Bedrohung durch die permanente Fremdheit im städtischen Alltag sei (ebd.). Das Wohnumfeld diene somit als eine „Enklave des Vertrauten"; als Zufluchts- und Rückzugsort (ebd.). Nach Bourdieu (Bourdieu 1991: 32) ist es eben dieser Wunsch nach sozialer Homogenität, der Segregationsprozesse antreibt (vgl. auch Häußermann und Siebel 2004: 159).

Wie dies konkret aussehen kann, zeigt eine Befragung von „Akademikerinnen" in Prenzlauer Berg zu ihren Wohnortentscheidungen (Bernien 2005). Darin berichteten die Befragten, dass „die generelle Ähnlichkeit und die ähnliche Lebensweise

---

[48] Die soziale Abgrenzung zwischen Stadtbewohnern wird als eine grundlegende Ursache für Segregationsprozesse erachtet, die wiederum mit anderen strukturierenden Mechanismen verflochten ist (zum Beispiel Wohnungsmarktmechanismen (teure vs. günstige Wohngebiete), Struktur des Wohnungsangebots (etwa wo welche Baustrukturen vorzufinden sind) – siehe Darstellung oben).
[49] In ihren Grundzügen wird diese Annahme noch heute als gültig erachtet – allerdings wird in der heutigen Stadtsoziologie stärker betont, dass Sozialstrukturen und Hierarchisierungen städtischer Teilräume vor allem auch durch politische und ökonomische Faktoren beeinflusst werden (siehe Dangschat 2000; vgl. auch Häußermann und Siebel 2004).
[50] Siehe ebd.; vgl. auch Friedrichs 2000: 181ff.; Böltken 2000; Gesemann 2005: 43f.; Gestring et al. 2006: 78; Vassenden 2008.
[51] Vgl. das Konzept „freiwillige Segregation" (u.a. Siebel 1997: 39; Häußermann und Siebel 2001a: 76; Krummacher 2007: 111).

der Quartiersbewohner" (die Zugehörigkeit zu der Altersgruppe der 20- bis 45-Jährigen, die gleichartige Biographien, Interessen, Verhaltensweisen, weitgehend gleichen Lebensvorstellungen und ein ähnlich hohes Bildungsniveau) mit ihnen selbst zu der Entscheidung für Prenzlauer Berg als Wohnort wesentlich beigetragen habe (ebd.). Abschließend heißt es zusammenfassend: „Die Konzentration dieser Personengruppe im Prenzlauer Berg [...] gründet sich auf einer mentalen, symbolischen Distinktion zu anderen Gruppen, wodurch wiederum die räumliche Abgrenzung reproduziert und verstärkt wird." (ebd.: 84).

2.1.4 Der Einfluss von Wahrnehmung auf die Struktur der Stadt

Die Attraktivität und damit auch die Entwicklung eines städtischen Gebiets wird zudem wesentlich durch die Wahrnehmungen und Bewertungen bestimmt, die mit diesem Gebiet verbunden werden. Nach Herlyn (1974a) lassen sich „die verschiedenen Gliederungseinheiten" einer Großstadt nicht nur „durch ihren Bau-, Funktions- und Sozialcharakter bestimmen", sondern auch durch bestimmte Vorstellungen („bei Bewohnern oder Benutzern selbst und der übrigen Stadtbevölkerung") über die jeweiligen Gebiete (ebd.: 16).[52]

Dabei entsprechen die Wahrnehmungen und Bewertungen von Räumen nicht zwingend den „tatsächlichen" Verhältnissen vor Ort (vgl. Abschnitt 1.5; Herlyn 1974: 16; van Kempen 1994; Hansen und Brattbakk 2005: 40; Borer 2006; Haslum 2008)[53]. Dies ist dadurch zu erklären, dass Städte beziehungsweise städtische Teilgebiete erfahrene, er- und gelebte Orte sind (Löw 2008: 13). Baecker (2004) hält fest (vgl. auch Bourdieu 1991):

> Der Raum ist [...] keine vorgegebene physikalische Größe, sondern selbst das Resultat der Orientierung im Raum, das heißt einer Orientierung, die ihre Anlässe in der Kommunikation und im Bewusstsein hat und nicht im Raum selbst (nach Heidegger 1926: Baecker 2004: 261f.).

---

[52] So ist der Raum nicht als absolut oder als „gemacht" zu betrachten. Vielmehr entsteht der Raum immer wieder neu beziehungsweise wird der Raum immer wieder aufrechterhalten. Auch Stadtbewohner oder Touristen können maßgeblich zu Ab- und Aufwertungsprozessen von städtischen Gebieten beitragen – wie zum Beispiel im Falle von „Gentrification" geschehen (eine nähere Erläuterung zu Gentrification: u.a. Glass 1964; Hamnett 1991; Aspen 2005; Robbins 2005; Sæter und Ruud 2005; Freeman 2006; Newman und Wyly 2006; Holm 2006).

[53] Zum Beispiel haben Friedrichs und Blasius (2000) festgestellt, dass der Anteil negativer Äußerungen in Bezug auf „Ausländer" nicht mit dem tatsächlichen Anteil der „Ausländer" in dem jeweiligen Wohngebiet zusammenhängt (ebd.: 53; vgl. ähnliche Ergebnisse in der Studie von Hansen und Brattbakk 2005). Dies zeigt sich ebenfalls in Bezug auf gesellschaftliche Diskurse über „Migrantenviertel" – etwa Vorstellungen von diesen Quartieren als „besonders gefährliche" Orte (siehe Abschnitt 1.5).

Mit Hamm (1982) wird diese Sicht noch einmal verdeutlicht:

> So kann man sagen, dass es keinen Raum gibt, der nicht erst durch die Wahrnehmung (und Bewertung; d.V.[54]) soziale Bedeutung erlangte. Eben darin liegt die soziologische Bedeutung des Raumes begründet, dass es nicht existiert außer in unserer Wahrnehmung und dass diese Wahrnehmung immer und unausweichlich durch soziale Bezüge vorgeformt und vermittelt stattfindet. Damit wird Raum zu einer ‚soziologischen Kategorie' (Hamm 1982: 26, zit. nach Dangschat 2000: 145).

Lindner (2006) hat es so formuliert: „Cities are not empty pages, but narrative spaces in which particular (hi)stories, myths und parables are inscribed." (ebd.). Dadurch werden bestimmte Gegenden zu bestimmten Zeiten zum Symbol für bestimmte Prägungen, die Gefühlsreaktionen auslösen können – dies können zum Beispiel auch bestimmte „kulturelle" oder „ethnische" Symbole oder Prägungen sein (vgl. Firey 1974: 140f.; Best und Gebhardt 2001: 111).

Nach aktuellen Erkenntnissen in der Stadtforschung können Wahrnehmungen beziehungsweise Vorstellungen[55] von Wohnorten einen eigenständigen Einfluss auf Wohnortpräferenzen ausüben (u.a. Spellerberg 2007: 182; vgl. auch Dangschat 2000; Beckmann et al. 2006; Läpple und Walter 2007). Diesen Erkenntnissen zufolge legen bestimmte Bevölkerungsgruppen erheblichen Wert auf die „symbolische Bedeutung" ihres Wohnortes (ebd.). Und zwar nicht nur aufgrund des Wunsches, mit ähnlich Gesinnten zusammenzuleben, sondern auch deshalb, weil die symbolische Bedeutung des Wohnortes als „Bestätigung beziehungsweise Bestärkung der eigenen Identität" fungiere (vgl. Müller 1997; Dangschat 2000b: 147; Hyrve 2005; Hammer und Scheiner 2006: 29; Spellerberg 2007: 182; Häußermann 2008b: 340). Durch die symbolische Bedeutung des Wohnortes verringert sich die Anzahl potentieller Wohnorte für bestimmte Bevölkerungsgruppen (vgl. Häußermann und Siebel 2004: 157; vgl. Bourdieu 1991; Müller 1997; Aspen 2005: 137ff; Vester 2006; Spellerberg 2007), und die sozial selektive Ausprägung der Quartiere wird verstärkt (Läpple und Walter 2007: 133).

2.1.5 Erklärungen für ethnische Segregation

Vor diesem Hintergrund stellt sich die Frage, wodurch die Segregation in ethnischer Hinsicht verursacht wurde. Ist sie die Folge von individuellen Präferenzen mit „ethnisch" Gleichen zusammen zu wohnen? Oder fehlen den Migranten die erfor-

---

[54] Anmerkung aus dem Originaltext von Dangschat. D.V heißt hier offensichtlich „der Verfasser", also Jens Dangschat.
[55] Hier: Wahrnehmungen beziehungsweise Vorstellungen, die entweder aufgrund eigener Erfahrungen zu Stande gekommen sind oder die durch die Übernahme Wahrnehmungen beziehungsweise Vorstellungen Anderer (auch: aus Diskursen) entstanden sind (vgl. Herlyn 1974b).

derlichen ökonomischen Ressourcen, um die Miete in Gebieten, die als „attraktiver" gelten, zu bezahlen? Dies sind grundlegende Fragen für die Erforschung von ethnischer Segregation.

Es folgt ein kurzer Überblick über einschlägige Beiträge zur Erklärung von ethnischer Segregation in Deutschland und Norwegen. Die Darstellung dient zur Erläuterung gängiger Sichtweisen in der Diskussion und ist daher keineswegs vollständig[56]. Zusammengefasst lassen sich die Beiträge der Segregationsforschung als eine Diskussion über „positive" Sichtweisen auf die „Einwandererkolonien" und „negative" Bewertungen der Siedlungskonzentrationen beschreiben (vgl. Musterd et al. 1997; Söhn und Schönwälder 2007).

Die Erforschung ethnischer Segregation in Deutschland

Über mehrere Jahrzehnte hinweg ist die wohnräumliche Segregation von Migranten beziehungsweise Ausländern in deutschen Großstädten unter anderem als die Folge von sozialer beziehungsweise spezifisch „kulturell bedingter" Abgrenzung seitens der Migranten beziehungsweise Ausländer gegenüber der „Mehrheitsgesellschaft" interpretiert worden[57] (vgl. u.a. Friedrichs 1981, zit. nach Dangschat 2000: 211; Häußermann und Siebel 2004: 151). Nach dieser traditionellen Betrachtungsweise sei die Segregation nach „ethnischer Zugehörigkeit" das Abbild von existierenden „ethnischen Enklaven" beziehungsweise „ethnischen Kolonien" in den Großstädten (siehe Heckmann 1992; Häußermann 2001: 78; Krummacher und Waltz 2000; Häußermann und Siebel 2001a: 74f.; Häußermann und Kapphan 2002: 224; vgl. auch Gestring et al. 2006). Diese Betrachtungsweise basiert auf der Annahme, dass die Migranten beziehungsweise Ausländer bevorzugt mit „Ihresgleichen" in einem Quartier wohnen, weil sie dort „Schutz" beziehungsweise „Vertrautheit" vorfinden würden, wie Häußermann und Kapphan (2002) erläutern:

> Die ethnischen Kolonien, die es in jeder großen Stadt gibt, können für die Zuwanderer einen Schutzraum darstellen, in dem sie sich auf der Grundlage der Anerkennung ihrer mitgebrachten Identität mit der neuen Heimat auseinandersetzen können (vgl. Heckmann 1992; Heitmeyer 1998; Krummacher 2000). Gebiete mit einer hohen Konzentration von Bewohnern einer bestimmten Nationalität können insofern Übergangsorte darstellen, die nach innen sehr gut integriert sind, aber dennoch Brücken bilden, die die Integration in die Aufnahmegesellschaft ermöglichen. Sie gestatten sozusagen eine behütete Erfahrung mit Rückzugsgarantie (Häußermann und Kapphan 2002: 224).

---

[56] Für eine umfassendere Darstellung der Erklärungsansätze in Bezug auf Segregation nach „ethnischer Zugehörigkeit" siehe u.a. van Kempen und Özüekren (1998) sowie Häußermann und Siebel (2004).
[57] Diese Tradition hat ihren Ursprung in dem „sozialökologischen" Ansatz der „Chicagoer Schule" (Park 1926; vgl. Lindner 1990: 99f.).

Mit der Einführung des Begriffs „Parallelgesellschaften" durch Heitmeyer Ende der 90er Jahre (Heitmeyer 1996; Heitmeyer 1998: 464), wurde die wohnräumliche Segregation nach „ethnischer Zugehörigkeit" auch als Ausdruck von einer bewussten Abschottung seitens der Migranten interpretiert. Nach dieser Sichtweise sei die Segregation ein Ausdruck dafür, dass die Migranten die Integration verweigern würden. So werde die Errichtung von „Parallelwelten" angestrebt, in denen sie sich der Mehrheitsgesellschaft entziehen können. Diese Interpretation genießt bis heute große Popularität sowohl unter Journalisten und Politikern (siehe Häußermann 2007b) als auch in der deutschen Bevölkerung (u.a. Gruner 2006). Von wissenschaftlicher Seite wurde diese Sicht auf die wohnräumliche Segregation von Migranten stark kritisiert, und vor der Verwendung des Begriffs „Parallelgesellschaft" aufgrund der stigmatisierenden Wirkung gewarnt (siehe u.a. die kritischen Anmerkungen in: Häußermann und Kapphan 2002; Interview mit Klaus Bade im Spiegel-Online 2004; Häußermann 2007b; Kaschuba 2007; Bukow et al. 2007; Schiffauer 2008)[58].

Inzwischen sind Stadt- und Segregationsforscher weniger überzeugt von der Annahme, dass die wohnräumliche Segregation von Migranten eine von ihnen „gewollte" und „kulturell bedingte" räumliche Abgrenzung zum Ausdruck bringt. Ihre Zweifel hängen vor allem damit zusammen, dass empirisch nicht nachgewiesen werden kann, dass Migranten es bevorzugen, mit anderen Migranten zusammenzuleben, wie unter anderem von Diehl und Schnell (2006) angemerkt:

> The thesis of an increasing tendency of migrants to retreat into and to identify with their own ethnic group [...] has in fact a narrow empirical basis. [...] Even if empirical findings showed that migrants' language skills declined, that they have fewer German friends, and that they identify less with Germany than they used to, this does not imply the stability or strengthening of ethnic ties and identifications. Migrants can, for instance, feel excluded in their hostland without necessarily feeling more attracted to their (or their parents') homeland or to the ethnic enclave, a condition that has often been referred to as marginalization (see Esser 1980:225) (Diehl und Schnell 2006, S. 790).

Bereits die Studie von Alpheis (1988) hatte gezeigt, dass einen Effekt der Nachbarschaft auf die Häufigkeit interethnischer Kontakte nicht nachgewiesen werden konnte. Zu der gleichen Zeit formulierte Nauck, dass es sich um ein „ethnozentrisches Missverständnis" handele, wenn anhand der wohnräumlichen Konzentration von Migranten angenommen wird, dass sie untereinander intensive Sozialbeziehungen pflegen (1988: 326). Weitere Studien mit empirischen Erhebungen unter der migrantischen Bevölkerung ergaben, dass es keine Grundlage dafür gibt, ethnische Segregation als eine Folge von „kulturell bedingter" Abgrenzung seitens der

---

[58] Häußermann und Kapphan (2002) merken dazu kritisch an, dass diese Urteile „nur gegenüber solchen Quartieren geäußert [werden], in denen sich eine Kultur manifestiert, die stark abgelehnt wird" (ebd.: 224).

Migranten zu interpretieren. So wurde unter anderem in einer Studie im Auftrag des BAMF festgestellt, dass der größte Anteil der befragten Migranten es *nicht bevorzugen*, mit „Ihresgleichen" zusammenzuleben, sondern am liebsten in einem Viertel mit überwiegend „deutschen" Bewohnern wohnen wollen würde (Bundesamt für Migration und Flüchtlinge 2008: 50f.). Den bestehenden Erkenntnissen zufolge ist also davon auszugehen, dass Migranten in Deutschland „unfreiwillig" (Häußermann und Siebel 2001c; Häußermann und Siebel 2001a: 74f.; Krummacher 2007: 111) segregiert leben (vgl. dazu auch die explorative Studie von Horr 2008 sowie die Untersuchung von Drever 2004auf der Basis von SOEP-Daten[59]).

Und so kommt es, dass Stadt- beziehungsweise Segregationsforscher in Deutschland die Annahme, dass die ethnische Segregation das Abbild einer „kulturell bedingten" Abgrenzung beziehungsweise „Koloniebildung" seitens der „Migranten" darstelle, inzwischen für wenig plausibel halten. Sie halten es für wahrscheinlicher, dass die ethnische Segregation aufgrund einer mangelnden Zahlungsfähigkeit der „Migranten" und der daraus resultierenden fehlenden Wahlmöglichkeit auf dem Wohnungsmarkt zustande kommt. Schließlich gibt es eine weitgehende *Überlagerung von ethnischer und sozioökonomischer Segregation* in den Großstädten (u.a. Häußermann et al. 2004; Häußermann und Siebel 2004; Häußermann und Förste 2008; Häußermann 2008b). Das bedeutet, dass die ungleiche Verteilung von Migranten und Mehrheitsangehörigen weitgehend mit der ungleichen Verteilung von „ärmeren" und „wohlhabenderen" Haushalten in der Stadt korrespondiert (vgl. ebd.). Migranten und Mehrheitsangehörige unterscheiden sich also nicht nur aufgrund ihrer unterschiedlichen „ethnischen Herkunft", sondern auch, durchschnittlich betrachtet, hinsichtlich ihrer sozioökonomischen Ressourcen (u.a. Miegel et al. 2008). Verschiedene Statistiken und Studien belegen, dass Migranten im Vergleich zu Mehrheitsangehörigen häufig in schlechter bezahlten Beschäftigungsverhältnissen angestellt sind (u.a. Rogstad 2001; Gestring et al. 2006; Støren 2006; Miegel et al. 2008; Kalter 2008; Blom und Henriksen 2008; Hurrelmann und Zürn 2009[60]).

Diese Erkenntnisse sind die wesentlichsten Gründe dafür, warum in der deutschen Segregationsforschung von einer Dominanz sozioökonomischer Faktoren für das Auftreten von ethnischer Segregation ausgegangen wird (vgl. u.a. Häußermann

---

[59] Auf der Basis von SOEP-Daten konnte Drever (2004) feststellen, dass Migranten, die in „migrantischen" Quartieren wohnen nicht mehr Kontakte zu ihren „Landsleuten" pflegen als Migranten, die woanders wohnen (vgl. hierzu Nauck 1988). Darüber hinaus zeigte sich, dass sie nicht im stärkeren Maße „kulturell isoliert" seien als ihre „Landsleute" in anderen Stadtteilen (ähnliche Befunde auch bei Pott 2002; Diehl und Schnell 2006; vgl. auch Gestring et al 2006- sie haben praktisch „Integration trotz Segregation" nachgewiesen.

[60] In den Beiträgen werden unterschiedliche Ursachen dafür identifiziert. Sowohl die Qualifikationen und die Qualifikationsanforderungen werden genannt, aber es wird auch angenommen, dass Migranten in erheblichem Umfang (strukturelle) Diskriminierung auf dem Arbeitsmarkt erfahren, und sich auch deshalb so häufig in schlecht bezahlten Beschäftigungsverhältnissen befinden (siehe ebd.).

et al. 2004; Häußermann und Siebel 2004; Häußermann und Förste 2008; Häußermann 2008b).

Die Erforschung ethnischer Segregation in Norwegen

Die Beschreibung und Erklärung des Phänomens ethnische Segregation in Norwegen hat nicht in gleicher Weise Tradition wie in Deutschland. In Norwegen dominierte traditionell die Beobachtung und Problematisierung der schlechteren Lebensverhältnisse der Migranten beziehungsweise Flüchtlinge im Vergleich zur „norwegischen" Bevölkerung (Hagen et al. 1994). Seit einem Jahrzehnt etwa wird vermehrt über Abgrenzungsprozesse und ethnische Segregation diskutiert. Weiterhin ist aber die Analyse und Erklärung von ethnischer Segregation in Norwegen ein eher schwach besetztes wissenschaftliches Forschungsfeld. Die Analyse und Erklärung von ethnischer Segregation erfolgt größtenteils durch Berechnungen und Interpretationen seitens des Statistischen Bundesamtes (SSB). Der Autor der meisten Studien zum Thema ist Svein Blom.

Die Schlussfolgerungen aus den Analysen zu ethnischer Segregation in Norwegen ähneln jenen aus der aktuellen deutschen Debatte: Die Segregation in ethnischer Hinsicht sei in erster Linie die Folge davon, dass Migranten aufgrund ihrer *sozioökonomischen* Benachteiligung kaum Wahlmöglichkeiten auf dem Wohnungsmarkt hätten (ebd.; vgl. auch Hagen et al. 1994; Brevik et al. 1998; Blom 2002, 2006). Der Befund, der zu dieser Aussage führt, ist die Beobachtung, dass das Durchschnittseinkommen und das Vermögen der Menschen in Gebieten mit „hoher Migrantendichte" geringer sind als in anderen Gebieten. Es gibt also auch hier eine sogenannte Überlagerung von sozioökonomischer und ethnischer Segregation (siehe oben).

Sozioökonomische Faktoren reichten jedoch nicht alleine aus, so Blom (2001, 2002, 2006), um die wohnräumliche Segregation der „Migranten" in Norwegen (Oslo) zu erklären (vgl. auch Støren 2006: 166f.). Nach seinen Berechnungen würden sie nur etwa 40 Prozent der Segregation erklären (Blom 2002). Als zusätzliche Einflussfaktoren auf ethnische Segregation identifiziert Blom „den kulturellen Abstand" der „Einwanderer" zu der „norwegischen Gesellschaft", „ethnische und religiöse Netzwerke", sowie Diskriminierung auf dem Wohnungsmarkt und kommunale Flüchtlingspolitik (ebd.).

So interpretiert Blom die stärkere Segregation „nicht-westlicher Einwanderer" unter anderem als eine Folge eines „größeren kulturellen Abstands" dieser Einwanderer zur „norwegischen Gesellschaft" (Blom 2006)[61]. Das heißt er *vermutet* einen Zusammenhang zwischen deren stärkeren wohnräumlichen Segregation und „mar-

---

[61] Die Begründung: Es wurde beobachtet, dass die Segregation trotz steigenden Einkommens nicht unmittelbar zurückgegangen ist (ebd.).

kanten Unterschiede in Bezug auf Sprache, Religion, Normen und Werte" (siehe Blom 2001)[62]. In einem Bericht im Auftrag des Ministerium für Kommunale und Regionale Angelegenheiten formuliert Blom diese Annahme eines Zusammenhangs zwischen „Kultur" und Segregation wie folgt: Je „größer" der „kulturelle Abstand" der „Migranten" zu den Norwegern, umso ausgeprägter ist die Segregation zwischen diesen Gruppen (dies gelte insbesondere für Menschen aus „nicht-westlichen Ländern" wie Pakistan, Vietnam, der Türkei oder dem Iran) (Kommunal- og regionaldepartementet 2004: 6). In einem weiteren Bericht des SSB konkretisiert seine Kollegin, welches Verständnis zugrunde gelegt wird (Pettersen 2003: 6).

> Man denkt, dass wenn der kulturelle Abstand zu Norwegern groß ist, haben die Einwanderer ein zunehmendes Bedürfnis, nah bei einander zu wohnen um ihre Identität und Eigenart zu bewahren. Einwanderer aus nicht-westlichen Ländern wie Pakistan, Vietnam, der Türkei oder dem Iran, mit Kulturen, die sehr von der norwegischen abweichen, leben daher vermutlich stärker segregiert von den Norwegern als die Einwanderer aus dem Westen (Pettersen 2003: 6. [63]).

Studien, die sich *empirisch* mit dieser Vermutung befassen, können einen solchen Zusammenhang zwischen „kultureller Identität" und Wohnortentscheidungen allerdings nicht bestätigen. So hat Søholt über mehrere Jahre hinweg umfangreiche qualitative Befragungen mit Somaliern, Pakistanis und Tamilen durchgeführt (diese Gruppen gehören in Norwegen zu den größten und am stärksten segregiert lebenden Migrantengruppen, siehe Blom 2006), und festgestellt, dass die Befragten nicht den Wunsch hätten, unter ihresgleichen zu wohnen (Søholt 2001; 2005; 2007). Vor allem Pakistanis und Tamilen bringen darin explizit zum Ausdruck, dass sie eher *nicht* mit Angehörigen der gleichen „ethnischen" Gruppe wohnen wollen würden (zum Beispiel Søholt 2007: 132; vergleichbare Befunde bei Hyrve 2005).

So lässt sich auch in Bezug auf den norwegischen Kontext zusammenfassen, dass die Annahme, dass ethnische Segregation auf einer „kulturellen" Distanzierung seitens der Migranten beruhe, eine Projektion und keine empirisch belegte Annahme darstellt. Dennoch ist es bei dem derzeitigen Erkenntnissen zu voreilig, den Einfluss von ethnischer Zugehörigkeit auf die Segregation als geringfügig einzustufen. Denn auch hier – wie auch in der deutschen Segregationsforschung - fehlen Untersuchungen über den Einfluss von ethnischer Zugehörigkeit (beziehungsweise ethnischer Kategorisierung) auf die Wohnortsentscheidungen von *Mehrheitsangehörigen*.

Zwar gibt es Hinweise darauf, dass Mehrheitsangehörige „zu viele" Nachbarn mit Migrationshintergrund als unangenehm empfinden (siehe Abschnitt 1.4), aber

---

[62] Hier wird eine Zuschreibung beziehungsweise pauschale Kategorisierung von Einwanderern als „Fremde" zugrunde gelegt; siehe Abschnitt 1.5.
[63] Eigene Übersetzung aus dem Norwegischen.

ob dies für eine Wohnortentscheidung ein ausschlaggebendes Kriterium darstellt, und ob es dann *statistisch relevant* sein kann, bleibt vorerst ungewiss (siehe Abschnitt 1.5). Ein weiteres Argument gegen die Schlussfolgerung, ethnische Zugehörigkeit spiele lediglich eine nachrangige Rolle für ethnische Segregation, betrifft die mangelnden Erkenntnisse über die Verbreitung und Auswirkungen von diskriminierenden Praktiken auf dem Osloer Wohnungsmarkt (siehe Abschnitt 1.4). So müsste auch hier – wie bereits in Bezug auf die deutsche Segregationsforschung erklärt – der Einfluss von diskriminierenden Praktiken auf die ethnische Segregation genauer (das heißt auch systematischer) untersucht werden.

2.2 Interdisziplinäre Erkenntnisse zur Bedeutung von ethnischer Zugehörigkeit für gesellschaftliche und soziale Prozesse

Aus dem Forschungsstand zu den Erklärungen für ethnische Segregation geht hervor, dass die Betrachtung des Einflusses von „ethnischer Zugehörigkeit" beziehungsweise „Ethnizität" zu eng und zu *einseitig* betrachtet worden ist (siehe hierzu die Erläuterungen in den Abschnitten 1.2 und 1.3). Das zentrale Anliegen dieses Abschnitts ist es daher, die *erweiterte* beziehungsweise *andere* Perspektive auf ethnische Zugehörigkeit vorzustellen.

Im ersten Teil dieses Abschnittes (2.2.1) wird dargelegt, *dass* es eine erweiterte beziehungsweise zweite Perspektive auf ethnische Zugehörigkeit gibt. Hier wird die Definition von ethnischer Zugehörigkeit genauer erläutert, woraus hervorgeht, dass es sich bei ethnischer Zugehörigkeit beziehungsweise Ethnizität um ein *relationales* Phänomen handelt. Anders als im Falle des Merkmals „Rasse" beschreibt ethnische Zugehörigkeit *soziale* (und nicht körperliche, biologische) Unterschiede. Die Zugehörigkeit zu einer ethnischen Gruppe ist demnach die Folge *sozialer beziehungsweise ethnischer Grenzziehung*. Mit dieser Definition wird deutlich, dass wenn Migranten als Angehörige einer fremden beziehungsweise anderen „Kultur" oder Ethnizität erachtet werden, dann muss auch die „Kultur" oder Ethnizität der Vergleichsgruppe (hier: Mehrheitsangehörige) thematisiert werden. Bislang wurde jedoch die Rolle der Mehrheitsbevölkerung als „ethnischer Akteur" in der deutschen und norwegischen Segregationsforschung zu wenig mitreflektiert.

In dem darauffolgenden Teilabschnitt (2.2.2) folgt eine Zusammenfassung *theoretischer* Annahmen über die Mechanismen und Folgen von sozialen (darunter auch ethnischen) Grenzziehungen für gesellschaftliche und soziale Prozesse. Es handelt sich dabei sowohl um grundlegende sozialpsychologische Annahmen als auch um Annahmen aus der Forschung zum „kulturellen Rassismus". Sie halten fest, dass Personen, die als „Andere" (auch „ethnisch Andere") identifiziert oder kategorisiert werden, zwangsläufig eher negativ wahrgenommen werden im Vergleich zu Personen, die zu den Angehörigen der eigenen Gruppe gezählt werden.

Im dritten Teil dieses Abschnittes (2.2.3) werden *empirische* Erkenntnisse über die Bedeutung von ethnischer Zugehörigkeit für gesellschaftliche und soziale Prozesse in Deutschland und Norwegen präsentiert – wohlgemerkt aus der genannten *anderen* Perspektive. So werden hier Erkenntnisse aus Studien vorgestellt, die sich mit ethnischen Grenzziehungen seitens der Mehrheitsgesellschaft gegenüber Migranten befassen (aus den Forschungsbereichen Sozialanthropologie, (Migrations-)Soziologie und Politikwissenschaft).

2.2.1 Ethnische Zugehörigkeit ist relational und bezeichnet Grenzziehung

Bei der Unterscheidung von Bevölkerungsgruppen nach „ethnischer Zugehörigkeit" um geht es um soziale beziehungsweise „kulturell bedingte" Differenzen, anders als im Falle einer Unterscheidung nach „Rassenzugehörigkeit"[64], bei der auch körperliche Merkmale beziehungsweise biologische Abstammung eine wesentliche Rolle spielen. Ethnische Zugehörigkeit beziehungsweise Ethnizität beschreibt *soziale Grenzziehungen*, so Barth (1969; siehe auch Interview mit Barth in Sperschneider 2001). Es sei daher falsch, so Barth (1969, 2001), wenn Ethnizität beziehungsweise ethnische Gruppen so verstanden werden, als handele es sich um „Päckchen von [unterschiedlichen] kulturellen Inhalten":

> Ethnizität bezeichnet soziale Organisation, und nicht Kultur. Die Einheiten, auf die wir mit den Wörtern wie Ethnizität und ethnische Gruppe verweisen, sind soziale Gruppen und Kategorien. Es sind keine Kulturtraditionen oder kulturelle Inhalte in Päckchen. […] Aber es ist so typisch, dass es so dargestellt wird, als handele es sich um eine Reihe von verschlossenen Päckchen mit Kultur, die von Eltern zu Kindern überführt würden und aussagekräftig für die Identität ganzer ethnische Gemeinschaften und Bevölkerungsgruppen seien (Fredrik Barth in Sperschneider 2001[65]).

Damit wird deutlich, dass gängige Vorstellungen[66] von „ethnischer Zugehörigkeit" als ein (vererbtes[67]) Merkmal von Individuen der Definition von Ethnizität als ein *soziales* und *relationales* Phänomen nicht gerecht werden (vgl. die Kritik u.a. von Pott 2001, 2002; Beck-Gernsheim 2004: 202f.; Brochmann 2005; Lanz 2007; Wimmer 2008 sowie Wippermannn und Flaig 2009: 5).).

Die Bedeutung von Ethnizität entfaltet sich in gesellschaftlich situierten sozialen Dynamiken beziehungsweise Praktiken (vgl. u.a. Hall 1988; Hormel und Scherr

---

[64] In den USA und Großbritannien ist diese Unterscheidung weiterhin in Gebrauch.
[65] Eigene Übersetzung aus dem Norwegischen.
[66] Vorstellungen, die auch die soziologische Stadtforschung prägen (siehe dazu die Kritik u.a. von Pott 2001; Pott 2002; Beck-Gernsheim 2004: 202f. sowie Wippermannn und Flaig 2009: 5).
[67] Die Definition, ob jemand als „Deutsche(r)" oder „Migrant(in)" gilt, hängt vom Geburtsort der Eltern ab (siehe Anmerkung in Abschnitt 1.1).

2003: 48; Wimmer 2008; Hall 2009). Dies geschieht zum einen durch „Identifikation", das heißt durch die Empfindung von sozialer Nähe zu anderen Menschen beziehungsweise einer Gruppe (u.a. Tajfel und Turner 1979; Tajfel und Turner 1986; zusammenfassend siehe Westin 1999; Lamont und Molnár 2002; Jenkins 2008). Daraus wird die Vorstellung von einem „Wir" konstruiert. Zum anderen entfaltet sich die Bedeutung von Ethnizität durch Kategorisierung, das heißt durch die Wahrnehmung und Abgrenzung von (ethnisch) „Anderen" (ebd.).

Die Identität einer ethnischen Gruppe- und damit die Grenze zu anderen – geht also nicht (in erster Linie[68]) aus einer gruppeninternen Selbstdefinition hervor. Sondern sie ergibt sich aus dem Vergleich zu anderen Gruppen beziehungsweise aus der Kontrastierung zwischen dem „was sie ist" und dem „was sie nicht ist" (Eriksen 1996: 104; vgl. auch Hall 1988; Hormel und Scherr 2003: 48; Lamont und Molnar 2002; Jenkins 2008: 23[69]). Anreize für ethnische Grenzziehungen beziehungsweise Ethnisierungs- und Ausschließungsprozesse bietet der Nationalstaat, der in seiner Funktion Unterscheidungen in ethnischer Hinsicht vornimmt (siehe Goetze 2008: 257; vgl. auch Scherschel 2008: 191; Wimmer 2008; Wimmer 2010: 121; ferner Gupta und Ferguson 1997; Anderson 2006).

Nach der „Akzentuierungstheorie" (Tajfel 1975) ist anzunehmen, dass die Etablierung von (ethnischen) Grenzziehungen zwischen einem „Wir" und „Anderen" dazu führt, dass sich die Empfindung von Differenz „hochschaukelt". Im Zuge dessen erscheint die eigene und fremde Gruppe zunehmend als in sich homogen (vgl. ebd.).

2.2.2 Grundlegend: Bevorzugung der eigenen Gruppe

Bedingt durch das Bedürfnis, sich selbst beziehungsweise die eigene Gruppe positiv wahrzunehmen und darzustellen (Tajfel 1975; Tajfel und Turner 1979, Tajfel und Turner 1986; Tajfel und Stroebe 1982; Elias 1993[70]) beziehungsweise Ressourcen und Machtansprüche zu sichern (siehe u.a. Lamont und Molnár 2002: 168f.), wird die „Fremdgruppe" gegenüber der „Eigengruppe" abgewertet beziehungsweise benachteiligt (ebd.). So ist das Fremde vor allem negativ bestimmt, nämlich „als die Negation des Eigenen, des Hiesigen und Heimischen, des Sicheren und Vertrauten" (Graumann 1997: 46). Bei Tajfel und Turner (1979) sowie Elias und Scotson (1994)

---

[68] Siehe hierzu eine weiterführende Diskussion bei Wimmer 2010: 111f.
[69] Vgl. auch die klassischen sozialtheoretischen Ansätze von Mead (u.a. Mead und Morris 1988) oder Blumer (u.a. 1981).
[70] Sei es, wie Elias (1993) formuliert, weil der Mensch ein „nie gestilltes" Bedürfnis nach einer „Erhöhung der Selbstachtung, nach einer Verbesserung des Marktwerts der eigenen Person oder eigenen Gruppe" (ebd.: 307) zu befriedigen versucht. Oder, wie Tajfel und Stroebe (1982) festhalten, weil ein Individuum stets nach einem „zufriedenstellenden Selbstkonzept oder Selbstbild" strebt (ebd.: 101).

ist von einer „Ingroup"-Favorisierung und einer „Outgroup"-Diskriminierung die Rede (siehe auch Güttler 2000: 158; Turner 1987).

Ein zentraler Mechanismus hierbei ist, so die Theorie, dass das (subjektive) Empfinden von gemeinsamer Gruppenzugehörigkeit beziehungsweise gemeinsamer Identität Sympathie, Offenheit, Empathie und Solidarität gegenüber Angehörigen der eigenen Gruppe bewirkt (vgl. auch das Konzept der „sozialen Distanz"; u.a. Steinbach 2004; siehe auch Rogstad 2001: 29). Hingegen erscheinen Angehörige anderer Gruppen als „Fremde" und möglicherweise als „Feinde", von denen man sich abgrenzen will (nach Farwick 2009: 111; vgl. auch Westin 1999: 32). Sie werden als Repräsentanten einer „anderen" Identität zu „unequal partners" (siehe Blokland und Savage 2008: 8ff).

Aus der Sicht derjenigen, die exkludieren und abwerten, steht die „Stabilisierung des Selbst" (Mummendey und Simon 1997a: 190) im Vordergrund (vgl. auch Lamont 2000; Kjeldstadli 2006: 111). Die Exklusion und Abwertung ist somit eher als die Kehrseite des positiven Selbstbildes zu betrachten. Den Prozess der Selbst- beziehungsweise Fremdbestimmung beschreibt Eder (2004) wie folgt:

> Jede konkurrierende Identität wird von den Inkludierenden als Bedrohung empfunden. Für die Lösung des Konflikts zwischen Identitäten fällt die Möglichkeit des Kompromisses aus; man kann nur seine Identität aufgeben oder durchsetzen. Ein Kompromiss ist angesichts des nicht-teilbaren Guts 'Identität' nicht machbar. Es bleibt nur der Entzug von Identität, die Abwertung und Verachtung derer, die ihre kollektive Identität zu verteidigen suchen (Eder 2004: 282).

Jedoch dient diese Abwertung und Verachtung „anderer" Gruppen nicht ausschließlich dem „positiven Selbstbild", sondern sie trägt auch maßgeblich zur Exklusion und Stabilisierung von (ungleichen) Machtverhältnissen bei. Aufgrund der „symbolischen Gewalt" der Mächtigen (hier: Mehrheitsbevölkerung) werden die negativen Attribute, die „den Machtlosen" zugeschrieben werden, zu einem gesellschaftlichen „common sense code" (Hall in: The Media Education Foundation 2002). So beschreibt Hall, wie die Kategorie der „Schwarzen" ein Zeugnis von etablierten ungleichen Machtverhältnissen darstellt:

> It is not just that you have Blacks and Whites - but of course one group of those people are much more positively valued than the other group. That's how power operates. [...] Race is one of the principle forms of human classifications. It has all these negative and positive attributes into it. So in a sense they function as a common sense code in our society. So in a way you don't need to have a whole argument, you know - about 'are Blacks intelligent'? The moment you say 'they are Blacks', already, the equivalences begin to trip off people's minds; Blacks have sound bodies, are good at sports, good at dancing, very expressive, no intelligence, never had a thought in their heads...you know...tendency to barbarous behaviour. All these things are clustered simply in the

classification system itself. [...] A whole lot of power and exclusion results from the system of classification (Hall in: The Media Education Foundation 2002).

Manche Beiträge beschreiben den Umgang mit (bestimmten ethnischen) Minderheiten in modernen Gesellschaften als geprägt durch einen „modernen" beziehungsweise „kulturellen Rassismus" (vgl. u.a. Balibar und Wallerstein 1990; Back 2000; Ganter 2001; Butterwegge 2007: 78). Allerdings seien „moderne" Varianten der rassistischen Einstellungen und Distanzierungen gegenüber „Migranten" vergleichsweise subtil, und ließen sich daher schwerer erfassen (vgl. Pettigrew und Meertens 1995; Dangschat 1998: 57; Ganter 2001). Dies vollziehe sich unter anderem dadurch, dass die eigene „Überlegenheit" „kulturell" oder mit Hilfe von bestimmten „Zahlen und Fakten" begründet wird. Die Abwertung erscheine damit als legitim. Zum Beispiel könne „Ausländerfeindlichkeit" leicht mit Hilfe von „Tatsachen" oder „Zahlen" gerechtfertigt oder verschleiert werden (Sanchez-Mazas et al. 1997: 168; vgl. auch Kahraman Kahraman und Knoblich 2000; Keim und Neef 2000: 266; Liell 2007; Breckner 2007). Sanchez-Mazas et al. (1997) haben festgestellt, dass offene Feindseligkeit gegenüber Ausländern bis hin zum ausländerfeindlichen Verhalten mittels „Nationalbewusstsein" oder „vernünftiger" Argumente legitimiert wird (ebd.: 168).

2.2.3 *Ethnische Grenzziehung seitens der Mehrheitsgesellschaft*

In diesem Teilabschnitt werden Erkenntnisse über die Bedeutung von ethnischen Grenzziehungen seitens der Mehrheitsgesellschaft gegenüber Migranten für gesellschaftliche und soziale Prozesse in Deutschland und Norwegen vorgestellt. Dabei handelt es sich um Beiträge aus den Forschungsbereichen Sozialanthropologie, (Migrations-)Soziologie und Politikwissenschaft. Der Hintergrund für die Integration anderer Forschungsperspektiven an dieser Stelle ist, dass die Bedeutung von ethnischer Zugehörigkeit für Segregationsprozesse in Deutschland und Norwegen möglicherweise unterschätzt wird – bedingt durch den einseitigen Blick auf ethnische Zugehörigkeit beziehungsweise ethnische Grenzziehung in der Erforschung von ethnischer Segregation (weitere Ausführungen hierzu folgen in Abschnitt 2.3).

Die Unterscheidung der Bevölkerung nach ihrer „ethnischen Zugehörigkeit"[71] ist in modernen Gesellschaften Normalität, auch in Deutschland und Norwegen (siehe hierzu Scherr 2000; Berking 2000; Brochmann 2005; Gressgård 2005; Scherschel 2008). So wird es in der Einwohnerstatistik vermerkt, wenn ein Elternteil eines Bevölkerungsmitglieds im Ausland geboren ist. Ist dies der Fall, gilt diese Person offiziell als „Migrant(in)". Diese Daten werden auch in wissenschaftlichen Studien verwendet – dabei wird die Reabilität dieser Daten etwa im Hinblick darauf,

---

[71] Zur Unterscheidung wird der „Migrationshintergrund" erfasst, siehe Fussnote in Abschnitt 1.1.

ob sie als zuverlässige Indikatoren für tatsächlich empfundene Zugehörigkeiten gelten können, selten hinterfragt (siehe die Kritik von Wippermannn und Flaig 2009). Im Hinblick auf die Definition von ethnischer Zugehörigkeit als etwas, was wird nicht vererbt wird, sondern durch soziale Grenzziehung entsteht, wäre eine stärkere Reflexion im Umgang mit den Daten zum Migrationshintergrund angebracht.

Ungeachtet der unzähligen unterschiedlichen Biographien, sozialen Hintergründe oder der variierenden Aufenthaltsdauer im („Aufnahme-") Land; in den öffentlichen Diskursen[72] (in Politik, Massenmedien und Wissenschaft) in Deutschland wie auch in Norwegen werden Menschen mit Migrationshintergrund zunächst als „Fremde" beziehungsweise „Andere" dargestellt, die es „zu integrieren" gilt (u.a. Nassehi 1995; Jäger 1996; Berding 1996; Alba 2000; Ytrehus 2001b; Gullestad 2001;Gullestad 2002; Beck-Gernsheim 2004; Eder et al. 2004c; Gressgård 2005; Brochmann 2005;Hormel 2007; Lanz 2007).

In den letzten Jahren haben sich viele Forscher in Deutschland und Norwegen mit dieser zur Normalität gewordenen Unterscheidung von Menschen anhand ihrer „Abstammung" kritisch auseinandergesetzt. Sie beschreiben unter anderem, dass die Mehrheitsgesellschaft beziehungsweise ihre Vertreter gegenüber Migranten Überlegenheit demonstrieren – mit der Folge, dass Migranten beziehungsweise deren „Andersartigkeit" abgewertet oder abgelehnt werden. Aufgrund vieler Ähnlichkeiten in diesen Beiträgen aus den jeweiligen Kontexten Deutschland und Norwegen werden die Erkenntnisse zusammengefasst präsentiert.

Vorstellungen von Migranten: Zwischen „Lockung und Bedrohung"

Ein Aspekt, der in diesen Forschungsbeiträgen behandelt wird, bezieht sich auf die sprachlichen und symbolischen Repräsentationen, die in Bezug auf „Migranten" beziehungsweise „Ausländer" verwendet werden. Dabei handelt es sich um Repräsentationen, die die Perspektive der Mehrheitsgesellschaft spiegelt, da diese den öffentlichen Diskurs dominiert (siehe Eriksen 1996; Eriksen 2002; Gressgård 2003; Eder et al. 2004b; Brochmann 2005; Gressgård 2007; Thränhardt 2008).

Es sind vor allem Vorstellungen, die Migranten und deren Kindern als Mitglieder eines homogenen, „fremden" Kollektivs stigmatisieren, die hier thematisiert

---

[72] In Anlehnung an Foucaults Verständnis von Diskurs als die „sprachliche Seite einer diskursiven Praxis" (siehe Jäger 1996) handelt es sich dabei um Redeweisen beziehungsweise „diskursive Formationen" (Foucault 2008), die zum Teil auf gesellschaftliche und institutionalisierte Redeweisen zurückgreifen (Niehr und Böke 2004; Jäger und Jäger 2007; Keller 2008) und die Handlungen von Menschen bestimmen (ebd.). Neumann (2002) fasst dieses Verständnis wie folgt zusammen: „Ein Diskurs ist ein System des Vorbringens einer Reihe Aussagen und Handlungen, die durch ihre Verwendung in Institutionen und ihr Auftreten als mehr oder weniger normal für ihre Träger wirklichkeits-konstituierend erscheinen. Dieses System hat einen gewissen Grad an Regelmäßigkeit in einer Reihe von sozialen Beziehungen." (ebd.: 18).

werden (u.a. Mannitz 2001; Gullestad 2002; Gressgård 2003; Schiffauer 2003; Beck-Gernsheim 2004; Gressgård 2005; Mannitz 2006; Rompel 2008; Mecheril 2010). Dabei sind die Vorstellungen von Migranten als „Andere" beziehungsweise „Fremde" durch eine Ambivalenz gekennzeichnet – sie bewegen sich, so die Forschungsbeiträge hierzu, zwischen Wertschätzung und Abweisung (vgl. u.a. Rippl 2003; Gressgård 2003; Morgenbladet 2005), oder wie es Graumann (1997) bezeichnet, zwischen „Lockung und Bedrohung" (vgl. auch Eriksen 1999; Bremer 2000; Kahraman und Knoblich 2000; Schatz et al. 2000; Ytrehus 2001b; Fossen 2002; Gressgård 2003; Rippl 2003; Schiffauer 2003; Beck-Gernsheim 2004; Brochmann 2005; Bendixen 2005; Rogstad 2006; Hüttermann 2006a, 2006b; Mannitz 2006; Lanz 2007; Kaschuba 2006; Kaschuba 2007; Moseng 2007; Vassenden 2008; Scheffer und Seferens 2008).

Einerseits wird der Beitrag der „Migranten" zum Beispiel zu einer vielfältigen Essenskultur oder Musikszene als wertvoll und positiv erachtet (vgl. Moseng 2007: 268; Lanz 2007: 194ff.). Andererseits wird eine Differenz in moralischen Fragen (zum Beispiel in Bezug auf die Rolle der Frau) eher abgelehnt (u.a. Inglehart 2004; Moseng 2007). So fordern „Mehrheitsangehörige" von den „Migranten" eine stärkere „Anpassung ihres Lebensstils" an den der „Deutschen" beziehungsweise der „Norweger" (Statistisches Bundesamt 2004: 586; Terwey und Scheuer 2007; Blom 2007; Moseng 2007: 269[73]; Øia und Vestel 2007: 70). Ein „zu großer Einfluss" der „Migranten" – etwa über „kulturelle Bereicherung" hinaus – wird also abgelehnt (vgl. Inglehart 2004), wie es Moseng (2007) beschreibt:

> There seems to be little understanding for the minority populations' right of democratic participation in the sense of having opportunity to influence or step into a dialogue with representatives from the majority society on the hegemonic cultural values that underlie the implementation of policies, practice of religion (or lack of such), und family life (Moseng 2007: 269).

Diese Vorbehalte, die es offenbar in der Mehrheitsbevölkerung gegenüber Migranten gibt (siehe auch Abschnitt 1.3), könnten womöglich darauf zurückgeführt werden, dass es einen „common sense code" (Hall) in der Gesellschaft darüber gibt, dass Migranten grundsätzlich undemokratisch, frauenfeindlich oder gewaltbereit seien: Ein „common sense code" über Migranten, der über Sozialisationsprozesse erworben wird, weil diese Vorstellungen in der „peer group", beziehungsweise im sozialen Umfeld und/oder in Schul- und Massenmedien vorhanden sind (vgl. u.a. Keim und Neef 2000; Berger und Luckmann 2000; Lin 2002; Eder et al. 2004b; Kaufman 2004; Eriksen 2004; Kronenberg 2005; Becker 2005; Gressgård 2005;

---

[73] Die Daten, auf die Moseng (2007) zurückgreift, stammen aus der jährlich durchgeführten repräsentativen Bevölkerungsumfrage des Institutes Synovate Norway (ehemals MMI) (hier die Daten aus dem Jahr 2005).

Weber-Menges 2005: 133ff.; Gomolla und Radtke 2007; Nolte 2008[74]). Nach den Umfragen unter Mehrheitsangehörigen zu ihren „Kontakten zu Ausländern" (beziehungsweise in Norwegen zu „Einwanderern": u.a. Blom 2007; Statistisches Bundesamt et al. 2013) jedenfalls ist davon auszugehen, dass nur eine Minderheit der Mehrheitsangehörigen ihre Kenntnisse und Informationen über die Ausländer beziehungsweise Einwanderer und deren „Kultur" direkt durch private, freiwillige und intensive Kontakte erhält (ebd.). Am Häufigsten werden Kontakte zu Migranten in Verbindung mit der Arbeit genannt (vgl. ebd.). Hier ist davon auszugehen, dass die meisten dieser Kontakte wenig intensiv sind, und auch, dass sie nicht durch Freiwilligkeit zustande kommen. Am seltensten, in Norwegen mit etwa zehn Prozent und in Deutschland mit 36 Prozent, sind Kontakte zu Ausländern beziehungsweise Einwanderern in der eigenen Familie oder nahen Verwandtschaft[75].

Negative Vorstellungen überwiegen

Mehrere Forscher in Deutschland haben angeprangert, dass die Begriffe „Ausländer" oder „Migranten" häufig quasi als gleichbedeutend mit Gewalt und Kriminalität verwendet werden (u.a. Jäger et al. 1998; Rauer und Schmidtke 2004; Beck-Gernsheim 2004; Weber-Menges 2005; Kaschuba 2006; Butterwegge 2007). Als „Ausländer", so Beck-Gernsheim (2004), werden tendenziell die „weniger erfolgreichen, weniger integrierten „Migranten"" bezeichnet (ebd.: 114). Auch die Wissenschaft wird habe zu einem einseitigen negativen Fokus auf Migration und (fremde) Ethnizität beigetragen, so Pott (2002):

> Wird der empirische Blick auf Ethnizität im Kontext von Migration gelenkt, dann wird Ethnizität dort vermutet und untersucht, wo die Situation der „Migranten" und ihrer Kinder durch soziale Immobilität und Ausschlussprozesse gekennzeichnet ist, wo Mißerfolg und Probleme zu erklären sind - und nicht dort, wo Aufwärtsmobilität und Eingliederungserfolge beobachtet werden (Pott 2002: 14).

In Bezug auf die Darstellungen von „ethnischen Minderheiten" in Norwegen formuliert Eriksen (2007) zugespitzt, dass diese unmittelbar mit „Zwangsehe" und „autoritärer Religion" assoziiert würden (ebd.: 128). Oder wie es der renommierte Publizist Erling Fossen (2002) bezeichnet: „Brutal ausgedrückt; die einzigen Minoritäten, die eine Medienstimme bekommen, sind diejenigen, die entweder zwangsver-

---

[74] Vgl. auch die Annahmen aus sozialtheoretischer Sicht hierzu; Blumer 1981; Tajfel und Turner 1986; Bohnsack 1997.
[75] Allerdings muss hier angemerkt werden, dass die Angaben wenig Präzise sind. Es wird nicht nach Herkunftskategorien gruppiert, auch nicht nach Quantität. Das heißt ein einziger Kontakt zu einem anderen West-Europäer beispielsweise gilt hier bereits als Kontakt zu Ausländern beziehungsweise Einwanderern.

heiratet werden sollen oder bereits beschnitten sind.". Mit einem Rückblick der Darstellung von „ethnischen Minderheiten" über die letzten zwanzig Jahre, kommt Eriksen (2007) zu der Erkenntnis, dass die aktuelle Darstellung von „Migranten" in den Massenmedien zunehmend Unterdrückung und Rechtsverletzungen innerhalb der „Migrantengruppen" hervorheben, während sie in den Jahren davor schwerpunktmäßig über Diskriminierungsvorfälle und Rassismus berichteten (Eriksen 2007: 125; vgl. ähnliche Argumentation bei Ytrehus 2001a; Gullestad 2002).

Sowohl in Deutschland als auch in Norwegen wird kritisiert, dass die Darstellungen von Migranten beziehungsweise Ausländern in der Öffentlichkeit durch erhebliche stigmatisierende und diskriminierende Elemente geprägt sind (siehe u.a. Scheffer 1997; Bundesregierung 2000; Gullestad 2002; Gressgård 2003; Weber-Menges 2005; Schiffer 2005; Weber-Menges und Geißler 2009; Geißler und Pöttker 2009; Eriksen 2009). Insbesondere treffe dies auf die Darstellungen von Personen zu, die (verstärkt nach dem „11.September") zum „neuen Feindbild" (Kaschuba 2006) „gehören", nämlich „Orientalen", „Araber" und „Muslime" (ebd.: 4; vgl. auch Eder et al. 2004a; Gesemann 2005: 44; Gruner 2006: 7; Thränhardt 2008: 4).

Das Beispiel „Kopftuchdebatte"

Die Debatte über das Kopftuchtragen in Deutschland, die auch in Norwegen in ähnlicher Weise geführt wird, gilt als ein prägnantes Beispiel dafür, wie Migranten stigmatisiert und exkludiert werden (vgl. u.a. Heine 1996; Beck-Gernsheim 2004; Schiffer 2005; Mannitz 2006). Prägend in der „Kopftuchdebatte" sei es, dass sie eine von der Mehrheit geführte und inhaltlich gefüllte Debatte sei. So würde die Debatte von einer (ethnozentrischen) Perspektive heraus geführt, in der das Kopftuch für „fremd" erachtet und grundsätzlich verabscheulicht wird. Dadurch entsteht eine verdrehte Wahrnehmung der Bedeutung des Kopftuches, wie Beck-Gernsheim (2004) mit folgenden Worten illustriert:

> Wofür steht das Kopftuch? In den Augen der Mehrheitsgesellschaft ist die Antwort eindeutig. In der öffentlichen Wahrnehmung erscheinen die Trägerinnen des islamischen Kopftuches als arme und unterdrückte Gestalten, eingebunden in das Joch einer Familie, die ihnen ein archaisches Symbol der Unterdrückung aufzwingt (Beck-Gernsheim 2004: 59).

Aus der Perspektive einer Schülerin, die ein Kopftuch trägt und von den Reaktionen ihrer Lehrer darauf berichtet, werden die Zuschreibungen recht anschaulich:

> Irgendwie konnten die Lehrer nicht unterscheiden zwischen persönlichem Charakter und irgendwie diesem Bild von einer Kopftuchträgerin. Also die Lehrer konnten sich eigentlich nie vorstellen, warum ich ein Kopftuch tragen würde, weil irgendwie war ich

ziemlich vorlaut sozusagen und irgendwie immer so energisch und irgendwie, eh halt war ich nicht mit Kopftuchträgerin zu vereinbaren. Sie meinten, also du bist doch gar nicht so brav oder du bist doch gar nicht so ruhig, wieso trägst du Kopftuch (Schulze 2007: 218).

Die in der Kopftuchdebatte verbreiteten Wahrnehmungen von Kopftuchträgerinnen als „passiv" oder „unterdrückt" seien keineswegs zutreffend, so unter anderem Beck-Gernsheim (2004): „Gerade in der jüngeren Generation sind es oft die besonders aktiven, selbstbewussten, selbständigen Frauen, die sich für das Kopftuch entscheiden" (S. 59; vgl. auch Bendixen 2005; Mannitz 2006).

Solche und ähnliche stigmatisierende und exkludierende Formen der Darstellung und Wahrnehmung von Migranten werden in Deutschland und Norwegen auch unter dem Begriff „kultureller Rassismus" (zur Begriffsbestimmung siehe Balibar und Wallerstein 1990 sowie Hall 2000) diskutiert (vgl. u.a. Jäger 1996; Gullestad 2002; Gressgård 2003; Beck-Gernsheim 2004; Ha 2004; Gullestad 2006; Mannitz 2006; Butterwegge 2007). Darin heißt es unter anderem, dass kultureller Rassismus und Diskriminierung keine Randerscheinungen in den jeweiligen Kontexten darstellen. Die Verbreitung von kulturellem Rassismus sei daran zu erkennen, dass die Lebensgewohnheiten und Ansichten, Sitten und Gebräuche der Mehrheitsbevölkerung als den Höhepunkt der zivilisatorischen Entwicklung betrachtet würden (vgl. ebd.). Die Migranten, die nicht die gleichen Lebensgewohnheiten, Sitten und Gebräuche pflegen oder symbolisieren, sondern womöglich ganz andere, würden dadurch abgewertet (vgl. ebd.). Das heißt im Unterschied zum Rassismus im Allgemeinen, bei dem eine Person oder eine Gruppe aufgrund ihrer biologischen Abstammung abgewertet oder abgelehnt werden, handelt es sich hierbei um einen Rassismus, der kulturell begründet wird (vgl. ebd.).

Für den norwegischen Kontext dokumentieren mehrere Studien, dass die „Kultur" beziehungsweise Werte und Lebensgewohnheiten der Mehrheitsbevölkerung als allgemeingültig und universell übertragbar imaginiert werden (vgl. Thune und Ulriksen 2002; Gressgård 2003; Gressgård 2005; Egeland und Gressgård 2007; Moseng 2007). Diese Einstellung, so Eriksen (1996), führe zwangsläufig dazu, dass jegliche kulturelle Differenz ablehnt würde, weil sie als „schlecht(er)" bewertet würde (S. 51). Demnach sei der einzige Weg für Migranten, aufgewertet oder angenommen zu werden, die Anpassung an die „Norweger":

> Es ist ziemlich gewöhnlich, dass die Norweger – die ja in der Machtposition sind – überhaupt nicht die eigenartigen Kulturen der Einwanderer sehen, sondern einfach nur schlechte Nachbildungen ihrer eigenen Kultur. Je mehr die Einwanderer den Norwegern ähneln, umso ‚besser' werden sie aus Sicht der Norweger (Eriksen 1996: 51).

Von diesem Standpunkt aus werden Merkmale „fremder Kulturen" als „rückständig" angesehen, und „die Anderen" erweisen sich im Vergleich zum „Selbst" als

„unterlegen" – weil „die eigene (soziale) Identität" „objektiv" als höherwertiger erscheint (Eide und Simonsen 2008; vgl. auch Gressgård 2003; Neumann 2003; Lindstedt 2004 sowie Beck-Gernsheim 2004: 198; ferner Vasta 2007).

Ethnisierung sozialer Ungleichheit

In der Stadtforschung ist darüber berichtet worden, dass soziale Problemlagen von „Migranten" zu einem Merkmal ihrer „Kultur" erklärt werden, obwohl eine Erklärung durch soziale Faktoren wie den Bildungsstand, Einkommen oder berufliche Tätigkeit hinreichend möglich wäre (siehe Häußermann und Siebel 2007: 98; für Norwegen: Brochmann 2005: 369). Dieses Phänomen wird als *Ethnisierung*[76] beziehungsweise *Kulturalisierung von sozialen Problemlagen* bezeichnet[77]. Auch würden zum Beispiel Bewohnerkonflikte zwischen „Migranten" und Einheimischen ethnisch definiert und damit zu „interkulturellen Konflikten" (Krummacher 2007: 113). Überhaupt ist es ein „genereller Trend", so Bukow, dass Konfliktsituationen „wie selbstverständlich mit der Einwanderungsfrage in Verbindung gebracht werden" (Bukow und Yildiz 2002: 14; vgl. auch Pott 2002; Häußermann und Siebel 2004; Häußermann 2007a; Häußermann 2007b; Gruner 2006: 10; Krummacher 2007).

Der/die Ausländer(in) wird eingesetzt, um so unterschiedliche Problemkonstellationen wie Kriminalität und Drogen, Arbeitslosigkeit und Desintegration, Kulturkonflikt und Fundamentalismus, soziale Brennpunkte und urbaner Verfall, Ethnizität und Paternalismus zu bearbeiten. Dies hat im Verlauf der Zeit nicht nur dazu geführt, dass man eine feste, kompakte und erfahrungsresistente Vorstellung vom Nicht-Deutschen gewonnen hat, bei der der Rest der Welt gewissermaßen zu einer kompakten Ethnizität geronnen ist, sondern vor allem auch dazu, dass aktuelle gesellschaftliche Themen kaum noch in dem ihnen eigenen Sachzusammenhang diskutiert werden. Sie werden vielmehr sofort mit der „Ausländerfrage" verbunden (Bukow et al. 2007: 29).

Insbesondere in „Krisenzeiten"– in Zeiten neuer Konzepte, neuer Deutungsmuster, wirtschaftlicher Krisen – so die Annahme, „treten ethnische/nationale Semantiken besonders konfliktuös in Erscheinung. Sie stellen verlorene Inklusionen wieder her, indem sie bestimmte Gruppen exkludieren: Ausländer, Aussiedler, rassische Minderheiten etc." (Nassehi 1990: 274; vgl. auch Sennett 1998 sowie Wieviorka und

---

[76] Ausführlicher: Krummacher und Waltz 2000; Scherr 2000; mit Verweis auf Webers vier Formen der Ethnisierung: Hormel und Scherr 2003; Groenemeyer und Mansel 2003; Krummacher 2007: 113; Häußermann 2007a; Schubert 2007; vgl. auch Best und Gebhardt 2001; Wacquant 2004: 153ff.; Lanz 2007: 158; Hormel und Scherr 2003: 60f..
[77] Darin verbirgt sich die Gefahr, dass Mehrheitsangehörige die (andere) ethnische Zugehörigkeit beziehungsweise „die Kultur" der Migranten problematisieren oder abwerten, und ihre Problemlagen als soziale Probleme verkennen (siehe u.a. Hormel und Scherr 2003; Krummacher 2007).

Voullié 2003). Für Jäger et al. (1998) projiziert die Mehrheitsgesellschaft ihre Furcht vor Kriminalität auf die ethnischen Minderheiten.

Migrant als Stigma

Es ist allerdings zu beobachten, dass nicht sämtliche Gruppen, die nach der offiziellen Definition „Migranten" oder „Ausländer" sind, den stigmatisierenden Prozessen durch die Mehrheitsgesellschaft ausgesetzt sind, so eine Feststellung von unter anderem Eder et al. (2004) Gruner (2006), Gullestad (2001, 2002) sowie Brochmann (2005) und Vassenden (2008). Es sind vor allem Menschen mit Bezügen zu „ärmeren Ländern" (Ytrehus 2001c: 17) und Menschen, deren „Andersartigkeit" anhand äußerer Merkmale festzumachen ist (Haut- oder Haarfarbe, Körperbau oder auch Kleidung etc.), die als „Migranten" wahrgenommen würden und infolge dessen Stigmatisierungs- oder Ausgrenzungsprozesse durch die Mehrheitsgesellschaft erfahren würden (u.a. Rogstad 2001: 28; Schneider 2001: 233; Gullestad 2002; Eder et al. 2004; Brochmann 2005: 363f.; Gruner 2006). Damit würden auch Menschen, die lange in dem „Aufnahmeland" leben (die zum Beispiel dort geboren sind, vielleicht auch die Staatsbürgerschaft des Landes haben), mit den Stigmatisierungs- und Ausgrenzungsprozessen konfrontiert. Gruner (2006) hält fest:

> If somebody is perceived as a "foreigner" or as a "German" is closely related to racist images. Images of immigrants or so called 'foreigners' do not just refer to any kind of non-German nationality. They rather correspond with racist characterizations like colour of skin or hair. According to Kerner the norm of being German is related to images of "white nordic bodies" (Kerner, 2004). People who don´t match with these images are easily 'under suspicion' to be 'foreigners' (see Kerner 2004) disregarding if somebody has been living in Germany all his or her life, as for example 'black Germans' or immigrants of the second or third generation. In the contrary people who recently have immigrated from another country but fit the image of "white nordic bodies" do not face these constructions of "foreignness". Nowadays also especially the Islam and related visible features like wearing a headscarf are mostly associated with 'foreignness' and certain non-German respectively non- Western characteristics (Gruner 2006: 4).

Gruner, wie auch Eder et al. (2004b) und Schneider (2001) kommen zu dem Ergebnis, dass der Begriff „Ausländer" in Deutschland primär mit „Türken" assoziiert wird (Schneider 2001: 271; Gruner 2006: 7; vgl. auch Lanz 2007: 234). Entsprechend wurde in Norwegen festgestellt, dass äußere körperliche Merkmale (wie die Haut- und Haarfarbe) als Kriterium für die Zuordnung der Menschen zu den „Norwegern" beziehungsweise „Einwanderern" verwendet werden (Ytrehus 2001b; Brochmann 2005; Vassenden 2008). Als „Einwanderer" werden diejenigen eingeschätzt, die etwa eine dunklere Hautfarbe haben oder durch andere „nichtwestliche" Prägungen von der Vorstellung des „Norwegischtum" abweichen (ebd.). Demzufolge ist aus der Bezeichnung „Migrant" eine „rassische Kategorie" hervorgegangen, so Gullestad (2001):

> With the shifiting notions of 'us' and 'them', immigrant has become a stigmatising way of labelling 'them'. The mass media have caricaturised immigrants in terms of problems such as violence and crime, and the use of the term immigrant is increasingly tied to people with what is considered a different skin colour. In the dictionary the term denotes everybody coming from outside Norway, including Swedes, Danes and North Americans. In the streets and the mass media its use is most often limited to people who are visibly different, the way this is currently perceived. Given the unspoken hierarchies between and within nations, it is usually also limited to people coming from poor countries. The meaning of the word seems to oscillate between an implicit code based on 'race' (dark skin) and social class, and a dictionary definition in which these categories are not relevant. This span of ambiguity partly explains its rhetorical power (Gullestad 2001: 49).

Die „Rassifizierung" des „Anderen", also die Kategorisierung der Menschen in „Eigen-" und „Fremdgruppe" anhand von äußerlichen körperlichen Merkmalen, gilt vor allem deshalb als problematisch, weil damit eine Verbindung zwischen Aussehen und bestimmten Denk- und Verhaltensweisen hergestellt wird, die es so nicht gibt (vgl. Hall 2000). Vielmehr handelt es sich um Vorstellungen, die diskriminierende und abwertende Aspekte in sich tragen, und durch ihre „Normalität" zur Verfestigung von Ungleichheiten beiträgt (vgl. ebd. sowie Tilly)

Die Vorstellungen, die in Bezug auf „ethnische Andere" verbreitet sind, nehmen keine Rücksicht auf *soziale* Unterschiede innerhalb der verschiedenen Migrantengruppen (siehe u.a. Zerubavel 1991; Eriksen 1996; vgl. Konzept der Ethnisierung sozialer Ungleichheit). So kritisieren viele Forscher ohnehin die tief in der Gesellschaft verankerte Vorstellung, dass Menschen, die die gleiche „ethnische Herkunft"[78] haben, mehr Ähnlichkeiten miteinander hätten als mit Mitgliedern einer anderen „ethnischen Herkunft" (siehe Eriksen 1996: 62). Denn diese übliche pauschale Gegenüberstellung von Migranten beziehungsweise Ausländern auf der einen, und „Deutschen" beziehungsweise „Norwegern" auf der anderen Seite, suggeriere, dass es nicht möglich sei, dass es mehr Gemeinsamkeiten zwischen Mitgliedern der verschiedenen Gruppen (etwa aufgrund der Berufsgruppe oder Schichtzugehörigkeit) als innerhalb der Gruppen geben könnte (siehe u.a. Eriksen 1999; vgl. auch Bremer 2000; Ytrehus 2001b; Häußermann und Siebel 2001a: 76; Fossen 2002; Beck-Gernsheim 2004; Brochmann 2005). Denn damit werden soziale Gruppen

---

[78] Dabei wird die „Herkunft" in Deutschland und Norwegen sehr weit ausgelegt – bereits wenn nur ein Elternteil einer Person im Ausland geboren wurde, wird suggeriert, dass diese Person einer anderen „ethnischen Gruppe" zugehörig ist, als die „Einheimischen".

konstruiert, deren „Mitglieder" möglicherweise unter einander unterschiedlicher sind als im Vergleich zu den Mitgliedern der übrigen Gruppen.). Amin und Thrift (2002), zum Beispiel, bezeichnen diese grundsätzliche Idee von nationalen Abstammungsgemeinschaften als „out of place" (ebd.: 293; vgl. auch Nassehi 1995; Westin 1999; Ytrehus 2001c: 18; Brubaker 1992; Bukow et al. 2007: 33; Jenkins 2008; Wippermann und Flaig 2009).

2.3 Die ungleiche wohnräumliche Verteilung von Migranten und Mehrheitsangehörigen als Ausgangspunkt einer These

In diesem Abschnitt werden die theoretischen Sichtweisen und empirischen Erkenntnisse aus den beiden vorangegangenen Abschnitten – Abschnitt 2.1 und 2.2 – zusammengeführt. Auf der einen Seite steht die stadtsoziologische Perspektive auf den Raum als das Ergebnis sozialer Abgrenzungsprozesse, bei denen empfundene Ähnlichkeit (und Sympathie) zwischen den Bewohnern eine wichtige Rolle spielt. Auf der anderen Seite stehen Erkenntnisse über ethnische Grenzziehungsprozesse seitens der Mehrheitsbevölkerung gegenüber („sichtbaren") Migranten, die bislang kaum eine Rolle in der Erforschung von ethnischer Segregation spielen.

Sowohl in Berlin als auch in Oslo sind erhebliche ungleiche wohnräumliche Verteilungen von Migranten und Mehrheitsangehörigen festgestellt worden – insbesondere für „nicht-westliche" Migranten beziehungsweise Personen mit türkischem Migrationshintergrund (Blom 2001; Blom 2002; Blom 2006; Häußermann 2008d; Häußermann und Förste 2008; Amt für Statistik Berlin-Brandenburg 2011). Mehrere Untersuchungen haben ergeben, dass diese Ungleichverteilungen nicht darauf zurück geführt werden können, dass sich die Migranten von Mehrheitsangehörigen abgrenzen wollen (Abschnitt 2.1).

Bislang ungeklärt ist aber die Frage, ob sich *mehrheitsangehörige* Stadtbewohner aufgrund von „sozialen Abgrenzungsprozessen in ethnischer Hinsicht" weigern, mit Migranten nachbarschaftlich zusammenzuleben und deshalb gezielt Wohngebiete aussuchen, in denen wenige Migranten wohnen. Welche Erkenntnisse könnten sich ergeben, wenn die Perspektive auf ethnische Zugehörigkeit in der deutschen und norwegischen Segregationsforschung umgedreht beziehungsweise erweitert wird, und der Einfluss von der Mehrheitsbevölkerung sowie die Bedeutung von („kulturellem") Rassismus und Diskriminierung mit einkalkuliert wird?

Das Auftreten von ethnischer Segregation in Berlin und Oslo könnte möglicherweise – so das Ergebnis der Zusammenführung von Abschnitt 2.1 und 2.2 – *ein Ausdruck dafür sein, dass ethnische Grenzziehungen eine erhebliche Bedeutung für soziale und gesellschaftliche Prozesse haben*. Und zwar nicht in dem Sinne, wie bislang in der Segregationsforschung angenommen, weil sich die *Migranten* „fremd fühlen", sondern weil Migranten von der Mehrheitsgesellschaft *als „Fremde" kategorisiert und abgewertet* werden (Abschnitt 2.2).

Zum Einfluss von Präferenzen der Mehrheitsangehörigen auf ethnische Segregation

In den Segregationsstudien aus den USA, zum Beispiel, gibt es bereits diese Perspektive, dass ethnische Segregation auch eine Segregation von Mehrheitsangehörigen abbildet (siehe Abschnitt 1.1). Dabei wurde festgestellt, dass die Präferenz für „weiße" Nachbarschaften unter den „Weißen" eine wichtige Quelle zur Erklärung der signifikanten residentiellen Segregation ist (ebd.). So sind Stadtforscher in den USA zur der Einsicht gelangt, dass die Rolle der „Weißen" für die Entstehung von Segregation nach „ethnischer Zugehörigkeit" (als Folge sozialer Grenzziehungen) gar am bedeutendsten ist. Clark erklärt: „The dynamics of change that come from preferences are determined more by whites' decisions than by blacks' or Hispanics' decisions." (1991: 17; vgl. auch Clark 1992; Massey und Denton 1993; Charles 2005).

Krysan et al. (2009) haben beschrieben, dass die „Rasse" der Bewohner eines städtischen Teilgebietes einen eigenständigen Einfluss auf die Wahrnehmung (und damit die Wohnortattraktivität des Gebietes) ausübe (ähnliche Befunde aus dem niererländischen Kontext: siehe Feijten und van Ham 2009; Bouma-Doff 2007; vgl. auch Ellen 2000):

> Our fundamental conclusion is that race, per se, shapes how whites and, to a lesser extent, blacks view residential space. Residential preferences are not simply a reaction to class-based features of a neighborhood; they are shaped by the race of the people who live there. To be sure, a neighborhood's social class matters. Both whites und African-Americans evaluated upper-middle-class und middle-class neighborhoods as much more desirable places than lower- und upper-working-class neighborhoods. But controlling for social class characteristics did not eliminate the influence of racial composition (Krysan et al. 2009: 548).

Könnte das auch in Deutschland und Norwegen der Fall sein? In Abschnitt 1.3 wurde gezeigt, dass städtische Teilgebiete mit vergleichsweise starken Konzentrationen von Migranten überwiegend mit negativen Wahrnehmungen verbunden sind. In der Stadtforschung wird in diesem Zusammenhang von einer *Stigmatisierung von Migrantenvierteln* und einer *Ethnisierung sozialer Ungleichheit* gesprochen. Ob jedoch die ethnische Kategorie einen eigenständigen Einfluss auf die eher negativen Wahrnehmungen von den sogenannten Migrantenvierteln ausübt – bei Kontrolle der sozialen Benachteiligung, die sich ebenfalls in diesen Vierteln konzentriert – ist hier nicht systematisch untersucht worden.

In Abschnitt 1.3 wurde ebenfalls gezeigt, dass es Hinweise auf einen möglichen Einfluss der „ethnischen" Zugehörigkeit der Bewohner eines Gebietes und den Wohnortentscheidungen von Mehrheitsangehörigen in Berlin und Oslo gibt. Es wurde unter anderem gezeigt, *dass* ein als „(zu) hoch" wahrgenommener Anteil an „Migranten" beziehungsweise „Ausländern" in einem Gebiet ein Motivationsfaktor für „Mehrheitsangehörige" sein kann, fortzuziehen oder in bestimmten Gegenden nicht zu wohnen. Bislang ist jedoch auch dieses Phänomen nicht gut untersucht, so dass daraus noch keine Schlüsse über den Einfluss dieses Faktors auf ethnische Segregation gezogen werden können.

Zum Einfluss von Rassismus und Diskriminierung auf ethnische Segregation

Die Analysen zu ethnischer Segregation in den USA, Großbritannien, Frankreich und den Niederlanden haben nicht nur den Einfluss von „ethnischen Präferenzen" auf die Wohnortwahl der „Weißen" beziehungsweise „Mehrheitsbevölkerung" ins Visier genommen. Sie haben sich auch umfassender mit der Bedeutung von Diskriminierung und Rassismus für das Auftreten von ethnischer Segregation befasst. Ihr Fazit: Die sozioökonomische Ungleichheit zwischen den „ethnischen Gruppen" könne *nicht* als Schlüsselfaktor zur Erklärung der ethnischen Segregation erachtet werden (u.a. Galster 1989; Peach 1999; Iceland et al. 2005; zusammenfassend siehe Musterd 2005; Bouma-Doff 2007; Feijten und van Ham 2009). In den dort durchgeführten Studien wird argumentiert, dass sich zwar feststellen ließe, dass insbesondere die „Schwarzen" in den USA und die „Migranten" in Europa stärker von Armut und sozioökonomischer Unterprivilegierung betroffen sind. Jedoch spielten zusätzliche Exklusionsmechanismen – sei es aufgrund von Rassismus oder Sozial- und Wirtschaftspolitik – hierbei eine sehr wichtige Rolle ([z.t. von lanz s 12] u.a. Massey und Denton 1989, 1993; Smith 1989; Clark 1992; Fainstein 1993; Davis 1994; Solomos und Back 1996: 66; Back 1996; Wacquant 2004, 2008). So schlussfolgern Iceland, Sharpe und Steinmetz (2005) auf der Basis aktualisierter Daten aus dem US-Amerikanischen Kontext: „Race continues to play the most critical role in explaining prevailing residential patterns" (S. 264).

Weder in Deutschland, noch in Norwegen, ist die Rolle von Diskriminierung und („kulturellem") Rassismus für die Stadtentwicklung adäquat untersucht worden. Selbst wenn – wie häufig argumentiert wird – die Geschichte und das Ausmaß des Rassismus in Europa nicht mit der Situation in den USA zu vergleichen ist (siehe zum Beispiel Häußermann et al. 2004: 19), bietet die breite Zustimmung zur Hetze gegen „Ausländer" – insbesondere gegen Muslime – (vgl. zuletzt die „Sarrazin-Debatte" von 2010; siehe dazu Benz 2011) sowie die wachsende Popularität von rechtspopulistischen Protestparteien (Andersen und Bjørklund 1994) Anlass genug, die Rolle von Rassismus auch im norwegischen und deutschen Kontext zu prüfen.

Wissenschaftler in beiden Ländern haben dazu angemerkt, dass es sicherlich gerechtfertigt sei, davon auszugehen, dass ethnische Diskriminierung und Rassismus in Deutschland und Norwegen einen geringeren Einfluss auf sozialräumliche Prozesse als in den USA ausübe – dies sei allerdings keine Rechtfertigung dafür, den Einfluss von Diskriminierung und Rassismus auf Segregation im eigenen Lande nicht zu untersuchen (Brevik et. al 1998: 18; Gullestad 2002: 38; Schroer 2005; Lanz 2007: 11ff.).

So ist der Einfluss von Diskriminierung und Rassismus auf ethnische Segregation möglicherweise bislang unterschätzt worden. Die Plausibilität der Annahme in der deutschen und norwegischen Stadtforschung, dass nicht die ethnische Zugehörigkeit, sondern vor allem die sozioökonomische Ungleichheit die primäre Ursache für ethnische Segregation darstelle, relativiert sich dadurch, dass wichtige potentielle Einflussfaktoren nicht umfassend untersucht wurden: Zum einen, der Einfluss von diskriminierenden Praktiken seitens der Gatekeeper des Wohnungsmarktes auf ethnische Segregation[79]. Und zum anderen, der Einfluss von diskriminierenden Praktiken gegenüber Migranten in anderen Gesellschaftsbereichen wie zum Beispiel auf dem Arbeitsmarkt sowie im Bildungssystem (siehe u.a. Klink und Wagner 1999; Østerud et al. 2003; Rogstad 2006; Støren 2006; Baumert et al. 2006; Kristen 2004; 2006; Gomolla und Radtke 2007; Kalter 2008; Blom und Henriksen 2008; Blokland 2008: 376; Miegel et al. 2008; Hurrelmann und Zürn 2009), wodurch die freie Wohnortwahl der Migranten beeinträchtigt werden kann[80].

Aus dem folgenden Räsonnement von Lanz (2007) wird ersichtlich, dass die deutsche Stadtforschung (ebenso wie die norwegische, vgl. dazu Wessel 1997) noch stärker aus dem Wissensstand zu Machtstrukturen und der Konstruktion des Immigrationskomplexes schöpfen muss, wenn sie den Zusammenhang zwischen Einwanderung und Stadtentwicklung ernsthaft verstehen will:

> Da Städte stets die Orte waren, an denen sich Migration artikuliert, verwundert es nicht, dass im paradigmatischen Einwanderungsland USA Studien über Zusammenhänge zwischen Migration und Urbanisierung die Stadtforschung begründeten und mit der 'Chicago School' die Migrations- und die Stadtsoziologie untrennbar zusammenwuchsen. Seit den 1960er Jahren wurde diese 'klassische Theorie der ethnischen Assimilation' (Neckel 1997: 259) zunehmend durch machttheoretische Fragestellungen herausgefordert, die sich von deren Fokus auf kulturelle Aspekte abwandten. Dieses Wissensstadium, so argumentieren Elçin Kürşat-Ahlers und Hans-Oeter Waldhoff zu Recht, hat 'die deutsche Migrationssoziologie noch kaum erreicht' (2001: 41). Und dies gilt, so ist hinzuzufügen, in besonderem Masse für die sozialwissenschaftliche Stadtforschung. Da

---

[79] Unter anderem ist es naheliegend, dass Gatekeeper auf dem Wohnungsmarkt „ethnische Präferenzen" der Mehrheitsangehörigen antiziperen und demzufolge Migranten diskriminieren (siehe Abschnitt 1.3 und 2.1).
[80] Hierbei wird davon ausgegangen, dass ein beschränkter Zugang zu Arbeit und Bildung indirekt auf sozioökonomische Ressourcen und damit auch auf den Zugang zum Wohnraum wirken kann.

sich diese in Deutschland lange Zeit kaum mit der Migrationsforschung berührte, sind die hiesigen Wissensbestände über die Zusammenhänge zwischen Einwanderung und Stadtentwicklung gering. Gleichzeitig spielten ideologie- und diskurstheoretische Debatten nahezu keine Rolle. Ebenso wie die 'Ausländerforschung' arbeitete die Stadtforschung hauptsächlich im Auftrag staatlicher Institutionen [...] Bestehende Machtstrukturen und die Konstruktion des Immigrationskomplexes durch die Mehrheitsgesellschaft spielen bis heute kaum eine Rolle bei der empirischen Analyse der 'Einwanderungsstadt' (Lanz 2007: 11–12).

Zwischenfazit: Der Einfluss von ethnischer Zugehörigkeit auf ethnische Segregation ist unklar

Die Stadt- und Segregationsforschung steht immer noch *vor* der Aufgabe, die Bedeutung von ethnischer Zugehörigkeit für das Auftreten von Segregation ausreichend zu untersuchen. Dies impliziert, dass sie ihre enge beziehungsweise einseitige Perspektive auf ethnische Zugehörigkeit beziehungsweise Ethnizität (siehe Abschnitte 1.1, 1.3, 2.1 und 2.2) erweitern muss. Bevor dies geschehen ist, lässt sich nicht zuverlässig einschätzen, *wie stark* ethnische Zugehörigkeit das Auftreten von ethnischer Segregation beeinflusst (siehe Abschnitte 1.1, 1.3, 1.5 und 2.1).

In Bezug auf die These, dass ethnische Segregation das räumliche Abbild von ethnischen Abgrenzungsprozessen (seitens der Mehrheitsbevölkerung) darstellen könnte, sind anhand der bestehenden theoretischen und empirischen Erkenntnisse (Abschnitte 1.3, 2.1 und 2.2) insgesamt vier unterschiedliche Szenarien denkbar:

Es besteht ein Zusammenhang zwischen ethnischer Zugehörigkeit und ethnischer Segregation: Mehrheitsangehörige Wohnungssuchende, die die Möglichkeit haben, ihren Präferenzen bei der Wohnortsuche nachzugehen, entscheiden sich nicht für Wohngebiete mit „vielen" „Migranten" aufgrund von sozialen Abgrenzungsprozessen in ethnischer Hinsicht. Sie vermeiden Migrantenviertel, weil sie das Empfinden von sozialer Nähe beziehungsweise Ähnlichkeit der dortigen Bewohner zu sich selbst nicht vermuten. Oder sie vermeiden sie vor allem deshalb, weil sie Migrantenviertel als zu fremd oder gar als gefährlich wahrnehmen.

Es besteht ein Zusammenhang zwischen ethnischer Zugehörigkeit und ethnischer Segregation: Migranten sind erheblichen Stigmatisierungs- und Diskriminierungsprozessen in unterschiedlichen gesellschaftlichen Bereichen ausgesetzt und verfügen daher, bedingt durch ihre „ethnische Zugehörigkeit", über weniger sozioökonomische Ressourcen und damit Wahlmöglichkeiten auf dem Wohnungsmarkt.

Es besteht *kein* Zusammenhang zwischen ethnischer Zugehörigkeit und ethnischer Segregation: Das Empfinden von sozialer Distanz zu den Migranten führt nicht zu einer räumlichen Distanz. Entweder sind andere Faktoren (wie Lage, Baustruktur oder Mietpreis) wichtiger als die Ähnlichkeit zu den Bewohnern des persönlichen Umfeldes oder es besteht sogar das Interesse, eine räumliche Nähe zu den „Fremden" zu haben (siehe Abschnitt 2.2: Migranten als „Lockung")

Es besteht *kein* Zusammenhang zwischen ethnischer Zugehörigkeit und ethnischer Segregation: Die offiziell als „Mehrheitsangehörige" geltende Gruppe der (Stadt-) Bevölkerung bezeichnet oder empfindet sich selbst nicht als Mitglied einer ethnischen Gruppe – und sie empfindet zu den Stadtbewohnern mit Migrationshintergrund keine soziale Distanz. Für sie sind ganz andere soziale Merkmale für die Definition von sozialer Nähe von Bedeutung; zum Beispiel Lebensabschnitt, „Geschmack" oder Lebensstil.

3 Erläuterungen zur empirischen Untersuchung

Wie im ersten Kapitel angekündigt, werden in diesem Buch Ergebnisse aus einer empirischen Befragung von mehrheitsangehörigen Stadtbewohnern zu deren Wohnortpräferenzen vorgestellt. Hier erfolgt nun eine detaillierte Beschreibung dieser empirischen Untersuchung. Die Schwerpunkte sind dabei Erläuterungen zu der Zielgruppe, zum Auswahlverfahren, zur endgültigen Stichprobe, zu der Form und den Inhalten der Fragen und zum Interviewablauf. Auch wird hier beschrieben, wie die gesammelten Daten dokumentiert und ausgewertet wurden. Abschließend folgen einige Reflexionen bezüglich der Aussagekraft des gesammelten Datenmaterials.

3.1 Festlegungen

3.1.1 Befragungszeitpunkte und -orte

Die Durchführung der Gruppendiskussionen fand im Zeitraum vom Herbst 2008 bis zum Sommer 2009 statt. Die Gruppendiskussionen wurden absichtlich zeitlich versetzt durchgeführt, so dass eine relativ lange zeitliche Spanne zwischen der ersten und der letzten Gruppendiskussion in der jeweiligen Stadt lag (deshalb die Reihenfolge: O1-O4, B5-B9, O10-O11, B12). Dies wurde vor dem Hintergrund eines wichtigen Prinzips des *Grounded-Theory-Ansatzes* (Strauss und Corbin 1990; Strauss und Corbin 1996; zusammenfassend siehe Strübing 2004; Bryant und Charmaz 2007; Mey und Mruck 2010), an dem ich mich beim Forschungsdesign orientiert habe, festgelegt. Die zeitliche Lücke zwischen den Gruppendiskussionen sollte die Aufdeckung von Wissenslücken und Anpassung des Leitfadens für nachfolgende Gruppendiskussionen begünstigen (vgl. u.a. Strauss und Corbin 1996).

Den Teilnehmern wurde, innerhalb eines vorgegebenen Zeitraums von einer Woche die Wahl eines Zeitpunktes sowie Ortes für die Durchführung der Gruppendiskussion überlassen (die jeweiligen „Rekrutierer" – siehe Abschnitt 3.2 – haben diese Koordination übernommen). Mit dieser zeitlichen und örtlichen Flexibilität wurde beabsichtigt, das Setting der Interview-Situation möglichst nah an den Alltag beziehungsweise an einer für die Teilnehmer vertrauten Situation anzupassen.

In der Regel haben sich die Teilnehmer für die Durchführung der Gruppendiskussion in einem für sie bekannten Lokal in der Wohnumgebung von einem oder mehreren Teilnehmern entschieden (Café oder Restaurant o.ä.). Dadurch wurden die Gruppendiskussionen an sehr unterschiedlichen Orten durchgeführt. In insgesamt vier Fällen entschieden sich die Teilnehmer für das gleiche Lokal (in B8 und B9 sowie in O2 und O4). Die genauen Informationen zu den Zeiten und Orten der durchgeführten Gruppendiskussionen sind wie folgt:

Tabelle 1: Zeitpunkte und Orte der Durchführung der Gruppendiskussionen

Interview-Kennung	Datum & Uhrzeit	Ort	Stadtteil (Straße)
O1	15. 11.2008, 12 Uhr	Café/Restaurant Calexico	Grünerløkka (Thorvald Meyers gate)
O2	15.11.2008, 16 Uhr	Café der Nationalgalerie	Zentrum (Nähe Karl-Johans gate)
O3	20.11.2008, 18 Uhr	Café Onkel Donald	Zentrum (Universitetsgata)
O4	22.11.2008, 16 Uhr	Café der Nationalgalerie	Zentrum (Nähe Karl-Johans gate)
B5	21.2.2009, 12 Uhr	Café Sofia	Kreuzberg (Wrangelstraße)
B6	22.2.2009, 16 Uhr	Privatwohnung	Wedding (Müllerstraße)
B7	18.3.2009, 20 Uhr	Café Hofperle	Neukölln (Karl-Marx-Straße)
B8	22.3.2009, 14 Uhr	Café St. Oberholz	Mitte (am Rosenthaler Platz)
B9	22.3.2009, 16 Uhr	Café St. Oberholz	Mitte (am Rosenthaler Platz)
O10	22.5.2009, 15 Uhr	Café Kaffekompaniet	Grünerløkka (Carl-Berners-Plass)
O11	22.5.2009, 18 Uhr	Second-Hand-Laden	Grünerløkka (Markveien)
B12	1.6.2009, 18 Uhr	Café Chagall	Prenzlauer Berg (am Senefelder Platz)

3.1.2 Befragungsmethode: Gruppendiskussionen

Die Entscheidung, die Befragung in Form nach dem *Gruppendiskussionsverfahren* (Mangold 1960; Bohnsack 2008; 2010) durchzuführen, hängt damit zusammen, dass die zentralen Elemente meines Erkenntnisinteresses – Wohnortpräferenzen sowie Wahrnehmungen und Bewertungen von sozialen Gruppen und städtischen Räumen – in sozialen Zusammenhängen eingebettet sind. Damit ist gemeint, dass die Bedeutungen und Interpretationen von Räumen und sozialen Gruppen, sowie die räumliche Orientierung nicht nur individuell, sondern auch kollektiv konstruiert und geteilt werden (in Anlehnung an eine von vielen sozialtheoretischen Denktraditionen geteilte Grundannahme, allen voran dem Ansatz des *Symbolischen Interaktionismus*; Blumer 1981; vgl. auch zusammengefasst Joas und Knöbl 2004: 190ff). Anders ausgedrückt: „Die Bedeutungsverleihung im Handeln ist zu einem erheblichen Teil kein rein innerpsychischer und isolierter Prozess, sondern einer, in dem intersubjektive Kontexte eine große Rolle spielen" (ebd.: 197). Da dieser Zugang zu und das Erfassen von sozialen Handlungs- und Kommunikations*kontexten* von mehrheitsangehörigen Stadtbewohnern für meine Untersuchungsperspektive eine zentrale Rolle spielt, erschien das Gruppendiskussionsverfahren für mich als die am besten geeignete Untersuchungsmethode:

> Gruppendiskussionsverfahren werden für gewöhnlich dort eingesetzt, wo die „Bedeutung von Interaktions-, Diskurs- und Gruppenprozessen für die Konstitution von Meinungen, Orientierungs- und Bedeutungsmustern" (Bohnsack 2000: 123) direkt rekonstruiert werden sollen, was mit Individualinterviews selbstverständlich nur in indirekter Weise und durch eine große Vielzahl an Einzelinterviews erfolgen könnte. Im Fokus des Forschungsinteresses steht also die Genese subjektiver Sichtweisen eines Subjekts innerhalb eines diskursiven Zusammenhangs, was methodologisch betrachtet in einem mikrologischen Verhältnis zur sozialen Genese von Deutungsmustern im gesellschaftlichen Kontext steht. Gruppendiskussionsverfahren zeichnen sich somit weniger durch ein inhaltlich textorientiertes Sinnverstehen aus, als vielmehr durch ihr interaktionsorientiertes Sinnverstehen: Hinter den Äußerungen eines Gruppendiskussionsmitglieds stehen immer diskursive Strategien und kollektive Orientierungsmuster [...] Die Faustregel, Einzelinterviews werden dort eingesetzt, wo „der Handlungs- beziehungsweise Kommunikationskontext einen relativ geringen Einfluss auf die Ausformulierung von Meinungen und Einstellungen hat" (Lamnek 1995, Bd. 2: 139), und Gruppendiskussionen werden dort eingesetzt, wo es die sozialkontextuellen Bedingtheiten von Einzelmeinungen herauszuarbeiten gilt (vgl. ebd.: 137) (Kruse 2008: 189–190).

Nach Krotz (2005) haben Gruppendiskussionen als Erhebungsmethode einen näheren Bezug zu den sozialen Prozessen, in denen die Menschen leben (ebd.: 195). Auf der Grundlage dieser Informationen zum Gruppendiskussionsverfahren wählte ich daher diese Untersuchungsmethode für meine empirische Untersuchung. Hinzu kam die Überlegung, dass die Befragung in einer Gruppe die Formalität der Befragungssituation reduzieren könnte (anders als bei einer Konstellation von einem Interviewer und einer interviewten Person).

In Bezug auf die Gruppengröße wurde in Anlehnung an die zusammengetragenen Erkenntnissen bei Kruse (2008: 31ff sowie 188ff.) festgelegt, dass es in jeder Gruppe idealerweise fünf Teilnehmer geben sollte[81].

3.1.3 Zeitlicher Umfang

Der angekündigte Zeitaufwand für Gruppendiskussion wurde in der Einladung mit dem Umfang einer Stunde angegeben. In der Umsetzung war dies auch der durchschnittliche Wert. Es gab eine leichte Variation im zeitlichen Umfang der Gruppendiskussionen aufgrund inhaltlicher Aspekte (u.a. je nach „Abdriften" vom Thema) sowie unterschiedlicher Dynamiken in den jeweiligen Diskussionen. Die kürzeste Dauer einer Gruppendiskussion betrug 58 Minuten (O11), die längste 1 Stunde und 26 Minuten (O1).

3.2 Zielgruppe, Auswahlverfahren und Stichprobe

3.2.1 Zielgruppe

Aufgrund fehlender Forschungserkenntnisse über den Einfluss von ethnischen Präferenzen auf die Wohnortpräferenzen beziehungsweise -entscheidungen von Mehrheitsangehörigen soll meine Untersuchung diesen Teil der Bevölkerung berücksichtigen. Deshalb wurde als erstes Kriterium festgelegt, dass die Teilnehmer in den Gruppendiskussionen *keinen Migrationshintergrund* haben sollten (das heißt beide Elternteile sollten in Deutschland beziehungsweise Norwegen geboren worden sein).

Als weitere eingrenzende Kriterien wurde *ein hohes Bildungsniveau* (angefangenes oder abgeschlossenes Hochschulstudium) sowie ein verhältnismäßig *junges Alter* (min. 25 bis max. 35 Jahre) festgelegt. Diese Eingrenzung erfolgte vor dem Hintergrund, dass diese Bevölkerungsgruppe laut repräsentativer Umfragen am wenigsten zu fremdenfeindlichen Einstellungen neigt (vgl. u.a. Winkler 2003; Steinbach 2004; Blom 2007; Statistisches Bundesamt et al. 2013).

Das Mindestalter von 25 Jahren sollte die Wahrscheinlichkeit erhöhen, dass die Teilnehmer bereits *Erfahrungen mit eigenen Wohnortentscheidungen* gemacht hatten. Außerdem ist dann auch eher davon auszugehen, dass sie *finanziell in der Lage* sein würden, am Wohnungsmarkt eine Wahl zu treffen. Als zusätzliches Kriterium sollten

---

[81] In der Praxis zeigte sich, dass dies nicht stets erfüllt werden konnte (siehe hierzu die Erläuterungen in Abschnitt 3.2).

die Befragten zum Zeitpunkt der Befragung *keine Kinder* haben, weil dies vermutlich einschränkend auf ihre Mobilität wirken könnte. Darüber hinaus sollten sie nach Möglichkeit zum Zeitpunkt der Befragung *in einem der innerstädtischen Gebiete* wohnhaft sein.

3.2.2 Auswahlverfahren

Um Teilnehmer zu finden, die diesen Kriterien entsprachen, bin ich nach dem *Schneeball-Prinzip* innerhalb meiner persönlichen und beruflichen Netzwerke vorgegangen[82]. Ich habe Freunde, Bekannte und Kollegen darum gebeten, mir eine Kontaktperson aus ihrem persönlichen oder beruflichen Umfeld zu nennen, auf die die Kriterien zutrafen und die auch Bereitschaft dazu zeigten, an einer Gruppendiskussion teilzunehmen. Zwei wichtige Voraussetzungen dabei waren, dass ich die Person selbst nicht kennen sollte, und dass nur ein Teilnehmer pro angefragte Person aus meinen eigenen Netzwerken gewonnen wurde. Damit sollte vermieden werden, dass die Teilnehmer aus demselben Netzwerk stammten.

Die auf dieser Weise – unabhängig von einander – gewonnenen Teilnehmer wurden nach ihrer Zusage von mir als „Rekrutierer" beauftragt. Sie wurden darum gebeten, eine Gruppe zusammenzustellen, bestehend aus ihnen selbst und vier weiteren (mir ebenfalls unbekannten) Personen aus ihrem Umfeld, die nach den vorgegebenen Kriterien (siehe oben) für eine Teilnahme passen würden[83]. Diese insgesamt fünf Personen (vier plus die Rekrutierperson) bildeten dann die Gruppe, die ich im Rahmen des Gruppendiskussions-Verfahren befragte. Abbildung 1 (nächste Seite) stellt das Auswahlverfahren (und die endgültige Anzahl der Teilnehmer pro Gruppe[84]) schematisch dar:

---

[82] In Anlehnung an Johnson 1990.
[83] Die Kriterien wurden schriftlich per Email übermittelt.
[84] Die Abbildung zeigt, dass die angestrebte Teilnehmerzahl von fünf Teilnehmern nicht immer erreicht werden konnte. Der Grund dafür war in der Regel kurzfristige Absagen von eingeplanten Teilnehmern.

Abbildung 1:   Schematische Darstellung des Auswahlverfahrens

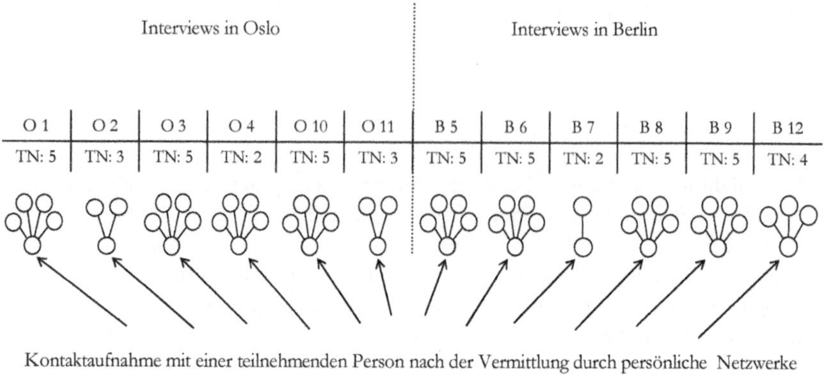

	Interviews in Oslo					Interviews in Berlin					
O 1	O 2	O 3	O 4	O 10	O 11	B 5	B 6	B 7	B 8	B 9	B 12
TN: 5	TN: 3	TN: 5	TN: 2	TN: 5	TN: 3	TN: 5	TN: 5	TN: 2	TN: 5	TN: 5	TN: 4

Kontaktaufnahme mit einer teilnehmenden Person nach der Vermittlung durch persönliche Netzwerke

Mit dieser Vorgehensweise konnte ich gleich drei Vorteile ausschöpfen. Erstens konnte ich dadurch leichter und gezielter geeignete Teilnehmer für die Befragung finden (das heißt Personen, auf die die genannten Kriterien zutrafen). Zweitens, durch die Kontaktaufnahme durch Netzwerke waren die Angefragten vermutlich eher bereit, die Rolle als „Rekrutierer" zu übernehmen, da durch den gemeinsamen Kontakt ein gewisses Niveau an Verpflichtungsempfinden beziehungsweise Vertrauen gegeben war. Und drittens, durch die Zusammenstellung der Gruppen anhand von einer Schlüsselperson, die jede teilnehmende Person vorher kannte, schärfte ich den Ansatz, die Befragungssituation möglichst informell beziehungsweise nah an der sozialen Wirklichkeit der Teilnehmer zu gestalten. Diese Bemühungen um Vertrautheit und Normalität hingen auch mit der Überlegung zusammen, dass das Aussprechen von „nicht politisch korrekten" Einstellungen zu und Abgrenzungen von „Migranten", „Ausländern" oder bestimmten ethnischen Gruppierungen in einer informellen Interviewsituation möglicherweise wahrscheinlicher ist als in einer formellen Interviewsituation.

3.2.3 Beschreibung der Stichprobe(n)

Es folgt nun ein Überblick über zentrale Merkmale der Teilnehmer in den jeweiligen Stichproben aus Berlin und Oslo. Diese Merkmale wurden mittels eines Fragebogens unmittelbar nach der Durchführung der jeweiligen Gruppendiskussionen erhoben (siehe Abschnitt 3.4).[85]

Tabelle 2 zeigt, dass die meisten Teilnehmer in Oslo zum Zeitpunkt der Befragung in den östlichen Gebieten der Innenstadt leben (15 von 23)[86]. Neun Teilnehmer geben an, in dem Stadtteil Grünerløkka zu wohnen, während jeweils vier Teilnehmer in Gamle Oslo (dazu gehören u.a. Tøyen und Grønland) und zwei in Sagene wohnen. Von den acht Teilnehmern, die in den westlichen Stadtteilen zu Hause sind, wohnen vier in St.Hanshaugen, drei in Frogner und eine Person in Nordre Aker.

Tabelle 2: Wohnorte der Teilnehmer zum Zeitpunkt der Befragung (Oslo)

Wohnort	TN insg	w	m	Östliche Stadtteile				Westliche Stadtteile		
Oslo				Grünerløkka	Gamle Oslo	Sagene		St-Hanshaugen	Frogner	Nordre Aker
O1	5	5	0	2	1	2				
O2	3	3	0		1			1	1	
O3	5	1	4					3	2	
O4	2	1	1	2						
O10	5	4	1	3	1					1
O11	3	3	0	2	1					
insgesamt	23	17	6	9	4	2		4	3	1

Tabelle 3 (nächste Seite) stellt die von den Teilnehmern in Berlin angegebenen Wohnorte dar. Hier ist eine größere Varianz zwischen den Wohnorten der Teilnehmer zu beobachten als in Oslo. Jeweils fünf Teilnehmer geben an, dass sie zum Zeitpunkt der Befragung in Kreuzberg (KB) und Prenzlauer Berg (PB) wohnhaft sind. Drei weitere wohnen zu der Zeit in Berlin-Mitte (M). Ansonsten sind die Wohnorte der Teilnehmer eher verteilt – mit jeweils zwei Angaben von Neukölln (NK), Schöneberg (SB) und Lichtenberg (LB) und jeweils nur eine Angabe für Marzahn (MZ), Hohenschönhausen (HHSH), Wedding (W), Friedrichshain (FH), Treptow (Tre) und Pankow (Pank).

---

[85] Aus B12 fehlen zu einem Teilnehmer außer der Angabe des Geschlechts sämtliche weitere Angaben (der Teilnehmer hatte den Fragebogen nicht ausgefüllt).
[86] Dies ist hier eine unbeabsichtigte Folge der Auswahl von Teilnehmern nach dem Schneeballprinzip.

Tabelle 3:   Wohnorte der Teilnehmer zum Zeitpunkt der Befragung (Berlin)

Wohn-ort	TN insg	w	m	KB	NK	SB	MZ	HHSH	LB	W	PB	M	FH	Tre	Pank
Berlin															
B5	5	3	2	2	1	1	1								
B6	5	2	3	1					1		2	1			
B7	2	2	0	1					1						
B8	5	5	0								2	2	1		
B9	5	3	2	1		1					1			1	1
B12	4	2	2								1	1			
Insgesamt	26	17	9	5	2	2	1	1	2	1	5	3	1	1	1

Tabelle 4 zeigt, dass über die Hälfte der Teilnehmer zwischen 28 und 32 Jahre alt war (in Oslo sogar über ¾ der Teilnehmer). Auffällig ist, dass die Altersstreuung in der Berliner Stichprobe stärker ist als in der Osloer Stichprobe. In der Berlin war der Anteil an jüngeren Teilnehmern zwischen 25 und 27 Jahren höher als in Oslo.

Tabelle 4:   Altersstruktur der Teilnehmer

Alter	TN insg	W	m	25-27 Jahre	28-30 Jahre	30-32 Jahre	33-35 Jahre	35-37 Jahre
Oslo								
O1	5	5	0		5			
O2	3	3	0	2		1		
O3	5	1	4		5			
O4	2	1	1		1	1		
O10	5	4	1		1	2	1	1
O11	3	3	0			3		
Insgesamt	23	17	6	2	12	7	1	1

Berlin	insg	W	m	25-27 Jahre	28-30 Jahre	30-32 Jahre	33-35 Jahre	35-37 Jahre
B5	5	3	2			4		1
B6	5	2	3	3	1	1		
B7	2	2	0	2				
B8	5	5	0			3	2	
B9	5	3	2	2	3			
B12	4	2	2	1		2		
Insgesamt	26	17	9	8	4	10	2	1

Die Angaben zum monatlichen Netto-Einkommen (Tabelle 5) und zu den Ausgaben für die monatliche Miete (Letzteres hier nicht dargestellt) legt es nahe, dass ein Großteil der Teilnehmer über ausreichend Ressourcen verfügt, um eine Wohnortwahl zu treffen (vgl. Abschnitt 2.1). Das heißt sie können also vermutlich gewissermaßen selbst darüber entscheiden, *wie*, *wo*, und vor allem *mit wem* sie wohnen möchten – sie haben also die Möglichkeit, sich für oder gegen bestimmte Nachbarschaften beziehungsweise Bevölkerungsgruppen zu entscheiden. Für meine Untersuchung war dies ein zentraler Aspekt, weil die Umsetzung von Wohnortpräferenzen voraussetzt, dass die finanziellen Möglichkeiten dazu gegeben sind (siehe Abschnitt 2.1).

Tabelle 5: Angaben zum monatlichen Netto-Einkommen (in Intervallen)

Einkommen in Euro	TN insg	w	m	<800	<1000	1000-1.300	1.300-2.000	2.000-3.000
Oslo								
O1[87]	5	5	0	k.A.	k.A.	k.A.	k.A.	k.A.
O2	3	3	0		1			2
O3	5	1	4					5
O4	2	1	1					2
O10	5	4	1					5
O11	3	3	0					3
Insgesamt	23	17	6		1			17

[87] Die Einkommensangabe wurde erst ab der zweiten Gruppendiskussion erhoben.

Berlin	TN insg	w	m	<800	800-1.300	1.300-2.000	2.000-3.000	3.000-5.000
B5	5	3	2	1	2	1	1	
B6	5	2	3		3	2		
B7	2	2	0			2		
B8	5	5	0		1	1	2	1
B9	5	3	2	1	4			
B12	4	2	2			3		
Insgesamt	26	17	9	2	10	9	3	1

Tabelle 6: Angaben der Teilnehmer zur Wohndauer in der Stadt

Wohndauer	TN insg	W	m	Seit 1977-1980	seit 1981-1984	Seit 1985-1988	seit 1989-1992	Seit 1995-1998	Seit 1999-2002	Seit 2003-2006	Seit 2007-2009
Oslo											
O1	5	5	0						5		
O2	3	3	0					1	2		
O3	5	1	4	3	2						
O4	2	1	1						1	1	
O10	5	4	1	1				1	1	2	
O11	3	3	0						2	1	
Insgesamt	23	17	6	4	2			2	11	4	
Berlin											
B5	5	3	2	4							1
B6	5	2	3							2	3
B7	2	2	0							1	1
B8	5	5	0							3	2
B9	5	3	2	1	2					2	
B12[88]	4	2	2	1						1	
Insgesamt	26	17	9	6	2					6	5	5

---

[88] Eine Teilnehmerin aus B12 hat hierzu keine Angabe gemacht. Ein weiterer Teilnehmer hat den Fragebogen gar nicht ausgefüllt.

Aus Tabelle 6 geht hervor, seit welchem Kalenderjahr die Teilnehmer in der Stadt wohnen. Die Mehrheit der Osloer Teilnehmer geben an, dass sie nach dem Jahr 1999 in die Stadt gezogen sind, jedoch vor 2007. Sechs der Teilnehmer leben bereits seit ihrer Kindheit in Oslo. Die Angaben der Berliner Teilnehmer unterscheiden sich leicht davon. Acht Teilnehmer geben an, dass sie seit ihrer Kindheit in Berlin wohnen, während sechzehn Teilnehmer erst seit 1999 nach Berlin gezogen sind. Anders als in Oslo wohnen fünf davon erst seit 2007 in der Stadt.

Zum Schluss noch einige Informationen zum Bildungshintergrund der Teilnehmer. Die „Rekrutierer" (die teilnehmende Person, die die Gruppe zusammengestellt hat) waren zuvor darüber informiert worden, dass ein Kriterium für die Auswahl von Teilnehmern für die Gruppendiskussionen der Besitz eines Hochschulabschlusses oder zumindest ein laufendes Hochschulstudium sein sollte. Sämtliche Teilnehmer in Oslo gaben an, einen Hochschulabschluss zu haben (23 von 23 Teilnehmern). In Berlin gaben 23 von insgesamt 26 Teilnehmern an, einen Hochschulabschluss zu haben. Zwei weitere Teilnehmer absolvierten zum Zeitpunkt der Befragung ein Hochschulstudium, bei einem Teilnehmer (aus B12) fehlte die Angabe.

Es wurden auch Informationen zum Bildungshintergrund der Eltern der Teilnehmer (Vater und Mutter) erhoben. Hier zeigte sich, dass viele Eltern der Teilnehmer auch selbst einen Hochschulabschluss haben. In Oslo haben nach Angaben der Teilnehmer zehn der Väter einen Hochschulabschluss, ebenso 21 der Mütter. Die Angaben für Berlin sind anders. Hier gaben elf der Teilnehmer an, dass ihr Vater einen Hochschulabschluss (inkl. Staatsexamen) hat, die entsprechende Zahl für die Mütter betrug neun. Ein weiterer Unterschied zu Oslo ist die höhere Zahl der Berufsausbildungen (inkl. Meisterbrief) als höchster Bildungsabschluss der Eltern in Berlin (Vater: 8. Mutter: 8. Die entsprechenden Zahlen für Oslo Vater: 3 und Mutter: 1).

3.3 Form und Inhalt der Fragen

3.3.1 *Informationen zum Leitfaden*

Für die Durchführung der Gruppendiskussionen wurde ein Leitfaden in Tabellenform verwendet, in dem die Fragen für die Teilnehmer festgehalten waren. In einer Spalte des Leitfadens wurden die offenen leitenden Fragen festgehalten (1. Eine einleitende Frage zum Leben in der Großstadt, 2. Eine Frage beziehungsweise Aufforderung zur Auswahl und Beschreibung von städtischen Gebieten, 3. Eine Frage beziehungsweise Aufforderung zur Eintragung und Erläuterung von Wohnortpräferenzen usw.[89]). Eine weitere Spalte beinhaltete Stimuli zur Aufrecherhaltung des

---

[89] Hierzu wurde zusätzliches Material ausgehändigt, Erläuterung folgt weiter unten in diesem Abschnitt.

Gesprächs – bezogen auf die jeweilige leitende Frage, und eine dritte Spalte konkrete (Nach)Fragen zur jeweiligen leitenden Frage. Die Formulierung der einzelnen Fragen – sowohl bei den leitenden beziehungsweise auffordernden Fragen als auch bei den Aufrechterhaltungs- und Nachfragen erfolgte in sorgfältiger Vorarbeit (in Anlehnung an Helfferich 2005). Die Tabellenform des Leitfadens erleichterte den Überblick und die Steuerung der Gruppendiskussion, um die Erhebung möglichst eng an das Erkenntnisinteresse der Untersuchung zu halten (in Anlehnung an Strauss und Corbin 1990).

Während die Vorgehensweise und der Inhalt zu Beginn der Gruppendiskussionen relativ konstant blieben, gab es eine größere Varianz im Hinblick auf den weiteren Verlauf der Gruppendiskussionen. Das heißt in jeder Gruppendiskussion wurde die Abfolge 1) Fragen zum Leben in der Großstadt 2) Auswahl und Beschreibung von städtischen Gebieten und 3) Erläuterung von Wohnortpräferenzen (einschließlich die Erläuterung von ausgeschlossenen Wohnorten) absolviert. Danach jedoch verlief jede Gruppendiskussion unterschiedlich, auch der Grad und die Art der Steuerung variierten.

Dies hing unter anderem damit zusammen, dass ich nach den Prinzipien des Grounded-Theory-Ansatzes (Strauss und Corbin 1990; Strauss und Corbin 1996) vorgegangen bin. So habe ich nach jeder durchgeführten Gruppendiskussion Anpassungen und Zuspitzungen im Leitfaden vorgenommen, um neue und weitere Erkenntnisse im Hinblick auf mein Forschungsinteresse zu gewinnen (siehe ebd.). Konkret bedeutet dies zum Beispiel, dass ich in den späteren Gruppendiskussionen verstärkt auch direktere, teils provozierende Fragen eingesetzt habe als in den anfänglichen Gruppendiskussionen.

Ein weiterer Grund für die Varianz zwischen den Gruppendiskussionen ist meine Entscheidung, so viel Zurückhaltung wie möglich zu praktizieren. So sollte meine Interviewerrolle darauf beschränkt sein, ein Abdriften von den relevanten Themen zu verhindern und konkrete Nachfragen (vor allem jene, die im Leitfaden festgehalten waren) an passenden Stellen unterzubringen (in Anlehnung an Lamnek 2005; nach Kruse 2008: 196ff.). Aufgrund dieser grundlegenden Haltung habe ich auch bei der Gesprächssteuerung beziehungsweise bei Initiativen zur Aufrechterhaltung des Gesprächs darauf geachtet, dass ich bei der Formulierung der Fragen eine Verbindung zu bereits (von den Teilnehmern) getroffenen Aussagen herstellte.

Je nach Verlauf der Diskussionen – etwa wenn diese vom Erkenntnisinteresse abdrifteten oder wichtige Fragen offen geblieben waren, habe ich mit solchen Stimuli gearbeitet. Vor allem mit Fragen, die darauf abzielten, Äußerungen zu dem Einfluss von Konzentrationen von „Ausländern" beziehungsweise "Migranten" oder „Einwanderern" (usw.) auf die eigenen Wohnortpräferenzen zu erzielen, sofern dieser Aspekt nicht schon vorher durch die Erhebung der Wohnortpräferenzen abgedeckt war. Oft war Letzteres der Fall, so dass ich diese Zuspitzung nicht explizit in den Vordergrund setzen musste.

3.3.2 Konkrete Beschreibung des Interviewablaufs

Um die Vorgehensweise bei der Durchführung der Gruppendiskussionen anschaulicher zu machen, folgt nun eine kurze Beschreibung zum konkreten Ablauf des (standardisierten) Beginns einer Gruppendiskussion.

Vor der ersten Frage wurden die Teilnehmer anhand eines angefertigten Textes (den ich rezitiert habe) über den Inhalt meines Forschungsprojektes und den Zweck der Gruppendiskussionen informiert. Es wurden keine Einzelheiten zu dem Forschungsinteresse oder zu den Hypothesen genannt. Die Teilnehmer wurden lediglich darüber in Kenntnis gesetzt, dass ich mich für die Wahrnehmung der Stadt und der unterschiedlichen Gebiete interessiere, und dass ich aus dem Grund gerne erfahren möchte, welche Wahrnehmungen und Bezüge sie (die Teilnehmer) zu der Stadt und zu den einzelnen Gebieten haben, etwa wo sie sich gerne aufhalten. Vor diesem Hintergrund gab ich an, dass ich mich auch speziell für das Thema Einwanderung interessieren würde, und für die Folgen der Einwanderung für die Stadt (dies wurde absichtlich vage formuliert). Zum Abschluss dieser kurzen Einführung gab ich auch an, dass ich mich auch für deren Wohnortentscheidungen und Überlegungen in Verbindung mit der Wohnortwahl interessierte, und dass ich mich über eine rege Teilnahme an der Diskussion von allen Teilnehmern freuen würde. Der genaue Wortlaut des letzten Auftakts vor dem Einstieg in das Gespräch lautete:

> Also bitte diskutiert rege, beteiligt euch möglichst alle aktiv am Gespräch, und habt keine Hemmungen, euch auszudrücken – sagt einfach das, was ihr denkt.
> Alles, was hier gesagt wird, wird vertraulich behandelt, und es wird nach der Verarbeitung keinerlei Hinweise auf eure Person geben.

Zum Einstieg in das Gespräch stellte ich eine allgemeine und offene Frage, die nicht im engen Sinne auf mein Forschungsinteresse zielte. Die Frage diente vorrangig zur Auflockerung und sollte den Teilnehmern (und mir selbst) Gelegenheit geben, mit der Gruppe und mit der Befragungssituation vertraut zu werden (Frage: Was bedeutet das Leben in der Großstadt aus eurer Sicht? Aufrechterhaltungsfrage, u.a.: Warum habt ihr euch für ein Leben in einer Großstadt entschieden?)

Im Anschluss an diese erste Einstiegs- beziehungsweise Auflockerungsfrage forderte ich in der zweiten Leitfrage beziehungsweise beim zweiten Stimulus die Teilnehmer zunächst *individuell* dazu auf, anhand eines ausgehändigten Stadtplans und einer Liste mit den Namen von städtischen Gebieten, fünf davon auszuwählen und Vermerke dazu zu machen[90]. Das heißt die einzelnen Teilnehmer beeinflussten dadurch selbst, über welche Gebiete wir reden würden. Ich bat sie darum, individu-

---

[90] Den Teilnehmern in Berlin wurde ein Stadtplan mit den Bezirksnamen sowie Ortsteilen ausgehändigt. In den Osloer Gruppendiskussionen wurden sowohl ein Stadtplan mit Ortsnamen sowie eine Liste der Bezirke nach der „älteren Bezirkseinordnung" (1988-2004) verteilt.

ell zu überlegen und zu vermerken womit sie die von ihnen ausgewählten Gebiete assoziierten. An dieser Stelle wechselte ich ganz bewusst den Modus von der kollektiven Befragung zu einer individuellen Abfrage. Nachdem die individuelle Aufgabe erledigt war (beziehungsweise von den Teilnehmern als erledigt angesehen wurde), wurden die Teilnehmer dazu aufgefordert, ihre Eintragungen zu erläutern, und es kam wie erwartet zu einer Diskussion über die unterschiedlichen Äußerungen. Zum Teil gab es widersprüchliche Einwände, zum Teil bekräftigten die Teilnehmer sich gegenseitig.

Mit diesem Wechsel zwischen individuellen und kollektiven Reflektionen und Stellungnahmen wollte ich den methodischen Ansatz in meiner Arbeit stärken (vgl. die Kritik des Gruppendiskussionsverfahrens u.a. in Blokland 2003). Zum einen konnte ich dadurch das Risiko, dass sich einige Teilnehmer aus der Diskussion zurückhielten, minimieren, weil sämtliche Teilnehmer diese Eintragungen vorgenommen hatten und durch den Rundgang in der Abfrage zu einer Stellungnahme animiert wurden. Zum anderen konnte ich damit ein wenig entgegenwirken, dass sich die Teilnehmer in ihren Aussagen von den anderen „blind treiben ließen" (vgl. ebd.), weil sie selbst Position bezogen hatten, bevor die Diskussion startete.

Diese Vorgehensweise mit dem Wechsel zwischen einer individuellen Abfrage und einer kollektiven Diskussion wandte ich auch bei der dritten leitenden Frage nach den Wohnortpräferenzen an, die zusammen mit den daran anschließenden Fragen (Aufrechterhaltungsfragen, konkrete Nachfragen) den Kern der Gruppendiskussionen bildete.

Die Teilnehmer sollten bei dieser dritten (Leit-) Frage zunächst individuell konkretisieren, in welchen Gebieten sie gerne leben möchten, und in welchen nicht, und dies sollten sie auf dem ausgehändigten Stadtplan (beziehungsweise auf der Liste) markieren. Ich bat sie darum, Wohnorte einzukreisen, die sie zum Zeitpunkt der Befragung bevorzugen würden („j"= „jetzt"), sowie Wohnorte, die sie sich für die Zukunft vorstellen könnten („s"= „später"), und Wohnorte, die sie als Wohnortoptionen ausschließen („n" = „niemals"). Als die Teilnehmer diese individuelle Aufgabe bewältigt hatten, wurden sie, wie bei der zweiten Frage beschrieben, der Reihe nach dazu befragt, welche Eintragungen sie gemacht hatten. Sie sollten erläutern, welche ihre derzeitigen (und späteren) Wohnortpräferenzen seien, und welche Faktoren dafür ausschlaggebend sind. Auch wurde nach den Unterschieden zwischen bevorzugten Gebieten und abgelehnten beziehungsweise ignorierten Gebieten gefragt.

In der Regel mündete diese Abfrage der Wohnortpräferenzen in ausführliche Diskussionen über Hintergründe für Wohnortpräferenzen und –Entscheidungen, wo ich mich als Interviewerin in die Beobachterrolle zurückziehen konnte. An Stellen jedoch, wo ich beobachtete, dass sich die Diskussion zu stark von dem Erkenntnisinteresse meiner Erhebung entfernte, übernahm ich wieder eine stärker steuernde Funktion und stellte spezifische Nachfragen zu den für die Befragung relevanten Aspekte. Dabei achtete ich darauf, dass ich bei meinem „Eingriff" in die Diskussion einen Bezug zu Vorhergesagtem herstellte – sei es durch die Wiederholung von konkreten Metaphern (zum Beispiel „das Image" von Stadtteilen) oder durch das Wiederaufgreifen eines Arguments.

3.4 Dokumentation

3.4.1 Audioaufnahme

Sämtliche Gruppendiskussionen wurden mittels einer digitalen Audioaufnahme dokumentiert.

3.4.2 Transkription

Es erfolgte eine vollständige Transkription des Audiomaterials. Dabei wurde nach zwei Grundregeln (und weiteren konkreten Transkriptionsempfehlungen; in Anlehnung an Kruse 2008: 82ff) transkribiert. 11

Erstens: Das Gesprochene wurde so aufgeschrieben, wie es zu hören war. Das heißt umgangssprachliche Ausdrücke wie „kannste" wurden auch so verschriftlicht (und nicht so: „kannst du"). Auch dialektgefärbte Ausdrücke sowie „äh-s" und „ähm-s" und auch Sprechpausen und sonstige Geräusche (wie zum Beispiel Lachen oder andere hörbare Ereignisse) wurden im Transkript festgehalten.

Zweitens: Alles wurde in Kleinbuchstaben geschrieben. Ausschließlich betonte Wörter oder Teile von Wörtern wurden in Großbuchstaben festgehalten.

Mit der Transkription wurde die anonymisierte Kennung der Teilnehmer eingeführt. Die Kennung der jeweiligen Teilnehmer setzt sich aus dem Befragungsort (B= Berlin), Nummer der Gruppendiskussion (1 bis 12) und einer Identifikationsnummer der einzelnen Sprecher (T1 bis max. T5[91]) zusammen. So verbirgt sich beispielsweise hinter der Kennung B8T1 ein Teilnehmer aus der Berliner Gruppendiskussion mit der Nummer acht, und es handelt sich dabei um die Person, die zuerst auf die Frage nach der Bedeutung des Lebens in der Großstadt geantwortet hat. Meine Kennung als Interviewerin ist ebenfalls nach diesem Prinzip strukturiert, bis auf den letzten Buchstaben „I" („Interviewer") statt „T" („Teilnehmer").[92]

---

[91] Die Vergabe dieser Identifikationsnummer richtet sich nach dem Zeitpunkt des Eintritts in das Gruppengespräch.
[92] In manchen Gruppendiskussionen war es aufgrund der akustischen Qualität des Tonmaterials (auch viele Hintergrundgeräusche im Cafébetrieb etc.) nicht möglich, die verschiedenen Stimmen den jeweiligen Sprechern im Nachhinein zuzuordnen. In dem Fall sind die Sprecher mit der Kennung „x" angegeben (u.a. O1Tx, O3Tx).

Zum Zwecke der Leserfreundlichkeit wurden die transkribierten Texte für die Darstellungen in diesem Buch überarbeitet (u.a. die Kennzeichnungen für Betonungen, Pausen und Füllwörter herausgenommen), wie hier anhand von jeweils einem Beispiel aus Berlin und Oslo zu sehen ist:

Beispiel aus Berlin (Interviewsprache: Deutsch)

Ursprüngliche Transkription:

B8T5: ich unterrichte zahnarzthelferinnen und habe POLnische damen, RUSSische damen, TÜRkische damen, also habe alle (.) nationalitäten, die sind sehr GUT integriert, können auch gut DEUTSCH sprechen, [...] und ich merke, wenn die mir aus ihrem priva:tleben viel erzählen, mir erzählen auch viele was, was so LO:s ist und mit den familienbanden (.), und wenn sich jemand trennen will kommt die ganze faMILIE zusammen bei den TÜRkischen leuten und dann wird SO: auf das ehepaar EINgesprochen, dass die sich nicht TRENNEN dürfen und so was, das ist dann SCHO:N (.) krass, ich finde das SCHO:N SCHÖner wenn sich das ver(.)MISCHen KÖNNte, auch irgendwie-? um auch- dass BEIde, oder dass- dass wir alle ö:h besser (.) zuSAMMENleben können #00:45:31-3 #

Nach der Überarbeitung zwecks der Leserfreundlichkeit:

B8T5: Ich unterrichte Zahnarzthelferinnen und habe polnische Damen, russische Damen, türkische Damen, also habe alle Nationalitäten. Die sind sehr gut integriert, können auch gut Deutsch sprechen [...] Und ich merke, wenn die mir aus ihrem Privatleben viel erzählen, mir erzählen auch viele was, was so los ist - mit den Familienbanden. Wenn sich jemand trennen will kommt die ganze Familie zusammen bei den türkischen Leuten und dann wird so auf das Ehepaar eingesprochen, dass die sich nicht trennen dürfen und so was, das ist dann schon krass, ich finde das schon schöner wenn sich das vermischen könnte, auch irgendwie. Um auch- dass beide - oder dass- dass wir alle besser zusammenleben können.
(B8, 45)

Beispiel aus Oslo (Interviewsprache: Norwegisch)

Ursprüngliche Transkription:

O10I: altså har det også med BEFOLKNINGEN å gjøre som bor der? [O10T2: mhm] [O10T1: ja] (.) der dere [O10T2: det har det] ønsker å bo? [O10T1: ja] altså ser dere litt på hvordan folk ER om (..) [O10T2: ja.] [O10T5: mhm] [O10T2: jeg gjør det. helt klart.] #00:30:29-5#
O10T1: absolutt. (.) det er det første man ser etter når man kommer INN i - i hvertfall når du er på VISning da, sånn i BYgårder og sånn, hvilke ANDRE folk du TREFFer i oppgangen og hvem som STÅR i oppgangen, litt sånn INNtrykket av folket der] [O10T5: nei, det ser ikke jeg på !] (.) ((ler)){samtidig} [O10T1: det er det JEG ser på]

[O10I: hva er det man ser etter, da? altså - (.)] en sånn MIKS av eh (.) UNGE eh FOLK, og kanskje b- LITTEgrann eh SMÅbarnsforeldre. IKKE OVERvekt av det, men LITT - da betyr det liksom at det er greit og rolig og ikke BARE party FEST studenter. (.) [O10T2: ja] for mye UNGE nittenåringer - altså NYE studenter er negativt, og BARE - selvfølgelig BARE innvandrere, da ville jeg kanskje lagt (.) (??) på en måte. [noen: mhm] selv om jeg bor (.) - jeg bor jo på tøyen, så det at der er det jo innvandrere, ((ler)) men kanskje at det er fint at det OGSÅ er (.) NORDmenn utenom MEG (.) i oppgangen. [O10I:mhm] [O10T2: en BLANDING, da. av både ALDERSgrupper og (.)] [O10T5: ja, det tenker jeg også og -] [O10T2: av både ALDERSgrupper, og av familier, single -] ja [O10T4: ja] [O10T2: ja, av ALT kanskje?] kanskje rett og slett en blanding. mhm. #00:31:24-1#

Nach der (eigenen) Übersetzung und Überarbeitung zwecks der Leserfreundlichkeit:

O10I: Hängen eure Wohnortwünsche auch von der Bevölkerung ab, die dort lebt?
O10T2: Mhm.
O10T1: Ja.
O10I: Da wo ihr wohnen möchtet?
O10T2: Ja, das tun sie.
O10T3: Ja.
O10I: Also, schaut ihr euch dann an, wie die Leute so sind, oder wie?
O10T2: Ja.
O10T3: Mhm.
O10T2: Ich tue das, ganz bestimmt.
O10T1: Absolut. Darauf achtet man als Erstes, wenn man reinkommt. Jedenfalls, wenn man auf Besichtigungen geht, so in Mehrfamilienhäusern und so – welche andere Leute du triffst im Hausflur und wer da im Hausflur steht. Also ein bisschen so der Eindruck von den Leuten dort.
O10T5: Nein, darauf schaue ich nicht.
{Lachen}
O10T1: Das ist das, worauf ich schaue.
O10I: Was ist es denn, wonach man schaut?
O10T1: So ein Mix von jungen Leuten und vielleicht ein paar Familien mit kleinen Kindern. Nicht allzu viele davon, aber ein paar. Dann bedeutet das, dass es OK ist und auch schon ruhig, und nicht nur Party-Studenten.
O10T2: Ja.
O10T1: Zu viele Neunzehnjährige – also, nur Studenten ist negativ und natürlich nur Einwanderer, da würde ich auch skeptisch reagieren irgendwie. Also, ich wohne ja in Tøyen. Da sind ja auch Einwanderer {Lachen}, aber vielleicht einfach, dass es schön ist, dass es auch Norweger gibt außer mir im Haus.
O10I: Mhm
O10T2: Ja, so eine Mischung, halt, von allen Altersgruppen und so-
O10T5: Ja, das denke ich auch.
O10T2: So eine Mischung aus allem.
O10T1: Ja, vielleicht schlicht und ergreifend einfach eine Mischung.
(O10, 30f.)

3.4.3 Einverständniserklärung

Vor dem Beginn jeder Gruppendiskussion wurde den Teilnehmern eine Einverständniserklärung zur Unterschrift vorgelegt. Mit ihrer Unterschrift erklärten sich die Teilnehmer damit einverstanden, dass eine Audioaufnahme der Gruppendiskussion erfolgte, und dass davon transkribierte Auszüge für wissenschaftliche Publikationen verwendet werden können. Im Gegenzug wurde den Teilnehmern die vollständige Anonymisierung ihrer persönlichen Daten zugesichert, und die Möglichkeit angeboten, die Einverständniserklärung jederzeit zu widerrufen.

3.4.4 Erhebung von Kontrollvariablen

Unmittelbar nach dem Ende der jeweiligen Gruppendiskussion wurde den Teilnehmern ein Fragebogen zur Übermittlung von Kontrollvariablen ausgehändigt. Eine wichtige Kategorie von Daten, die auf diesem Wege erfasst wurden, waren Angaben zum eigenen Ausbildungsniveau und derzeitig ausgeübten Beruf sowie zum Ausbildungsniveau und derzeitig ausgeübten Beruf beider Elternteile. Eine andere wichtige Kategorie von Daten, die mit dem Fragebogen erhoben wurden, waren Angaben zum eigenen Einkommen (Netto-Monatsgehalt, Ankreuzen von vorgegebenen Intervallen). Auch wurden die Höhe des Mietpreises (bei Eigentumsverhältnissen sollte lediglich dies angegeben werden), Größe der Wohnung und die Anzahl der im selben Haushalt lebenden Personen erhoben. Das Erfüllen der weiteren Teilnahme-Kriterien wurde ebenfalls durch die Abfrage der dafür relevanten Daten erfasst.

3.4.5 Protokollführung

Nach jeder einzelnen Gruppendiskussion habe ich ein von mir selbst vorbereitetes Protokoll-Formular ausgefüllt, in dem ich Besonderheiten des Gesprächsverlaufs, ausgelassene Themen oder spezifische Empfindungen aus der Gruppendiskussion festgehalten habe.

3.5 Auswertung

Für die Auswertung und Analyse der Daten wurde – in Anlehnung an den Grounded-Theory-Ansatz von Strauss und Corbin (1990; 1996; 1998; 2007) – die Relevanz für das Erkenntnisinteresse dieser Arbeit zugrunde gelegt. Krotz (2005) fasst zusammen:

Das Ziel ist nicht eine erschöpfende und vollständige Kategorisierung des Materials, sondern eine Bearbeitung, die auf die Forschungsfrage und den Gegenstand bezogen ist (Krotz 2005: 183).

Die Auswertung erfolgte nach dem Grounded-Theory-typischen dreistufigen Kodierungsverfahren (siehe Strauss und Corbin 1996; Strübing 2004; Legewie 2004; Krotz 2005; Bryant und Charmaz 2007; Mey und Mruck 2010)[93]. Gemäß der Vorgehensweise im Grounded-Theory-Ansatz war der Fokus in den (parallel laufenden) Auswertungen und Erhebungen stets auf das Erkenntnisinteresse der Arbeit gerichtet. Also darauf, ob sich Hinweise finden auf Zusammenhänge zwischen „ethnischen Zugehörigkeiten" beziehungsweise „ethnischen Kategorien" (siehe Definition in Abschnitt 1.5) und

1. der Wahrnehmung und Bewertung von städtischen Teilgebieten und deren Bewohnern sowie
2. Aussagen zu Wohnortpräferenzen beziehungsweise –Entscheidungen.

Aus diesem Grund umfassen die Darstellungen (Kapitel 4-6 für die Berliner Fallstudie, Kapitel 7-9 für die Osloer Fallstudie) nicht die ganze Bandbreite an Äußerungen zu Faktoren, die für Wohnortpräferenzen und Wohnortentscheidungen wichtig sind.

3.6 Reflexionen zur Aussagekraft der empirischen Untersuchung

Ergänzend zu den in Abschnitt 1.5 erläuterten Reflexionen folgen an dieser Stelle einige weitere Anmerkungen zur Aussagekraft der hier vorgestellten Studie.

Aus den detaillierteren Beschreibungen zu der Auswahl von Teilnehmern und zur Befragungsweise geht hervor, dass das zusammengestellte Datenmaterial nicht dazu geeignet ist, verlässliche Aussagen über den Einfluss von sozialer Grenzziehung in „ethnischer" Hinsicht auf tatsächliche Wohnortentscheidungen zu treffen. Denn es erfolgte weder eine Rekonstruktion von bereits getroffenen Wohnortentscheidungen durch vertiefende biographische Interviews, noch wurde systematisch erhoben, welche Faktoren für eine Wohnortsuche beziehungsweise -wahl tatsächlich ausschlaggebend sind (Gewichtung).

Das Anliegen der durchgeführten Studie war vielmehr, die Relevanz von „ethnischen Grenzziehungen", die in der Migrationsforschung auf nationaler Ebene festgestellt worden sind (siehe Abschnitt 1.5. und 2.2), im großstädtischen Kontext explorativ zu untersuchen. Und zwar deshalb, weil sich in der sozialen Struktur der Großstädte „ethnische" Ungleichheiten beobachten lassen und weil die Grundan-

---

[93] Das Kodierungsverfahren wurde mit Hilfe der Software MAXQDA vorgenommen, zur Unterstützung einer übersichtlichen und flexiblen Analysearbeit.

nahme gilt, dass ungleiche soziale Strukturen auf soziale Abgrenzungsprozesse zurückführen (Abschnitt 2.1, siehe auch die weiteren Erläuterungen zum Anliegen der Studie in Kapitel 1 sowie in Abschnitt 2.3).

Das Ziel dieser Arbeit ist es demnach, einen *ersten Eindruck* davon zu gewinnen, ob Wahrnehmungen und Bewertungen von städtischen Räumen und deren Bewohnern von sozialen Abgrenzungsprozessen in „ethnischer" Hinsicht geprägt sind. Der Hintergrund für dieses Ziel ist die Annahme in der (soziologischen) Stadtforschung, dass die Wahrnehmung und Bewertung von Stadtteilen und deren Bewohnern wichtige Einflussfaktoren auf die Wahl eines Wohnortes darstellen (siehe Abschnitt 2.1). Deshalb habe ich auch versucht, mittels direkter Fragen zu Wohnortpräferenzen beziehungsweise -entscheidungen, Informationen über den möglichen Einfluss von „Ethnizität" der Bewohner eines Stadtteils darauf zu gewinnen.

Die hier durchgeführte Studie wurde als einen ersten Schritt zur Untersuchung des theoretisch plausiblen Zusammenhangs zwischen ethnischer Segregation und sozialen Grenzziehungen in „ethnischer" Hinsicht konzipiert. Für den Nachweis beziehungsweise die Ablehnung eines solchen Zusammenhangs sind weitere Untersuchungen mit anderen Forschungsdesigns erforderlich (siehe hierzu die Erläuterungen in Abschnitt 1.5).

Die Daten, die mit dem gewählten Untersuchungsansatz generiert wurden, sind vor allem unter zwei Aspekten für die Erforschung von ethnischer Segregation von großer Bedeutung. Erstens: Sie vermitteln Informationen darüber, wie „ethnische" Grenzziehungen die Wahrnehmungen und Bewertungen von städtischen Teilgebieten und deren Bewohnern prägen – und zwar aus einer für die Segregationsforschung eher unübliche Perspektive auf ethnische Zugehörigkeit, nämlich aus der Sicht von Stadtbewohnern aus der Mehrheitsbevölkerung.

Zweitens: Die hier gewonnenen Daten und Einsichten sind nicht nur deshalb wertvoll, weil sie den Stadtbewohnern viel Freiraum lässt, ihre Perspektiven und Wahrnehmungen darzulegen (vgl. Schroer 2005: 250ff.). Sie sind auch vor dem Hintergrund der Festlegung, dass die Teilnehmer aus der „tolerantesten" und mobilsten Bevölkerungsgruppe (siehe Abschnitt 3.2) stammen sollte, besonders interessant[94].

---

[94] Interessant ist es auch deshalb, weil es sich hierbei um zwei gesellschaftliche Kontexte handelt, in denen besonders sensibel mit diskriminierenden beziehungsweise rassistischen Aussagen umgegangen wird (siehe die Erläuterung zur Fallauswahl Berlin und Oslo in Abschnitt 1.5).

Teil II: Fallstudie Berlin

4 Die Wahrnehmung und Bewertung Berliner Stadtgebiete und die Rolle von ethnischer Zugehörigkeit

In diesem und den beiden nachfolgenden Kapiteln werden die für die Fragestellung relevanten Befunde aus der Berliner Fallstudie vorgestellt. Dabei wird in jedem Kapitel ein jeweils unterschiedlicher Aspekt der Fragestellung beziehungsweise des Erkenntnisinteresses behandelt (siehe Abschnitt 1.5). In diesem Kapitel geht es um die Frage, ob die Wahrnehmungen und Bewertungen von städtischen Gebieten und deren Bewohner durch „ethnische Kategorien"[95] geprägt sind.

Der erste Abschnitt dieses Kapitels (4.1) thematisiert die Bedeutung von ethnischen Kategorien für die *Wahrnehmung* städtischer Teilgebiete und deren Bewohner. Dort wird gezeigt, dass „ethnische Merkmale" für bestimmte Gebiete eine zentrale Rolle in der Wahrnehmung und Beschreibung spielen.

Im zweiten Abschnitt (4.2) wird gezeigt, wie sich die Assoziation bestimmter Stadtgebiete mit ethnischen Kategorien auf die *Bewertung* der Stadtgebiete auswirkt. Hier ist unter anderem zu sehen, dass die Befragten von einem „negativen Ruf" von „Migrantenvierteln" berichten. Aus ihrer Sicht sei dieser negative Ruf damit verbunden, dass sich dort „Ausländer" beziehungsweise speziell „Türken" konzentrieren. Abschließend werden im im dritten Abschnitt dieses Kapitels (4.3) Hintergründe der Wahrnehmungen und Bewertungen von städtischen Gebieten und deren Bewohnern thematisiert.

4.1 Städtische Teilgebiete und die Rolle von ethnischen Labels

Um untersuchen zu können welche Rolle ethnische Kategorien für die Beschreibung städtischer Gebiete und deren Bewohner spielen, wurden die Befragten gleich zu Beginn der Befragung offen nach ihren generellen Wahrnehmungen zu den städtischen Teilgebieten befragt[96]. Im Rahmen dieser Abfrage wurden manche

---

[95] Eine Erläuterung zu dem Begriff „ethnische Kategorie" als die hier bevorzugte Bezeichnung für „ethnische Zugehörigkeit" befindet sich in Abschnitt 1.5.
[96] Dies erfolgte zunächst durch eine individuelle Abfrage mit der Vorlage eines Stadtplans und einer Liste der Stadtteile zwischen der 16. und 33. Minute in den Gruppendiskussionen. Anschließend wurden die

Gebiete sofort mit Merkmalen wie zum Beispiel „Migranten" oder „Ausländer" assoziiert. Eine zentrale Rolle spielen solche Merkmalszuweisungen für die Stadtteile Neukölln, Kreuzberg, Wedding, Marzahn-Hellersdorf und Lichtenberg.

In jeder der Berliner Gruppendiskussionen wird Neukölln als ein Gebiet beschrieben, in dem viele „Migranten" oder „Ausländer" wohnen (B5, 2, 30, 42; B6, 7, 13, 14, 42, 61; B7, 6, 10, 11, 16, 50, 51; B8, 35; B9, 20; B12, 8, 9, 27). In mehreren Zusammenhängen werden „Ausländer" beziehungsweise „Migranten" als wesentlichstes Merkmal dieses Stadtteils genannt (u.a. B5, 49; B6, 14; B7, 15, 51; B12, 8). Neukölln wird auch speziell mit „Türken" und „Arabern" (auch: „Orientalen") assoziiert (B5, 2, 42, 49; B6, 13; B8, 61; B9, 20, 31). Aufgrund dessen vergleichen einige der Befragten Neukölln mit den Gebieten Kreuzberg, Wedding oder Reinickendorf (B7, 16; B9, 20). Außerdem wird Neukölln als „Klein-Istanbul" bezeichnet (u.a. B5, 2; vgl. auch B7, 58[97]), als „multikulturell" (zum Beispiel B7, 6) oder als Stadtteil, in dem viele Sprachen gesprochen werden (u.a. B7, 7). In B5 wird Neukölln auch mit „Problemkinder mit Migrationshintergrund" assoziiert (B5, 42). Des Weiteren wird in B9 eine Differenzierung innherhalb Neuköllns vorgenommen, wonach die Straße Sonnenallee „arabisch" sei, die Karl-Marx-Straße hingegen „türkisch" (B9, 20).

Die Anwendung ethnischer Kategorien ist ebenfalls sehr bedeutend für die Beschreibungen von Kreuzberg (B5, 13, 30, 37, 63; B7, 31, B8, 9, 32; B9, 5, 20; B12, 8, 20). Die Merkmale, welche die Befragten mit Kreuzberg verbinden, sind größtenteils „viele Ausländer" beziehungsweise „Migranten" (B8, 32; B9, 5; B12, 8) oder „Türken und Araber" (B5, 63; B8, 9, 32; B12, 8, 20, 59). In B8 wird Kreuzberg als ein „türkisches Urlaubsparadies" bezeichnet (B8, 41) und in B12 mit „Basarleben" assoziiert (B12, 8). Hinzu kommen „Diversität", „Multikulturalität" (u.a. B5, 13, 37, 57; B6, 8, 39; B7, 21; B8, 27, 30ff.; B9, 5, 10; B12, 53) und „alternative Lebensweisen" (B5, 52; B7, 22). Aus B5 hält ein Sprecher fest, dass sich Kreuzberg dadurch auszeichne, dass „wirklich sehr extrem verschiedene Kulturen auf einem einzigen Raum nebeneinander liegen" (B5, 13). Dazu gehöre unter anderem „die (problematische) türkische Kultur" (ebd.). Im gleichen Interview heißt es etwas später, dass es für Neukölln sowie Kreuzberg prägend sei, dass es dort „eine stark gravierende türkische und arabische Welt" gibt (B5, 30).

Zwar wird über Wedding bedeutend weniger gesprochen, aber wenn, dann wird auch hier auf ethnische Kategorien Bezug genommen (B6, 13, 14, 18, 61; B7, 16, 21; B8, 9, 35, 60; B9, 18, 20). Hauptsächlich wird Wedding (auch das angrenzende Gebiet Moabit im Bezirk Mitte) als „Türkenviertel" (B6, 16; B9, 20) oder als

---

individuellen Stellungnahmen und Reflektionen in der Gruppe diskutiert. Siehe hierzu die Ausführungen in Kapitel 3.

[97] Hier berichtet eine Befragte davon, dass ihre Arbeitskollegen Istanbul besucht hatten, und vor der Reise wegen der Gleichsetzung von der Stadt und Neukölln „voller Vorurteile" waren. Nach dem Besuch in Istanbul hätten die Arbeitskollegen jedoch diesen direkten Vergleich explizit zurückgewiesen.

ein Gebiet, das vorrangig durch „viele Ausländer" auffalle, beschrieben (B6, 14; B7, 15)[98]. Ausserdem werden auch in der Beschreibung Reinickendorf (B7, 15) und dessen Teilgebiet Märkisches Viertel sowie Gropiusstadt in Neukölln (B12, 41) an erster Stelle die „vielen Ausländer" genannt.

Während die Gebiete Neukölln, Kreuzberg und Wedding in „ethnischer Hinsicht" überwiegend mit „Türken" beziehungsweise „Arabern" verbunden werden (als Untergruppen von „Ausländern"), wurden die ehemaligen Ost-Berliner Bezirke als Wohnorte von „Russen" und „Vietnamesen" gekennzeichnet (u.a. B5, 54; B6, 45; B7, 41; B9, 54; B12, 20). In B7 wird dazu Folgendes angemerkt:

> B7T2: Die Türken sind auch die grösste Gruppe, die man wahrnimmt, in Berlin. Ich würde - ich könnte jetzt gar nicht so wirklich –
> B7T1: Ja, Russen gibt es noch, viele - gibt es mehr so in Ost-Berlin; Vietnamesen. Damals, zu DDR-Zeiten sind Vietnamesen hergeholt worden. Aber so in West-Berlin, das sind die Türken. Und dann gibt es auch so ein paar Farbige, aber auch nicht viele, eigentlich, also
> B7T2: Nee
> B7T1: Nicht so wirklich. Keine große Gruppe, würde ich jetzt so sagen, also, die sind dann auch eher so in Schöneberg, finde ich. Aber in Ost-Berlin sehe ich die gar nicht.
> (B7, 41)

Die Beschreibungen von den Gebieten Marzahn-Hellersdorf und Lichtenberg implizieren, dass dort angeblich „viele" oder „fast nur" „Russen" wohnen (B5, 54; B6, 45; B9, 56; B12, 20, 59; vgl. auch B6, 69). Dies trifft auch auf Spandau (B12, 22) und Charlottenburg zu (B9, 7). In Bezug auf Spandau heißt es, dass dort in einem bestimmten Gebiet lediglich „zwei, drei alte Deutsche" und „sonst nur Russen" wohnen (B12, 22). Auch in Charlottenburg würden „sehr viele russische Migranten" wohnen, dies sei aber nicht „ersichtlich" (B9, 7; vgl. B6, 10).[99]

Umgekehrt wurden einige Gebiete im Rahmen der allgemeinen Abfrage nach der Beschreibung städtischer Gebiete als nahezu „Migranten- beziehungsweise Ausländer-freie Zonen" beschrieben (u.a. B9, 5). Dies geschah mehrfach in Bezug auf Prenzlauer Berg (B6, 42; B7, 7, 21; B8, 11; B9, 5, 7). In B9 wird geäußert, Prenzlauer Berg sei „für Berliner Verhältnisse extrem deutsch" (B9, 28). Auch Friedrichshain sei, so eine Sprecherin aus B8, dadurch gekennzeichnet, dass dort „praktisch keine Ausländer" oder zumindest „fast keine Türken" wohnen würden, sondern lediglich „ein paar Vietnamesen und Thai" (B8, 9). Dadurch sei Friedrichshain ihrer Auffassung nach, ein „totaler Wechsel" im Vergleich zu Kreuzberg (ebd.).

---

[98] Eine Befragte, in B6, fügte außerdem hinzu, dass sie glaube, dass es in Moabit eine „afrikanische Dauersiedlung" gibt, denn einmal sei sie dort in der Gegend aus der U-Bahn gestiegen, und dort hätte sie, wie noch nie zuvor, „so viele Farbige auf einem Haufen gesehen" (B6, 18).
[99] Es wird an zwei Stellen geäußert, dass der Ausländeranteil in Charlottenburg „normal" sei: B6, 10 und B12, 42.

4.2 Zum Einfluss von ethnischen Kategorien auf die Bewertung städtischer Teilgebiete

In diesem Abschnitt wird aufgezeigt, wie sich diese Assoziationen zwischen bestimmten städtischen Teilgebieten mit zum Beispiel „Migranten" oder speziell „Türken" auf die Bewertung der jeweiligen Stadtgebiete auswirken.

Das Etikett „viele Ausländer" verleiht dem Wohngebiet einen „negativen Ruf"

Viele Teilnehmer berichten, dass Stadtteile, die mit „vielen Ausländern" assoziiert werden, einen eher negativen Ruf hätten. Auf die Nachfrage, ob sich der Ruf beziehungsweise die Wohnortattraktivität von zum Beispiel Wilmersdorf radikal ändern würde, wenn sich dort „viele Ausländer" niederlassen würden, äußerten die Teilnehmer ausdrückliche Zustimmung (B12, 73)[100]. Wie ein Befragter in B6 erklärt (B6T2), habe die Assoziation zwischen städtischen Teilgebieten und bestimmten Bevölkerungsgruppen wie „Asoziale, Nazis oder Ausländer", den Effekt, dass die jeweiligen Gebiete einen negativen Ruf erhielten und unbeliebt würden (B6, 14). Dafür nennt er ein konkretes Beispiel. Er beschreibt, wie er reagiert hat, als er erfahren hat, dass sein Freund (B6T3) mit dessen Freundin in Wedding wohnt:

> B6T2: Wo ich [Teilnehmer B6T3] kennengelernt habe, da haben sie halt gesagt, sie wohnen im Wedding, und dann habe ich auch halt auch so gedacht: 'Öh!', weisst du so 'öh'. {Lachen}
> B6I: Was ist denn dieses 'öh' in Bezug auf Wedding?
> B6T2: Naja, ich denke mal, man hat halt immer diesen hohen Ausländeranteil. Und das ist es, glaube ich halt, auch viel. So Ausländer, halt. Und die Gegend, halt. Dass sie vielleicht nicht so na, so jugendlich ist. Obwohl das ist ja nichts Ausschlaggebendes, eigentlich.
> (B6, 14)

Auch in Bezug auf Neukölln wird der eher negative Ruf des Stadtteils[101], mit den „vielen Ausländern" beziehungsweise „Türken" erklärt. So wird Neukölln in B5 (3.Minute) als „Klein-Istanbul" bezeichnet, und damit sei klar, dass dort keine „High Society" anzutreffen sei (vgl. hierzu auch die Gegenüberstellungen von Prenzlauer Berg als „schick" und Neukölln als „nicht schick": B5, 20; B7, 11, 63; B6, 34; B9, 9). Ein weiteres Beispiel ist die Aussage von B7T1, als sie darüber berichtet, dass „die Leute" „eigentlich nicht so gutes" über Neukölln denken würden:

---

[100] Zu einem früheren Zeitpunkt wurde darüber gesprochen, dass viele („dunkelhäutige") „Migranten" und „türkische Migrantenkinder" den Stadtteil (hier konkret Neukölln) „überfordern" würden.
[101] U.a. B7, 51, 53-54; vgl. auch B5, 42; B9, 57; B12, 8-9, 54.

> B7I: Wenn du sagst, die sagen so: ‚Na ja, Neukölln' - Was ist es denn, was sie gegen Neukölln haben?
> B7T1: Na ja, auf jeden Fall die Ausländer, ganz klar. Und ähm, ja, das Image, was es von diesem Bezirk gibt. So dieses Image, es gibt dort viele Ausländer, es sind komische Zustände, und es ist gefährlich, kriminell.
> B7T2: Dreckig, ja.
> B7T1: Ja, das ist so das, worüber - ich meine, die meisten, äh, sind, glaube ich, nicht mal dort gewesen und denken das auch.
> (B7, 51)

Wenige Minuten erklären die Befragten, dass der negative Ruf von Neukölln oder auch anderen Stadtteilen, die mit „vielen Ausländern" beziehungsweise „Türken" verbunden werden, damit zusammenhänge, wie die Ausländer in der (Mehrheits-) Bevölkerung wahrgenommen würden (B7, 57; vgl. B5, 13; B12, 68-69):

> B7I: Glaubt ihr, das Image von Neukölln wäre ganz anders gewesen, wenn hier ein „Soho-Viertel" oder – also, wenn hier jetzt eine andere Ausländergruppe vertreten wäre? Etwa Brasilianer?
> B7T2: Ja.
> B7T1: Ja, also trotzdem noch Ausländer meinst du? Aber bloß eine andere Nationalität?
> B7T2: Na doch, also ich glaub schon, dass die Türken mehr irgendwie so eine besondere Stellung oder einen besonderen Effekt haben. Wenn man sie äh – wenn man so ein Bezirk hat, wo viele Türken wohnen, dann denkt jeder immer gleich, so diese Prügelnden, einfach schon allein diese Sprache und dieses, ja, dieses Derbe einfach so. Auch die Mädels.
> (B7, 57)

Demnach sei der negative Ruf von Neukölln vor allem damit verbunden, dass die (Mehrheits-) Bevölkerung Schlechtes über die „Türken" denken würde[102]. Eine Teilnehmerin aus B12 (B12T2) berichtet, dass „die Leute in der Provinz", wo sie herkomme, erzählen würden: „In Kreuzberg und Neukölln, da wohnen nur Türken und Ausländer, da kannst du nicht reingehen" (B12, 8-9). An späterer Stelle äußert sie: „Wenn ich Neukölln oder Wedding sage, dann denken viele, da ist ja alles schrecklich! Nur Mord und Totschlag!'" (B12, 35). Sie selbst bezeichnet diese Vorstellungen als „Humbug" (B12, 8-9). Denn, so ihre Einschätzung, diese Stadtteile hätten „keine schlimmeren Statistiken als in anderen Städten. Nun, vielleicht etwas abweichend schon, aber nicht in dem Maße wie viele sich das vorstellen" (B12, 35).

Mit der Ausage von einer Befragten aus B6 (B6T4) wird zunächst bekräftigt, dass Neukölln– ein Stadtteil, der ganz prominent mit „Ausländern" assoziiert wird (siehe Abschnitt 4.1)– „von außen" als gefährlich wahrgenommen würde (B6, 7).

---

[102] Direkt im Anschluss an dieses Zitat wird angemerkt, dass „die Türken an sich gar nicht so sind". Lediglich „hier" würden „wir" „so ein Bild von denen kriegen" – „in ihrem eigenen Land" seien die „Türken" nämlich „ganz anders" (ebd.).

B6T4 selbst findet allerdings diese Beschreibung von Neukölln nicht zutreffend. So erklärt sie, dass zwar die meisten Klischees in Bezug auf Neukölln zutreffend seien, aber gefährlich sei es dort nicht (ebd.). Das habe sie dadurch festgestellt, dass sie in Neukölln (und zwar „so richtig in Neukölln, in der Karl-Marx-Straße) „schon mal gewohnt" habe (ebd.). Ein weiterer Teilnehmer ergänzt hierzu, dass Freunde von ihm in Neukölln wohnen, und dass auch er Neukölln nicht als gefährlich bezeichnen würde (ebd.; vgl. eine identische Aussage in B12, 28). Ein dritter Teilnehmer fügt wenige Minuten später hinzu, dass Neukölln entgegen gängiger Vorstellungen „völlig harmlos" sei (B6, 10). Dennoch sind sie sich offenbar alle einig darüber, dass es eine gängige Vorstellung in der Bevölkerung sei, das Stadtteile, in denen überwiegend Migranten (speziell „Türken" oder „Araber") wohnen, gefährlich seien.

Entfremdung

Aus B6 heißt es allgemein, dass an manchen Orten das Gefühl, in Deutschland zu sein, durch die vielen „Migranten" und deren Geschäfte verschwinde:

> B6T2: na ich – wenn man in manche stadtviertel geht, denkt man ja gar nicht, dass man in deutschland ist.
> B6T4: {lacht}
> B6T2: da ist ja halt – na, da steht die moschee um die ecke und dann ist der komische laden da und
> B6T4. na ja, aber so lange ich da noch ein 'H&M' und ein 'Deichmann' sehe, weiß ich, dass ich zu hause bin.
> {Lachen}
> B6T5: ach, den 'H&M' siehste überall {lacht}
> (B6, 61)

Besonders in Bezug auf Neukölln, teilweise auch Wedding, wird die wohnräumliche Konzentration von Migranten, zusammen mit dem Angebot an Geschäften in diesen Stadtteilen, mit Entfremdung verbunden. Bei der Beschreibung ihrer Wahrnehmung der unterschiedlichen Stadtteile äußert eine Teilnehmerin aus B8, dass sie ungern in Wedding sei, weil es ein Unbehagen auslöse, dort „alleine als deutsche Frau" unterwegs zu sein (B8, 35). Eine weitere Teilnehmerin in B8 erzählt daraufhin, dass sie in Bezug auf Neukölln denke, sie sei dort „in einem anderen Land" (B8, 36). In B7 beschreibt eine Teilnehmerin Neukölln als „erschlagend", als ein Ort, der sie an Shanghai erinnere (B7, 57).

In mehreren Berliner Gruppendiskussionen wird darüber gesprochen, dass sich durch die Konzentration von Migranten andere (das heißt fremde und auch „inakzeptable") „Normen" oder „Werte" ausgebreitet beziehungsweise legitim seien (u.a. B5, 72; B9 20, 31, 37). Vor allem sei dies in Neukölln der Fall (ebd.). Nach

Ansicht von zwei Befragten aus B9 (B9T3 und B9T4) würden dort andere Regeln beziehungsweise Verhaltensweisen als anderswo herrschen (B9, 37-38). Dort sei es (bedauerlicherweise) „akzeptiert" beziehungsweise „normal", dass Frauen ihren Männern beziehungsweise auch Söhnen, untergeordnet seien (ebd.).

So erzählt B9T3 davon, wie sie in der Sonnenallee eine Mutter mit Kopftuch beobachtet habe, die sich von ihrem Sohn „hat herumkommandieren lassen". Es wird suggeriert, dass die Mutter sich deshalb ihrem Sohn gegenüber so verhält, weil sie ohnehin unterdrückt werde beziehungsweise untergeordnet sei (ersichtlich durch das Tragen eines Kopftuches).

> B9T3: Also, ich merke das ja, Sonnenallee, wenn ein kleiner Junge seine Mutter herumkommandiert [B9T4: mhm] und er wirklich so frech wird, und sie nix sagt, so untergeordnet ist. Und der ist zum Beispiel fünf oder drei und der macht was er will, [B9T4: mhm]. Das ist schwierig. [B9T4: mhm]. Also, ich kann dann auch Nichts sagen. Dann trete ich zurück mit meiner Kultur.
> B9T4: Ja
> B9T3: Wo ich denke: 'Uuups, hier bin ich fremd!'
> B9T4: Ja.
> B9T3: Hier ist was anderes.
> (B9, 37)[103]

Ihrer Aussage „hier ist was anderes" ist zu entnehmen, dass sie diese Situation als eine „normale" Verhaltensweise in der Umgebung der Sonnenallee interpretiert[104]. Ihr Gesprächspartner B9T4 berichtet darauf hin von einer Beobachtung, die er von einem Ehepaar gemacht habe, die offenbar dazu dient, die Interpretation der Vorrednerin zu bekräftigen:

> B9T4: Ja ja, krass fand ich Mal auch, wie ich gesehen habe, so ein Ehepaar, und die Frau lief drei Meter hinter dem Mann. Und die war komplett verschlei- mit so einer Burkha, irgendwie. Und das fand ich krass, also, wo ich dann so gecheckt habe, o.k., das ist jetzt nicht zuf- die läuft nicht gerade drei Meter hinter dem, weil die jetzt irgendwie - irgendwo stehen geblieben ist, oder so etwas, sondern es ist so eine Art Norm. Der Mann läuft vorne, mit seiner Gebetskette, und die Frau läuft drei Meter dahinter.
> B9T2: Na, in Japan ist es glaube ich, auch so.
> {gleichzeitig}
> B9T1: Ja ja.
> B9T4: Mir ist da zum ersten Mal richtig klar geworden, und das war halt irgendwo hier in Berlin, ich weiß nicht mehr, Kreuzberg oder Neukölln, und das fand ich krass. Also,

---

[103] Zuvor, in der 21. Minute, hatte die gleiche Teilnehmerin Sonnenallee als einen Ort geschildert, der sehr „arabisch geprägt" sei und wo sie „als Frau was ganz anderes Wert" sei.
[104] Zuvor, in der 21. Minute, hatte sie Sonnenallee als ein Ort geschildert, der sehr „arabisch geprägt" sei und wo sie „als Frau was ganz anderes Wert" sei.

da dachte ich so, 'ey, das sind hier so Normen, die finde ich einfach scheiße'. Ich finde so etwas nicht gut.
(B9, 37-38)

Hier münden seine Beobachtung des „Vorantrottens" (B9, 43) des Mannes und des „Hinterhertrottens"(ebd.) der Frau sowie die „komplette Verschleierung" der Frau in eine generelle Aussage über ganze Gruppen (von Muslimen) in „Kreuzberg oder Neukölln". Damit werden auch hier – wie in der Aussage von B9T3 ersichtlich, Bezüge zwischen dem beobachteten Verhalten dieser Menschen und den „vor Ort" geltenden „Normen" hergestellt.

Das Empfinden von Entfremdung in bestimmten Stadtteilen Berlins ist allerdings nicht ausschlißlich mit Unbehagen verbunden. Vielmehr wird die Entfremdung auch romantisierend betrachtet. So wird Kreuzberg in B8 als ein „türkisches Urlaubsparadies" bezeichnet (B8, 41) oder in B12 unter anderem mit „Basarleben" assoziiert (B12, 8). Diese Sichtweise findet sich auch in B5 wieder. Hier äußert B5T4, dass es positiv sei, dass man „für jede Lebenslage eine kleine Welt innerhalb der Stadt vorfinde" (B5, 2). Jede dieser Welten hätte entsprechend der Lebenslagen und Wünsche ein eigenes Angebot. So könne sie nach Neukölln gehen, wenn sie in der Stimmung sei, „Klein-Istanbul" zu erleben. Wenn sie allerdings dazu Lust habe, die „High Society" zu erleben, dann wäre Neukölln nicht die richtige Adresse (ebd.) (vgl. hierzu die Gegenüberstellungen von Prenzlauer Berg als „schick" und Neukölln als „nicht schick": B5, 20; B7, 11, 63; B6, 34; B9, 9).

Aufwertung durch „Deutsche"

In der Gesamtbetrachtung des Interviewmaterials fällt auf, dass die Bewertungen in Bezug auf Kreuzberg im Vergleich zu Neukölln und Wedding durchgängig positiver sind, obwohl auch Kreuzberg sehr häufig mit „vielen Ausländern" beziehungsweise „Türken und Arabern" assoziiert wird (siehe Abschnitt 4.1). Es kann angenommen, dass die unterschiedliche Bewertung von Kreuzberg im Vergleich zu Neukölln und Wedding damit zusammenhängt, dass Kreuzberg als ein „gelungenes" Beispiel für eine „Durchmischung von Deutschen und Ausländern" empfunden wird (u.a. B5, 25, 30, 47; B6, 8; B7, 23, 39; B8, 32f; B9, 5, 6, 10, 14, 26f; B12, 9). Die Wahrnehmung von (mehr) „Deutschen" trägt offenbar zu einer positiveren Bewertung von einem „Ausländerstadtteil" bei, wie zum Beispiel anhand der Aussage von B5T1 ersichtlich wird:

> B5T1: Was einfach in Kreuzberg der Charme ist, ist, dass du einfach sehr viele verschiedene, teilweise auch wirklich sehr extrem verschiedene Kulturen auf engstem Raum nebeneinander liegen hast. Also, Kulturen wo man sonst sagen würde, das passt eigentlich gar nicht zusammen. Also angefangen von der wirklich sehr sehr starken bis

hin auch zu sehr problematischen - ähm zumindest für die Stadt - türkischen Kultur, also mit dem ganzen Phänomen hohe Jugendarbeitslosigkeit und Problemkids mit Migrationshintergrund und so weiter und so fort. Die einfach sehr eng zusammenleben mit jungen, modischen Berlinern und Möchte-Gern-Berlinern. Aber auch mit alt eingesessenen Kreuzbergern, also wirklich noch dieses Kreuzberg der 80er Jahre, als es ja wirklich Stadtrand von West-Berlin war, und auch so ein bisschen dieses Dorf-, dieses Stadtrandgefühl hatte. Einfach diese sehr sehr widersprüchlichen Kulturen auf engstem Raum, die dort zusammenleben, und dass es trotzdem irgendwie funktioniert, auch wenn es nicht irgendwie eine Einheit bildet. Und das ist einfach Kreuzberg. (B5, 13)

So hängt die durchgängig positivere Bewertung von „Nord-Neukölln" (auch „Kreuzkölln" genannt) im Vergleich zu dem Rest von Neukölln beziehungsweise Neukölln insgesamt (siehe u.a. B5, 13ff, 29; B6, 21; B7, 31; B8, 34; B9, 34) vermutlich damit zusammen, dass dort der (empfundene) Migrantenanteil zurückgeht, und mehr „Deutsche" beziehungsweise „Europäer" hinziehen. Die Befragten beschreiben „Nord-Neukölln" als ein Ort, der unter „(deutschen) Studenten" und „jungen", „alternativen" Menschen als ein attraktiver Wohnort gilt (ebd.). Das Besondere und Positive an diesem Teil von Neukölln seien zum Einen, die Nähe zu Kreuzberg, zum Anderen die stärkere „Bevölkerungsdurchmischung", so die Befragten (ebd.).

In B5 wird „Nord-Neukölln" (hier: der Reuterkiez bis hin zur Sonnenallee) als den einzig „angenehmen" Teil von Neukölln beschrieben (B5, 42; vgl. auch B8, 34). Denn dort gäbe es „die ganzen neuen Impulse wie halt ein paar charmante, neue Kneipen, Bars, Projekten und Läden (ebd.), „Mutter-Vater-Kind-Cafés" (B5, 27). Die anderen Teile von Neukölln, etwa die Gegend „oberhalb der Karl-Marx-Straße" hingegen seien „fies" (ebd.). Diese Gebiete, so die Darstellung, würden eher mit den klassischen Merkmalen von Neukölln zusammenpassen: „Gebraucht-Möbel-Läden, Dönerläden, nicht-sanierten Mietskasernen, Türken auf der Straße, Problemkindern mit Migrationshintergrund" (B5, 42). Hier wird ersichlich, dass „Türken auf der Straße" und „Problemkinder mit Migrationshintergrund" ein Bestandteil der negativen Bewertung darstellt.

In B8 wird expliziter geäußert, dass die „Bevölkerungsvermischung" (hier ist offensichtlich auch ein sinkender Migranten- beziehungsweise „Türkenanteil" gemeint) zur Aufwertung des nördlichen Teil Neuköllns geführt habe:

B8T1: Der obere Teil, der an Kreuzberg grenzt, ist halt ähnlich wie das nette, alternative Kreuzberg hinten. Da gibt es billige schöne Wohnungen.
B8T3: Schöne wohnungen, ja. Ich entdecke das auch gerade
B8I: Was- was macht dieses Gebiet jetzt zunehmend attraktiv?
B8Tx: Na die Mischung -
B8T1: Ja, tatsächlich die-die öhm, die Bevölkerungsvermischung, die da stattfindet, ja?
B8T4: Das wird wahrscheinlich das nächste Prenzlberg.
(B8, 34)

„Durchmischung" als Idealzustand: „Zu homogen" sei in keinem Fall gut

In den meisten Interviews zeichnet sich ab, dass eine „zu starke" Konzentration sowohl von „Migranten" als auch von „Deutschen" abgelehnt wird – immer wieder wird „Durchmischung" (auch:„Nicht-Homogenität", „Vielfalt" oder „Multikulturalität") als der ideale Zustand genannt (u.a.. B5, 13, 25, 30, 47; B6, 8; B7, 23, 39; B8, 32f; B9, 5, 6, 10, 14, 26f; B12, 9). Dabei wird „Durchmischung", als eine gleichzeitige Präsenz von „Migranten" und „Deutschen" beschrieben (vgl. ebd.).

So wird einerseits häufig eine zu starke Konzentration von Migranten abgelehnt (siehe oben). Andererseits bringen mehrere Befragte zum Ausdruck, dass sie es nicht gut finden, wenn es in einem Gebiet *keine* „Ausländer" beziehungsweise „Türken" gibt (zum Beispiel in B5, 57; B6, 42; B9, 7). So sei Prenzlauer Berg für ein Teilnehmer aus B9 für sein Empfinden „zu homogen", und zwar unter anderem deshalb, weil es dort „vielleicht nicht so die große türkische Familie" gäbe (B9, 7; siehe auch B8, 54ff).

> B9T4: Also, wenn ich da bin, habe ich das Gefühl, hier wohnen irgendwelche Leute, die sind hier, was weiß ich. […] Mittlerweile ist es halt so; die Leute, die da wohnen, haben alle genug Kohle - sind auch vielleicht so Künstler, aber es sind eher so eine bestimmte Schicht, der es ganz gut geht, und sehr homogen, einfach. Also, es gibt wenig, glaube ich, arme Leute da.
> B9T5: Ja, das glaube ich auch.
> B9T4: Es gibt wahrscheinlich wenig - ähm bestimmte Arten von Negationen gibt es einfach da nicht. Vielleicht gibt es jetzt die coolen Amis, die da wohnen oder so, aber es gibt jetzt vielleicht nicht so die türkische Großfamilie, die da um die Ecke wohnt. Ich finde schon, es is eher homogen in Prenzlauer Berg.
> (B9, 7)

Durch das Fehlen „einer bestimmten Art von Negationen" (zu denen, die „genug Kohle" hätten) beziehungsweise Gegensätze sei also Prenzlauer Berg „zu homogen". So zählen offenbar „coole Amis" nicht zu einer Gruppe, die diese vermeintliche „Homogenität" bricht – eine „türkische Großfamilie" wohl hingegen schon.

Kreuzberg sei auf dem Weg, immer weniger „multikulti" und mehr wie Prenzlauer Berg zu werden, so eine Aussage von B7T2 (B7, 21). In ihrer Aussage schimmert durch, dass sie diese Entwicklung mit Bedauern betrachtet. B12T2 erklärt, es sei „wunderbar", wenn es auch Migranten in einem Stadtgebiet gibt, es sei doch „viel besser", wenn es keine „Ballungen" gäbe, sondern wenn es sich „mischen" würde:

> B12T2: Es wohnen ja auch sehr viele Ausländer in Kreuzberg. Aber das finde ich überhaupt nicht - finde ich, ist überhaupt kein Problem. Ich finde es wunderbar, dass es so ist. Ja, es gibt natürlich auch Bezirke wo sie doch - ja sich doch schon so ballen, aber im

Grunde genommen mischt sich das in den Bezirken. Das finde ich dann auch sehr gut. Finde ich viel besser als wenn sich alle irgendwo verkriechen. (B12, 9)

Die wohnräumliche Konzentration von „Migranten" als „Problem"

Zusammenfassend lässt sich festhalten, dass die Befragten überwiegend eine negative und bedauernde Perspektive auf die wohnräumichen Konzentration von „Migranten" zum Ausdruck bringen (u.a. B5, 72; B6, 9, 56; B7, 33ff; B8, 45; B9, 32ff, 47ff; B12, 33, 68, 73). Diese Bewertungen sind in der Regel mit bestimmten Annahmen verbunden, wie etwa, dass die wohnräumliche Konzentration von „Migranten" das Erlernen der deutschen Sprache verhindere.

Eine Teilnehmerin aus B5 (B5T3: B5, 45) beantwortet eine konkrete Nachfrage zu den wohnräumlichen Konzentrationen von Migranten damit, dass sie es zwar verstehe, „aus Sicht der Migranten, dass sie quasi die Nähe zu einander suchen und sich gegenseitig auch unterstützen" (siehe hierzu die weiteren Erläuterungen in Abschnitt 4.3). Für die Stadt, so führt sie fort, sei es allerdings „nicht so gut, so eine Art Ghettoisierung zu betreiben" (ebd.). Denn durch diese „Ghettoisierung" – einen Begriff, den sie hier mit einer freiwilligen Ansammlung von „Ausländern" gleichsetzt[105] – würden Probleme an den Schulen entstehen („das Niveau sackt ab oder es wird nicht mehr vernünftig Deutsch gesprochen": ebd.). Ihrer Ansicht nach wäre es „grundsätzlich besser, wenn es gelingt, eine Durchmischung zu erreichen, von Deutschen und Ausländern" (ebd., vgl. auch B5, 45ff, 72; B6 14, 49f, 67; B7, 33ff; B8, 40, 45, 55; B9, 14, 28; B12, 9, 33[106]). Einer ihrer Gesprächspartner ergänzte ihre Aussage mit dem Kommentar, dass die Ausländer durch die Konzentration womöglich weniger motiviert würden, die deutsche Sprache zu lernen:

B5T1: Das kann natürlich sein, dass die Konzentration so einen Effekt fördert, dass die Leute gar nicht den Zwang oder den Druck haben, die Sprache lernen zu müssen (B5, 46)

In der Gruppendiskussion B7 wird die Konzentration von Migranten von dem Standpunkt heraus problematisiert, dass es nicht gut sei, dass die „Migranten" „für sich leben" und sich von „Deutschen" nicht „fördern lassen". Die Forderung nach einer stärkeren „Durchmischung" basiert also auf der Annahme, dass die Konzentration von Migranten bedeutet, dass sie kaum oder wenig Kontakte zu „Deutschen" pflegen würden, und auch kein Interesse daran hätten:

---

[105] Wie auch B5T2 in der 48. Minute sowie B5T5 in der 49. Minute.
[106] An diesen Stellen wird eine Ablehnung der Konzentration und Befürwortung der „Durchmischung" ersichtlich.

B7T1: Ich finde, also es muss ein besonderes Verhältnis sein. Ein bisschen Durchmischung, weil Integration sonst irgendwie nicht wirklich stattfindet. Also, ich glaube schon, dass die Ausländer sich – die sind ja gar per se nicht unbedingt jetzt dümmer oder was, aber dadurch, dass sie eben ja, dann doch sehr unter sich bleiben, und dann -
B7T2: Genau.
B7T1: Ich meine, auch Deutsche können die ja auch in gewisser Weise auch fördern, so dass sie schneller mit der Sprache hereinkommen, und das ganze Leben, und sich da vielleicht auch ein bisschen gezwungen fühlen dadurch. Oder die müssen sich dann vielleicht auch ein bisschen mehr dem anpassen ohne jetzt irgendwie Druck, also jetzt ein gesundes Maß an Zwang, aber ja, wenn die da doch so sehr für sich leben, ich weiß nicht.
B7T2: Also ich finde {gleichzeitig} dass es in Berlin schon so extrem ist, dass die ähm Ausländer, die eingewandert sind halt nur unter sich bleiben, und dass nicht so eine Durchmischung stattfindet.
B7T1: Ich weiß nicht, ob es nur in Berlin extrem ist. Ich glaube, dass ist in Paris, zum Beispiel, in diesen Banlieues, da ist es ähnlich. Also, ich glaube, dieses Problem haben fast alle Städte.
(B7, 33)

Als die Befragten in B12 dazu aufgefordert werden zu präzisieren, ob die wohnräumliche Konzentration von „Migranten" *immer* problematisch sei, auch unabhängig von der Herkunftsgruppe (es wird das Beispiel von „Amerikanern" genannt), wird dies verneint. Die Ablehnung „in der Bevölkerung" von „Ausländer-" oder „Migrantenkonzentration", so B12T1, beziehe sich vielmehr auf „Asylanten", „Türken" oder „Russen". Hingegen hätte „die Bevölkerung" eher kein Problem damit, wenn „Amerikaner" „alle auf einem Haufen" wohnen würden:

B12T1: Das ist ja im Prinzip nicht das Problem, dass die Amerikaner alle auf einem Haufen wohnen, aber das ist ja-
B12T3: Das sind doch aber auch Migranten.
B12T1: Ja! Aber das ist ja nicht das Problem. Also ich meine, das sind ja schon bestimmte Gruppen: Asylanten und die Türken, wo viele annehmen, es sei ein Problem, oder ist es vielleicht auch, keine ahnung. Oder halt die Russen. Aber es sagt jetzt ja keiner: "Um Gottes Willen" in -weiß ich nicht-
B12I: was- was ist denn das Problem? Wenn es auch -
B12T1: Ich denke-
B12I: Wenn es nicht deine Meinung ist, was ist denn das Problem?
B12T1: Ich denke, was viele eben damit verbinden: ‚Um Gottes Willen, da wohnen jetzt eben nur Russen'. Oder - keine Ahnung, ‚die sind gewalttätig, und die sprechen kein Deutsch, und meine Kinder können mit denen ja nicht spielen weil die eh kein Deutsch können' und solche Sachen.
B12I: Aber es gibt ja auch Kinder von Amerikanern - die können auch kein Deutsch zum Beispiel.
B12T3: Genau!

> B121: Aber ich glaube, das ist in der Bevölkerung nicht so das Problem. Also, weil es nicht als Problem gesehen wird, denke ich.
> B12T2: Ja, aber, schon- schon allein, dass man äh - [...] wenn jemand von - wenn ein Migrant nach Deutschland kommen will, dann muss er einen Test machen. Aber nur wenn er zum Beispiel Türke oder irgendwie Araber ist. Ein Amerikaner und der Kanadier oder wie auch immer, die müssen keinen Test machen.
> (B12, 68-69)

Ein einziger Teilnehmer (B5T5) äußert explizit, dass er es nicht als ein Problem betrachtet, wenn „Türken" sich wohnräumlich konzentrieren (B5, 48). So habe er „kein Problem damit, dass es jetzt Stadtteile gibt, wo es keine Deutschen gibt, sondern nur Türken. Sie müssen bloß freundlich sein.".[107]

4.3 Hintergründe zu den Wahrnehmungen und Bewertungen von städtischen Gebieten und deren Bewohnern

Als die Befragten zu einem frühen Zeitpunkt der Befragung darum gebeten wurden, Stadtteile, zu denen ihnen sofort etwas einfällt auszuwählen und zu beschreiben, stellte sich heraus, dass sie dabei oft auf etablierte Diskurse und kollektive Vorstellungen von den städtischen Gebieten zurückgriffen. In manchen Gruppendiskussionen wurden die Befragten (meist gegen Ende der Befragung) mittels unterschiedlicher Aufforderungsfragen darum gebeten, die Hintergründe für ihre Wahrnehmungen und Bewertungen der Stadtteile und deren Bewohner zu reflektieren und zu erläutern. In diesem Abschnitt werden die wichtigsten und ausführlichsten Reflexionen und Aussagen der Befragten diesbezüglich präsentiert.

Prämisse I: Wahrnehmungen werden durch Medien und persönliches Umfeld geprägt

In B7 erfolgte bereits in der 24. Minute eine Nachfrage dazu, worauf die Wahrnehmung von Kreuzberg basiert, worauf hin B7T1 äußerte:

> B7T1: Es ist total schwer, das zu beschreiben, warum man das so wahrnimmt, finde ich. Naja, viel – die Meinungen werden auch gebildet durch die Öffentlichkeit, durch das drumherum. Durch die Zeitung, vielleicht, was man dort liest über Kreuzberg, was dort passiert. Dann eben auch wo die Leute mal hingehen, ja. Ich war in Kreuzberg, in dem und dem Theater mal, oder da legt der und der und der auf. Das ist so ein langsamer Prozess, ja.
> (B7,23)

---

[107] Hier wird besonders deutlich, wie die Wahrnehmung eines Gebietes das „Wissen" darüber prägt (vgl. Herlyn). Schließlich existieren in Deutschland keine Stadtteile, in denen „nur Türken" und „keine Deutschen" leben.

Gerade aber in Bezug auf Neukölln, so B7T1, hätten „die Meisten" bereits diese Vorstellung von dem Stadtteil als „gefährlich" und „kriminell" ohne jemals dort gewesen zu sein (B7, 51). Gegen Ende der Befragung wurden die Teilnehmer dazu aufgefordert, weiter zu reflektieren, wie und warum bestimmte Vorstellungen von Stadtteilen zustande kommen. Die Antwort:

> B7T1: Also, viele Sachen, da merke ich immer, die sind so unbewusst drinne. Und ich weiß gar nicht manchmal warum. Äh, warum ist es jetzt so für mich? Das ist nicht immer irgendwie so klar. Es ist jeden Tag da und äh man lebt damit, aber warum? Und wieso? Ich finde das hinterfragt man gar nicht immer so. Gerade so Neukölln, was jetzt Neukölln ausmacht oder; dieses Multikulti, was ist das, wie kann man das definieren? Ist auch nicht so einfach irgendwie {lacht} weil das oft so verschiedene, nicht so wirklich greifbare Sachen sind. Also da spielt so viel rein. Und auch Kreuzberg zum Beispiel. Warum ist Kreuzberg anders als Neukölln? Oder was ist vergleichbar mit Neukölln? Da gibts eigentlich nicht so wirklich viel. Eigentlich gar nichts. Und Kreuzberg, warum ist das jetzt 'in'? Auch weil viel darüber geredet wird und das gesagt wird. Aber, die eigene Erfahrung ist meist gar nicht so, finde ich, immer unbedingt da. Wenn die Meinung, man sagt, ja so und so ist es, aber, obwohl man nicht überlegt hat, warum Wedding, Reinickendorf, was ist daran ähnlich? Was nicht? Wo ich noch gemerkt habe, ich war oft auf, ähm, ich war mal kurz dort, aber ich konnte mir eigentlich so ein richtig umfassendes Bild, konnte ich mir trotzdem noch nicht da machen. Trotzdem habe ich schnell auch eine Meinung, dann.
> (B7,60)

In B9 äußert eine Teilnehmerin, dass sie davon ausgeht, dass die Medien eine zentrale Rolle in der Meinungsbildung und in der Entwicklung von Vorstellungen von städtischen Gebieten spielen. Ihrer Einschätzung nach „färbt" die Medienberichterstattung auf die Vorstellungen von Orten „ab". Besonders gravierend sei dies im Falle des Stadtteils Neukölln, von dem überwiegend negativ berichtet werde:

> B9T5: Also, ich glaube, das Image, was ich vorhin meinte, ich glaube, das ist ziemlich schlecht, weil halt durch die Medien irgendwie, keine Ahnung, als die Rütli-schule, oder wie sie heißt, in Neukölln gegangen, wo es halt einen großen Ausländeranteil gibt, und wo es halt Probleme gab. Dann gab es einen Film, einen Kinofilm, wo ein Deutscher – wie hieß der?
> B9I: Knallhart?
> B9T5: Knallhart, genau, wo der halt in Neukölln aufwächst, fast als einziger deutscher Junge. Und das ist total gewalttätig und ich glaube, das ist schon, das färbt auch ab. Also, ich habe diesen Film nicht gesehen, aber äh was man halt immer nur in den Nachrichten oder in der Zeitung liest, ist schon ziemlich negativ.
> (B9,57)

Daraufhin wurde nachgefragt, ob allein die Medien die Wahrnehmungen und Bewertungen von den verschiedenen Stadtteilen beeinflussen, oder ob es auch eine

Bedeutung hätte, welche Meinungen und Kenntnisse die Freunde oder Familie darüber hätte:

> B9I: Beeinflusst einen das auch, was man so hört, über die Orte? Im Bekanntenkreis, im Freundeskreis, in der Familie – prägt einen das auch, was man so gehört hat? Also – was macht zum Beispiel Prenzlauer Berg 'hip'? Also, ist es auch so ein bisschen dieses – was man hört? Außerhalb von den Medien auch?
> B9T2: Ich glaube, man macht sich immer ganz gut auch ein eigenes Bild.
> B9T1: Nein, ich glaube, das ist davon abhängig. Ich war ja echt nicht oft Wedding und ich habe trotzdem ein Image. Und in der Zeitung lese ich nicht so viel über den Wedding. Also – dann wird das Meiste wohl darüber kommen, was ich so höre, in irgendwelchen Gesprächen.
> B9T4: Ich meine – ich glaube, das Meiste was wir überhaupt so denken über irg- alles ist einfach – weil wir die Meinungen einfach mehr oder weniger annehmen. Und als Wissenschaftler – das Meiste, was man als Wissenschaftler schreibt und denkt, schreibt man auch von anderen Wissenschaftlern ab. Die Wenigsten haben alles, was sie schreiben, empirisch selber überprüft. Also – ich glaube, es ist ja auch ein fundamentales äh Grund-ding, so.
> B9T5: Also, zum Beispiel das Wort 'Castingallee'? Das habe ich doch nie – also Castingallee, anstatt Kastanienallee -
> B9T4: Das kenne ich noch nicht.
> B9T5: Das, glaube ich, haben bisher nur Leute zu mir gesagt. das habe ich noch nie irgendwo gelesen. Die Leute sagen dann halt, sie würden da nie hinziehen wollen, weil sie das Gefühl haben, die Leute gehen immer super gestylt, super szenig über die Straße und das kotzt sie total an. Und dann sagen sie halt so ein bisschen abfällig Castingallee. Und das ist, glaube ich, etwas, was eher aus meinem Freundeskreis zu mir herübergeschwappt ist, und nicht aus irgendwelchen Medien.
> (B9,57-59)

In dieser Situation äußern die Diskutanten, bis auf eine Person[108], dass ihre Wahrnehmungen der Orte nicht grundsätzlich auf persönlichen Erfahrungen beruhen. Sie geben hier ihr persönliches Umfeld als wichtige Informationsquelle an.

Gegen Ende der Befragung reflektiert B9T4 darüber, wie schnell und durch welche Mechanismen seines Erachtens ein „Image" beziehungsweise Vorstellungen von bestimmten städtischen Gebieten beziehungsweise von „Gruppen wie die Ausländer" gebildet werden:

> B9T4: Ich meine, auch wenn man nicht groß darüber nachdenkt, aber so Kieze oder so, die kriegen ja ganz schnell schon so einen Ruf.
> B9Tx: Ja.
> B9T4: Also, man hat ja nur – zum Beispiel, einer wohnt jetzt da in – was weiß ich – Gräfekiez, ist so ein Beispiel. Früher kannte ich den gar nicht irgendwie, vor ein paar

---

[108] Interessanterweise äußert diese Person (B9T2) bereits in der elften Minute, in Bezug auf ihre Beschreibung von Kreuzberg, dass sie ihre Vorstellungen von anderen „hat sagen lassen".

Jahren, und dann – irgendwer ist dann da halt mal hin, und dann hat der eine gesagt, der Gräfekiez ist cool und zufällig habe ich an dem Wochenende auf einer Party jemanden getroffen, der auch in der Dieffenbachstraße war und sagt, 'ja, es ist voll der coole Kiez', und dann haben es schon zwei in einer Woche zu mir gesagt.
B9Tx: mhm.
B9T4: Dann bin ich selber mal da und habe einen netten Nachmittag gehabt in einem netten Café, und schon ist der Gräfekiez in meinem Kopf abgespeichert unter 'cooler Kiez'. Das sagt man ja, und das weiß ja wohl jeder, dass es ein cooler Kiez ist. [...] Man ist schon so total empfänglich - so, also, glaube ich. und das – es trifft natürlich auch jetzt für Ausländer dann auch wieder zu. Gruppen, die man überhaupt nicht kennt, oder wenig kennt, dass man sich da so ein Bild macht, wie die feiern oder so. Keine Ahnung, wie die türkische Großfamilie feiert. Also ich weiß es nicht.
(B9,62)

Mehrere der Teilnehmer beschreiben also, dass Wahrnehmungen und Bewertungen von städtischen Gebieten maßgeblich von gesellschaftlichen Diskursen und Einstellungen aus dem persönlichen Umfeld geprägt werden[109].

Prämisse II: „Kultur" als Erklärung für die räumliche Konzentration von Migranten

Auf die Frage, welche Ursachen die wahrgenommenen Konzentrationen von Migranten in bestimmten Stadtgebieten wohl hätte, stellte sich heraus, dass es einen Konsens über die Annahme gab, dass die „Migranten" deshalb in bestimmten Gebieten verstärkt wohnen, weil es ihren Wünschen entspricht beziehungsweise weil sie als „Migranten" eine stärkere Verbundenheit zu anderen „Migranten" empfinden (u.a. B5, 72; B6, 9, 56; B7, 33ff; B8, 45; B9, 32ff, 47ff; B12, 33, 68, 73). Das sei ja „völlig normal" (ebd.), und das würden „Wir" [„die Deutschen"] im Ausland genauso tun:

B5T1: Das war immer so gewesen. Das war immer in Städten so gewesen. Das gehört in der Stadt dazu. Das ist normal, dass sich natürlich gewisse Kulturen erstmal konzentrieren. Ich meine, das würden wir wahrscheinlich auch so machen, wenn wir nach China gehen, die Sprache nicht sprechen, und da einen deutschen Stadtbezirk finden, da würden wir wahrscheinlich erstmal dort hinziehen.
(B5,44)

---

[109] Nicht immer jedoch, wie in Abschnitt 4.3 bereits dargestellt, stimmen die Wahrnehmungen und Bewertungen der Befragten mit den im Diskurs beziehungsweise persönlichen Umfeld vorherrschenden Vorstellungen überein. So berichten Befragte in B6 (ab der 11.Minute) und B12 (ab 9. Minute), dass sie aufgrund von persönlichen Erfahrungen festgestellt hätten, dass die im Diskurs beziehungsweise persönlichen Umfeld vorherrschenden Vorstellungen nicht (ganz) zutreffen würden.

Dieser Aussage ist zu entnehmen, dass er „Kultur" als nationale beziehungsweise sprachliche Gemeinschaft begreift. Es ist die Zugehörigkeit zu einer nationalen beziehungsweise sprachlichen Gemeinschaft, die seines Erachtens die Menschen zusammenführt (vgl. auch B6, 49, 56, 64; B7, 30ff; B8, 32ff; B9, 27, 45). Demzufolge sei es also „normal", dass sich „kulturelle" beziehungsweise „sprachliche" Gemeinsamkeiten oder Unterschiede in räumliche Nähe und Distanz niederschlagen (vgl. ebd.).

Manche Teilnehmer interpretieren die „vielen Männercafés mit hochgezogenen Fensterscheiben" sowie „türkische Geschäfte" in Wedding, Kreuzberg und Neukölln als eine Bestätigung für diese Annahme, dass sich „Migranten" freiwillig von den Deutschen beziehungsweise von der Gesamtgesellschaft „isolieren" oder auch „abschotten" (insbesondere B6, 49, 56, 64; B8, 32f; B9, 27; vgl. auch B5, 65; B7, 31; B8, 44; B9, 45).

Allerdings geschehe dies nicht unabhängig vom Verhalten der „Deutschen", so die Anmerkung von einigen Teilnehmern. Sie erklären, dass die räumlichen Konzentrationen von „Migranten" auf eine „beidseitige Geschichte" zurückzuführe, wobei die „Deutschen" sich nicht genug um die „Ausländer" gekümmert habe. Dies wird unter anderem in im Anschluss an dem letzten Zitat oben erläutert:

> B5T1: Es ist ja trotzdem auch ein Zeichen davon, dass einfach von Außen, mit ihnen einfach, dass sie einfach lange ausgegrenzt wurden, also von unserer Seite aus. Dass wir uns in vielen Sachen einfach nicht darum gekümmert haben, dass sie die Sprache lernen. Weil da einfach so viele Ausländer wohnen, heisst das ja noch lange nicht, dass die sozusagen kein Deutsch sprechen müssen. Es ist ja einfach, dass wir sie auch ausgegrenzt haben.
> B5T3: Das, aber das ist ja trotzdem Fakt.
> B5T1: Ja, aber das ist sozusagen eine beidseitige Geschichte. Die Konzentration mag das fördern, aber wir haben sie ja lange Zeit als Problem völlig außer Acht gelassen.
> (B5, 45)

Diese Sichtweise, dass es sich um eine „beidseitige Geschichte" handele, wonach auch die „Deutschen" die Konzentration und Ausgrenzung unterstützen, findet sich auch in anderen Gruppendiskussionen wieder. So erklären B6T2 und B6T5 (B6, 56), dass die räumliche Konzentration von „Türken" ein Zeichen mangelnder Integration darstelle, die sowohl auf das Verhalten der „Türken" selbst, als auch auf eine „ablehnende Haltung" seitens der „Deutschen", insbesondere den „Türken" gegenüber, zurückzuführen sei. So würden sich „die Deutschen" genauso auch von den „Migranten" distanzieren (B5, 46; B12, 73; vgl. auch B6, 55; B7, 33-37; B12, 22).

4.4 Zusammenfassung

Aus den Darlegungen in Abschnitt 4.1 geht hervor, dass die befragten (mehrheitsangehörigen) Großstadtbewohner auf „ethnische Kategorien" zurückgreifen, wenn sie städtische Teilgebiete und deren Bewohner beschreiben. Während einige Gebiete sehr häufig (und fast nur) mit „Migranten" (auch „Ausländer", „Türken", „Araber", „Orientalen", „Russen", etc.) assoziiert werden, werden andere Gebiete explizit mit einer Überrepräsentativität von „Deutschen" verbunden. Dadurch zeigt sich, dass großstädtische Gebiete und dort ansässige Bevölkerungsgruppen nicht lediglich anhand von allgemeinen sozialen Merkmalen wie beispielsweise „Schichtzugehörigkeit" beschrieben und unterschieden werden, sondern auch anhand von *ethnischer* Zugehörigkeit (beziehungsweise vermeintlicher ethnischer Zugehörigkeit) beziehungsweise „kultureller" Differenz.

Im zweiten Abschnitt (4.2) wurde untersucht, wie sich die Assoziation bestimmter Stadtgebiete mit „ethnischen Gruppen" auf die *Bewertung* der Stadtgebiete auswirkt. Es konnte gezeigt werden, dass die Assoziation eines städtischen Gebietes zum Beispiel mit (vielen) „Türken" häufig zu einer Abwertung des Gebietes beiträgt.

Im letzten Abschnitt (4.3) wurden Reflektionen der Diskussionsteilnehmer über die Hintergründe ihrer Wahrnehmungen und Bewertungen von städtischen Gebieten und deren Bewohnern dargestellt. Den Berichten der Teilnehmer zufolge haben gesellschaftliche Diskurse (u.a. durch Massenmedien verbreitet) und Einstellungen von Freunden und Bekannten einen erheblichen Einfluss auf die Vorstellungen, welche die Befragten von städtischen Gebieten und deren Bewohnern haben. Selten, so die Einschätzung der Teilnehmer, beruhen die Wahrnehmungen und Bewertungen von Stadtteilen und deren Bewohnern (primär oder ausschließlich) auf eigenen persönlichen Erfahrungen. Ausserdem bringen viele Teilnehmer zum Ausdruck, dass sie die Konzentration von „Migranten" in bestimmten Stadtgebieten als die Folge von „kultureller Distanz" zu „Deutschen" beziehungsweise „Abschottung" interpretieren.

5 Wahrnehmungen und Bewertungen von Migranten

In diesem Kapitel wird erläutert, welche Vorstellungen die Befragten zum Ausdruck bringen, wenn sie im Kontext von städtischen Quartieren von „Migranten" beziehungsweise „Ausländern" (auch „Türken", „Arabern", „Orientalen", „Russen") sprechen. Damit soll erkundet werden, ob „ethnische Zugehörigkeit" einen Einfluss auf das Empfinden von sozialer Nähe hat (das Empfinden von sozialer Nähe gilt als ein wichtiger Faktor für die Wohnortwahl; siehe Abschnitt 2.1).

Die hier zitierten Äußerungen erfolgten entweder im Zuge der Diskussion über bestimmte Stadtteile und Konzentrationen von „Migranten" oder einer damit verbundenen Diskussion über Migration und Integration. Zum Teil erfolgten sie als Antworten auf die Aufforderung, die Aussagen noch stärker zu konkretisieren (zum Einsatz von Nachfragen und Aufforderungen zur Konkretisierung der Aussage in der Befragungssituation, siehe Kapitel 3)[110].

Das Kapitel ist in fünf Teilabschnitten unterteilt. Der erste Abschnitt stellt die Prominenz der „Türken" und „Araber" in der Kategorie der „Migranten" dar. Im zweiten Abschnitt (5.2) wird dargestellt, dass diese Gruppen als besonders „anders" beziehungsweise „fremd" wahrgenommen werden. Im dritten Abschnitt (5.3) wird gezeigt – anhand von Vergleichen zu anderen „Migranten" – dass „Türken" und „Araber" zu den „unbeliebten Anderen" gehören. Im Anschluss daran (Abschnitt 5.4) werden Aussagen präsentiert, die „Ausländer" als un(aus-)gebildet stigmatisieren. Und schließlich, in Abschnitt 5.5, wird der Kontext der Aussagen eingebunden. Hier ist unter anderem zu sehen, dass die Teilnehmer über wenige Gelegenheiten verfügen, sich ein persönliches Bild von „Migranten" zu machen, weil sie kaum oder nur in bestimmten Situationen mit „Migranten" in Kontakt treten.

5.1 Die Prominenz der „Türken" und „Araber" in der Kategorie der Migranten

Zunächst gilt es festzuhalten, dass die Bezeichnungen „Migranten" und „Ausländer" sehr häufig als synonym für „Türken" oder „Arabern" betrachtet und verwen-

---

[110] Dazu ein Beispiel: Als die Befragten in B7 (41. Minute) von einem Zusammenhang zwischen Einwanderern und Problemen in bestimmten Stadtteilen sprachen wurden sie dazu aufgefordert, zu konkretisieren, ob dieser Zusammenhang in Bezug auf alle Einwanderer gelte, oder ob man noch einmal unterscheiden müsse.

det werden[111]. Somit sprechen die Befragten, wenn sie auf ethnische Kategorien zur Beschreibung der städtischen Gebiete und deren Bewohner zurückgreifen, nahezu ausschließlich über „Türken" und „Araber". Diese prominente Rolle der „Türken" und „Araber" in der Gruppe der „Ausländer" und „Migranten" wurde in den meisten Gruppendiskussionen reflektiert und kommentiert. Als Erklärungen wurden genannt, dass „Türken" und „Araber" „die größte Gruppen" seien, die „man" wahrnehme (B7, 41; vgl. auch B6, 17, 39; B9, 54-56), zudem seien sie im Vergleich zu anderen Migrantengruppen „auffällig(er)" (B5, 64[112]; B9, 54; B12, 23). Zum Beispiel würde „man" „Russen" nicht (so einfach) erkennen (B6, 17; B12, 23 – vgl. B9, 54: auch „Polen" nicht). Dazu ein Gesprächsausschnitt aus B9, in dem darüber diskutiert wird, weshalb sich das Gespräch über „Migranten" und „Ausländer" zu einem Gespräch lediglich über „Türken" und „Araber" entwickelt:

> B9T4: Also, was ich irgendwie jetzt auch spannend finde, aber das frage ich mich selber immer. Zum Beispiel jetzt, unsere Diskussion, geht schon wieder die ganze Zeit immer um Türken oder Araber. Wir reden zum Beispiel jetzt nicht über Russen. Wir reden nicht über Polen, wir reden nicht über Italiener, wir reden über – alles Mögliche, was es auch alles gibt.
> B9T5: Also, ich meinte Ausländer.
> B9I: Da würde ich fragen; warum machen wir das nicht?
> B9T4: Ja, das frage ich mich auch gerade. […] Die Frage ist jetzt so, zum Beispiel, ist es eine besondere Sichtbarkeit? Also, sehe ich eher den Türken mit dem Schnauz– ich sage jetzt wieder einfach mit dem Schnauzbart und dieser komischen Art von Pullover und der Frau die da drei Meter dahinter läuft? Sehe ich das eher als – aber – zum Beispiel Vietnamesen sehen ja eigentlich äußerlich auch erstmal öh wenn sie dieses typische klischee–vietnamesich eben jetzt aussehen, ähm dann sieht man sie ja eigentlich auch. Bloß Polen vielleicht nicht so –
> B9T5: Also ich glaube, in Berlin ist das - Ich glaube, warum man da so schnell über Türken und Araber redet, ist, glaube ich, dass der Anteil halt einfach der größte ist
> B9T3: Und konzentriert.
> B9T5: Konzentriert, genau. Und dass sie halt auch sozusagen ihre Kultur nach Außen nehmen. Also –
> B9T2: Ja, bei Russen ist es sicherlich – gibt es ja auch viele {gleichzeitig}. Es gibt auch viele Russen.
> B9T5: Aber die sind sicherlich nicht so schnell zu erkennen
> B9T3: Die leben ja auch nicht in der Innenstadt
> B9T2: Aber auch gehäuft –
> B9T1: Russen? Na halt im Westen. Ku-damm und -
> B9T3: Ich denke, der Anteil ist geringer. Und man sieht das nicht, und dadurch, äh, akzeptiert man vielleicht die anderen dann. Man denkt da nicht so darüber nach
> B9T5: Nein, man merkt es halt einfach gar nicht.
> (B9, 54-56)

---

[111] u.a. B5, 55,64; B6, 47, 51, 60; B7, 21, 32, 39; B8, 9, 33; B12, 27, 30, 32
[112] Der Wortlaut hier; „Türken" fallen zwar auf, aber „die, die integriert sind, fallen nicht auf".

Aus diesem Ausschnitt geht hervor, dass die stärkere „Sichtbarkeit" von „Türken" und „Arabern" als Grund für den Fokus auf die „Türken" und „Araber" im Gespräch über „Migranten" und „Ausländer" genannt wird. Eine stärkere Sichtbarkeit, so B9T5, weil „Türken" und „Araber", anders als andere Migrantengruppen, „ihre Kultur nach außen" demonstrieren oder zeigen. Offensichtlich geht es aber auch um äußerliche körperliche Merkmale, wie die Aussage von B9T4 verdeutlicht: Demnach würde man „Vietnamesen" *auch* sehen, „wenn sie typisch klischee–vietnamesich aussehen" würden. Hier kommt zum Ausdruck, dass „Türken" und „Araber" anhand äußerlicher, körperlicher Merkmale als solche wahrgenommen werden (das heißt damit gelten sie als „Nicht-Deutsche"; vgl. B6, 17, 39; B7, 41; B8, 45; B12, 23).

In B12 wird außerdem vermutet, dass der Begriff „Migrant" (beziehungsweise „Ausländer") deshalb primär mit „Türken" und „Araber" assoziiert wird, weil er so „abwertend" sei.

> B12I: Du hattest vorhin {in der 22. Minute} etwas gesagt irgendwie ‚Migranten, das klingt so abwertend'
> B12T2: Ja! Ich finde so dieser Begriff wird heutzutage leider so verwendet, irgendwie, so ‚Migrationshintergrund' wird immer - da muss ich – ich assoziere damit immer so ‚das sind dann Türken, Araber [...]
> B12T2: Und da ist natürlich bei [Name]- der ist Österreicher, an den denke ich nicht sofort, aber der ist ja eigentlich auch ein Migrant. Ja. Man verwendet sofort- denkt sofort an Türke, Russe oder so, einfach. Deswegen finde ich das auch leicht abwertend, weil es ja eigentlich von den Medien leider immer so verwendet wird.
> [...]
> B12I: Warum ist denn das so negativ assoziiert?
> B12T2: Weil es- weil es immer wieder- ähm ja - die Menschen mit Migrationshintergrund, die haben- ähm - die sind gewalttätig, die schlagen ihre Frauen, die haben ihre Religion, da ist alles schlecht und sowas. So. Das ist- darunter werden die Begriffe meistens verwendet. Ja. Und nicht äh irgendwie in anderen positiven Zusammenhängen.
> [...]
> B12T2: Migrant oder Migrationshintergrund - das ist ja eigentlich ein wissenschaftlicher Begriff. Es hat aber einen leicht negativen Touch heutzutage. [B12I: mhm.] Dadurch, dass man halt viel diese - äh alles immer gleich auf- auf die bösen Ausländer schiebt wenn irgendwas nicht so gut läuft, ist so im Allgemeinen.
> (B12, 30-34)

Die Schlussfolgerung: „Migrantengruppen", die „positiv" wahrgenommen würden (zB. „der österreichische Freund"; die Ingenieur-Kollegen; darunter „ein Türke, ein Kosovoalbaner, ein Indonesier und eine Polin", die „alle ordentlich zusammen arbeiten"), würden nicht mit den Begriffen „Migranten", „Menschen mit Migrationshintergrund" oder „Ausländer" assoziiert, weil diese Personen dann („zu Unrecht") abgewertet würden. Denn „Menschem mit Migrationshintergrund", so

B12T2, seien schließlich (laut der allgemeinen Auffassung) Leute, die gewalttätig und (anders) religiös sind.[113]

5.2 „Türken", „Araber" beziehungsweise „Orientalen" als die Anderen

Im Folgenden werden die Äußerungen der Befragten im Hinblick auf die Deutungen und Assoziationen zu den „Türken", „Arabern" und „Orientalen" (Prominente in der Kategorie von „ethnisch Anderen") präsentiert. In den Aussagen fällt eine Gemeinsamkeit auf: Die Befragten nehmen die Angehörigen dieser Gruppen als grundverschieden zu „den Deutschen" wahr. Dieses Schema ist in sämtlichen Berliner Interviews vorzufinden (zum Beispiel B5, 67, 70 72; B6 53, 60, 64; B7, 33, 40; B8, 30, 48, 55, 56, 58, 61, B9, 31, 37, 39, 45; B12, 32, 38), und wird an keiner Stelle grundsätzlich hinterfragt.[114]

Im Kern geht es bei diesen Aussagen darum, dass „Migranten" als Menschen mit „(völlig) anderen" Wertevorstellungen und kulturellen Prägungen wahrgenommen werden, die aus Sicht der Befragten mit den „hiesigen" Werten und kulturellen Prägungen nicht übereinstimmen. Ein zentraler Aspekt, der in diesem Zusammenhang genannt wird, ist, dass „Migranten" mit Islam assoziiert werden (zum Beispiel B7, 33; B9, 43; B12, 30ff) – nach Ansicht von Teilnehmern in B6 „eine krasse Religion" (B6, 60). Allein dadurch, so ein Teilnehmer in B6, seien sie (hier: spezifisch die „Türken") „total gegensätzlich zu uns Westeuropäern" (B6T1, 60). Zuvor wird in dem gleichen Interview das Phänomen „Ehrenmord" als ein Bestandteil der türkischen Kultur dargestellt und Unmut darüber zum Ausdruck gebracht, dass die Türken ihre LandsLeute aufgrund ihrer „Anpassung an westliche Standards" auf diese Weise bestrafen würden (B6, 54).

Ein weiterer Aspekt, durch den die Empfindung von Differenzen zwischen „Deutschen" und „Migranten" zum Ausdruck kommt, ist die Assoziation zwischen „Migranten" und einem nicht zu duldendem Frauenbild (vgl. B5, 49; B7, 41; B9, 37ff.) (dies betrifft vor allem „Türken"; „Araber" und „Orientalen" werden seltener genannt). Dazu gehören pauschale Äußerungen wie aus B9, dass die „türkische" beziehungsweise „muslimische" Kultur eine Kultur sei, die „an sich sehr frauenfeindlich" sei, und nicht toleriert werden könne (B9, 43; siehe auch B8, 48). Diese Empfindung wird untermauert mit eigenen persönlichen Erfahrungen. Manche weibliche Befragte schlussfolgern, durch Bezugnahme auf ihre Erfahrungen, dass „Türken" und „Araber" sie nicht als gleichberechtigt betrachten würden (u.a. B5, 49; B9, 27f.). Zugespitzter formuliert B8T3, dass sie als „deutsche Frau" von „Tür-

---

[113] Aus Platzgründen mussten einige Erläuterungen ausgespart werden.
[114] So wird etwa nicht über die Möglichkeit gesprochen, dass jemand sowohl „Türke" als auch „Deutscher" sein kann.

ken" und allgemein „Orientalen" „als ein Stück Freiwild angesehen" wird (B8, 61).[115]

Die Tatsache, dass türkische Frauen in Kreuzberg und Neukölln Kopftücher tragen, deuten die Befragten ebenfalls als einen Beleg dafür, dass die türkische beziehungsweise arabische oder allgemein muslimische Kultur frauenfeindlich sei. So wird das Kopftuch immer wieder als „nicht normal", und teils als Zeichen von „Frauenunterdrückung" thematisiert (u.a. B6, 65; B7, 59; B9, 37ff.)[116]. In einem einzigen Fall (B9, 39) wird auch angesprochen, dass *manche* Frauen das Kopftuch womöglich „freiwillig" tragen. Damit überwiegt die Thematisierung des Kopftuches als ein Ausdruck von Repression (wie zum Beispiel in B9, 31, 37f.) sowie als Gegensatz zu Modernität (wie zum Beispiel in B7, 59).

Nachdem B9T4 über das von ihm beobachtete Ehepaar „in Neukölln oder Kreuzberg" gesprochen hatte, wo der Mann seiner („verschleierten") Frau drei Meter vorausging (in Abschnitt 4.2 dargestellt), bezeichnet er die „türkische beziehungsweise arabische oder muslimische Kultur" als „an sich wirklich sehr frauenfeindlich" (B9, 43). Er ist der Meinung, „da muss man gucken" – schließlich bekämen ja diese Leute Kinder, die auf deutsche Schulen gehen sollen, und da bräuchte „man" „so ein paar grundlegende Werte"; dies sei wichtig für „unsere Demokratie" (ebd.). Er könne gegenüber vielen Differenzen sehr tolerant sein, so wäre es ihm egal, welche Musik „die" hören, ob „der sein Essen von links oder rechts serviert", aber diesen Punkt (mit der Frauenfeindlichkeit) könne er nicht tolerieren. Der Gesprächsverlauf macht deutlich, dass der Befragte sein Erlebnis in einen größeren Kontext stellt und interpretiert.

Offensichtlich geht er davon aus, dass die Frau von ihrem Mann dazu gezwungen wird, hinter ihm zu laufen, und dass ein solcher Zwang (vom Patriarch auferlegt) typisch für Muslime sei. Seine Aufregung über die Situation wird also nicht lediglich dadurch ausgelöst, dass seiner Wahrnehmung nach *eine* Frau von ihrem Mann unwürdig behandelt wird. Vielmehr interpretiert er das abweichende Verhalten dieses Ehepaares (abweichend von seiner Normalitätsvorstellung) als aussagekräftig für eine gesamte Gruppe und für deren Wertevorstellungen insgesamt. So leitet er daraus ab, dass Leute wie sie (das heißt Muslime), die ihre Kinder zu deutschen Schulen schicken, eine Gefahr für die Demokratie und die (idealisierten) Geschlecherverhältnisse in Deutschland darstellen.

Darauf folgte eine Nachfrage seitens der Interviewerin, ob die von ihm beobachtete Situation derart verallgemeinert werden kann, dass sie gleich für eine ganze Kultur gilt, oder ob nicht eher die Persönlichkeit dieses einzelnen Mannes erklärungskräftiger sein könne. Seiner Aussage ist zu entnehmen, dass er das Verhalten

---

[115] Hier entsteht der Eindruck, dass die Befragten im Umgang mit „deutschen" Männern kein Gleichgerechtigkeitsproblem wahrnehmen.
[116] Damit wird impliziert, dass das Nichttragen von einem Kopftuch Emanzipation und Gleichberechtigung bedeutet.

des Mannes weniger als „individuell" und vielmehr als „kulturell" bedingt betrachtet:

> B9T4: Also, ein Macho-Verhalten ist bestimmt kulturell vermittelt. Es ist nicht in dem Sinne individuell. Die sind nicht zufällig alle Machos und leben zufällig in demselben räumlichen Gebiet und tragen zufällig dieselben Klamotten. Ne!
> (B9, 45)

Es sei problematisch, so eine Reihe weiterer Äußerungen aus den Berliner Befragungen, dass die Migranten, insbesondere die Türken, überhaupt nicht oder kaum dazu bereit seien, sich die aufgezeigten Differenzen zu den „Deutschen" abzugewöhnen (u.a. B5, 65; B6, 55; B7, 33-37). Sie gehen davon aus, dass die „Migranten" bewusst und bevorzugt unter ihresgleichen bleiben und wenig Interesse daran hätten, sich „zu integrieren" beziehungsweise sich „anzupassen" (ebd.)[117]. Es sei „schade", so ein Teilnehmer in B6, dass die „Türken" sich auch in dieser Hinsicht in ihrer Mentalität von „den Deutschen" unterscheiden:

> B6T3: Also wir sind so tolerant, in unserer Mentalität, dass wir erlauben, dass eine Moschee gebaut wird. Aber ich dürfte garantiert keine Kirche irgendwo in Istanbul bauen. […] Ich habe nichts dagegen, dass sie hier eine Moschee bauen oder dass sie hier arbeiten, ihr Restaurant aufmachen oder was auch immer. Ähm, aber sie müssen auch diesen Schritt gehen, und uns auch entgegenkommen und auch versuchen, sich zu integrieren
> [B6Tx: mhm]
> B6T3: und nicht ihr eigenes Ghetto bauen. […] Und da finde ich halt, da müsste von denen, die herkommen, eigentlich eine ähnliche Mentalität entstehen, sich integrieren zu wollen. So wie wir das eigentlich auch nur machen.
> (B6, 49-51)

Anläßlich solcher Äußerungen wurden die Befragten darum gebeten, ihr Eindruck der Ursachen für diese Einstellungen unter den „Migranten" zu schildern. Zur Veranschaulichung einer solchen Situation folgt nun ein Auszug aus B7:

> B7I: Also, was sind eurer Meinung nach die Ursachen dafür? Dass die dann eher unter sich bleiben?
> B7T2: Na ich glaube am Anfang ist es die Sprache? Und die Fremde, einfach und das verbindet dann. Irgendwie ist dann wahrscheinlich schwer, dass es sich wieder verändert. Und ja, auch diese - also jetzt speziell bei den Türken, glaube ich, ist es schon einfach eine andere Tradition, wo viel stärker - vor allem dieses Familie, der Familienzusammenhalt und die Traditionen weiter zu pflegen, dass es denen so wichtig ist und dass es vielleicht teilweise auch von den Eltern gar nicht unbedingt gewollt ist […] man hat ja auch alle Möglichkeiten hier. Also so religiöse Einrichtungen, und so weiter […]

---

[117] Allerdings wird genauso ein Versagen der Integrationspolitik und „Vorurteile der Deutschen" als Erklärungen für eine „gescheiterte Integration" der „Migranten" genannt (u.a. B6, 55; B7, 33-37; B12, 22)

> B7T1: Also, ich glaube, zum einen ist das so ein bisschen das Problem der Politik, vielleicht auch so -
> B7T2: mhm
> B7T1: Dass zum einen die Integration noch nicht so umgesetzt wird, aber zum anderen ist es auch so, glaube ich, dass sie das auch selber nicht richtig wollen.
> (B7, 33-35)

In diesem Zitat wird ersichtlich, dass die Diskutanten in B7 „Migranten" beziehungsweise „speziell die Türken" als „nicht (gut) integriert" betrachten, und dass deren Verhaltensweise beziehungsweise Einstellungen dies zum Teil erkläre. Zur Untermauerung des Arguments, dass die „Migranten" die Integration verweigern, erzählt B7T1 im weiteren Gesprächsverlauf (im Anschluss an das Zitat), wie sie dies in ihrer Studienzeit durch eine türkische Mitstudierende erlebt und erfahren hat. Sie beklagt, dass die türkische Kommilitonin stets die Einladungen auf Partys nicht angenommen hat, und deutet dies offenbar als fehlenden Willen von ihr, mit ihnen zusammen etwas zu unternehmen (sprich: sich zu integrieren).

Auch die Gewohnheit ihrer türkischen Kommolitonin, am Telefon in ihrer Muttersprache zu sprechen wird in der Erzählung von B7T1 als eine Art Abkapselung beschrieben: „Sie hat auch immer dann gleich, wenn sie telefoniert hat, mit irgendwelchen Freunden oder mit der Familie, das war dann auch immer gleich auf Türkisch alles." (B7, 36). Offenbar hat B7T1 dies als unangenehm beziehungsweise „unpassend" empfunden. Schließlich habe die Kommolitonin mit ihr und den anderen „ganz normal Deutsch gesprochen" (ebd.). Aus der Erzählweise geht hervor, dass B7T1 es nicht nachvollziehen kann, dass ihre türkische Kommolitonin mit ihren (türkischen) Freunden und Familienmitgliedern auf Türkisch redet. Vielmehr deutet sie den (fortbestehenden) Gebrauch der Muttersprache als ein Zeichen von fehlendem Willen zu „Integration" seitens der Migranten (siehe B7, 37ff).

Ein weiterer Grund für die fehlende Integration (das heißt Angleichung oder Anpassung an „deutsche Verhältnisse" und Normen), so eine Aussage aus B5, seien weiterhin „sehr enge und starke Verbindungen in die Türkei"; dies reduziere den Druck, sich in Deutschland integrieren zu müssen:

> B5T4: Der Umstand, dass ähm, dass die Verbindung in die Türkei noch sehr sehr eng und stark ist. Also, dass eine Integration ja unter Umständen gar nicht- gar nicht so eine Not tut? Und ähm, dass sie im Grunde mit - also mit türkischen Werten nach wie vor hier überleben können. Und der Anreiz für Türken in der zweiten Generation ähm gar nicht so gross ist, sich zu integr- oder ja, weiß ich nicht, eine türkisch- eine deutsche Frau zu heiraten. Oder so. Weil zum Teil, ja keine Ahnung, aus einem anatolischen Dorf schon arrangierte Ehefrauen nach Deutschland kommen. Und schließlich hier nach wie vor sehr (?auffallen?). Das habe ich gerade im Freundeskreis auch ähm erlebt. Wo eine deutschtürkische Beziehung bestand und die türkische Famlilie ihn aber mit mit einer Türkin zwangsverheiratet hat.
> (B5, 65)

Darüber hinaus wird argumentiert, unter anderem in B6, dass die großen kulturellen Differenzen zu den Türken damit zusammenhängen könnten, dass die „Türken" „nicht freiwillig" nach Deutschland gekommen seien:

> B6T3: Die sind einfach nur froh, dass die aus ihrem politisch verfolgten Umfeld rauskommen und nach Deutschland kommen. Da haben sie ihre Ruhe und können ihren Gebaren weiter gehen.
>
> (B6, 51)

Hier wird also politische Verfolgung als ein Grund für die Migration der Türken nach Deutschland genannt – im weiteren Gesprächsverlauf in B6 werden auch religiöse Verfolgung und wirtschaftliche Beweggründe als hauptsächliche Motivationsfaktoren für die Immigration der Türken genannt. Dies erkläre aus Sicht der Befragten in B6, warum sich Türken (angeblich) nicht um die Integration bemühen würden (B6, 64). Die gleiche Argumentation findet sich in der GD 5 wieder, mit dem ergänzenden Satz, dass die Türken nicht nach Deutschland gekommen seien, „weil sie uns Deutsche so toll finden und unsere deutschen Werte teilen und ein Teil der deutschen Kultur unbedingt werden wollen" (B5T4, 70).

Schließlich sei es auch nicht so leicht für die Türken, sich „dem deutschen Lebensmodell" anzupassen, weil die Unterschiede so groß seien, so die daran anschließende Diskussion:

> B5T3: Es ist halt schwierig, wenn man im ganz anderen Umfeld – jetzt, auf dem Land in der Türkei vielleicht aufgewachsen ist, dann hierherzukommen, und irgendwie ähm äh die deutsche Art und das deutsche Modell zu leben ähm übernimmt. Das geht einfach nicht.
> B5T1: Vor allem, was wir ja als richtig, sozusagen, denen aufzwingen, obwohl es aus deren Perspektive wahrscheinlich gar nicht so richtig und so ideal ist. Ich meine, wir sagen ja, was wir hier anbieten, Demokratie und Meinungsfreiheit und so Gleichberechtigung. Das ist das was wir leben, das ist das rechte und das einzig Wahre? Aber die sehen das ja komplett anders.
> B5T3: Das stimmt gar nicht, dass sie das komplett anders sehen. Ich würde das gar nicht so sagen. Wie kommst du darauf? Also, ich denke, dass nur bestimmte Werte anders sind, ja? Dass zum Beispiel – äh dass sie nicht wollen, dass Sexualität in der Form ausgelebt wird, wie das hier ausgelebt wird, sie wollen einfach nicht dass ihre Kinder so leben wie hier Jugendliche äh leben.
> B5T1: Ja.
> B5T3: Oder junge Mädchen.
> B5T1: Weil sie sich einfach nicht so richtig anziehen hier.
> B5T3: Weil das auch nicht mit ihren Werten passt- zusammenpasst, die jetzt auch der Islam zum Beispiel vermittelt.
> B5T5: Ja.

> B5T3: Und da sind natürlich irgendwie die Kinder zerrissen, zwischen dem was die Eltern vermitteln wollen -
> B5T1: Und das, was sie sehen.
> (B5, 72)

In den Einzelheiten, wie stark sich die Normen und Werte der „Migranten" von denen der „Deutschen" unterscheiden würden, sind sich zwar die Befragten hier nicht ganz einig. Aber, es scheint eine Einigkeit darüber zu geben, dass es unterschiedliche Werteauffassungen zwischen Deutschen und „Türken" gäbe. Direkt im Anschluss an diesen Teil der Diskussion deutet B5T3 die bestehenden Differenzen zwischen den Normen, Werten und Lebensweisen von Türken und Deutschen als eine Folge davon, dass die „Türken" „die Entwicklung ihres eigenen Landes" verpasst hätten und dadurch ihre konservativen Werte in Deutschland bewahren konnten (siehe auch eine nahezu identische Aussage in B7, 57-59).

> B5T3: Gleichzeitig ist es so, dass die Migranten die eigene Entwick- die Entwicklung ihres eigenen Landes gar nicht mehr so mitbekommen. Also, es ist einfach oft so, dass sich die Herkunftsländer weiterentwickeln oder auch liberalisieren, ja? Und das wird aber nur kurzzeitig im Urlaub mal gesehen, und ähm dann vielleicht auch nicht unbedingt, das reicht irgendwie nicht, um diese Entwicklung mitzubekommen, und es werden dann stärkere äh sozusagen frühere, konservativere Werte hier ähm bewahrt, ja?
> (B5, 72)

Ein zusätzlicher Aspekt zum Thema Differenz zwischen „Deutschen" und „Ausländern", speziell „Türken" sei die unterschiedliche Wertschätzung von Bildung. Sowohl in B5 (B5, 64) als auch in B12 (B12, 73) wird geäußert, dass Bildung (leider) einen geringen Stellenwert in der türkischen Kultur hätte[118]. Demzufolge, so die Argumentation seien die „Ausländer" beziehungsweise „Türken" zum Teil für ihre sozioökonomische Benachteiligung selbst verantwortlich, weil sie sich nicht ausreichend um den sozioökonomischen Aufstieg bemühen würden, und die „falschen Berufe" (also etwa Berufe mit geringem Sozialprestige) wählen würden (ebd.).

---

[118] Diese Aussage dementiert eine Teilnehmerin aus B7 (B7, 35) mit ihrer Interpretation, dass die gesellschaftliche und ökonomische Position von Türken vorrangig damit zusammenhängt, dass die eingewanderten Türken „Arbeiter" gewesen sind, und ihre Kinder, ähnlich wie „deutsche Arbeiterkinder" deshalb Probleme hätten, den Bildungsaufstieg zu schaffen.

5.3 Der Vergleich zwischen Migrantengruppen zeigt: „Türken" und „Araber" sind die Unbeliebten

Aus den jeweiligen Kontexten, in denen die Befragten die Differenzen zwischen „Türken" (beziehungsweise „Arabern", Muslimen) und „Deutschen" schildern, geht hervor, dass die „kulturellen Eigenheiten" von „Türken" (usw.) als negativ empfunden beziehungsweise abgelehnt werden. Wie die direkten Vergleiche zwischen unterschiedlichen Migrantengruppen in den Aussagen der Befragten zeigen, gelten „Türken" und „Araber" als eher unbeliebt.

Mit einem etwas kritischen und reflektierten Blick erläutert ein Teilnehmer in B5 wie die „Spanier" im Verhältnis zu den „Deutschen" wahrgenommen würden. Die „Aussenansicht", so seine Wortwahl, auf die „Spanier" und die „Türken" sei völlig unterschiedlich (B5, 65ff.). Die „Spanier" seien für „uns" die „lustigen Latinos", die „immer nur Siesta und Fiesta und so weiter feiern", und die „Spanier" in Berlin – vorwiegend Erasmusstudenten – seien selbstorganisiert und so „fröhlich am Feiern", weil sie zum ersten Mal aus dem Elternhaus raus seien (ebd.). Die „Türken" hingegen erleben „wir" als sehr stark zurückgezogen und „an der Heimat und heimatlichen Bräuchen orientiert", anstatt sich zu integrieren, und daher würden „wir" auch „ganz anders mit ihnen umgehen" (ebd.). Was dieser andere Umgang genau beinhaltet, spezifiziert der Teilnehmer an dieser Stelle nicht. Aber er hebt hervor, dass „Türken" von „uns" „latent negativ etikettiert werden" (ebd.).

Auch im Vergleich zu „Asiaten" beziehungsweise „Chinesen" schneiden „Türken" – hier als „Südländer"[119] bezeichnet – schlechter ab. Den Befragten in B7 zufolge hätten die „Türken" einen schlechten Ruf, weil sie sich anders verhalten würden (u.a. „aggressionsbereiter" und weniger „anpassungsfähig" seien) als etwa „Asiaten" oder „Chinesen":

> B7I: Diese Verbindung zwischen Einwanderern und Integrationsproblemen, Konflikten oder Problemen, die entstehen - gilt das jetzt für alle Einwanderer, oder muss man schon unterscheiden? Ich meine, theoretisch ist jeder Einwanderer, der nicht aus Deutschland kommt?
> B7T1: Ähm, die haben alle natürlich nochmal eine andere Mentalität. Also, die Asiaten sind jetzt äh eher weniger aggressionsbereit, oder ich würde mal sagen, also, die sind dann schon eher so ein bisschen ruhiger; die haben zwar trotzdem auch ihr Ding so, und leben auch so ihr Leben untereinander. Aber ja, ich würde schon mal sagen, so, die Südländer sind eben mehr so irgendwie Machos und {lacht} so herum.
> B7T2: Schon allein an der Sprache, finde ich, wenn die dann so anfangen, schon mit ihrem Slang zu reden, das verstärkt es immer noch so ein bisschen so. Diese Aggression.
> B7T1: Ja, weil die haben auch andere Rollenbilder, auch, na? Ja das macht es ja leider in der Schule jetzt so problematisch mit den Lehrerinnen, dass die Jungs sie nicht ernst

---

[119] Den vorangegangenen Aussagen, die hier aus Platzgründen ausgespart werden mussten, ist zu entnehmen, dass es sich hierbei um „Türken" handelt.

nehmen, und ja, das ist schwierig. Ich glaube, da sind Chinesen zum Beispiel irgendwie so ein bisschen anpassungsfähiger, zumindest nach Aussen.
(B7, 41)

Auch „die Russen" gehen aus dem Vergleich mit „Türken" „positiv" hervor. Aus persönlicher Erfahrung heraus, so eine Befragte in B8, habe sie festgestellt, dass die „russischen Damen" sich als besonders „strebsame" Kolleginnen bewiesen hätten (sie berichtete zuvor, dass sie sowohl „türkische" als auch „russische" Kolleginnen habe):

> B8T5: Ich schätze die russischen Damen vor allen Dingen. Die sind sehr ehrgeizig. Ich sehe jetzt einfach nur von den Leistungen, auch wenn ich manchmal so denke 'okay, sie könnten ein bisschen mehr tun' - die wollen auch keine Eins bekommen. Die sind wahnsinnig strebsam. Und das schätze ich wahnsinnig und ich zeige denen das auch, dass ich sie wahnsinnig doll mag und mehr über sie wissen will.
> (B8, 48)

Von ihren türkischen Kollegen hatte sie kurz vorher Folgendes berichtet:

> B8T5: Ich unterrichte Zahnarzthelferinnen und habe polnische Damen, russische Damen, türkische Damen, also habe alle Nationalitäten. Die sind sehr gut integriert, können auch gut Deutsch sprechen […] Und ich merke, wenn die mir aus ihrem Privatleben viel erzählen, mir erzählen auch viele was, was so los ist - mit den Familienbanden. Wenn sich jemand trennen will kommt die ganze Familie zusammen bei den türkischen Leuten und dann wird so auf das Ehepaar eingesprochen, dass die sich nicht trennen dürfen und so was, das ist dann schon krass, ich finde das schon schöner wenn sich das vermischen könnte, auch irgendwie. Um auch- dass beide - oder dass- dass wir alle besser zusammenleben können.
> (B8, 45)

Ein weiterer Vergleich, der in B8 gezogen wird, ist zwischen „Griechen" und „Türken". Zunächst ist zu sehen, wie eine Befragte aus B8 (B8T5) ein für sie „schönes Erlebnis" mit „temperamentvollen, griechischen Damen" schildert:

> B8T5: Ich war auf Wohnungssuche letzten Sommer und da war ich da am Görlitzer Park, ich wollte eine griechische Freundin besuchen. Auf einmal waren nur Griechen da. Und ich war die Einzige, die nichts verstanden hat. Die haben dann zwar auch mit mir Deutsch gesprochen. Das war aber ganz toll dieser Nachmittag! Ich wollte dort nicht weggehen. Und da wollte ich auch unbedingt dann auch um die ecke ziehen, weil ich es so toll fand mit denen. Das war ein super Nachmittag. Da kam die Mutter noch und die Tante, dann haben wir aus dem Kaffeesatz gelesen, die waren total aufgedreht, die griechischen Damen, und ich wollte mit denen unbedingt nach Griechenland in Urlaub fahren, weil ich- es war einfach so ein schönes Erlebnis mit denen. Und da habe mir gedacht 'oKAY, wenn du die Leute hier um dich herum hast, würdest du gerne auch hier hinziehen um mehr Zeit mit ihnen zu verbringen, weil das so eine- so eine fri-

sche, so eine lebensfrohe und so laute und so temperamentvolle - das hat mir gut gefallen!
B8T4: Aber die haben auch nicht so viele Sachen, die dir entgegensprechen, oder?
B8T5: Ne.
(B8, 50)

Anhand der Anmerkung von B8T4 am Ende der Erzählung ist zu sehen, dass die Fremdheit zu den Griechen relativiert wird – weil die Griechen „nicht so viele Sachen hätten, die einem [als deutsche Frau] entgegensprechen". Wenige Minuten zuvor in dieser Gruppendiskussion B8 hatten die Befragten „Türken" und „Araber" als sehr unterschiedlich zu „Deutschen" geschildert (B8, 44-48). Unter anderem hatten sie an der Stelle „Türken" beziehungsweise „Araber" beziehungsweise „Orientalen" als Leute beschrieben, die *erstens* morgens um sechs uhr „zu Allah beten", *zweitens* Frauen unwürdig behandeln und *drittens* durch Familienbanden zur Fortführung ihrer Ehe genötigt werden (ebd.). Vor diesem Hintergrund könne man ja, so der Kontext, die Fremdheit (zu Griechen) als angenehm empfinden. Dieses Statement versucht eine andere Gesprächsteilnehmerin (B8T3) offenbar abzuschwächen. Ihrer Aussage nach sei es durchaus möglich, solche positiven Fremdheitserfahrungen auch mit „Türken" zu haben. Schließlich beruhe vieles von dem, was über „Türken" gesagt oder gedacht wird, auf Vorurteilen, so die Argumentation:

> B8T3: Aber zum Beispiel im Sommer - ich war mal mit einem Freund zusammen, und ich fand das einfach angenehm dort, gerade im Sommer, dort in diesem Görlitzer Park zu sitzen, mit den ganzen Muttis da. Da wird dann ein Tisch aufgebaut [mehrere {gleichzeitig}: {Lachen}] und dann fahren die da alles auf und irgendwie, wenn man sich so kennenlernt und - ich finde umso mehr man, wie [Teilnehmerin B8T5] schon sagte, umso mehr man miteinander redet, umso mehr bauen sich auch die Vorurteile gegenüber einander ab.
> (B8, 50)[120]

Daraufhin erwidert B8T1, dass sie zum Görlitzer Park eine ganz andere Geschichte hätte, und dass sie diesen Ort als „nicht besonders vertrauenserweckend" empfinde (B8T1 in B8, 51). Sie berichtet davon, wie sie mit einer Gruppe im Görlitzer Park gesessen hatte, und jemand in ihrer Gruppe bestohlen wurde. Daraufhin, als sie den Täter ausfindig machen konnten, hätte er sie mit einem Messer bedroht. Sie erklärt: Der Täter sei ein „orientalischer Typ" gewesen. B8T5 ergänzt dazu, dass es „noch schlimmere Geschichten" gäbe, mit „schwarzen Männern", woraufhin B8T4 festhält:

---

[120] Schon allein an der Wortwahl in diesem Vergleich, „griechische Damen" vs. „türkische Muttis", ist zu sehen, wie sich die Vorurteile gegenüber den „Türken" auch metaphorisch etabliert haben (vgl. Schmitt 2003; Lakoff und Johnson 2004).

> B8T4: Es gibt ja auch etwas Positives von den anderen Kulturen, so wenn es um Essen, Grillen und Gemeinschaft geht, aber sobald es um andere Sachen geht, hat man eben (?kein Vertrauen, vielleicht Vorurteile?). Die sind halt vorhanden. Nicht bei allen, aber je westlicher die eingestellt sind, desto besser halt so ungefähr, ja? Und dann sind die (?bei so Sachen wie Essen und Grillen ganz?) easy, aber sobald es dann irgendwie um die Frauen geht oder sonst irgendwas geht, dann hört es auf, ja? (B8, 52)[121]

Wenige Minuten später formuliert B8T1 konkreter, dass die Nationalität des Gegenübers letztendlich dafür ausschlaggebend sei, ob sie eine Nähe zu einer Person sucht beziehungsweise die Nähe für wünschenswert halte:

> B8T1: Also ich merke an mir, dass mir der Zugang zu manchen Bevölkerungsgruppen leichter fällt als zu anderen, und ähm -
> B8I: Was meinst du damit?
> B8T1: Das geht auch über Nationalitäten, ja? Und das ist vielleicht auch so eine persönliche Scheu, dass ich schon in der Tat ähm gegenüber orientalischen Leuten vielleicht ein bisschen mehr (??) weil- weil ich genau diese Bilder, was [Teilnehmerin B8T4] auch gesagt hat, so ein bisschen im Kopf habe, ja. Ich meine, ich werde unter Umständen nicht ganz für voll genomme, oder es ist einfach nur ein deutlich größerer kultureller Unterschied als wenn ich beispielsweise mit meinen polnischen Nachbarn, ja, oder mit meinem russischen Zeitungsverkäufer plaudere. Das ist mir irgendwie näher, ganz subjektiv.
> (B8, 55)

Daran anschließend ergänzt B8T4, das sie eine ähnliche Auffassung wie B8T1 davon habe, zu wem sie eine soziale Nähe empfindet beziehungsweise mit wem sie sich wohler fühlt. Prinzipiell möge sie „erstmal schon" die „orientalischen Leute", aber in ihrer Gegenwart würde sie sich eher „vorsichtig" und eher skeptisch verhalten (B8, 56)[122]. Dazu bestätigt B8T1; es sei mit denen eher ein vorsichtiges Begegnen, „weil man nicht weiß" (ebd.). Dazu äußert dann B8T4, dass es „gute" und „schlechte" Einwanderer gäbe (vgl. B9, 56[123]). Aus ihrer Sicht –weil sie sich für Spanien und Italien interessiere, seien die „guten Einwanderer" eben die Spanier und die Italiener (B8, 57). „Türken" und „Araber", der vorangegangenen Diskussion zufolge, gehören wohl eher zu den „schlechten".

Lediglich in einem Vergleich schneiden „Türken" besser ab, und zwar im Vergleich zu „Arabern". In der 21. Minute in B9 beschreibt eine weibliche Teilnehme-

---

[121] Vgl. hierzu Aussagen, wonach es auch „positive Sachen bei den Türken" gäbe – wie zum Beispiel „Döner", „leckeres Gemüse" (u.a. B5, 54, 59ff; B8, 32, 42).
[122] In der 46. Minute hatten B8T1 und B8T3 geäußert, dass sie „Unsicherheit" empfinden würden, „wenn ein Grüppchen junger Orientalen an der Straße steht, wo keine Kneipen sind". Zwar würden die „vielleicht" „nichts machen", aber „man" habe „erst mal so ein komisches Gefühl" (B8, 45).
[123] Hier: In der „Öffentlichkeit" herrsche ein eher negatives Bild von „Türken" und „Arabern".

rin, dass sie nicht in jeder Gegend in Neukölln das gleiche Unwohlbefinden hätte. So fühle sie sich auf der Karl-Marx-Straße, wo „der Türkenanteil" höher sei, wohl. Auf der Sonnenallee hingegen, die eher „arabisch" geprägt sei, und wo „man als Frau was ganz anderes Wert" sei fühle sie sich sehr unwohl. Dies erklärt sie damit, dass „die Türken" auf der Karl-Marx-Straße mit „deutschen Frauen" „ganz anders umgehen" würden als die „Araber" auf der Sonnenallee (B9, 20).

5.4 Ausländer vs. Studenten

Generell fällt auf, dass innerhalb der verschiedenen Bezeichnungen für „Migranten" beziehungsweise „Ausländer" kaum sozial (etwa nach Bildungsgrad, Einkommen, „Schicht" etc.) differenziert wird. Quer durch das Interviewmaterial wiederholen sich Vorstellungen von „Wir [Deutschen]", „die Türken" „die Asiaten", „die Russen" als „homogene" (auch: „natürliche") Gruppen[124].

Die fehlende soziale Differenzierung innerhalb der ethnischen Kategorie wird sehr deutlich, wenn „Ausländer" in einer Auflistung als Gegensatz zu „Studenten" genannt werden. Dies geschieht explizit in B7 (nach 10 Minuten), B8 (nach 29 Minuten) und B9 (nach 5 Minuten). In B7 wurde zuvor gefragt, was die Teilnehmer mit Neukölln verbinden, und die Antwort lautet:

> B7T2: Auf jeden Fall auch der hohe Ausländeranteil, Arbeitslosigkeit
> B7T1: Ja, aber auch Studenten auf der anderen Seite.
> (B7, 10)

In B8 (B8, 29) wird eine Gegenüberstellung von „Arzt oder Student" und einem „türkischen Halbstarken" vorgenommen (siehe Abschnitt 6.3). In B9 handelt es sich um eine Beschreibung vom „Bergmannkiez" als „super durchmischt". Die Gegenüberstellung von „Ausländer" und „Studenten" ist identisch wie in B7:

> B9T5: Also in der Bergmannstraße ist es super durchmischt. Es gibt Alt-Achtundsechziger, es gibt alte, es gibt junge Leute, es gibt ein paar Ausländer, es gibt aber auch Studenten und Kinder, von meinem Gefühl her.
> (B9, 5)

Die Assoziationen zu „Studenten" werden hier als eine ethnisierte Kategorie zugunsten der „nicht-Ausländer" präsentiert (vgl. B6, 18). Das wird in diesem Zitat anhand der Äußerung „*aber auch*" ersichtlich. So erscheint die Kategorie „Ausländer" als eine Kategorie, die soziale Faktoren überschattet. „Ausländer" werden offenbar *primär* anhand einer vermuteten Staatszugehörigkeit beziehungsweise Nati-

---

[124] Siehe u.a. B5, 64, 67, 70; B6, 49; B7, 40, 44; B8, 30, 55, 56; B12, 68, 75, 77.

onalität identifiziert und vor allem kategorisiert. Die Unterschiede im Hinblick auf Bildungsgrad, Einkommen, Schicht etc. sind demnach in der Wahrnehmung und Bewertung von „ethnisch Anderen" nicht präsent beziehungsweise nachrangig[125].

Die fehlende Differenzierung in Bezug auf Menschen mit der gleichen Nationalität beziehungsweise „Herkunft", drückt sich auch darin aus, wie „Multikulturalität" (vgl. die Wahrnehmung von Kreuzberg) in den Schilderungen der Befragten definiert wird. Multikulturalität sei dort vorhanden, wo „Türken", „Araber" und „Deutsche" zusammen beziehungsweise nebeneinander leben. Wenig differenziert ist diese Vorstellung deshalb, weil zugrunde gelegt wird, dass jede Nationalität jeweils *eine* Kultur repräsentiert. Eine Erklärung dafür, wie der nächste Abschnitt zeigt, könnte die fehlende Möglichkeit sein, für die Befragten, sich ein differenzieres Bild durch vielseitige Kontakte zu verschaffen.

5.5 Kontext: Kaum Kontakt zu Migranten

In Bezug auf ihre Vorstellungen von „Migranten" äußern die Befragten, dass sie kaum persönliche Kontakte zu „Migranten" pflegen und dadurch wenige Möglichkeiten haben, ihre Kenntnisse über die „Migranten" aus anderen Quellen als dem gesellschaftlichen Diskurs beziehungsweise Erfahrungen von Freunden und Bekannten zu schöpfen[126].

Die meisten Berliner Befragten äußern, dass sie keine oder nur sehr wenige Kontakte zu „Ausländern" beziehungsweise „Migranten" pflegen (zum Beispiel B5, 59ff; B6, 43; B8, 44f; B9, 26, 50; B12, 36). In diesem Zusammenhang sprachen die Befragten darüber, dass ihre Vorstellungen von „Migranten" in hohem Maße von gesellschaftlichen Diskursen beziehungsweise Einstellungen aus dem persönlichen Umfeld geprägt seien. Zur Veranschaulichung ein Zitat aus B6:

> B6T2: Man kriegt ja dieses- man kriegt das ja nicht so mit, man weiss, da leben halt viele Ausländer, aber man wird ja in deren Kultur nicht involviert. [...] Wir stehen ja eigentlich immer nur aussen vor. Also - ich weiß nicht was die Türken für - zu Weihnachten feiern. Ob die Weihnachten feiern oder so. Ich finde, man kriegt da irgendwie nicht so viel mit -
> B6I: Woran liegt das, dass man das nicht -
> B6T2: Naja, man hat halt keine Freunde halt, die so eine Nationalität haben. Daran liegt es wohl, ganz eindeutig.
> (B6, 46)

---

[125] Anders als zum Beispiel im falle der differenzierung zwischen deutschen in Prenzlauer Berg versus Charlottenburg (B8, 29).
[126] Dieser Aspekt wurde gesondert gegen Ende des Interviews abgefragt, sofern sich die Befragten nicht selbst bereits im Laufe des Interviews dazu geäußert hatten. Dabei wurde differenziert nach „oberflächlichen" (zum Beispiel beim Einkaufen), beruflichen oder privaten Kontakten gefragt.

Wenn es überhaupt zu Kontakten zu „Migranten" beziehungsweise „Türken" oder „Arabern" komme, so die Befragten aus B5, dann lediglich durch den Besuch spezifischer Geschäfte:

> B5T3: Es wäre natürlich irgendwie schön, wenn es da andere Arten von Kontakten geben würde als nur der türkische Gemüsehändler und der libanesische Möbelhändler und so weiter, also -
> B5T1: Aber es gibt ja keine Orte, wo man sich treffen kann.
> B5T4: Ich wollte gerade sagen, es müsste dazu die gleichen Konzepte geben, die gleiche Vorstellung von wann man sich wo trifft.
> B5T3: Ja. Interesse von beiden Seiten geben. Und ich glaube, dass - ich glaube einfach, dass viele - und das ist ja auch bekannt, dass viele Türken oder Araber einfach oft einen anderen Bildungshintergrund haben in Deutschland, leider. Und dass uns das stärker von einander trennt, der unterschiedliche Bildungshintergrund, als alles andere. Und wir uns deshalb vielleicht auch nicht treffen.
> B5T1: Ich meine, was ich spannend finde, ich bin neulich auf einen (?Artikel?) gestossen, wo die meisten international gemischten Ehen in Berlin sind deutsch-türkisch. Aber ich meine, bei uns also, bei mir gibt es keine Schnittpunkte, wie gesagt. Ausserhalb der Läden. Ich meine, wir gehen in andere Cafés, wir gehen in andere Clubs, wir gehen zu anderen kulturellen Veranstaltungen. Wo soll man sich kennenlernen? Ich weiß es nicht. Ich würde gerne mehr wissen, wie die auch privat leben, wie es bei den zu Hause aussieht, den Tagesablauf, was sie denk- einfach, wie die Wohnung aussieht
> B5T5: Dann gehe doch einfach zu deinem Dönermann und frage ihn.
> B5T1: Ähm -
> B5T5: Also, wenn es dich ja wirklich so interessiert, äh, dann musst du ja nur -
> B5T1: Da muss ich mich von meinem Tabakdealer einladen lassen.
> B5T5: Genau, genau.
> B5T4: Ja, ich glaube, das pas- das passiert einem wiederum nur DA, wo man sich in Randgruppen trifft. Also keine Ahnung, Kumpelnest, sagt euch das was?
> B5T3: Kumpelnest?
> B5T4: Kumpelnest, das ist so ein ein {lächelt} Laden, wo man irgendwie - wo alle die hingehen, die an allen {lacht} - sonst an den Türen abgewiesen werden.
> B5T1: Cool. Wo ist denn das?
> B5T4: Und die, die es einfach mal sehen wollen, also ist ein sehr bunt gemischter Laden, wo eben Transen, Homos, Heteros, in Anzug, Leute, von denen man nicht weiss; sind sie Frauen {lächelt}, sind sie Männer, sind sie echt, oder sind sie operiert? Äh sehr-sehr gemischt, aber auch eine sehr familiäre Atmosphäre, und da wiederum äh trifft man zum Beispiel homosexuelle Türken die aus ihrer Gruppe herausfallen oder sich da nicht outen können? ähm und da ist man - da verbindet einen was ANDeres. da verbindet einen sozusagen der gemeinsame Ort. Ja, also zu denen fühlte ich mich dann enger verbunden als zu meiner türkischen Nachbarin.
> B5T5: Ja
> B5T4: Mit fünf Kindern oder so.
> B5Tx: Genau.
> (B5, 59-61)

Anders als im Zitat aus B9 oben, in dem ein Teilnehmer reflektiert, dass er im Grunde wenig über die Ausländer wisse, kommt in diesem Zitat eher zum Vorschein, dass die Befragten glauben zu wissen, dass es wenige Gemeinsamkeiten zwischen ihnen und „Türken" (außerhalb vom „Kumpelnest") geben könnte – und deshalb kaum Kontakte zustande kommen (vgl. hierzu auch B8, 44, wo geäußert wird, dass man „keine Schnittmengen mit den Leuten hinter den Satellitenschüsseln" hätte").

Unter denjenigen, die angeben, dass sie in Verbindung mit der Arbeit oder in persönlichen Netzwerken Kontakte zu Migranten haben – wird interessanterweise geäußert, dass sie diese Migranten nicht als solche bezeichnen würden (B12, 30ff; siehe Abschnitt 5.1).

5.6 Zusammenfassung

Das Ziel dieses Kapitels war es, zu erkunden, ob die „ethnische Zugehörigkeit" das Empfinden von sozialer Nähe (aus sicht von mehrheitsangehörigen Stadtbewohnern) beeinflusst (weil das Empfinden von sozialer Nähe als ein wichtiger Faktor für die Wohnortwahl gilt; siehe Abschnitt 2.1). Dabei stellte sich heraus, dass „Türken" und „Araber" (hier: auch Personen, die als solche wahrgenommen werden) als eine Sonderrolle als „Andere" einnehmen. Häufig waren es negative Assoziationen, die mit diesen Gruppen assoziiert wurden. In einem Abschnitt (5.2) wurde erläutert, dass „Türken" und „Araber" als gegensätzlich zu „Deutschen" beschrieben wurden. Unter anderem wurden gegensätzliche Einstellungen in Bezug auf die Rolle und Wertigkeit einer Frau oder den Stellenwert von Bildung sowie in Bezug auf die Bereitschaft zu einem „interkulturellen" Miteinander. Ein weiterer Abschnitt (5.3) stellte dar, dass „Türken" und „Araber" - offensichtlich aufgrund der vorhandenen Annahmen über sie – als „unbeliebt" gelten. Abschnitt 5.4 erläuterte die fehlende soziale Differenzierung innerhalb der Kategorie der „Migranten" am Beispiel der Gegenüberstellung von „Ausländern" und „Studenten". Schließlich wurde in Abschnitt 5.5. erläutert, dass die Teilnehmer darüber berichteten, dass ihre Vorstellungen von „Migranten" in hohem Maße von gesellschaftlichen Diskursen beziehungsweise Einstellungen aus dem persönlichen Umfeld geprägt seien.

6 Die Bedeutung von ethnischer Zugehörigkeit für Wohnortpräferenzen

In diesem Kapitel geht es nun um die Frage, ob die Wahrnehmungen von „Migranten" (Kapitel 5) und die Assoziation bestimmter Stadtteile mit „Migranten" (Kapitel 4) die Wohnortpräferenzen von Mehrheitsangehörigen in Oslo beeinflussen[127]. Dieser Untersuchungsaspekt ist in zwei Teilfragen unterteilt. Die erste Frage lautet: Spielt die „ethnische Zugehörigkeit"[128] der Nachbarn beziehungsweise der Menschen in der Wohnumgebung für die Wohnortpräferenzen der befragten Mehrheitsangehörigen eine Rolle? Die Bearbeitung dieser Frage erfolgt in Abschnitt 6.1. Von besonderem Interesse ist hier der Aspekt, ob die Teilnehmer bei der Erläuterung ihrer Wohnortpräferenzen zum Ausdruck bringen, dass sie „Deutsche" als Nachbarn bevorzugen und „Migranten" (insb. „Türken" oder „Araber") als Nachbarn ablehnen würden.

Die zweite Frage (Abschnitt 6.2) lautet: Können sich die Befragten vorstellen, in den Gebieten zu wohnen, die sie mit „vielen Migranten" assoziieren (siehe Kapitel 4)? Hier wird untersucht, ob die Wahrnehmung von „vielen Migranten" in bestimmten städtischen Teilgebieten und die häufig negative Bewertung von Konzentrationen von Migranten zum Ausschluss dieser Gebiete als potentielle Wohnorte führen können.

Im letzten Abschnitt (6.3) werden generelle Aussagen der Befragten über die Rolle von der Wahrnehmung und Bewertung von Stadtteilen und deren Bewohnern für die Aus- und Abwahl von potentiellen Wohnorten dargestellt (als Kontext der in 6.1 und 6.2 dargestellten Aussagen).

Vorweg: Soziale beziehungsweise „ethnische Grenzziehung" ein Faktor neben anderen

Durch den offenen Ansatz in der Erhebung der Wohnortpräferenzen[129] wurden erwartungsgemäß (vgl. Abschnitt 2.1) neben sozialen Faktoren auch weitere Faktoren als Gründe für die Wohnortpräferenzen genannt, die im Folgenden nicht weiter

---

[127] Siehe hierzu die Erläuterungen zur begrenzten Aussagekraft der Arbeit in Abschnitt 1.5 und 3.6. Wie dort erklärt, geht es hier darum, die Zusammenhänge explorativ zu untersuchen.
[128] Beziehungsweise die zugewiesene ethnische Zugehörigkeit – siehe Abschnitt 1.5 und 2.2.
[129] Siehe Kapitel 3.

beachtet werden können (siehe die Erläuterungen zum Erkenntnisinteresse dieser Arbeit in Abschnitt 1.5)[130]. Daher werden sie nur an dieser Stelle kurz vorgestellt. Neben sozialen Aspekten werden vor allem Einschränkungen aufgrund des Preisniveaus von Wohnungen[131] und die geographische Lage der Wohnung[132] als zentrale Einflussfaktoren auf die Wohnortwahl genannt. Für viele der Befragten sei es wichtig, nah an der Innenstadt zu wohnen[133], „vielfältige Angebote"[134] (etwa Geschäfte und gastronomische Betriebe) oder zumindest gute Verkehrsanbindungen u.a. zwecks kürzerer Arbeitswege in der Wohnungsnähe vorzufinden[135]. Zudem wird als Kriterium für Wohnortentscheidungen die räumliche Nähe zu Freunden erwähnt[136]. Auch werden an einigen Stellen architektonische Vorlieben (vor allem: „kein Hochhaus") als ausschlaggebend genannt[137]. Weiter sei es vielen Befragten wichtig, in der Wohn*perspektive* („wo man später wohnen möchte") noch wichtiger, in einer „ruhigen" und „schönen" Gegend zu wohnen[138]. Und grundsätzlich, so die Befragten, findet die Wohnort- beziehungsweise Wohnungssuche in Gebieten statt, die einem bereits „vertraut" seien[139].

Allerdings; auch wenn „objektive" Kriterien wie Preis, geographische Lage und Architektur unterschwellig oder ganz offensichtlich als wichtig erscheinen, werden sie meist mit sozialen Faktoren verbunden. Im Falle Berlins gab es eine Vielzahl solcher Verknüpfungen von „objektiven" und „sozialen" Faktoren. Zum Beispiel hat ein Befragter aus B6 in Berlin erklärt, dass er Gesundbrunnen und Marzahn zum einen wegen der Architektur, und zum anderen aufgrund „der Leute, die sich dort ansiedeln" als Wohnort ablehnt (B6, 39).

6.1 Die Bedeutung der ethnischen Zugehörigkeit der Nachbarn

Den Erläuterungen in Kapitel 5 ist zu entnehmen, dass in den Gruppendiskussionen über grundlegende Differenzen zwischen „Deutschen" und „Migranten", speziell „Türken und Arabern" gesprochen wurde. Rückblickend auf die Erläuterungen

---

[130] Mit dem methodischen Ansatz der Arbeit ist eine Gewichtung der Faktoren oder eine systematische Erfassung der ausschlaggebenden Faktoren für Wohnortentscheidungen nicht möglich (siehe Abschnitte 1.5 und 3.6). Daher ist es in diesem Zusammenhang nicht relevant, welche Faktoren insgesamt die Wohnortpräferenzen beziehungsweise –Entscheidungen beeinflussen. Siehe hierzu die Erläuterungen in Abschnitt 1.5 und in Kapitel 10.
[131] U.a. B6,14; B7,5; B8,35.
[132] B7,25; B12,43.
[133] Zum Beispiel B5, 11, 35; B6, 30.
[134] Zum Beispiel B5,8; B6,34; B7,2; B9,16; B12,19.
[135] Zum Beispiel B7,25; B9.
[136] B5,4,9; B6,5; B8,7,6,15; B9,10,20.
[137] B6, 12, 27 37; B8, 26; B12, 43, 47.
[138] B5,11; B6,32; B7,26; B8,10.
[139] B5, 3, 40; B6, 3, 37; B7, 30; B9, 73.

in Kapitel 2 wäre demzufolge von einer sozialen Distanzierung der Teilnehmer von „Migranten" auszugehen, die vermutlich auch zu einer räumlichen Distanzierung führt. Deshalb befasst sich dieser Abschnitt mit der Frage, welche Bedeutung die „ethnische Zugehörigkeit" der Nachbarn (Mikroebene) für die Wohnortpräferenzen oder –entscheidung hat.

6.1.1 Keine Lust auf „türkische" Nachbarn

Eine Teilnehmerin in B7 berichtet, dass sie „oft erlebt" habe, dass „Leute" ihre Wohnung in Kreuzberg nach den Namen an den Klingelschildern aussuchen. Dies täten sie deshalb, weil „die Leute" beziehungsweise „Deutsche", nicht im gleichen Haus mit „Türken" (beziehungsweise „Ausländern") wohnen wollen. Sie berichtet, dass diese Personen, die im Zuge einer zunehmenden Beliebtheit von Kreuzberg dahin ziehen wollen, gezielt nach Wohnungen in Häusern ganz ohne oder mit möglichst wenigen „ausländisch beziehungsweise türkisch klingenden Namen" auf den Klingelschildern suchen. Dabei spielen ihres Erachtens sowohl die Sorge um „Lärm" und „Ärger" als auch „Vorurteile" seitens der Wohnungssuchenden eine Rolle:

> B7T2: Wenn man sich zum Beispiel eine Wohnung sucht, dann schaut man, was steht an den Klingelschildern. Solche Sachen habe ich oft erlebt. Dass die Leute daraufhin ihre Wohnungen aussuchen. Auch in Kreuzberg geht es auch immer mehr in die Richtung, dass ähm - eben ja -
> B7I: Mit welcher Absicht machen sie das?
> B7T2: Naja, ich glaube, schon aus der Angst heraus, wenn man irgendwie so eine türkische Grossfamilie nebenan hat, dass man einfach nicht so die Ruhe hat, und dass man vielleicht Ärger bekommt, wenn man sich nicht gut verständigen kann [...] Vorurteile, glaube ich auch [...].
> (B7, 21)

Diese Praxis „der Leute" beziehungsweise dieser „Deutschen" führe – ihrer Einschätzung nach – dazu, dass sich die „ethnische" beziehungsweise „multikulturelle" Bevölkerungskomposition von Kreuzberg verändert und sich „in die Richtung" von Prenzlauer Berg entwickelt, wo es „eigentlich nicht so viele Ausländer" gibt (ebd.).

Ein Teil der Befragten geben an, dass sie auch selbst eher „deutsche" Nachbarn, besonders im Vergleich zu „türkischen Nachbarn", bevorzugen würden. Sie benennen dafür unterschiedliche Gründe.

Lieber neben einem Studenten oder Arzt als neben einem türkischen Halbstarken

Unmittelbar vor der folgenden Aussage aus der achten Gruppendiskussion in Berlin hatte B8T1 festgehalten, dass sie ihren Wohnort danach auswähle, wo sie „nette Nachbarn", „eine gute Atmosphäre" und das Gefühl, hineinzupassen, vorfinde (B8, 29). Daraufhin erklärt B8T4, dass es nicht nur darum ginge, ob „nett" oder „nicht nett" – es hätte auch damit was zu tun, ob es sich um einen Arzt, Studenten oder „Türken" handele:

> B8T4: Aber identitätsmäßig würde ich sagen, ich- weil auch- ich bin, ich vermute mal, dass wir das alle ein bisschen so sehen, aber wahrscheinlich keiner ausdrückt, oder ehrlich sagt. Ich wohne lieber neben einem Studenten irgendwo oder neben - keine Ahnung - neben einem Arzt und fühle mich da sicherer, als wenn ich ähm direkt neben einem achtzehnjährigen türkischen Halbstarken wohne. Das ist einfach so, ja? Auch wenn das nicht politisch korrekt ist {lacht verhalten} (??) das zuzugegeben, aber so ist es, ja?
> [mehrere {gleichzeitig}: ja. mmh. aber-]
> B8T4: (?daran ändert?) auch diese Freundin nichts, so ist es halt.
> (B8, 29)

Mit dieser Anmerkung von B8T4, dass sie „lieber neben einem Studenten oder einem Arzt" (beides ohne „ethnische Marker") wohnen würde, als „neben einem türkischen Halbstarken" („ethnischer Stereotyp") schimmert durch, dass sie eine soziale Differenz (zu anderen Deutschen) erträglicher sei, als die Differenz zwischen ihr und einem „Türken" beziehungsweise „türkischen Halbstarken". Dabei gibt sie an, dass sie davon ausgeht, dass sie nicht die Einzige ist, die das so sieht, aber sie ist die Einzige, die es explizit sagt, weil es nicht „politisch korrekt" sei, dies „zuzugeben". Dieser Ausspruch der „politischen Inkorrektheit" verdeutlicht, dass es sich um die Gegenüberstellung von einem „Arzt beziehungsweise Studenten" und „türkischen Halbstarken" nicht lediglich um eine soziale Abgrenzung handelt.

„Es passt einfach nicht"

Es sei zwar wünschenswert, so der O-Ton in vielen Gruppendiskussionen, wenn es gelingen würde, mehr „Durchmischung" von „Deutschen" und „Ausländern" (auch konkreter: „Türken") in den Wohngebieten zu erreichen (siehe Abschnitt 4.2). In der Praxis, aber, zeige sich, dass dies nicht funktioniere (B8, 44, 48; B12, 26-28). B8T3 erläutert anhand eines Beispiels ausführlicher, warum sie der Auffassung ist, dass die Durchmischung von „Deutschen" und „Ausländern" in der Praxis scheitere:

B8T3: Ich kann- ich kann da nur von einem Projekt aus Hamburg-Wilhelmsburg sprechen, was da gerade angeboten wird. Ich weiß nicht ob einer von euch schon mal dort war? Wo ja auch die größte Ausländerdichte Hamburgs ist. Da gibt es jetzt ein Projekt, dass dort die Wohnungen an Studenten ganz günstig vermietet werden, und sie kriegen sogar noch einen Zuschuss, wenn sie diese Wohnungen in Wilhelmsburg nehmen. Das große Problem ist, dass über- dass ähm eine Wohnung, sechzig Quadratmeter- da ziehen drei Studenten ein, so. Jeder kriegt sein Zimmerchen. Obendrüber wohnt eine Familie - eine türkische Familie mit sechs Kindern, ja? Genau in dieser gleichen Wohnung plus Eltern plus Großeltern. Also leben in der gleichen Wohnung unten drei Studenten und oben leben zehn Leute. Dann wird um sechs uhr zu Allah gebetet, während der Andere gerade vom kellnern kommt und den nächsten Tag eine Studienarbeit schreiben muss. Es geht manchmal nicht. Es ist manchmal leider nicht vereinbar. Es passt manchmal einfach nicht.

B8T1: Mhm ja, und dann ist doch auch - ich meine -
B8T3: Und dann kann man es versuchen, aber -
B8T2: Was [Name] eben auch gesagt hat, so wie das ähm für - für etliche Bevölkerungen (??). Die fühlen sich dann sicher, wenn man sich im eigenen Kulturkreis bewegt, so wie wir uns sicher fühlen -
B8T5: Ja.
(B8, 44-47)

Eine weitere Gesprächspartnerin, B8T2, umrahmt hier am Ende das Argument damit, dass „man" sich im eigenen Kulturkreis „sicher[er] fühlen" würde – das gelte sowohl für „Andere" als auch für „Uns". Damit werden diese Erfahrungen aus dem Projekt, beziehungsweise ein Erfahrungsbericht aus einer bestimmten Konstellation (Studenten vs. eine „laut betende türkische Großfamilie") zu einem Beleg für die allgemeingültige Aussage, dass das Zusammenwohnen von „Deutschen" und „Migranten" (hier: insbesondere „Türken") an den unterschiedlichen „Kulturen" nicht möglich sei.

„Ähnlichkeit" als Suchkriterium

In vielen Gruppendiskussionen wird darüber gesprochen, dass die Menschen generell - das heißt andere Stadtbewohner ebenso wie sie selbst – großen Wert auf eine Ähnlichkeit zwischen Ihnen selbst und den Menschen im Wohnumfeld legen (zum Beispiel B5, 48-50; B6, 39; B7, 4, 28; B8, 5, 29). Vor dem Hintergrund der in Kapitel 5 dargestellten Äußerungen ist anzunehmen, dass dies bedeutet, dass „Türken" oder „Araber" in der Regel nicht zu der Kategorie „ähnlich wie ich" gehören.

Für die Befragten in B8 sei es „offensichtlich", dass die Menschen grundsätzlich ihren Wohnort danach aussuchen, wo sie auf Gleichgesinnte treffen (B8, 5). Zur weiteren Veranschaulichung folgt eine Aussage von B5T5:

B5T5: Also, ich finde es gut, dass es so ein - ich finde es auch normal, dass Leute, die eine {zögert} gleiche Kultur haben - also, wenn ich ein Punker bin, suche ich mir Punker, mit den ich zusammen wohne. Einfach so. [...] Und wenn ich halt - also, ich suche mir immer die Leute, mit denen ich am besten klarkomme.
(B5, 48)

In der daran anschließenden Diskussion wird zusätzlich angemerkt, dass es wichtig sei, dass der Anteil der Menschen in der Wohnumgebung zumindest mehrheitlich wie man selbst sein müsse (B5, 49-50; vgl. eine identische Aussage in B8, 29). Demnach würde es „stressig" und „anstrengend" (B5, 49), gar „überstürzt" (B5, 50), wenn „man" in der eigenen Wohnumgebung zu einer „Minderheit" gehören würde:

B5T3: Weil die Mehrheit so anders ist, als du es selber (?bist?)?
B5T4: Genau.
B5T3: Wenn das Teilbereiche sind, wo da verschiedene Gruppierungen, die anders sind, ist es ja auch gut, oder?
B5Tx: Ja, klar. Wenn nicht alle gleich gepolt sind.
B5T4: Nein, klar. Aber dann muss es irgendwie noch andere geben, mit denen ich mich wieder identifizieren kann. Also, wenn man sozusagen zur Minderheit wird, dann wird es überstürzt.
(B5,50)

6.1.2 „Türken" in der Wohnumgebung sind schon okay

Für andere Befragte wird die Anwesenheit von „Türken" und „Arabern" in der Wohnumgebung hingegen eher positiv aufgefasst oder gar als wünschenswert betrachtet.

Die Anwesenheit von „Türken" als etwas Positives

Im Anschluss an die Aussage von ihrer Gesprächspartnerin, dass sie „lieber neben einem Studenten oder einem Arzt" wohnen möchte, als „neben einem türkischen Halbstarken" (B8, 29) merkt B8T3 an, dass „genau dies" auch Vorteile hätte (B8, 30). So könnte gerade der „türkische Halbstarke" als Nachbar positiv sein, weil er als Beschützer in einem als gefährlich wahrgenommenen Kiez auftreten könnte. Dies erläutert sie wie folgt:

B8T3: Also ich hatte, als ich damals in Kreuzberg gewohnt habe, da haben sie bei mir unten im Hausflur im großen Stil gedealt [Drogen verkauft, A.O.S.]. Und da haben sie zu mir gesagt: 'Hör zu, du hältst den Mund, und wir versprechen dir, dass dir hier Nix passieren wird in der Zeit wo du hier wohnst.' Da haben die mich einmal an die Hand

genommen, haben mich durch die ganze Solmsstraße und Bergmannstraße geführt, und mich immer so in den Arm genommen, haben mir so auf die Schulter geklopft, und mich hat nie einer dort angemacht! Weil alle wussten, der Typ kennt mich, oder ich kenne ihn. Und das war -
B8T4: das finde ich aber irgendwie so ein bisschen (??).]
[mehrere {durcheinander, lachen}: ??]
B8T3: Ich fand das super! Wirklich, da haben- da hat- das ist dann aber eine unterschiedliche Auffassung zwischen dir und mir. Mir hat das - ich hatte in der Zeit nie Angst in der Gegend. Und das war gut.
(B8, 30-31)

Dennoch, so erklärt die Teilnehmerin im Anschluss an das Zitat, dass sie Kreuzberg als Wohnort ausschließen würde. Andere Gründe, als dass sie „gerne in Mitte wohne" (B8, 31), benennt sie nicht.

B5T5 äußert, dass er gerne „Döner" essen würde, und sich deshalb grundsätzlich auch vorstellen könne, in einer Umgebung mit „Türken" zu wohnen (vgl. auch B9, 36):

B5T5: Im Endeffekt suche ich natürlich die Leute, wo ich sage, die passen in mein Lebenskonzept hinein. Also, ich mache das gar nicht so - so klar nach Ausländer oder nicht Ausländer, Türken oder so. Die könnten vielleicht sogar viel besser in mein Lebenskonzept passen, weil ich gerne Döner esse, zum Beispiel. Also [...] weil ich halt so ein Lokal unten hätte haben wollen. Und da - das passt. Da möchte ich dann immer meinen Kaffee trinken, solche Sachen spielen natürlich eine Rolle.
(B5, 54)

So befürwortet der Teilnehmer hier die Anwesenheit von Ausländern beziehungsweise „Türken oder so" weil er sich davon ein für ihn attraktiveres gastronomisches Angebot verspricht. Eine weitere Teilnehmerin aus B5 berichtet, dass „der multikulturelle Hintergrund" von Kreuzberg sogar maßgeblich für ihre Entscheidung gewesen sei, dorthin zu ziehen:

B5T3: Für mich war die Entscheidung, nach Kreuzberg zu ziehen eh - hing auch damit zusammen, dass es eben diesen multikulturellen Hintergrund gibt. Weil ich den persönlich erstmal positiv besetzte. Also, ich fand es total nett, in den Möbelladen von dem Libanesen zu gehen, mit ihm um einen Schrank zu handeln und einen Kaffee bei ihm angeboten zu bekommen und den jetzt irgendwie auch auf Arabisch zu grüssen {lacht}. Also, ich fühle mich dann irgendwie wie zu Hause, muss ich sagen. So, mit den Arabern und Türken um mich herum, weil das ein gutes- so lange das ein gutes Verhältnis ist. Wenn ich natürlich merke, das sind jetzt irgendwie Gangs, ja, eh vor denen ich irgendwie tatsächlich Angst haben müsste oder nachts nicht alleine irgendwie nach Hause gehen kann, im Dunkeln, dann wäre das wahrscheinlich anders. Aber das Gefühl habe ich halt noch nie irgendwo - in keiner Stadt der Welt so empfunden.
(B5, 57)

Folglich empfindet die Teilnehmerin hier Gegenden, die durch die Anwesenheit von „Türken" und „Arabern" geprägt sind, attraktiv, zumindest solange, bis bei ihr nicht das Gefühl aufkommt, dass sie sich an ihrem Wohnort nicht sicher fühlen kann.

Die „vielen Ausländer" sind kein Ausschlusskriterium

Andere Teilnehmer berichten, dass in bestimmten Situationen andere Faktoren wichtiger seien bei der Wohnortwahl, so dass sie auch einen „hohen Ausländeranteil" in Kauf nehmen würden. Zum Beispiel erklärt eine Teilnehmerin in B7, dass Neukölln für Leute attraktiv sei, „die sich vielleicht nicht so davon abschrecken lassen, „dass es dort viele Ausländer gibt" (B7, 11). Auch bei ihrer eigenen Entscheidung, nach Neukölln zu ziehen, sei der „hohe Ausländeranteil" nicht Grund genug gewesen, diesen Wohnort abzuwählen. Für sie sei die günstige Miete wichtiger gewesen (ebd.).

Als eine weitere Motivation, trotz „vieler Migranten" in ein Migrantenviertel zu ziehen, werden „schöne Altbauten" genannt (B7, 11; B5, 56). Eine Teilnehmerin in B5 (B5T3) berichtet, dass es für sie ausschlaggebend sei, dass sie ihre Wohnumgebung als „schön" empfinden könne (B5, 56). Wenn dann in einem „schönen" Gebiet „viele Ausländer" wohnen, finde sie das, „total in Ordnung" (ebd.). Allerdings bezeichnet sie sich selbst als „vielleicht naiv", weil sie grundsätzlich kein Problem mit „Ausländern" habe und sich in ihrer Gegenwart sicher fühlt (ebd.).

Und schließlich, so eine Aussage von einer Teilnehmerin in B8, wenn man wählen müsste, seien die Ausländer immerhin besser als „Rechtsradikale oder irgendwelche aggressiven Deutschen" (B8, 63; vgl. die nahezu identische Aussage von B5T5 in B5, 53 und ferner B12, 51 und B5, 48). So würde sie aus dem Grund schon eher nach Neukölln ziehen als nach Lichtenberg (ebd.).

6.1.3 „Grundsätzlich spielt es eine Rolle"

In B12 wurden die Befragten gegen Ende des Interviews dazu befragt, ob nach ihrer Einschätzung allein die Tatsache, dass an einem Ort „Migranten" wohnen, Mehrheitsangehörige (ohne Kinder) dazu veranlassen könne, diesen Ort als Wohnort abzulehnen (B12, 56)[140]. Darauf hin antwortet B12T1, dass „die Leute" sicherlich „grundsätzlich" darauf reagieren würden, wenn in dem Haus, in dem sich eine interessante Wohnung befindet, „Ausländer" wohnen (ebd.). Welche Konsequenz

---

[140] Zuvor hatten sie darüber gesprochen, dass sowohl Mehrheitsangehörige als auch Migranten, die Kinder haben, nach Möglichkeit Wohngebiete vermeiden, in denen „viele Migranten" wohnen (B12, 52ff.).

daraus gezogen würde, sei jedoch eine Frage, die von der Einstellung jedes Einzelnen abhinge:

> B12T1: Ich denke, manche Leute - denen ist es völlig egal ob da im Haus noch Ausländer wohnen, also sagen ‚ich möchte vielleicht gerade da rein wo nur Ausländer wohnen' und der Nächste sagt eben ‚um Gottes Willen, ich will das überhaupt nicht!'. Aber ich denke, das ist eben eine Frage, die individuell beantwortet werden muss.
> B12I: mhm.
> B12T1: Aber grundsätzlich spielt das schon eine Rolle, würde ich behaupten.
> B12I: Dass man darauf achtet?
> B12T1: Ja.
> (B12, 56)

In dieser Aussage ist das gesamte Spektrum an Aussagen in Bezug auf Bedeutung von „Migranten" beziehungsweise „Ausländern" in der Wohnumgebung in den Aussagen der Befragten zu ihren Wohnortpräferenzen wiederzuerkennen (siehe oben): „Manche Leute" würden eine Wohnung in einem Mehrfamilienhaus, in dem „Ausländer" wohnen, aus diesem Grund ablehnen. Andere Leute wiederum, die sich durch die Anwesenheit von Ausländern in einem Mehrfamilienhaus eher nicht gestört fühlten oder dies gar als ein positives Merkmal wahrnehmen, würden diese Wohnung auswählen (ebd.).

6.2 Die Wohnortattraktivität von Migrantenvierteln

Dieser Abschnitt befasst sich mit den Aussagen der Befragten im Hinblick darauf, ob die Assoziation bestimmter Stadtteile mit „Migranten" (siehe Kapitel 4) und die häufig negative Bewertung von Migrantenkonzentrationen (Abschnitt 4.2) einen Einfluss auf Wohnortpräferenzen zu haben scheint. Anders als im vergangenen Abschnitt geht es hier um die Bedeutung von sozialer und räumlicher Abgrenzung auf der höheren gebietsbezogenen Ebene (Mesoebene). Der Hintergrund ist die Annahme, dass die symbolische Bedeutung eines Wohnortes für Wohnortpräferenzen beziehungsweise –Entscheidungen wichtig ist (siehe Abschnitt 2.1). Demnach ist davon auszugehen, dass Orte, mit denen Negatives assoziiert wird, nicht als Wohnorte (freiwillig) ausgewählt werden. Vor diesem Hintergrund stellt sich die Frage, ob die Teilnemer die identifizierten „Migrantenviertel" (Abschnitt 4.1) als potentielle Wohnorte angeben. Diese Frage wird, wie die folgenden Ausführungen zeigen, unterschiedlich beantwortet. Ein Teil der Befragten gibt an, dass ein Migrantenviertel als Wohnortoption in Frage kommt. Ein anderer Teil lehnt dies ab.

6.2.1 Ablehnung von Migrantenviertel als Wohnortoption

In sämtlichen Gruppendiskussionen sprechen die Befragten darüber, dass sie annehmen, dass Stadtteile, in denen „viele Ausländer" wahrgenommen werden, für „Deutsche" als unattraktiv gelten (u.a. B5, 50; B6, 14, 56; B7, 11; B8, 44-47; B9, 32; B12, 35, 73; vgl. ferner auch B6, 55; B7, 33-37; B12, 22) (siehe Abschnitt 4.3[141]). Zum Beispiel erklärt B6T5 in der 57. Minute, dass „Deutsche" nicht in die Gebiete, in denen viele „Migranten" leben, hinziehen würden, weil sie „diese kulturelle Geschichte zu stark und zu dominant finden"[142].

Manche Teilnehmer geben an, dass sie auch selbst nicht in die „Migrantenviertel" ziehen würden. Zum einen geht es dabei um das Empfinden von Fremdheit, zum anderen um die Verknüpfung zwischen Migranten und sozialen Problemen.

„Zu homogen"

Als eine Begründung für die Ablehnung von den Migrantenvierteln als (potentielle) Wohnorte wird genannt, dass ein „zu hoher" Anteil von „Ausländern" ein unangenehmes Fremdheitsempfinden auslöse. Dies trägt zum Beispiel B9T5 vor, als sie dazu befragt wird, warum sie es ablehnt, in Gesundbrunnen zu wohnen:

> B9T5: Eine Freundin von mir, die haben an der Badstraße gewohnt - das ist öh, da am Gesundbrunnen und da ist auch der Humboldthain. Da in der Ecke ist es eigentlich ganz schön, aber ich muss schon sagen, wenn ich da manchmal da auf der Straße war. Wohl habe ich mich da nicht gefühlt. Also ich werde jetzt nicht sagen, dass ich Angst gehabt hätte, aber manchmal fahre ich auch zur Arbeit durch den Wedding durch, und ich fühle mich da irgendwie fremd. Also, vielleicht ist mir persönlich der Ausländeranteil da zu hoch, weil sozusagen - nicht, dass sie mir irgendwas tun oder so, aber ich fühle mich einfach fremd. Also, dann ist es mir vielleicht wieder zu homogen auf einer anderen Art und Weise.
> (B9, 18)

Interessant ist hier, dass die Befragte eine Umgebung von „Ausländern" als „homogen" bezeichnet. So geht sie offenbar davon aus, dass die „Ausländer" ein Typus von Menschen sind – und dass sie, als „Nicht-Ausländerin" oder „Deutsche" mit ihnen keine Gemeinsamkeiten haben könnte – und wertet dieses Gefühl als unangenehm (vgl. auch die Ausführungen in Kapitel 5).

---

[141] In Abschnitt 4.3 wurde dargestellt, dass die Konzentration von „Migranten" in bestimmten Stadtteilen als eine Folge von einer „beidseitigen" sozialen und räumlichen Abgrenzung interpretiert wird.
[142] Er beschreibt in diesem Zusammenhang diese Gebiete als Orte, wo „die Integration einfach nicht mehr stattfindet" und „wo man ohne deutsche Sprachkenntnisse sein gesamtes Leben meistern kann". Dies sei eine Folge davon, dass sich „Deutsche" und „Türken" „immer in denselben [abgretrennten, A.O.S.] Vierteln aufhalten" (B6, 56).

In B9 gibt ein Teilnehmer an (B9T4), ohne Nennung eines konkreten Stadtteils, dass er sich nicht vorstellen könne, in einer Umgebung zu wohnen, in denen Frauen Kopftücher tragen, weil das Tragen eines Kopftuches seines Erachtens „ein Lebensstil" und einer „repressiven Art von Lebensweise" repräsentiere, die er ablehne (B9, 33). Ein weiteres Beispiel gibt es aus B8 – hier heißt es, dass die Viertel, in denen „Migranten" wohnen „weniger durchmischt" seien, es gäbe dort „weniger alternative Leute" (B8, 56).

„Ich will mich nicht anpassen"

B8T4 erklärt, dass sie aufgrund von „kulturellen" Unterschieden insbesondere zu den „Türken" nicht in Gebieten wohnen wollen würde, in denen „Türken" leben.

> B8T4: Ich möchte mich nicht an türkische Sitten anpassen, weil ich einfach als Frau nicht (?gut?) wegkomme, ja? Deswegen- deswegen möchte ich lieber, dass die sich natürlich an mich anpassen, ja, und deswegen ist die Frage, ob man da (??). Geht das überhaupt, will ich das, also: Will ich eigentlich nicht! Natürlich möchte ich mit denen zusammenleben, aber ich möchte nicht diese (??) annehmen. Deshalb komme ich natürlich mit Spaniern oder vielleicht auch mit - mit vielen anderen Kulturen, wo eben die Frau auch etwas anders da steht, komme ich natürlich besser klar und kann da vielleicht mich auch eher darauf zu bewegen. Aber (?bei?) sowas nicht! Deswegen wohne ich ja hier. Also deswegen ziehe ich nicht dahin, damit ich so leben muss.
> (B8, 48)

Weil sie das Empfinden hat, dass sie sich in einem Gebiet, in dem „Türken" leben, sich an „türkische Sitten" anpassen müsste, wohne sie, so sagt sie, in Mitte-Prenzlauer Berg. Offensichtlich sind diese Orte für sie mehr oder weniger „Türkenfreie Zonen".

„Fehlende Identifikationsmöglichkeit"

Als B5T4 darum gebeten wurde, zu schildern, worauf es für sie bei der Wohnortwahl ankomme, erklärt sie, dass sie bestimmte Wohngegenden wegen der „fehlenden Identifikationsmöglichkeit" mit den dort lebenden Bewohnern[143] ausschließe (B5, 49). Ihre Argumentation basiert auf der Wahrnehmung, dass wenige Übereinstimmungen dieser jeweiligen Wohnbevölkerungen mit ihrem eigenen Leben und ihren Interessen bestehen, und deshalb möchte sie diese Menschen nicht in ihrer räumlichen Nähe haben. Für sie sei es wichtig, dass sie sich an ihrem Wohnort von Menschen umgeben sehe, die ihr Bestätigung geben, mit denen sie „mitschwim-

---

[143] Hier: Ihre Vorstellungen der dort lebenden Bewohner

men" und worin sie sich spiegeln könne. Dies könne sie, so ihre Aussage, mit „Leuten in Hohenschönhausen" genauso wenig wie mit „Leuten in Neukölln" (vgl. hierzu auch B6, 8):

> B5T4: Also, ich würde genauso wenig in Hohenschönhausen wohnen wollen wie in Neukölln, aufgrund der gleichen Problematik. Nämlich, dass die Leute, die in Hohenschönhausen wohnen, mit meiner Lebenswelt und meinem Erfahrungsradius genauso wenig zu tun haben wie Leute in Neukölln. Also, wenn ich in Hohenschönhausen im Café sitze, eines von fünf, die man sich vielleicht aussuchen kann {lacht} {gleichzeitig}, dann sind die Themen, über die die sich unterhalten, für mich möglicherweise nicht so interessant oder die Zeitung, die sie lesen, wenn sie überhaupt Zeitung lesen. Die sind für mich genauso wenig erreichbar oder so - also das ehm ist für mich nicht der Spiegel – da kann ich mich nicht darin spiegeln, sozusagen. Insofern ist es anstrengend, weil es was Neues ist. Klar. Das Gleiche passiert in Neukölln. Wenn ich da in einem Café sitze, dann spreche ich einfach die Sprache nicht, ich bin von Typen umgeben, die arabisch sprechen oder türkisch oder so -
> B5T2: Wenn du da überhaupt noch hineinkommst, ins Männercafé.
> B5T4: Das sowieso, also (??) dieses Café, das ist ausgeschlossen. Aber das ist für mich Stress. Das ist anstrengend. Da kann ich mich nicht entspannen, weil ich nicht das Gefühl habe, ich kann so mitschwimmen, und kriege trotzdem so heraus oder mit, was passiert, und ich kann es irgendwie verarbeiten und das ist das Spiegelbild.
> (B5,49)

Hier beschreibt die Teilnehmerin die typischen Bewohner von Neukölln als Männer, die arabisch oder türkisch sprechen, und als Leute, die sie als weit entfernt von ihrer eigenen „Lebenswelt" und „Erfahrungsradius" erlebt. Vermutlich ist diese beschriebene soziale Distanz zu den (vermeintlich typischen) Bewohnern Neuköllns auch mit weiteren Empfindungen als nur eine *sprachliche* Differenz verbunden.

„Da passiert dir was"

Als die Befragten ihre vermerkten Wohnortpräferenzen erläutern, äußern einige der Befragten, dass sie Stadtteile, die sie zuvor mit „Migranten" oder „Türken" assoziiert haben, deshalb ausschließen würden, weil sie sich in diesen Gebieten „unwohl" oder „nicht sicher" fühlen (auch: weil sie dort „angepöbelt" und „angemacht" würden). Dies wird in B8 besonders ausführlich besprochen. Aus dem nächsten Zitat geht hervor, dass die Gebiete Moabit, Neukölln und zum Teil auch Kreuzberg aufgrund eines solchen Unwohlempfindens als potentielle Wohnorte ausscheiden.

B8I: Und was ist absolut No-Go[144] bei euch?
[...]
B8T1: Moabit geht auch nicht, überhaupt nicht
B8I: Warum geht Moabit nicht?
B8T1: Da fühlt man- da hat- da habe ich schon- da habe ich Schiss. Da hatte ich nämlich auch mal eine Wohnung. Da war ich zwei Tage, dann habe ich gesagt ‚ne! {lachend} Ich will ausziehen!'
B8T4: {lacht}
B8T1: Weil ich hatte- ich bin ja sonst- ich bin nicht so ein äh, also nicht so ein ängslicher Mensch. Aber da habe ich mir gedacht, ‚wenn du da abends um achtzehn uhr mit der Bahn, oder um neunzehn uhr mit der Bahn ankommst; ne!' das ist einfach (??) -
B8I: Was ist es für ein Gefühl?
B8T1: Dass ich - also ich möchte mich nicht permanent umschauen, ob mir jemand folgt. Ich möchte auf dem U-Bahnhof stehen und sitzen können, ohne dass mich- ohne dass ich belästigt werde. Oder dass mir angedroht wird, mein Gesicht wird mir aufgeschlitzt. Ich habe das alles schon so erfahren. Ich wurde auch schon öfters verprügelt in Berlin, deswegen. Da möchte ich nicht mehr hin.
{mehrere Teilnehmer lachen verhalten}
B8T1: Ja!
B8T5: Ja, auch in Neukölln, da wirst du auch angemacht. Da bin ich regelmäßig zum Sport hingefahren, vor ungefähr zwei Jahren, mit einer griechischen Freundin. Und man hatte nur zu gucken, dass nicht irgendwas ist, wo man von irgendwelchen Kiddiebanden angemacht wird, und es war einfach unangenehm, dort für mich zu sein, ich habe das einfach erlebt. Ich fahre da auch hin, ich habe auch überhaupt keine Angst in Berlin. Also ich fahre überall hin wo was ist. Ich habe auch Wohnungen im Wedding schon gesucht. Und da wurde ich auch auf den Straßen von irgendwelchen Leuten angepöbelt. Das war nicht so nett, und ich habe mir gesagt 'okay, hier wohne ich nicht!' Hinzufahren ist okay, aber ich bin froh, wenn ich wieder raus bin.
B8T4: Genau, ich finde tagsüber geht es auch noch, nur abends möchte ich halt einfach - möchte ich nicht, weil ich komme (?mal öfters?) alleine natürlich nachts nach Hause. Da möchte ich einfach nicht an so einem (?Ort sein?), wo ich Schiss haben muss, weil die (??). Und ich finde, so Prenzlberg, Mitte oder wahrscheinlich auch Charlottenburg oder so - also es ist zumindest {gleichzeitig} ähnlich wie in Münster, ja? Da ist alles so schön!
B8T5: {gleichzeitig} Ja! Ja!
B8T1: {gleichzeitig} Also ich finde Kreuzberg ist auch nochmal- Kreuzberg ist aber auch nochmal ein unterschied zu Neukölln. Ich finde in Neukölln -
B8T4: In Kreuzberg kommt es auch drauf an, wo {gleichzeitig}. Also Kotti ist Chaos, aber in der Oranienstraße habe ich keinen Schiss, also.
B8T3: Neukölln kommt auch drauf an.
(B8, 23-25)

---

[144] Die Bezeichnung „No-Go-Area" hatten B8T1, B8T3 und B8T5 bereits in der 22. Minute in Bezug auf Lichtenberg verwendet.

Hier werden bestimmte Ereignisse oder Erfahrungen genannt, um die Ablehnung eines gesamten Stadtteils als potentieller Wohnort zu begründen (beziehungsweise die Ablehnung wird dadurch legitimiert). Es ist nicht zu übersehen, unter anderem aufgrund des Fokus auf exakt diese Gebiete[145], dass die Empfindungen, die die Befragten hier schildern, auch damit zusammenhängen, dass dort „viele" Migranten (insbesondere „Türken" und „Araber") wohnen. So schwingt hier eine Gleichsetzung von Migranten (beziehungsweise bestimmten Untergruppen davon) und Gewalt beziehungsweise Kriminalität mit. Zu diesem Zeitpunkt in der Befragung äußern sie dies nicht direkt, aber anhand von weiteren Aussagen wird es deutlicher, wie etwa in der 35. Minute:

> B8T1: Je weiter es nach Süden geht, desto gefährlicher natürlich. Also, in Neukölln gibt es Teile, da würde ich tatsächlich auch bei Tag nicht alleine entlanggehen, ja? So ein bisschen südlich und östlich vom Rollbergviertel in der Ecke. Ja gut, da verschlägt es mich nun auch nicht hin.
> (B8, 34)

Wenige Minuten später wird das Unwohlsein beziehungsweise das Empfinden von Unsicherheit in Neukölln und Wedding explizit mit der eigenen beziehungsweise fremden „ethnischen Zugehörigkeit" verbunden:

> B8T5: Wenn ich in Neukölln allein herumgelaufen bin oder im Wedding, wo dann wirklich so die Ecken sind, wo ich alleine, als deutsche Frau da langlaufe, ich fühle mich da irgendwie eigenartig. Ich sehe einfach die – keinen, öh, wo ich sage 'oh ich fühle mich jetzt hier wohl' oder – es ist ein komisches Gefühl einfach. Ich denke ich bin in einem anderen Land. Das ist dann ganz komisch, wo ich mir die Wohnung angeguckt habe, das war einfach so ein bisschen auch mit Türen eingeschlagen. Vielleicht war ich auch nur in komischen Ecken, aber da wäre ich – da bin ich hoch gegangen, habe mir die Wohnung angeguckt, ich wäre niemals dahingezogen weil ich- ich bin wirklich nicht ängstlich, was sowas angeht, aber ich hatte- abends, wenn man dann irgendwie nach Hause kommt, hab ich gedacht 'ne:! hier- hier kannst du nicht einziehen!
> B8Tx: (??)
> [mehrere: {Lachen}]
> B8T5: Da passiert dir was! Genau! Ich will eher sicher sein und mit den Leuten im Haus ein bisschen quatschen oder so, aber da wäre das nicht für mich möglich gewesen.
> (B8, 36)

Direkt im Anschluss an diese Aussage vergleicht B8T5 diese Erfahrungen aus Neukölln mit Lichtenberg, wo sie arbeitet und wo es „*auch*" schon gefährlich" sei (ebd.). Für sie sei Lichtenberg ganz anders als Neukölln, weil es sich dort angeblich „extrem mischen" würde; „Russen, Asiaten und Rechtsradikale", die „aufeinander

---

[145] Gebiete, die aufgrund eines „hohen" Migrantenanteils als ähnlich beschrieben worden sind (siehe Kapitel 4).

wohnen" (ebd.). Mit diesem Vergleich zu Lichtenberg verstärkt sich der Eindruck, dass ihr stärkeres Unwohlempfinden in Neukölln mit der Wahrnehmung von Neukölln als („homogenes") „Ausländerviertel", dominiert von „Türken", „Araber" beziehungsweise „Orientalen"zusammenhängt[146].

Knapp zehn Minuten später wird die Verknüpfung von („sichtbaren") Migranten und eigenem Unwohlbefinden noch expliziter zum Ausdruck gebracht. Hier erläutern mehrere der Teilnehmer, dass sie „Unsicherheit" empfinden würden, „wenn ein Grüppchen junger Orientalen an der Straße steht, wo keine Kneipen sind" (B8, 45). Sie fügen hinzu, dass diese „Unsicherheit" möglicherweise völlig unbegründet sei – denn die Jungs würden „vielleicht nichts machen", aber „man" habe „erst mal so ein komisches Gefühl" (ebd.). Vor diesem Hintergrund ist die Aussage von B8T4 in der 12. Minute – dass sie deshalb in Prenzlauer Berg wohne, weil sie sich sicher fühle – maßgebend[147].

Aus B5 gibt es eine weitere Äußerung, aus der hervorgeht, dass die Wahrnehmung von „vielen Migranten" mit Gefahr verbunden wird, und dass Stadtteile, in denen „zu viele Migranten" leben deshalb nicht als Wohnorte in Frage kommen. So äußert B5T2, dass eine zu starke Konzentrationen von „Migranten" in einem Gebiet („Ghettoisierung") dazu führen würde, dass dieses Gebiet für sie als Wohnort nicht mehr „interessant" sei, weil sie „vielleicht irgendwann sogar Angst haben" müsse, „da durchzugehen" (B5, 47). Als konkrete Beispiele hierfür nennt sie Gropiusstadt und Reinickendorf/Märkisches Viertel (ebd.).

„Türkische Migrantenkinder" als „Überforderung"

In B12 erläutert eine Teilnehmerin ausführlicher, dass sie aufgrund von einer Erfahrung eines Freundes in Neukölln, „nicht unbedingt" dahin ziehen will. Ihr Freund, so erzählt sie, sei mit einem „Gutmenschenansatz" nach Neukölln gezogen, aber bereits nach zwei Monaten habe er es dort nicht mehr ausgehalten.

> B12T4: Nach und nach sind ihm da immer mehr so Dinge irgendwie aufgefallen und er hat halt versucht sich mit den Leuten zu unterhalten, weil er ja eben so diesen Gutmenschenansatz hat. Er kam aber dann immer mehr darauf, dass es total schwierig ist, weil das Welten sind, die er nicht durchblickt. Also er durchblickt russische Prostitution nicht, ja? Um es mal so auszudrücken (??) Und das sieht man auch nicht so offensichtlich. Also, man denkt ja, wenn man über Migration redet, dann spricht man ganz oft zunächst mal über Dunkelhäutige und anders aussehende Menschen, aber das ist es

---

[146] Hier: Mit den entsprechenden Implikationen, etwa, dass dort bestimmte Einstellungen und Verhaltensweisen dominieren würden, die für sie als Frau abwertend oder bedrohlich seien (siehe hierzu die ausführlichen Erläuterungen in Kapitel 5).
[147] Sie fügt hinzu, dass sie sich auch in Mitte sicher fühlen würde, und sich auch vorstellen könnte, deshalb dort zu wohnen (B8, 11).

nicht nur. Und dann eben so - die ganze Geschichte spielt auch noch in Neukölln wo eigentlich - normalerweise geht es da ja überhaupt nicht um russische Prostitution, sondern da geht es ja normalerweise um türkische Migrantenkinder, so. Das was ja eh noch dazu kommt als- als Überforderung. Ich glaube, die vier die da jetzt wohnen - sobald die eine billige Wohnung hier in der Gegend kriegen, sind die wieder hier [Mitte oder Prenzlauer Berg, A.O.S.]. Also, ich glaube die bleiben da nicht mehr lange.
[...]
B12T4: Natürlich es gibt immer solche und solche Beispiele. Ich kann dir nur dieses Beispiel von [NAME] nennen, wo es eben so offensichtlich war, dass jemand, der mit so einem bewussten Ansatz dahingezogen ist (??), so ‚ich ziehe jetzt nach Neukölln, ja, ich gucke mir das jetzt an, ich will das jetzt erleben.' da nicht bleiben kann. Und genau deswegen fand ich es so extrem, irgendwie. Also ganz komisch.
(B12, 26-28)

In dieser Aussage ist zu erkennen, dass die Resignation ihres Freundes die Befragte (B12T4) schwer beeindruckt hat. Es werden hier verschiedene Formen von „Überforderungen" in Neukölln angesprochen, die das Leben (für Mehrheitsangehörige) in Neukölln erschweren – „die türkischen Migrantenkinder" seien eine davon. Dass da noch „eine andere Welt" beziehungsweise „unsichtbare Überforderungen" hinzukommen (hier: „russische Prostitution") sei der Tropfen für ihren Freund gewesen, der das Fass zum überlaufen brachte. Er hat es aufgegeben, und es scheint, dass B12T4 aufgrund der Erfahrungen ihres „gutmütigen" Freundes, es gar nicht erst versuchen wird, in Neukölln zu Recht zu kommen (B12, 26).

Abwahl wegen des negativen Image

Als einen weiteren Grund, Migrantenviertel als potentielle Wohnorte abzulehnen, wird das negative Image der Viertel genannt. Zwei Teilnehmer in B12 bringen zum Ausdruck, dass sie sich vorstellen könnten, dass es Leute gibt, die aufgrund erwarteter negativer Reaktionen aus dem persönlichen Umfeld zum Beispiel nicht nach Kreuzberg ziehen würden:

B12T1: Na ich denke, bei manchen spielt das vielleicht schon eine Rolle mit dem Image. Gerade auch was du [Teilnehmerin B12T2] da vorhin erzählt hast, dass- als du damals nach Kreuzberg gezogen bist- dass viele Leute gesagt haben ‚um Gottes Willen, Kreuzberg!'.
B12T2: Natürlich, ja.
[...]
B12T1: Ich kann mir vorstellen dass es Leute gibt, die das stören würde. Wenn dann alle Leute um einen herum sagen ‚um Gottes Willen, du wohnst da!'.
B12T2: Klar.
(B12, 44)

B7T2 erklärt, dass ihre letzte Wohnortentscheidung die direkte Folge von Bewertungen sei, die sie von anderen gehört habe. Aus dem Grund sei sie „zum Beispiel nicht nach Neukölln gezogen":

> B7T2: Ich wäre nicht irgendwo hingezogen. Ich wäre zum Beispiel glaub ich nicht nach Neukölln gezogen, auch wenn ich es nicht gut kannte. Aber, wenn man immer so viel hört und weiß ich nicht, so und dann soll ich dahin ziehen und arbeiten, und dann komme ich von der Arbeit nach Hause und fühle mich vielleicht nicht wohl. Deswegen habe ich das eigentlich schon von vornherein ausgeschlossen.
> (B7, 54)

6.2.2 Migrantenviertel als Wohnortoption

Während einige der Befragten, wie gezeigt wurde, es ablehnen, in Stadtteilen, die mit „vielen Migranten" assoziiert werden (und zwar aus diesem Grund), zu wohnen, äußern andere Befragte, dass sie sich gerade deshalb vorstellen können, in diesen Stadtteilen zu wohnen.

„Ich habe Lust auf diversere People"

Viele der Befragten äußern, dass sie es bevorzugen würden, in „diversen" beziehungsweise „durchmischten" Wohngegenden zu leben (u.a. B5, 54, 57; B6, 42; B8, 50; B9, 7, 10, 14). Das heißt für manche Teilnehmer sind „durchmischte" „migrantisch geprägte" (siehe Kapitel 4) Gebiete attraktiv. Vor diesem Hintergrund geben einige Teilnehmer an, dass sich vorstellen können, in (Nord-) Neukölln oder Kreuzberg zu wohnen (ebd.).

Ein Teilnehmer aus B9 erzählt in der 10. Minute, dass er erst vor Kurzem umgezogen sei, und sich bei der Wohnungssuche auf Kreuzberg konzentriert hat. Dabei war für ihn die dortige „Bevölkerungsdiversität" ein zentraler Faktor für die Wohnortentscheidung. So sei es ihm lieber, wenn seine Nachbarn *nicht* so seien wie er selbst:

> B9T1: Ich bin ja vor anderthalb Monaten umgezogen. Und ich habe auch ziemlich bewusst in Kreuzberg gesucht. Und zwar einmal, weil ich Lust hatte, eben auf ein bisschen diversere People, aber vor allen Dingen, weil ich einfach wusste, dass fast alle Leute, die ich kenne, jetzt da wohnen.
> B9Tx: Ja
> B9T1: Und ich halt dachte, 'o.k., ich will einfach nicht zur Arbeit fahren und dann von der Arbeit nach Hause und dann irgendwann noch eine dreiviertel Stunde, um Leute zu besuchen', weil dann macht man abends gar nichts mehr so viel. Das war für mich viel-

leicht das Wichtigste, nah an Freunden zu sein, aber nicht unbedingt, dass meine Nachbarn alle so sind wie ich.
B9Tx: Ja.
B9T1: Das war bei mir eigentlich gar nicht - im Gegenteil. Also da finde ich es eher gut, wenn die nicht unbedingt so sind wie ich. Aber meine Freunde sind mir natürlich ziemlich ähnlich. Klar.
(B9, 10)

So kann, wie anhand der Aussage von B9T1 dargestellt, das Empfinden von Fremdheit beziehungsweise Differenz zu „Migranten" auch eine anziehende Kraft auf mehrheitsangehörige Stadtbewohner haben. Das heißt sie bevorzugen eher Orte, wo die Menschen sprachlich oder äußerlich „durchmischt", „divers", „unterscheidbar" sind.

Mit diesem Argument begründen einige der Befragten ihre Ablehnung von Prenzlauer Berg als potentieller Wohnort. Ihrer Meinung nach sei Prenzlauer Berg „zu homogen", etwa weil dort „keine türkischen Großfamilien" leben (B9, 7) oder weil Prenzlauer Berg „zu angepasst" ist (B5, 9; B8, 29; B9, 9), anders als Kreuzberg (B5, 9; B8, 29).

„Ich finde es interessant"

Außerdem wird ein „Interesse" an „andere Kulturen" als Grund dafür genannt, warum sich manche vorstellen können, in „Migrantenvierteln" zu wohnen. Eine Teilnehmerin aus B6 erklärt, dass dies für sie der Grund sei, warum sie nicht für immer ausschließen würde, dass sie irgendwann (wieder) nach Neukölln ziehen würde – gerade wegen der „kulturellen Andersartigkeit":

B6T4: Ich habe ja Neukölln kennengelernt. Ich kann mich, ich kann schwer {lacht} dafür entschließen, da für immer ein ‚Niemals' hineinzutragen. Vielleicht würde ich ja da irgendwann wieder wohnen wollen, weil ich das auch interessant finde, andere Kulturen kennen zu lernen.
(B6, 42)

Die Teilnehmerin B6T4 assoziiert also Neukölln mit der Möglichkeit, in „andere Kulturen" hineinzuschnuppern. Bei ihrer letzten Wohnortentscheidung jedoch, dies hatte sie bereits in der 19. Minute erklärt, hat sie sich noch gegen Neukölln und für Kreuzberg entschieden – zum einen weil die Wohnung an ihrem jetzigen Wohnort schöner gewesen sei, zum anderen weil das Umfeld „studentischer" und „lockerer" sei (B6, 18).

Auch eine Teilnehmerin in B7 (B7T1) äußert, dass Neukölln für Leute attraktiv sei, die „das eher interessant finden, dass es in Neukölln irgendwie viele Ausländer gibt", und „nicht immer alles schick brauchen" (B7, 11).

Attraktiv, weil „unangepasst"

In B5 wird darüber gesprochen, dass manche Leute Stolz damit verbinden, in Neukölln zu wohnen, weil es dort nicht so „angepasst" sei und „was Neues zu entdecken" gäbe[148].

B5T3: Ich bin ja nicht so lange hier, aber Neukölln, ja, dass es so im Kommen ist, dass man stolz ist, da zu wohnen, das habe ich irgendwie auch festgestellt von einer Freundin, die viel so im Kunst- und Theaterbereich unterwegs ist, und bei der man irgendwie anmerkte, so ‚ähm ich wohne in Neukölln, oder Kreuzkölln oder so' und das ist jetzt irgendwie -
B5T1: Es ist nicht mehr peinlich zumindest
B5T3: Ein bisschen ange - also irgendwie ist so ein gewisser Stolz, irgendwie heraus zu hören, dass man sozusagen diesen Kiez, oder diese Viertel erobert und nicht in diesen angepassten wo alle sowieso hin wollen Vierteln lebt, sondern einfach was Neues entdeckt und auch kein Problem damit hat.
B5T1: Also, im Prinzip der Anfang vom angepasst werden.
B5T3: Genau, irgendwie, wahrscheinlich, ja.
(B5, 29)

Auswahl trotz des negativen Image

Im Zusammenhang mit der Aussage von B12T1, dass sie sich vorstellen kann, dass „manche Leute" aufgrund des negativen Images (u.a. viele „Türken und Araber" beziehungsweise „Ausländer" sowie „Mord und Totschlag") nicht nach Kreuzberg ziehen würden, ergänzt sie, dass das negative Image von Kreuzberg sie selbst nicht stört (B12, 44).

Ein anderer Teilnehmer, aus B6 (B6T3), erklärt, dass er trotz des negativen Image von Wedding dahin gezogen ist. Für seine letzte Wohnortentscheidung sei nicht das Image, sondern der kürzeste Weg zur Arbeit und der Preis ausschlaggebend gewesen (B6, 6). Deshalb habe er ausschließlich „vom Norden in Richtung Mitte" nach einer Wohnung gesucht. Die Suche endete mit der derzeitigen Wohnung in Wedding. Zwar habe er auch „viel" gehört, „naja, Wedding muss nicht sein" – aber, er habe festgestellt, „dass es von Ecke zu Ecke unterschiedlich" ist, und „dass es eigentlich gar nicht so schlimm" ist, zumindest nicht da, wo er jetzt wohne (ebd.). So scheint das Image nicht ganz unbedeutend zu sein für die Wohnortentscheidung, allerdings ist dessen Relevanz im Hinblick auf pragmatische Gründe (kurze Arbeitswege und Preise) für ihn offenbar nachrangig. Und schließ-

---

[148] Aus dem Kontext der Aussage lässt sich ableiten, dass die Metapher „Eroberung" hier auch bedeuten kann, dass dadurch die Dominanz der „problematischen" „Migrantenkulturen" zurückgedrängt wird.

lich ist er der Meinung, dass es genau dort, wo er nun wohne, nicht gleichermaßen schlimm sei, wie an anderen Orten in dem verrufenen Stadtteil.

Für eine Teilnehmerin aus B7, die ebenfalls trotz des negativen Image in Neukölln lebt, war es offenbar schwieriger, die Stigmatisierung dieses Ortes durch andere so leicht wegzustecken. Nach eigenen Angaben wohnt sie zum Zeitpunkt der Befragung aufgrund der günstigen Miete in Neukölln. Sie berichtet, dass es für sie schwer gewesen sei, eine „gute Beziehung" zu ihrem Wohnort aufzubauen, weil Leute in ihrem Umfeld so negativ über Neukölln denken würden.

> B7T1: Ich habe es aber an mir selber oft gemerkt, als ich auf irgendwelchen Partys war, dass ich manchmal wirklich Hemmungen hatte {lacht}, zu sagen, wo ich wohne. Und das vor allem in einem bestimmten Umfeld, auch manchmal mit bestimmten Leuten. Und bei manchen Leuten wiederum habe ich gemerkt, ist es total egal eigentlich, wo man wohnt. Ich habe mich sicherlich auch so ein bisschen davon leiten lassen, was so andere vielleicht darüber denken, so 'öh, du wohnst in Neukölln'. Vor kurzem hatte ich noch einen Freund, der absolut gegen Neukölln war und der es total furchtbar fand, was mich auch schon sehr, sehr beeinflusst hat. Weil der mich hier grundsätzlich nie gerne besuchen kommen wollte. Dadurch kann man natürlich dann auch nicht so eine wirklich gute Beziehung {lacht} zu dem Bezirk aufbauen. Es war schon so ein bisschen schwierig. Dadurch hatte ich auch immer so eine Abneigung gehabt irgendwo. Die hat sich dann so ein bisschen übertragen.
> (B7, 51)

Anhand dieser Erläuterung von B7T1 geht hevor, dass sich das Stigma des Wohnortes beziehungsweise die Wahrnehmungen und Bewertungen, die damit verknüpft werden, sich auch auf ihr persönliches Gefühl übertragen hat. Mittlerweile aber, so B7T1, habe sie eine viel positivere Einstellung zu Neukölln entwickelt, weil ihre derzeitigen Mitbewohner eine positive Einstellung zu dem Stadtteil vertreten (B7, 53).

6.3 Grundlegende Bedingungen für Wohnortpräferenzen: Soziale Nähe und Wohnort-Image

In diesem Abschnitt werden Aussagen der Berliner Teilnehmer vorgestellt, die im Zusammenhang mit den in 6.1 und 6.2 zitierten Aussagen zu den Wohnortpräferenzen stehen. Zum einen sind es Aussagen dazu, dass das Empfinden von sozialer Nähe zu den Menschen im eigenen Wohnumfeld für die Wohnortpräferenzen wichtig ist. Dies ist demnach als eine grundlegende Prämisse für Wohnortpräferenzen – wenn also die Möglichkeit zur Umsetzung von Präferenzen bei der Wohnortwahl vorhanden ist – anzunehmen[149]. Zum anderen sind es Aussagen, die bekräftigen, dass die symbolische Bedeutung des Wohnortes ein zentraler Faktor bei der Wohnortsuche und –wahl darstellt (siehe Abschnitt 2.1). In der Praxis bedeutet dies, dass positiv bewertete oder „coole" Wohnviertel an erster Stelle aufgesucht werden, während verrufene (zum Beispiel als „gefährlich" oder „entfremdet" geltende) Wohnviertel vermieden werden.

Prämisse I: Das Empfinden von sozialer Nähe wird als wichtig erachtet

In diesem Teilabschnitt werden Aussagen präsentiert, die zeigen, dass viele Befragte zum Ausdruck bringen, dass es ihnen wichtig sei, in Gebieten zu leben, in denen „Gleichgesinnte" leben.

Eine Teilnehmerin in B8 (B8T1) erklärt, dass die Merkmale der Bewohnerschaft in der Wohnumgebung sehr wichtig für sie sei (B8, 29). Für sie sei es von erheblicher Bedeutung, die Empfindung zu haben, dass sie „hineinpasse" beziehungsweise „dass ihr die Gegend liegt" (ebd.). Diese Empfindung, so beschreibt sie, hätte sie zum Beispiel in Mitte weniger und in Charlottenburg noch weniger (ebd.). Damit würden sich ihre Wohnortoptionen auf Friedrichshain, Kreuzberg und (einen „sehr begrenzten Teil" von) Neukölln beschränken (ebd.). Eine weitere Teilnehmerin aus B8 (B8T4) hatte in der 6. Minute erklärt, dass sie sich ganz bewusst für Mitte-Prenzlauer Berg als Wohnort entschieden habe – wahrscheinlich, so fügt sie hinzu, weil „man" dort „in so einer Blase mit Akademikern" wohne.

Als in B6 über Prenzlauer Berg als potentieller Wohnort diskutiert wurde, begründet eine Teilnehmerin ihre Befürwortung von diesem Wohnort mit dem sozialen Aspekt: „Da würde ich auch hinziehen, weil ich denke, das sind halt auch so Leute wie ich; gebildet, halbwegs normal und ähm {Lachen}, man kann sich mit denen unterhalten [...] ich finde es halt angenehm." (B6, 42). Auch weitere Teilnehmer in B6 erklärten, dass sie sich vorstellen könnten, in Prenzlauer Berg zu leben und begründeten dies mit der „Ähnlichkeit" beziehungsweise „gleichen Gesinnung" der dort lebenden Bevölkerung mit ihnen selbst (B6, 39ff.). Aus diesem Grund seien auch Friedrichshain und Kreuzberg potentielle Wohnorte für mehrere der Befragten in B6 (B6, 39).

In B6 erzählt ein Teilnehmer, dass ihm die Zusammensetzung der Bevölkerung am Wohnort wichtig sei, weil sein Wohlbefinden davon abhinge (B6, 8). An dieser Stelle erzählt er ausführlicher, dass dieses Wohlbefinden am Wohnort so wichtig sei, dass er Wohnorte, an denen er dieses Wohlbefinden für unwahrscheinlich hält (Kreuzberg und Neukölln), eher ausschließen würde (ebd.).

---

[149] Diese Feststellung entspricht dem bisherigen Forschungsstand in der Stadtsoziologie (siehe hierzu Abschnitt 2.1).

B7T1 äußert, dass die Wohnortwahl maßgeblich dadurch eingeschränkt werde, dass man am ehesten ein Wohgebiet wählt, in dem mehr Leute sich „in einem ähnlichen Lebensabschnitt" befinden wie man selbst (B7, 4). Vor diesem Hintergrund könne sie für sich selbst momentan Prenzlauer Berg als eine Wohnortoption gut vorstellen (B7, 28). Hingegen würde sie momentan, da sie jetzt arbeite, nicht in Neukölln wohnen (bleiben) wollen. Lediglich für ihre Zeit als „arme Studentin" sei Neukölln als Wohnort „ok" gewesen.

Prämisse II: Positives Wohnortimage wirkt anziehend

Die zweite Prämisse für die Bestimmung von Wohnortpräferenzen ist das Empfinden, dass es wichtig ist, an einem Ort zu leben, mit dem Positives assoziiert wird[150]. Ein Teil der Befragten geht sogar davon aus, dass übermittelte[151] Wahrnehmungen und Bewertungen von Stadtteilen (auch „Image" genannt) ein ganz zentraler Faktor für die Wohnortsuche und –wahl darstellt. Nur einige wenige Personen äußern grundsätzlich Zweifel daran, dass Wohnortpräferenzen und -entscheidungen durch das „Image" von den jeweiligen Stadtteilen maßgeblich beeinflusst werden (B5, 14 und B9, 74).

In B6 wurde im Anschluss an die allgemeine Eröffnungsfrage zum Leben in der Großstadt gefragt, welche Kriterien ausschlaggebend sind, wenn man in die Großstadt zieht und sich für einen konkreten Wohnort dort entscheidet[152]. Darauf antwortet B6T5, dass Empfehlungen von Anderen eine wichtige Rolle spielen:

> B6I: Also, dann kommt man eben nach Berlin und überlegt sich dann im nächsten Zuge 'wo ziehe ich jetzt hin?'. Was ist sozusagen mit entscheidend dafür, für welchen Ort man sich dann entscheidet, welche sind die Faktoren?
> B6T5: Empfehlungen erstmal, die natürlich sehr subjektiv sind, und dann würde ich aber auch sagen, sehr objektive Kriterien - einfach Wohnraum, ob der bezahlbar ist. Also, es gibt ja durchaus Viertel, wo es etwas teurer ist, wo man nicht wohnen will, und dann gibt es einige Viertel wo man so halt nicht wohnen will. Insofern schränkt sich das ja so ein bisschen ein, also - auch durch die Empfehlungen, na?
> (B6, 3-4)

Seine Gesprächspartnerin B6T2 in der 14. Minute, dass auch sie sich bei ihrer letzten Wohnortsuche zunächst sehr stark an Empfehlungen orientiert hatte: „Wenn man dann halt so hört, ,ja, Prenzlauer Berg, Kreuzberg und Friedrichshain sind hip',

---

[150] Vor dem Hintergrund der in Kapitel 4 vorgestellten Aussagen, sind dies eher nicht Orte, in denen „viele Migranten" wohnen.
[151] Hier: Von anderen Personen oder durch etablierte Diskurse übermittelte Vorstellungen.
[152] Die systematische und individuelle Abfrage der Wohnortpräferenzen und der zugrunde gelegten Kriterien erfolgte in diesem Interview erst ab der 24. Minute.

na, dann will man natürlich unbedingt dahin. Letztendlich ist man dann so eingeschränkt; durch viele Kriterien, die andere vorgeben." (B6, 13; vgl. auch B9, 11). Eine Befragte aus B7 berichtet ebenfalls, dass sie davon ausgehe, dass Empfehlungen und Einstellungen von anderen die Wohnortsuche und -entscheidung stark beeinflusst (B7, 54; siehe hierzu auch eine identische Aussage in B9, 11). So suche „man" gezielt in Wohngegenden, die ein „nettes Image" hätten, und von denen „viele" erzählen, „ach, da ist es toll ", wie zum Beispiel in Prenzlauer Berg (ebd; vgl. auch B6, 11; B9, 74; B12, 42).

Auf die Frage nach dem Einfluss des Image von Stadtteilen auf Wohnortpräferenzen in B12 antwortet B12T1, dass sie denke, dass das Image „schon eine Rolle" spiele, und erläutert dies an einem Beispiel. Sie berichtet von einer Freundin, die nach Pankow umgezogen ist, als beziehungsweise *weil* sie schwanger wurde:

> B12T1: Eine Freundin von mir zum Beispiel, die hat erst in Lichtenberg gewohnt und wurde dann schwanger. Dann meinte sie sofort, als sie schwanger wurde, automatisch „na, in Lichtenberg kann man ja keine Kinder groß ziehen" und ist sofort nach Pankow gezogen. Weil Pankow halt so sehr kinderbezogen ist und Lichtenberg eher ja so verschrien ist- es gilt ja schon als Nazibezirk und halt nicht als so kinderfreundlich, nicht so toll für Familien. Daher denke ich, dass das Image von einem Bezirk auf jeden Fall eine Rolle spielt.
> B12I: Nur wenn man Kinder hat oder schon vorher?
> B12T1: Nein! Auch andere. Also auch in Bezug auf Charlottenburg hat man ja ein ganz anderes Bild. Das ist ja eher so die so ein bisschen so etwas für feinere Leute, eine ältere feinere Dame fällt einem da vielleicht spontan dazu ein oder- man hat ja schon- jeder Stadtteil hat da schon ein image.
> B12I: mhm.
> B12T4: Aber Image und Realität gehen ja auch ganz oft auch miteinander einher.
> B12T1: Jaja. (?logisch?)
> (B12, 42)

In ihrer Aussage ist zu erkennen, dass die Teilnehmerin B12T1 den Wohnortwechsel ihrer Freundin von Lichtenberg nach Pankow nicht lediglich auf eine Unzufriedenheit mit den tatsächlichen Bedingungen für Kinder in Lichtenberg zurückführt. Vielmehr vermutet sie, dass das „Image" von Pankow als ein besser geeigneter Ort, um Kinder „groß zu ziehen", wesentlich zu dem Umzug beigetragen hat.

Das Räsonnement von B9T5 zu der Rolle des Images der jeweiligen Stadtteile für die angegebenen Wohnortpräferenzen (einschließlich Ablehnungen von Wohnorten) lautete, dass das Image von einem Gebiet auf jeden Fall mitentscheidend sei, an welchen Orten sie sich vorstellen könne zu wohnen, und an welchen nicht (B9, 73). Offensichtlich legt sie großen Wert darauf, ihren Wohnort positiv wahrzunehmen – denn sie begründet ihre Ablehnung von Marzahn, Hellersdorf und Lichtenberg damit, dass sie dort „noch nicht richtig" gewesen sei und diese Orte (nur) als „rechtsradikal" wahrnehme:

B9I: Du hast zum Beispiel Heiligensee eingetragen. Und auch Lübars? Das kenne ich persönlich noch gar nicht.
B9T5: Da war ich aber schon. Also, in Lübars. Da ist alles voller Reitställe {lacht}. In Heiligensee wohnt eine Freundin von mir, und sie schwärmt immer total viel davon. Die hat da halt ein Haus am Wasser. Also das könnte, glaube ich, ganz nett sein? Aber Marzahn und Hellersdorf, zum Beispiel, und Lichtenberg, da war ich selber noch nicht richtig, bin mal durchgefahren, aber das ist für micht rechtsradikal. Da habe ich keine Lust.
(B9, 74)

Das nächste Beispiel zeigt, dass der Wohnort beziehungsweise die Wahrnehmungen und Bewertungen, die damit verknüpft werden, sich auf das persönliche Gefühl, anerkannt zu werden, übertragen kann. Dies wird anhand einer Äußerung von B9T5 deutlich. Hier beschreibt die Teilnehmerin, dass sie bevorzugt Prenzlauer Berg als ihren Wohnort angeben würde, weil sie sich damit Anerkennung und „innere Freude" einhole – selbst wenn sie streng genommen nicht in Prenzlauer Berg wohnt:

B9T5: Also, ich musste immer ein bisschen über mich selber schmunzeln, weil ich ja jetzt sozusagen seit einem Jahr in Prenzlauer Berg wohne und dann haben mich viele Leute von zu Hause - also, nicht aus Berlin - gefragt; 'ja, wo wohnst du denn?'. Ja, dann sage ich 'in Prenzlauer Berg'. Wenn man ganz genau sein müsste, dann müsste ich sagen 'ich wohne in Pankow'. Das sage ich natürlich nicht! {lacht} Ich so: 'Gerade an der Grenze' und dann sagen die immer alle 'ja, wo auch sonst' und dann sage ich halt 'ja, klar, wo auch sonst'. Ich freue mich dann halt innerlich so ein bisschen. Weil die halt von weit her immer - sozusagen, der Prenzlauer Berg strahlt total ab. Also, es ist so - glaube ich, total der Touristenmagnet und so. Das was die Leute sich unter dem super coolen szenigen Berlin vorstellen.
B9T2: Und wenn du mit Berlinern redest, sagst du, du wohnst in Pankow, oder?
{Lachen}
B9T5: Ja, dann sage ich immer, Pankow-Prenzlauer Berg, weil Prenzlauer Berg das halt nicht trifft, weil wir halt nördlich von der Wisbyer auch wohnen und das ist nicht das, was, glaube ich, in der Umgangssprache halt Prenzlauer Berg meint. Das ist dann halt doch eher so Kastanienallee und Helmholtzplatz.
(B9, 63)

Diese soziale Anerkennung hätte sie hingegen *nicht*, wenn sie den Wohnort Neukölln angegeben hätte, ganz im Gegenteil:

B9I: Was hätten sie denn gesagt, wenn du sagen würdest, ich wohne in Neukölln?
B9T5: Oha! {Lachen} Hast du nicht Angst, abends auf der Straße? Bestimmt! Also meine -
B9I: Womit ist das verbunden?
B9T5: Na, mit den Nachrichten, auf jeden Fall. Auf jeden Fall. Ich weiß nicht, also es gibt –

B9T2: Rütli-Schule.
B9T5: Ja, genau. Also, gerade Neukölln, das ist den Leuten halt auch ein Begriff. Ich glaube, da gibt es andere Bezirke, was weiß ich, bei Wedding, wo ich mich ja manchmal ein bisschen unwohl fühle, wo die Leute vielleicht fragen, 'wo ist denn das?' Da würden die überhaupt nichts dazu sagen, weil sie es gar nicht kennen. Aber Neukölln ist, glaube ich, gerade schon so um die - halt einfach durch die Nachrichten gegangen.
(B9, 64)

Diese Vielzahl an Äußerungen zum Einfluss des Wohnort-Images auf Wohnortpräferenzen beziehungsweise –entscheidungen legen die Annahme nahe, dass Stadtbewohner, die eine Wohnortwahl treffen können, versuchen werden, in positiv bewertete oder „coole" Wohnvierteln zu ziehen, während verrufene Wohnviertel (das heißt darunter auch „Migrantenviertel") eher vermieden werden. Demnach könnte das negative Image von „Migrantenvierteln" ein ursächlicher Faktor für Segregationsprozesse in ethnischer Hinsicht sein.

6.4 Zusammenfassung

In diesem Kapitel wurde untersucht, ob ethnische Kategorien für Wohnortpräferenzen oder gar –entscheidungen relevant sein können. Abschnitt 6.1 behandelte die Frage, ob die „ethnische Zugehörigkeit" der Bewohner überhaupt eine Rolle in den Erläuterungen der befragten Mehrheitsangehörigen zu ihren Wohnortpräferenzen spielt. Es wurde gezeigt, dass viele der Befragten, als sie offen über ihre Wohnortpräferenzen sprachen, von sich aus äußerten, dass sie es wichtig finden, dass die Menschen in ihrer Wohnumgebung „ihnen ähnlich" sind beziehungsweise dass sie „hineinpassen". Aus mehreren Aussagen ging hervor, dass die Identifikation beziehungsweise Ähnlichkeit anhand der „ethnischen" Zugehörigkeit festgemacht wird. In einigen Aussagen wurde expliziter formuliert, dass es nicht wünschenswert beziehungsweise attraktiv sei, „Türken" als Nachbarn zu haben.

Im darauffolgenden Abschnitt 6.2 wurde dargelegt, wie sich das Merkmal „viele Migranten" auf die Wohnortattraktivität eines Stadtteils auswirkt. Hier wurde gezeigt, dass ein Teil der Befragten es ablehnen würde, in Stadtteile, die mit „vielen Migranten" assoziiert werden, zu ziehen. Dafür wurden unterschiedliche Gründe genannt; vor allem das Empfinden von Fremdheit und fehlender Sicherheit. Ein anderer Teil der Teilnehmer äußerte hingegen, dass sie Stadtteile, in denen „viele Migranten" wohnen, nicht als Wohnortoptionen ausschließen. Diese Teilnehmer erklärten, dass diese Orte gerade wegen der „Diversität" der Bevölkerung beziehungsweise der fremdkulturellen Prägung der Gebiete oder auch schlichtweg wegen der günstigeren Mietpreise interessant für sie sind.

Im dritten Abschnitt (6.3) wurden allgemeine und grundlegende Aussagen in Bezug auf die Bedeutung der Wahrnehmung und Bewertung von Stadtteilen und deren Bewohnern für Wohnortpräferenzen dargestellt. Dort wurde gezeigt, dass mehrere Teilnehmer offenbar auf die Empfindung sozialer Nähe zu den Menschen in ihrer Wohnumgebung großen Wert legen. Des Weiteren war hier zu sehen, dass das „Image" eines Stadtteils einen wesentlichen Einfluss auf die Aus- oder Abwahl von Wohnorten ausüben kann.

Teil III: Fallstudie Oslo

7 Die Wahrnehmung und Bewertung Osloer Stadtgebiete und die Rolle von ethnischer Zugehörigkeit

In diesem Kapitel werden die Aussagen der Teilnehmer aus den Osloer Gruppendiskussionen im Hinblick auf die Bedeutung von ethnischen Kategorien für die Wahrnehmung und Bewertung städtischer Teilgebiete präsentiert[153]. Erst in den beiden anschließenden Kapiteln (8 und 9) werden einerseits die Bedeutungen von ethnischen Kategorien (Kapitel 8) und andererseits deren Einfluss auf die Wohnortpräferenzen von Mehrheitsangehörigen in Oslo (Kapitel 9) thematisiert.

Die grobe Gliederung dieses Kapitels (Kapitel 7) entspricht der Gliederung, die bereits in Kapitel 4 (Berliner Fallstudie) angewendet wurde. Im ersten Abschnitt (7.1) geht es um die Bedeutung von ethnischen Kategorien für die *Wahrnehmung* städtischer Teilgebiete und deren Bewohner. Dort wird gezeigt, dass „ethnische Merkmale" in der Beschreibung von bestimmten Stadtteilen eine zentrale Rolle spielen. Im zweiten Abschnitt (7.2) wird thematisiert, wie sich die Assoziation von städtischen Teilgebieten mit ethnischen Kategorien auf deren *Bewertung* auswirkt. Und schließlich, im dritten Abschnitt dieses Kapitels (7.3), werden die genannten Hintergründe der Wahrnehmungen und Bewertungen von städtischen Gebieten und deren Bewohnern thematisiert.

7.1 Städtische Teilgebiete und die Rolle von ethnischen Labels

Wie in der Fallstudie Berlin spielt auch in Oslo die Kategorie „Einwanderer" (das norwegische Pendant zu „Migranten") eine zentrale Rolle in der Beschreibung bestimmter städtische Teilgebiete. Bezogen auf den Innenstadt-Bereich sind dies vor allem die Gebiete im Ost-Teil der Stadt; Grønland, Tøyen beziehungsweise als Sammelbezeichnung Gamlebyen („Altstadt") (O1, 66, 67, 69; O2, 41; O3, 10, 13; O4, 16, 22, 49; O10, 11, 16; O11, 33). Darüber hinaus wurden auch einige der sogenannten „Trabantenstädte" (Großsiedlungen am Stadtrand) unmittelbar mit „Ein-

---

[153] So geht es nicht darum, ein vollständiges Bild der Wahrnehmungen und Bewertungen zu präsentieren (vgl. Abschnitt 1.5 zum Erkenntnisinteresse der Arbeit).

wanderern" assoziiert – vor allem Romsås, Stovner, Mortensrud, Manglerud, Grorud und Tveita (O1, 30, 31, 35, 38).

In den Osloer Interviews wird häufig über Grønland als der prägnanteste Einwandererstadtteil gesprochen (zum Beispiel O3, 10-13; O4, 16, 22, 49; O11, 33). In O4 etwa wird Grønland als ein Gebiet beschrieben, an dem „nur" (äußerlich erkennbare) „Einwanderer" oder „Dunkelhäutige" leben (O4, 49; vgl. O2, 41; O11, 8). Grønland sei bis vor kurzem, so O4T2, ein „knallharter Einwanderungsstadtteil" gewesen (O4, 49). Ähnlich beschreiben Teilnehmer in O3, dass das Gebiet bis vor kurzer Zeit nahezu komplett von „Pakistanis, Somalier und bestimmt auch Anderen" dominiert worden sei, die sich im Zuge der „Einwanderungswelle" seit den Sechzigern dort angesiedelt hätten (O3, 12; vgl. O10, 16). Allerdings seien inzwischen auch „Norweger" dahingezogen, so dass das Gebiet jetzt auch von einer ganz anderen Bevölkerungsgruppe geprägt sei (O3, 12).

Auch Tøyen wird in den Interviews als „traditionelles Wohngebiet für Einwanderer" beschrieben (O1, 74; O10, 18, 31; vgl. auch O4, 25f.; O11, 13). Allerdings sei in Tøyen noch „extremer" als in anderen Stadtteilen zu beobachten, dass der Anteil an „Einwanderern" zurückgehe, und der Anteil von „Norwegern" zunehme (O1, 74; O11, 33). Dadurch sei Tøyen auch ein Stadtteil, an dem das „Aufeinanderprallen der Kulturen" besonders ausgeprägt sei (O11, 2) – erkennbar etwa an den „hippen Locations" wie das populäre Trainingsstudio „Olympen" einerseits – und an den „Kebabläden", „Moscheen", „Moscheentürmen" und „Dunkelhäutigen" andererseits (insbesondere O11, 9). Zudem erinnere Tøyen an Istanbul (ebd.).

Andere Gebiete von Gamlebyen, bei denen der Begriff „Einwanderer" eine zentrale Rolle in der Beschreibung spielt, sind Sofienberg und der „untere Teil von Grünerløkka" (O1, 67; O2, 24; O10, 15; vgl. auch O2, 26ff.). Noch kleinräumiger wird in zwei Interviews die Straße Trondhjemsveien als dominiert von „vielen Einwanderern", besonders „Somaliern", beschrieben (O1, 79; O11, 8). In O1 weist eine Teilnehmerin darauf hin, dass bis zur „Ekeberggrenze" (in Grünerløkka) „viele Norweger" wohnen würden, auf der anderen Seite hingegen mehr „Einwanderer" (O1, 79).

Im Gegensatz zum unteren Teil von Grünerløkka sind nach einer Aussage in O1 im „oberen Teil" so gut wie keine „Einwanderer" mehr zu sehen (O1, 68). Damit sei Grünerløkka nicht mehr ein „Einwandererstadtteil" (O1, 67; O11, 33), sondern jetzt würde dort „eine ganz andere Bevölkerungsgruppe" leben – die sich auch von der Bevölkerung in Grønland, Tøyen oder manch anderen Teilen von Gamlebyen stark unterscheide (O4, 49). Aus dem Kontext dieser Aussage aus O4 ist zu sehen, dass damit vor allem gemeint ist, dass Grünerløkka nicht von „nur Dunkelhäutigen" geprägt sei (ebd.). Inzwischen, so die Teilnehmer in O11, sei Grünerløkka ein „wahnsinnig homoges" Gebiet geworden, dominiert von „Norwegern" in „Hipster Style", mehr und mehr davon hätten inzwischen Kinder (O11, 28-32).

„Ethnisch homogen" seien auch Innenstadtbereiche im West-Teil Oslos, vor allem Frogner und Majorstua – in diesen Gebieten gäbe es keine oder zumindest kaum „Einwanderer" (u.a. O1, 27, 40; O2, 22ff; O10, 46f.). Beispielsweise waren sich die Befragten in O10 darüber einig, dass „Einwanderer" in Frogner sehr selten seien (O10, 46f.), und etwa, dass „Tage vergehen" könnten, ohne einen einzigen „Einwanderer" zu sehen (O10, 47; vgl. auch O1, 78). Etwas mehr „durchmischt" seien hingegen die Gebiete Sagene, Sandaker und Torshov, da dort immerhin „ein paar mehr Ausländer" als in Frogner und Majorstua leben würden (O1, 78).

Die Bedeutung von ethnischen Kategorien auf die Beschreibung der „Trabantenstädte" war insbesondere in Bezug auf Romsås (O1, 30f.; O4, 36), Stovner (O1, 31), Tveita (O1, 38), Mortensrud (O1, 34) und Holmlia (O3, 25) zentral. In O2 wird angesprochen, dass die allgemeine Assoziation zu den Trabantenstädten ein stets steigender Anteil an „Einwanderern" und ein abnehmender Anteil von „Norwegern" sei (O2, 31). Grorud, die vielleicht „berüchtigste" Trabantenstadt Oslos (in diesen Gruppendiskussionen selten angesprochen, offenbar weil es in den Diskussionen vorrangig um innerstädtische Wohnortpräferenzen ging), wird etwa als ein Ort beschrieben, an dem *keine* „Norweger" mehr wohnen würden (O10, 17). In Romsås, so eine Teilnehmerin in O1, seien derzeit „vielleicht 85%" der Bewohner „Einwanderer". In Stovner hingegen, sagt sie, sei die Situation inzwischen eine andere – dort würden inzwischen mehr und mehr „Norweger" hinziehen, in Folge des Fortzugs von „Einwanderern" (O1, 30ff.).

Zusammenfassend betrachtet, nehmen die Befragten sehr wohl deutliche Unterschiede bezüglich der „ethnischen Zugehörigkeit" der Bevölkerung in den unterschiedlichen Stadtteilen wahr. Eine Befragte in der O4 (in der 12. Minute) resümiert, dass man in Oslo von „verschiedenen Welten" sprechen könne. Auf der östlichen Seite der Stadt (mit Ausnahme von Grünerløkka) gäbe es „fast nur Einwanderer" und „sehr wenige ethnische Norweger" und auf der westlichen Seite seien „Einwanderer" eine „sehr fremde, komische Sache, die man fast nicht kennt". Dies, so schließt sie ihre Aussage ab, präge ihres Erachtens „vieles von den Differenzen in Oslo".

7.2 Zum Einfluss von ethnischen Kategorien auf die Bewertung städtischer Gebiete

7.2.1 *Positive Aspekte der wahrgenommenen Konzentration von Einwanderern*

In einigen Fällen wird die Konzentration von „Einwanderern" und die damit verbundene „andere" Prägung des Stadtbilds als etwas Positives herausgestellt. Zum Beispiel wird genannt, dass die „Einwanderergebiete" viel „lebendiger" seien als andere Gebiete – insbesondere im Vergleich zu den „ruhigen", „teuren" und

„snobbigen" Gebieten im Westen (v.a. Frogner und Majorstua: O1, 26, 27, 40; O2, 22ff., 40). O10, 16). So seien die Stadtgebiete im inneren Ost-Teil (die mit „Einwanderern" assoziiert wurden) „gemütlicher" und „entspannter" (O2, 40; O11, 32). In O10 beschreibt eine Teilnehmerin, dass sie Grønland deshalb so gerne möge, weil sie dort ein ähnliches Gefühl hätte, wie in Afrika:

> O10T: Meine Wahrnehmung von Grønland - wenn ich - also, ich bin ja ziemlich viel auf Feldarbeit in Afrika gewesen und wenn man dort in Grønland durch die Straßen läuft, dann ist es ja – ja, so ein Trubel und viele Nationalitäten und sehr gemütlich. So, dass man das Gefühl hat – ja, dass die Leute grüßen können.
> (O10, 16)

Eine andere Teilnehmerin, in O11, erläutert, dass sie Tøyen (neben Grønland gelegen), so „herrlich" finde, weil es dort so viele Kontraste gäbe – einerseits „hippe locations" und andererseits „das was man sonst so mit Tøyen und Grønland verbindet":

> O11T2: Also, das was ich so herrlich finde in Tøyen, ist, dass du von Olympen, das jetzt ein populäres Trainingsstudio geworden ist -
> O11Tx: Mhm.
> O11T2: Da siehst du irgendwie – das Lustige ist, dass du da so West-Teil-Touristen, würde ich fast schon sagen, siehst, wenn sie denn aus dem West-Teil kommen, versteht sich. Und die fahren mit dem Taxi zu Olympen, weil sie irgendwie – das ist die neue Location.
> {Lachen}
> O11T2: Und dann stehen sie da irgendwie auf der Straße und sehen ein bisschen ängstlich aus.
> {Lachen}
> O11T2: Und dann, da auf der anderen Seite sind ja diese Kebab-Läden aufgereiht, und dieses eine Café wo immer viele – dieses neben dem, wo wir früher so oft gefrühstückt haben.
> O11T3: Ja, ja, ja!
> O11T2: Haufenweise Männer, so mit dunkler Haut, die da sitzen und Kaffee trinken. Es ist irgendwie so, dass du so viele Kontraste hast. Das finde ich sehr herrlich mit Gønland und Tøyen. Dass es so sehr kontrastreich ist. Du hast irgendwie die hippen Locations und dann hast du all das, was du mit Tøyen und Trønland verbindest.
> (O11, 8)

Aus diesem Zitat ist zu sehen, dass die Teilnehmerin hier die Mischung aus „stylisch", „modisch" und „weiße Leute" (aus dem West-Teil) auf der einen, und „Kebab-Läden" und „dunkle Männer im Café" auf der anderen Seite als den positiven Charme des Stadtteils Tøyen empfindet. Dabei wird ersichtlich, dass die „Kebab-Läden" und „dunkle Männer" eher als das Typische an Tøyen und Grønland klassifiziert wird. Ebenso kommt hier zum Ausdruck, dass nur „Kebab-Läden" und

„dunkle Männer" an sich im Grunde genommen nicht unbedingt als etwas Positives erachtet wird, sondern erst durch die Kontrastierung mit „Weißen" beziehungsweise mit „hippen Locations" eine Aufwertung erfahren.

Diese „fremde" Prägung von Tøyen, so O11T2 eine Minute später, verleihe ihr manchmal das Gefühl auf einer Reise „im Süden" (im Norwegischen eine Bezeichnung für Länder und Inseln am Mittelmeer) zu sein (O11, 9). Daraufhin äußerte eine ihrer Gesprächspartnerinnen (O11T1) bekräftigend, dass Tøyen so ein bisschen wie Istanbul sei (ebd.). Daraufhin fragte die Interviewerin nach, ob sie diese Wahrnehmung, dass Tøyen an ein anderes Land oder an eine andere ferne Stadt erinnere, stets als angenehm empfinden würden. Die Teilnehmerin O11T3 ergriff daraufhin das Wort, und beschrieb, dass das nicht immer so positiv sei. Dies wird im nächsten Abschnitt ausführlicher dargestellt.

7.2.2 Negative Aspekte der wahrgenommenen Konzentration von Einwanderern

Entfremdung

O11T3 berichtete, dass es auch manchmal seltsam sei, wenn man das Gefühl hätte, „im eigenen Land" beziehungsweise „in der eigenen Stadt" nicht dazu zu gehören (O11, 11). Zur Erläuterung erzählt sie von einer Situation, in der sie sich alleine gefühlt habe als „einzige Norwegerin" „mitten in Oslo":

> O11T3: Also, ich hatte so ein Erlebnis, vor einem Monat oder so, wo ich auf dem Weg nach Hause war. Es war an einem Sonntagabend oder so was, und ich hatte meine Eltern in Kolbotn besucht. Ich kam in die Stadt und stand unten in der Brugata und habe da zehn bis fünfzehn Minuten auf den Bus gewartet. Und ich sah keinen einzigen ethnischen Norweger währenddessen. Da habe ich mich so richtig einsam gefühlt. Da stand ich dann da, und – erst dachte ich gar nicht darüber nach, aber dann, als ich es bemerkte, fing ich an, mich umzuschauen, und es gab viele Leute dort. Aber ich war die einzige, einzige Norwegerin mitten im Zentrum von Oslo. Innerhalb eines Zeitraums von vielleicht, ja, zehn bis fünfzehn Minuten. Und das empfand ich als so ein bisschen blöd!
> O11T2: Wie seltsam!
> O11T3: Ja, echt! Ich fühlte mich so ein bisschen – ich stand da, und dachte, wenn jemand jetzt ein Foto machen würde und man sollte raten, wo das sei, dann hätte jedenfalls niemand geraten, dass es aus Oslo wäre!
> O11Tx: Nein
> {Lachen}
> O11T3: Das ist eigentlich so ein bisschen, ich weiß nicht, wenn man anfängt, sich – wenn man sich dermaßen in der Minderheit fühlen kann, in seinem eigenen Land oder in seiner eigenen Stadt, dann kann es schon manchmal zu viel sein, finde ich. Aber das ist ja schon nicht so oft. Und ich habe ja auch in Tøyen und Grønland gewohnt, jahrelang. Vielleicht bin ich jetzt sensibler geworden, seitdem ich in Grünerløkka wohne.

{Lachen}
O11T2: Das glaube ich, ja!
{Lachen}
O11T3: Das kann sein. Ich weiß es nicht genau. Aber es war jedenfalls – als ich es bemerkte, dann fühlte ich mich fast schon unwohl, weil ich kein Kopftuch hatte und da im kurzen Rock herumstand.
(O11, 10-11)

An mehreren Stellen in diesem Zitat erzählt die Teilnehmerin, dass dieses Erlebnis, unter vielen Menschen zu sein, die sie aufgrund ihres Aussehens als „Nicht-Norweger" wahrnimmt („ich sah keine Norweger"), für sie unangenehm gewesen ist. Etwas selbstkritisch merkt sie an, dass sie womöglich, seitdem sie in Grünerløkka wohne, „sensibler" geworden sei – das soll hier offenbar heißen, sie ist den täglichen Umgang mit „anders Aussehenden" (das heißt „Nicht-Weißen") nicht mehr gewohnt und reagiere daher möglicherweise so ängstlich darauf. Der Hinweis, dass sie besser ein Kopftuch hätte tragen sollen als einen kurzen Rock an diesem Tag, legt es nahe, dass sie die herumstehenden Menschen als Muslime kategorisiert hat. Offensichtlich hatte sie das Gefühl, entweder, dass sie von ihnen herablässig betrachtet wurde, oder dass sie deren vermeintlichen Werten und Normen mit ihrer Kleidung missachtete.

Neben diesem Empfinden von Fremdheit durch die Konzentratrion von „Einwanderern" in städtischen Teilgebieten gibt es auch eine Reihe von anderen Aspekten, warum die Konzentration von „Einwanderern" als etwas Negatives empfunden beziehungsweise eher abgelehnt wird. Ein Aspekt ist, dass Orte, an denen sich „Einwanderer" versammeln, als „unsicher" wahrgenommen werden.

Gefühl von „Unsicherheit"

In O2, ab der 27. Minute äußern zwei Teilnehmerinnen, dass Grønland und der „untere Teil" von Grünerløkka, der an Grønland grenzt, „unsicher" sei. Auf die Nachfrage hin, welche Gründe das Empfinden von Unsicherheit dort hätte, antworten die Teilnehmerinen, dass unter anderem die „herumstehenden Gangs" (es ist offensichtlich, dass es sich hierbei um „nicht-norwegisch-aussehende" Personen handelt; vgl. Kapitel 8), die ihnen zwar nichts antun würden (O2, 41), dieses Gefühl vermittelten (O2, 26f., 41). So löst hier die bloße „optische Wahrnehmung" von (mehreren) „Einwanderern" an der Straße, wo man selbst entlang läuft, Ängste und Bedrohungsgefühle aus, was dazu beiträgt, dass dieses Gebiet negativ bewertet wird (für die ausführliche Darstellung dieser Aussage siehe Abschnitt 9.2).

Eine ähnliche Aussage, dass Gruppierungen von („sichtbaren") „Einwanderern", die in Grønland und generell in Gamlebyen häufiger seien, das Gefühl von Unsicherheit und Bedrohung auslöse, gibt es auch in O10 (O10, 11ff.). Hier berichtet O10T3, dass er weniger Angst hätte, abends von Grünerløkka aus in Richtung St.Hanshaugen westlich von Grünerløkka zu laufen, als in Richtung Grønland oder Tøyen, *obwohl*, so sagt er, in Richtung St.Hanshaugen weniger Leute unterwegs seien. Aus der vorangegangenen Aussage ist zu erkennen, dass er diese Gebiete deshalb umgehen möchte, weil er („sichtlich erkennbare") „Einwanderer" als bedrohlich empfindet (O10, 11-15; eine ausführliche Erläuterung folgt in Abschnitt 9.2). Drei seiner Gesprächspartnerinnen lehnen diese Einschätzung ab – in Grønland und Tøyen hätten sie *nicht* das Gefühl, dass sie dort nicht sicher seien (ebd.).

„Einwanderer" als etwas Negatives

Ein weiterer Aspekt, woran sich erkennen lässt, dass „Einwandererkonzentrationen" zu einer negativen Bewertung eines Gebietes beiträgt, ist die Nennung von „Einwanderern" in einer Auflistung weiterer Merkmale, die als „unschön" oder negativ wahrgenommen werden. Dies ist beispielsweise in der Beschreibung von Holmlia der Fall; mit Holmlia verbinde man vor allem „Dreck" und „viele Einwanderer" (O3, 25). Auch in Bezug auf die Beschreibung von Romsås und Tveita werden abwertende Merkmale direkt neben die ethnische Kategorie „Einwanderer" gestellt; mit Romsås und Tveita verbinde man „Schießereien und haufenweise Einwanderer" sowie „Schießereien, Einwandererprobleme und Krach" (O1, 31, 38).

Die Wahrnehmung von „Einwanderer" als ein negatives Merkmal ist auch daran zu erkennen, dass ein als rückläufig wahrgenommener Anteil von „Einwanderern" als etwas Postives empfunden wird. Diese Empfindung ist in mehreren Gruppendiskussionen zu beobachten, unter anderem sehr explizit in O1,74 (in Bezug auf Borggata zwischen Grønland und Tøyen), O4, 16 (in Bezug auf Grønland), O11, 33 (in Bezug auf Tøyen) und O1, 31 (in Bezug auf Stovner).

In mehreren Aussagen ist zu erkennen, dass die negative Bewertung von bestimmten Gebieten damit zusammenhängt, dass „Einwanderer(konzentrationen)" per se als ein Teil eines Problems verstanden wird – wenn nicht sogar als die zentrale Ursache eines Problems (vgl. das Konzept *Ethnisierung* in Abschnitt 1.3 und 2.2.3). Diese Aussagen werden im Folgenden dargestellt. Die erste Aussage stammt aus O3, aus einem Zusammenhang, in dem die Teilnehmer darum gebeten wurden, eine Auswahl von städtischen Gebieten zu beschreiben (die Auswahl der Gebieten hatten sie selbst getroffen; siehe hierzu die Erläuterungen in Kapitel 3). In diesem Ausschnitt sprechen die Befragten gerade über den Stadtteil Grønland:

O3T4: Ja, es ist immer noch relativ abgeranzt, äh, ein großer Anteil Einwanderer. Es ist nicht eine Umgebung, in der ich mich oft bewege.
O3Tx: Nein
{Lachen}

[...]
O3T3: Da denke ich an die Polizeizentrale und viele Einwanderer. Das ist eigentlich, was ich damit assoziiere. Ich habe keine Ahnung wie die Wohnverhältnisse dort sind.
O3I: [zu O3Tx, A.O.S.] Fällt dir irgendwas zu Grønland ein?
O3Tx: Kaum. Eigentlich nur die Polizeizentrale und der allgemeine Eindruck. Ich war da nicht oft. Aber ich weiss, wo es ist.
{Lachen}
O3Tx: Mehr als das ist es eigentlich nicht.
O3I: Das interessiert mich jetzt schon, wenn du [zu O3T3, A.O.S.] sagst, da wohnen viele Einwanderer. Was gibt es denn da noch?
O3T3: Ich weiß nicht, was es noch gibt. Es gibt bestimmt auch viel Schönes dort
O3I: Ich meine, wie ist die Empfindung denn, ist sie eher positiv oder eher negativ oder ganz neutral, wenn du an Grønland denkst?
O3T3: Grønland ist wohl, äh, mehr negativ, glaube ich.
O3Tx: Nicht besonders positiv.
O3Tx: Nein.
O3Tx: Tagesüber ist es nicht so schlimm, weil es da so kleine coole Läden gibt, und so viel Komisches, so eine Art Basar. Aber abends wird es ein bisschen mehr negativ, vielleicht.
(O3, 10-13)

Hier berichten sämtliche Teilnehmer, dass sie Grønland nicht besonders gut kennen würden. Zwei Teilnehmer berichten, dass sie das Gebiet im Grunde genommen lediglich mit „Einwanderern" und „Polizeizentrale" verbinden, ansonsten fällt ihnen nichts Weiteres dazu ein (in Grønland ist die zentrale Polizeibehörde von Oslo angesiedelt). Bemerkenswert ist die Antwort von O3T3 auf die Nachfrage, ob es außer „Einwanderern" auch andere Assoziationen gibt, erwidert: „Ich weiß nicht. Es gibt bestimmt auch viel Schönes dort.". Dieses *auch* zeigt, dass die Assoziation mit „Einwanderern" als etwas „nicht Schönes" assoziiert wird. Letztlich waren nur zwei Merkmale von Grønland genannt worden, eines davon waren „Einwanderer". Die Empfindung, dass „Einwanderer" als „nicht schön" aufgefasst wird, bestätigt sich, wenn es heißt, dass die Empfindung in Bezug auf Grønland „mehr negativ" beziehungsweise als „nicht besonders positiv" sei. Die weitere Erläuterung, dass es tagesüber „nicht so schlimm", das heißt also erträglicher dennoch nicht „schön" sei, lässt uns davon ausgehen, dass die negative Empfindung in Bezug auf Grønland im Wesentlichen auf die „Einwanderer" zurückzuführen ist – und nicht auf die Polizentrale (die bei Tag und Nacht konstant ist).

In O1 zeigt sich ebenfalls, dass die Anwesenheit (vieler) „Einwanderer" an einem Wohnort damit assoziiert wird, dass dort „schlechtere Leute" wohnen. Hier sprechen die Teilnehmer gerade über Romsås:

O1Tx: Für mich wirkt das so wie ein furchterregender Ort, oder wie soll ich es sagen – es sind sehr so unteren Lebensstandard-Leute, die da wohnen.
O1Tx: Ja.

O1Tx: Es ist ja ein Unterschied von zehn Jahren in der Lebenserwartung, im Vergleich zu Ullern, zum Beispiel.
O1Tx: Ja.
[...]
O1Tx: Ja.
{Lachen}
O1Tx: Wir sind allerdings nie da gewesen!
O1Tx: Aber es ist ja so ein Ort – ich weiß nicht wie hoch – vielleicht 85 Prozent Leute mit Einwanderhintergrund oder so was, die da wohnen.
O1Tx: Ja.
[...]
O1Tx: Aber es gibt eine Sache, die sehr gut ist, sowohl mit Romsås als auch Stovner. Ich bin da aufgewachsen, bis ich sechs Jahre alt war.
(O1, 29)

Auch hier geben die Befragten an, dass sie diesen Ort nicht sehr gut kennen würden – bis auf die eine Person, die angibt, dort aufgewachsen zu sein. Trotz der geringen Kenntnisse ist für die Befragten klar, dass die Bewohner in Romsås einen „niedrigen Lebensstandard" beziehungsweise geringe Lebenserwartung hätten. Es ist herauszulesen, dass die Befragten es als extrem und abwertend empfinden, dass dort viele „Einwanderer" leben. Die Bemerkung von einer Teilnehmerin, dass es „eine Sache" gäbe, die sehr gut sei mit Romsås und Stovner (und zwar sie selbst), verdeutlicht nocheinmal, dass die Befragten (viele) „Einwanderer" als etwas prinzipiell Schlechtes wahrnehmen.

In einer stärker indirekten Form ist dies auch in O4 zu sehen, auch hier geht es um den Stadtteil Romsås (hier: im Vergleich zu dem Stadtteil Vinderen). Das Interessante an der folgenden Aussage ist, dass ethnische Kategorien in der Wahrnehmung von einem „guten Gebiet" keine Rolle spielen, sondern nur in Bezug auf die Orte, wo „kaputte" Menschen beziehungsweise Menschen mit einem niedrigeren sozialen Status leben:

O4T2: Ich sehe mich gerade immer wieder mit meinen eigenen Vorurteilen konfrontiert, die von der Gesellschaft geprägt sind. Ich denke irgendwie, dass -
O4T1: Aber das ist ja – ich merke das auch!
O4T2: Also, äh, in Bezug auf Romsås, da sind die Assoziationen so – eine alleinerziehende Mutter, die bei einer Putzfirma arbeitet, ja, und die so ein bisschen kaputt ist, und Einwandererfamilien mit acht Kindern, deren Vater Straßenbahnfahrer ist. Und in Vinderen ist es, äh, ein Papa der, äh, der in irgendeiner Firma als Geschäftsführer arbeitet, und der zwei wunderschöne Kinder hat, und –
O4T1: Die Mutter ist vielleicht zu Hause und geht tagsüber Cafe Latte trinken.
O4T2: Ja ja ja!
{Lachen}
(O4, 35)

Nun folgt eine Stelle aus O1, in der ersichtlich wird, dass die Schönheit eines Stadtteils durch die Anweisenheit von (vielen) „Einwanderern" zerstört wird. Hier geht es um den Stadtteil Mortensrud, der als „eigentlich ziemlich schön" beschrieben wird. Beachtenswert ist hier das Wort „eigentlich":

> O1I: Könntet ihr das etwas genauer erläutern? Was kennzeichnet denn Mortensrud?
> O1Tx: Also, da ist ja die Atmosphäre eine ganz andere, und es sind andere Leute, die da wohnen. Aber sie haben ja, also, es ist ja sehr – ziemlich schön, eigentlich, so aussehensmäßig, und viel Natur und so was. Aber es ist so unterschiedlich von meiner Wohngegend wie es nur sein kann.
> O1I: Was sind es denn für Leute, die da wohnen?
> O1Tx: In Mortensrud sind ziemlich viele – es sind sehr viele Einwanderer, die da wohnen. Meine Schwester wohnt da an der Grenze zu Mortensrud, am Fluss. Sie wohnt in Nordstrand, und dann ist Mortensrud auf der anderen Seite des Flusses. Und dieser Fluss unterscheidet viele Millionen Kronen in Bezug auf die Wohnungspreise. Also, es ist viel billiger in Mortensrud zu wohnen, und viele Einwanderer leben dort. Und das ist so, was ich mit Mortensrud verbinde.
> O1Tx: Ja, das stimmt.
> (O1, 34-35)

Dieser Gesprächsausschnitt zeigt, dass das Merkmal „viele Einwanderer" als Erklärung für die niedrigen Preise und die geringere Attraktivität von Mortensrud herangezogen wird (der Vergleich zu Nordstrand mit ähnlicher Architektur und geographische Lage, jedoch mehr „Norwegern", auf der anderen Fluss-seite bestärkt diese Annahme).

In dem nächsten Zitat, aus O2, sehen wir, dass der Zuzug von (vielen) „Einwanderern" in die Trabantenstädte zu einem erklärenden Faktor für das „härtere Milieu" beziehungsweise für die „höhere Kriminalität" in den Trabantenstädten herangezogen wird. Zunächst wird dieser Zusammenhang in Bezug auf sämtliche Trabantenstädte projiziert[154].

> O2T1: Und ich denke sonst [außer in Bezug auf Skullerud und Lambertseter, A.O.S.] so über Trabantenstädte, da gibt's ja hier und hier welche. So eine Art, dass es so alles irgendwie zusammen geworfen ist. Also Furuset, Stovner, Romsås, Grorud – alles ist irgendwie ziemlich gleich. So Trabantenstädte, ein paar Hochhäußer, nicht so hohe Preise. So dass es einfacher ist, einen Zugang zum Wohnungsmarkt zu bekommen und vielleicht, dass da schon vorher Leute mit geringerem Einkommen lebten und vielleicht auch, dass da viele Einwandererfamilien hingezogen sind, aufgrund der steigenden Wohnungspreise in der Innenstadt. Also, das ist mehr so im Osten – im Nord-Osten.
> O2T2: Ja, und es ist wohl auch – also, das was man dann hört – es ist billiger, dort zu wohnen, ein viel härteres Milieu.

---

[154] Mit Ausnahme von Skullerud und Lambertseter; diese wurden zuvor als „attraktive Wohngebiete" für „norwegische Familien" gekennzeichnet: O2, 29).

O2T1: Und mehr Kriminalität, und –
O2T3: Ja, weil als ich ein Praktikum gemacht habe, in der Schule in Manglerud – ich erinnere mich nicht ganz genau, wie hoch die Prozentzahl war, aber es gab enorm viel ausländische – oder mit ausländischem Hintergrund. Es war wohl die rede von – also, es war eine wahnsinnige [norwegisch: „kranke", A.O.S.] Zahl, ich erinnere mich nicht ganz welche! Es waren fast nur –
O2Tx: Ja, ja!
O2T3: Aber bei den Schulen in der Nähe, in Stenodden, zum Beispiel, war es nicht so extrem.
(O2, 31)

In diesem Zitat ist ein Argumentationskreis zu erkennen, der zum Ausdruck bringt, dass die Konzentration von „Einwanderern" in einem Gebiet als hoch problematisch beziehungsweise als Ursache für soziale Problemlagen angesehen wird. Der Ausgangspunkt ist die Assoziation von den Trabantenstädten mit „Leuten mit geringerem Einkommen" und „viele Einwandererfamilien, die dort hinzugezogen sind". Daraufhin heißt es, die Wohnungen dort seien „billiger", und das „Milieu" „krimineller". Das veranlasst wiederum O2T3 zu der Aussage, dass in Manglerud (zum Beispiel) der „Ausländeranteil" wahnsinnig hoch sei. Damit scheint die Teilnehmerin die Problematik des „härteren Milieus" und „Kriminalität" in den Trabantenstädten erklärt zu haben – etwa nach dem Motto: Es ist ja klar, dass es dann so wird, wenn dort so viele „Einwanderer" leben (vgl. auch O3, 41).

Mit einer Aussage von einer Teilnehmerin in O1 (diejenige, die berichtet hatte, dass sie in Romsås aufgewachsen sei, bis sie sechs Jahre alt war) wird dieser Zusammenhang noch expliziter formuliert. Sie beschreibt hier, wie sich Romsås nach dem Fortzug ihrer Familie im negativen Sinne verändert habe. Aus ihrer Argumentation ist zu erkennen, dass sie die Masse an „Einwanderern" als den Grund dafür interpretiert, warum sich Romsås in einer Negativspirale befinde:

O1Tx: Bis wir 1986 weggezogen sind, war es ja ein wunderschöner Wohnort für Familien. Ich glaube, so Anfang bis Mitte der achtziger Jahre fing das an, sich sehr dramatisch zu ändern. Also, da ging es los, mit mehreren Schießereien und haufenweise Einwanderern. Die sind ja nur nach Romsås und Stovner und diese Umgebung gezogen, haben sich dort im hohen Ausmaß versammelt. Und daher sind sehr viele in der Zeit weggezogen, also ethnische Norweger, besonders Familien mit Kindern. Und während diese Entwicklung in Romsås weiter läuft, hat sich Stovner vielleicht in den letzten Jahren gebessert.
(O1, 29-31)

Die Teilnehmerin spricht in diesem Zusammenhang auch über den „guten Ruf" einer weiterführenden Schule in Stovner, weshalb jetzt mehr und mehr „norwegische Familien" nach Stovner ziehen würden. Die letzte Anmerkung aus dem Zitat, wonach sich die Situation in Stovner „gebessert" habe, ist also eine Bestätigung dafür, dass der „Einwandereranteil" bestimmt, ob ein Gebiet als „besser" oder als „schlechter" gilt.

Einwandererkonzentration: „Es führt ja nur zu Problemen"

Viele der Befragten bewerten die Konzentrationen von „Einwanderern" als „unglücklich" (u.a. O1, 57; O2, 46; O3, 39, 63; O4, 61; O10, 40ff.; O11, 39) oder auch „problematisch" (zum Beispiel O2, 60; O10, 42). Oft wird argumentiert, dass die Konzentration von „Einwanderern" zu sozialen Problemen führe und „integrationshemmend" wirke (u.a. O1, 32, 57; O2, 44ff; O3, 39, 42; O4, 49; O10, 18, 31; O11, 37, 44). Mehrfach wird die bloße Konzentration von „Einwanderern" beziehungsweise „Dunkelhäutigen" oder „Somaliern" mit dem Ghetto-Begriff gleichgesetzt (O3, 39; O4, 49; O11, 29, 35, O3, 39; O10, 18; O11, 37, 44, 46).
Eine Teilnehmerin in O11 erklärt, dass die derzeit vorherrschenden Unruhen in Paris ein Beleg dafür seien, dass die räumliche Konzentration von Einwanderern per se zu Problemen führe.

> O11I: Meint ihr, dass es in Ordnung ist, dass Einwanderer konzentriert wohnen?
> O11T1: Ich glaube, dass es nach und nach ein Problem wird. Das sieht man ja in Paris, zum Beispiel, in Frankreich, wo es diese Unruhen gab. Wo es regelrecht einige Stadtteile gibt, wo irgendwie nur Einwanderer leben. Daher glaube ich, dass das auf Dauer nicht so gut ist, weil es ja auch zu weniger Integration führt. Weil dann bleiben sie nur an einem Ort versammelt, anstatt zu versuchen, herauszukommen in, äh, in die Gesellschaft.
> (O11, 29)

Damit blendet die Teilnehmerin die weitreichende gesellschaftliche Exklusion und Diskriminierung der Einwanderer und ihre Nachfahren in Frankreich als die Ursache des eskalierten Aufstands aus. Offenbar interpretiert sie den Aufstand als ein Problem an sich, das lediglich durch die wohnräumliche Konzentration der Einwanderer hervorgerufen worden sei. Ebenso verbirgt sich in ihrer Aussage die Annahme, dass Menschen, die an einem Ort wohnen, viel Zeit zusammen verbringen, und dass wenige Kontakte außerhalb des Wohnortes bestehen. Diese Annahme kommt auch in einem Gesprächsausschnitt aus O3 zum Ausdruck.

> O3Tx: Es ist sehr schade, wenn sich Gebiete mit Einwandererkonzentration herausbilden, es führt ja nur zu Problemen. Und wenn dann noch hohe Arbeitslosigkeit besteht, und man fühlt sich anders als die Anderen, dann wird es schwierig, eine Arbeit zu kriegen.
> O3T2: Ja, das hemmt ja die Integration sehr stark.
> O3Tx: Ja, Integration an sich ist ein Ziel, weil damit solche Sachen verhindert werden.

7.2 Zum Einfluss von ethnischen Kategorien auf die Bewertung städtischer Gebiete

O3T4: Also, das ist eine sich selbst verstärkende Negativspirale. Mal zugespitzt formuliert; da setzt man sich ja lieber hin und kaut Kat anstatt nach einer Arbeit zu suchen. Ich weiss, dass es politisch inkorrekt ist, so zu sprechen, aber das heisst ja nicht, dass man es nicht so meint.

O3Tx: Man sieht ja diese Beispiele, dass sie extreme Schwierigkeiten haben, eine Arbeit zu bekommen und so was. Und daher verlangt es etwas Zusätzliches. Und wenn du dann in einem Milieu wohnst, wo keiner um dich herum eine Arbeit bekommt, dann ist es, glaube ich, viel schwieriger, als wenn du mit Anderen bist, die eine Arbeit bekommen. Dann bist du bereit, dich mehr anzustrengen. Und ich glaube, es braucht noch verdammt viel mehr, wenn du irgendwie in einer Gang bist, und dich täglich mit Leuten herumtreibst, die – das ist einfach total unmöglich. Also, wenn alle, mehr oder weniger, von Sozialhilfe leben, dann ist es unmöglich, eine Arbeit zu kriegen. Wenn dein Vater keine Arbeit hat, und keiner Arbeit hat. Dann wird man Arbeit hassen.

O3T3: Ja, ich glaube schon, dass es viele darunter gibt, die Norwegens Großzügigkeit [Norwegisch: „godvilje", Englisch: „goodwill", A.O.S.] ausnutzen. Ich glaube nicht, dass es allen so schwer fällt, sich zu integrieren.

(O3, 42-43)

Nach der verallgemeinerten Aussage, dass Einwandererkonzentrationen per se „nur zu Problemen" führe, erläutern die Befragten hier den von ihnen antizipierten Zusammenhang zwischen der wohnräumlichen Konzentration und den sozialen Problemlagen der Einwanderer. Die wohnräumliche Konzentration wird hier als eine zentrale Ursache für die (fortbestehenden) sozialen Problemlagen der Einwanderer gesehen. Der Kern des Problems, so der Tenor in dem Gesprächsausschnitt, seien (vermeintliche) Erfahrungen und Einstellungen seitens der Einwanderer – darunter etwa das Fehlen einer guten Arbeitsmoral beziehungsweise das Abhängen in „Gangs" (vgl. hierzu O4, 60 ff., in der die Konzentration als Folge von unzureichenden „Anstrengungen" der „Einwanderer", sich zu integrieren, dargestellt wird). Im Vorfeld des letzen Zitats aus O3 erläutert ein Teilnehmer, dass 25 Prozent der höchste zumutbare Anteil von „Einwanderern" in einem Wohngebiet sei (O3, 41).

In O2 wird außerdem argumentiert, dass die wohnräumliche Konzentration hinderlich für die gegenseitige Verständigung und den Abbau von Vorurteilen zwischen den „Einwanderern" und „Norwegern" sei (O2, 44, 47) – auch steige dadurch das Risiko, dass sich Parallelgesellschaften herausbilden (O2, 60). Eine ähnliche Einschätzung sprechen die Teilnehmer in O4 aus und fordern daher, dass es zu einem vermehrten Umgang zwischen „Norwegern" und „Einwanderern" kommen muss:

O4T1: Ich glaube, man muss doch was tun, um das zu ändern. So sehe ich das. Ich finde nicht, dass es funktioniert, so wie das jetzt ist. Das finde ich wirklich nicht. So, wenn, äh – wenn zum Beispiel Somalier nur unter sich sind, dann kriegen die keinen Einblick in die norwegische Kultur oder wie das Schulsystem eigentlich funktioniert. Dann wird es ja schwierig mit der Integration.

O4I: Was bedeutet denn für euch Integration? Was setzt das zum Beispiel voraus?

O4T2: Das setzt vielleicht am aller Ersten voraus, dass man einander kennen lernt, und sozusagen gleichwertig ist. Dass man nicht – das man nicht aufeinander hinabschaut.
O4T1: Ja, dass man irgendwie zusammen leben – also, dass man einander respektiert und sich auseinandersetzt. Das ist eine schwierige Frage. Ja, zusammen leben, arbeiten, funktionieren können. Dass es keine Unterschiede gibt.
O4T2: Ich glaube, es geht auch sehr viel ums Wissen, um Kenntnisse.
O4T1: Ja.
(O4, 55)

Dabei wird auch hier, wie an anderen Stellen (siehe oben) ersichtlich, dass die Teilnehmer davon ausgehen, dass soziale Kontakte vom Wohnort abhängen (siehe hierzu die Diskussion im Anschluss an Kapitel 9).

Homogenität ist niemals gut

Überhaupt, so äußern viele der Befragten (zum Beispiel in O1, 32, 73; O2, 40; O4, 40; O10, 3, 27; O11, 12), sei keine Form von Homogenität zu befürworten – weder die (angebliche) Homogenität der Leute im „West-Teil" (etwa: „nur Reiche", „keine Einwanderer") noch die Homogenität der Leute in bestimmten Ecken von den „Einwanderergebieten" (wie etwa die „somalischen Territorien in Trondhjemsveien": O1, 69; O11, 8; vgl. auch O4, 49).

7.3 Hintergründe zu den Wahrnehmungen und Bewertungen von städtischen Gebieten und deren Bewohnern

Wie in der Berliner Untersuchung stellte sich auch in Oslo heraus, dass Teilnehmer oft auf etablierte Diskurse und kollektive Vorstellungen von den städtischen Gebieten zurückgriffen, als sie darum gebeten wurden, Stadtteile, zu denen ihnen sofort etwas einfällt auszuwählen und zu beschreiben. Deshalb wurden auch hier unterschiedliche Nachfragen gestellt, um mehr über die Hintergründe für die Wahrnehmungen und Bewertungen der Stadtteile und deren Bewohner zu erfahren. Nun erfolgt ein Einblick in die Reflexionen der Teilnehmer diesbezüglich.

Prämisse I: Man glaubt, was man hört

In O2 erfolgte eine Reflexion über die Wahrnehmung und Bewertung eines Stadtgebietes im Zusammenhang mit der Beschreibung von Grünerløkka (O2, 26-29). Hier unterschieden die Teilnehmer zwischen einem negativ wahrgenommenen „unteren" Teil und einem positiver wahrgenommenen „mittleren" und „oberen"

Teil von Grünerløkka. So sei der untere Teil „heruntergekommen", „schäbig" und „unsicher", der obere beziehungsweise mittlere Teil hingeen „hip" beziehungsweise „trendy" (ebd.). Als Begründung für die negative Wahrnehmung des unteren Teils führen die Teilnehmer unter anderem an, dass dies der Ort sei, wo „Dinge passieren" würden (u.a. Gewaltübergriffe) (ebd.).

> O2T1: Also ich denke, es gibt einen Unterschied zwischen dem unteren und oberen Teil von Grünerløkka.
> [...]
> O2T1: Der obere Teil ist ja sehr attraktiv geworden für junge Leute zum Wohnen, und ist so ziemlich hektisch und trendy.
> O2T2: Aber der untere Teil von Grünerløkka ist ja total tote Hose, während –
> O2T1: Der untere Teil von Grünerløkka, da ist es ja mehr schäbig [„shabby", A.O.S.]
> [...]
> O2T1: Also, es ist ein bisschen mehr schäbig und ärmlicher, im unteren Teil, als wenn man so hoch kommt wie Olav Ryes Plass und da so.
> O2T2: mmm
> O2T1: Da sind dann Cafés und so was, aber so zwischen dort und dem Zentrum ist es, wenn du von Brugata aufwärts läufst, die ersten Haltestellen dort, da ist es ein bisschen mehr so heruntergekommen und –
> O2T2: Ja, weil es war ja auch da, wo diese Kriminalität stattgefunden hat
> O2T1: Entlang der Akerselva [ein Fluss, der mitten durch die Stadt verläuft, traditionelle Grenze zwischen Ost- und West-Teil, A.O.S.] und da so.
> O2T2: Ja, der untere Teil von Grünerløkka, da sind jetzt die traurigen Orte –
> O2T1: Ja.
> O2T2: Das kann ja was damit zu tun haben, dass es traditionell im Osten –
> O2T1: Naja, da passieren halt immer so Sachen. Wenn man so ein bisschen hört, von Leuten –
> O2T2: Wo man nicht entlang laufen soll {Lachen}
> O2T1: Ja, wo man nicht laufen soll und auch wo – wo – wo so irgendwie unglückliche Vorfälle mit zufälliger Gewalt und so was passieren; das ist dann oft dort.
> O2T3: Ja.
> O2T1: Und dann bekommt man so ein bisschen so negative Assoziationen mit diesen Gebieten, weil die Dinge dort passieren.
> {mehrere: mhm}
> O2T2: Ich fühle mich nicht sicher, wenn ich da durchlaufe.
> O2T1: Nein, ich mag es auch nicht, da durchzulaufen.
> (O2,26-27)

Ähnlich beschreibt ein Teilnehmer in O10, im Zusammenhang mit der Aussage, dass er sich in Grønland und Tøyen nicht sicher fühle (siehe Abschnitt 7.2), dass sein Unsicherheitsempfinden damit zusammenhängen würde, was er gehört habe – von Bekannten, aus den Medien oder auch im Rahmen seiner Ausbildung (vermutlich ist hier Abitur oder Studium gemeint):

O10I: Also, du [zu O10T3] fühlst dich da nicht sicher, aber was ist der Grund, warum du dich da nicht sicher fühlst? Also, ich stelle jetzt diese Frage als jemand, der von außerhalb kommt, und die Stadt nicht so gut kennt.
O10T3: Das hat ganz sicher damit was zu tun, was man so hört. Also, das gilt sowohl von Bekanten als auch von den Medien. Aber es kann auch damit zusammenhängen, was ich in Verbindung mit – was soll ich sagen – mit dem, was ich kenne, durch die Ausbildung und solche Sachen. {Lachen}
O10I: Ich verstehe vielleicht, worauf du hinauswillst, aber es wäre schön, wenn du es ein bisschen expliziter machen könntest.
{Lachen}
{O10T3 räuspert sich, findet die Situation offensichtlich ein wenig „peinlich"}
O10T2: Komm schon, raus mit den Vorurteilen.
{Lachen}
O10T2: Schlicht und ergreifend.
O10T3: Also, es – es geht halt ein bischen darum, also –
{Lachen}
O10T3: Es hat wohl mehr mit meiner Ausbildung zu tun, mit dem was ich weiß, und mit dem was ich so gelesen habe an Statistiken. Ähm – also, in Bezug auf Kriminalität, sowohl der natürlich subjektive, als auch der objektive, nicht wahr? Aber also, was man fühlt.
O10T1: Sind die meisten Bewohner in Tøyen kriminell?
O10T3: Nein, das wäre ein bisschen falsch, das so auszudrücken. Aber das, was die Statistiken sagen, ist, dass äh – Es wäre falsch zu sagen, dass, äh, Einwanderer krimineller sind als Norweger. Aber in Bezug auf die Statistiken, dann kann man, zum Beispiel sagen, dass es oft Männer sind, die kriminelle Handlungen begehen, innerhalb einer bestimmten Altersgruppe sein, Einwanderer mehr als Norweger, und weil vielleicht mehr Leute in dieser Altersgruppe in Tøyen und Grønland wohnen, also in diesem Segment der Bevölkerung, dann könnte man sagen, dass einige Stadtteile krimineller sind als andere.
O10T1: mhm
O10T3: Hast du verstanden, was ich meinte?
O10T1: Ja. Das würde ich schon meinen, dass man das so sagen kann.
O10T3: Ja. Es ist wichtig, dass man sagt, dass dies nicht bedeutet, dass die Einwanderer generell krimineller sind als die Norweger, sondern wegen der Altersgruppe, die kriminell ist, in Norwegen.
(O10, 11-15)

Hier versucht O10T3 „sachlich" zu beschreiben, dass seine Empfindung von Unsicherheit beziehungsweise Bedrohung in Grønland und Tøyen berechtigt sei. Allerdings erscheint diese „Beweisführung" schwer, da er offensichtlich keine genauen Informationen darüber hat, ob es tatsächlich diese Gruppen sind, die in Tøyen und Grønland wohnen. Somit ist davon auszugehen, dass seine Empfindungen in Bezug auf Tøyen und Grønland vielmehr darauf beruhen, was er aus anderen Quellen (Bekannte, Medien) gehört hat.

Interessanterweise wird im Anschluss an dieser Aussage zu Grønland und Tøyen erläutert (seitens derjenigen, die das Unsicherheitsempfinden von O10T3 in Grønland und Tøyen nicht nachvollziehen können), dass im Grunde genommen Grünerløkka der Stadtteil sei, der am unsichersten sei (O11, 15). „Da werden ja sehr viele vergewaltigt, dort hört man ja oft, dass so Sachen passieren, in den Medien und von anderen" (ebd.). Dennoch gelte dieser Stadtteil als der „hippeste" Stadtteil Oslos (ebd.).

Prämisse II: „Kultur" als Erklärung für die räumliche Konzentration von Migranten

Wie in der Berliner Untersuchung ist auch in der Osloer Untersuchung zu sehen, dass viele Teilnehmer davon ausgehen, dass die „Einwanderer" deshalb konzentriert wohnen, weil sie mit ihresgleichen zusammenleben *wollen* (O1, 57; O2, 46, 61; O3, 39; O4, 52; O10, 42; O11, 29). Damit eng verknüpft ist die Annahme, dass „Einwanderer" mit anderen „Einwanderern" mehr Gemeinsamkeiten haben als mit „Norwegern". Somit äußern sie Verständnis dafür und bezeichnen es als „normal" (v.a. O2, 46, 61; O10, 42).

Aus der O2 heißt es, dass es „überall" so sei, dass neu hinzugezogene („ethnische") Gruppen dorthinziehen, wo die Menschen sind, deren Kultur, Sprache und Normen sie bereits kennen:

> O2T1: So ist es ja überall, wie soll ich sagen, zu allen Zeiten gewesen in unterschiedlichen Ländern, wo neue Gruppen eingezogen sind. Da suchen sie dann das auf, was sie bereits kennen. Ob das die norwegischen Amerikaner in den USA sind, oder Pakistanis in Oslo. Es ist ja immer so, dass man das aufsucht, was man kennt, und die Gruppen, die man kennt. Das ist so eine Art natürlicher Reflex, wenn man irgendwo hinkommt.
> O2T2: Es gibt sozusagen genügend andere Eindrücke, so dass man andere Seiten -
> O2T1: Ja, dann hat man –
> O2T2: Dann etwas, was einem vertraut ist.
> O2T1: Ja, so ein bisschen Sicherheit, dass man aufgehoben ist. Man kennt die Kultur, und, ja, das ist ein bisschen schwer irgendwo hinzukommen, wenn – ja, wenn man die Sprache und die Normen nicht kennt und wie alles läuft, und dann sucht man diejenigen auf, mit denen man eher umgehen kann. Ohne Missverständnisse und so.
> O2Tx: Mhm.
> O2T2: Von daher glaube ich, ist das so eine ganz natürliche Sache, das ist so – das war immer schon so – auf der ganzen Welt.
> (O2, 46)

Die Befragten in der O10 erklären, dass es „natürlich" sei, dass die Menschen dort hinziehen, wo Menschen sind, mit denen sie sich „identifizieren" können, und wo sie „hineinpassen". Dem Zitat ist zu entnehmen, dass die „Identifikationsmöglichkeit" beziehungsweise das „Hineinpassen" als abhängig von der „ethnischen" (nationalen) Zugehörigkeit verstanden wird:

> O10T2: Es ist ja natürlich, dass man sich dort ansiedelt, wo andere wohnen, äh, mit denen man sich identifizieren kann. So dass, also, äh, wenn ich in eine fremde Stadt gezogen wäre, dann würde ich ja mit den anderen Norwegern zusammen wohnen wollen.
> O10T1: Das ist ja genau das, was die hier betreiben.
> O10T3: Also – mhm –
> O10T1: Die ziehen ja dahin, wo sie hineinpassen.
> {Lachen}
> O10T2: Ja, oder?
> O10T1: Mhm.
> (O10, 42)

Das interpretiert eine Teilnehmerin in O11 genauso. Sie erklärt, es sei „völlig normal", dass die „Einwanderer" die räumliche Nähe zu einander suchen (O11, 41). So würde sie auch, wenn sie ins Ausland gehe, zu den „Norwegern" hinziehen (ebd.).

Auch wenn viele Teilnehmer, wie hier gezeigt, Verständnis für die vermeintlich freiwillige Konzentration von „Einwanderern" äußern, bedeutet dies allerdings nicht, wie im letzten Abschnitt (7.2) gezeigt wurde, dass die Konzentration von „Einwanderern" stets positiv bewertet wird.

7.4 Zusammenfassung

Im ersten Abschnitt dieses Kapitels (7.1) wurde die Bedeutung von ethnischen Kategorien für die Wahrnehmung städtischer Teilgebiete und deren Bewohner thematisiert. Es wurde gezeigt, dass „ethnische Merkmale" in der Beschreibung von bestimmten Stadtteilen eine zentrale Rolle spielen. Bezogen auf dem Innenstadt-Bereich waren dies vor allem die Gebiete im Ost-Teil der Stadt; Grønland, Tøyen beziehungsweise als Sammelbezeichnung Gamlebyen („Altstadt").

Im zweiten Abschnitt (7.2) wurde gezeigt, wie sich die Assoziation von städtischen Teilgebieten mit ethnischen Kategorien auf deren Bewertung auswirkt. Hier stellte sich einerseits heraus, dass die Konzentration von „Einwanderern" und die damit verbundene „andere" Prägung des Stadtbilds zu einer positiven Bewertung des Stadtteils beigetragen haben. Andererseits stellte sich heraus, dass die „Einwanderkonzentration" sehr viel häufiger zu einer negativen Bewertung von Stadtteilen beigetragen hat, unter anderem weil damit eine höhere Kriminalität und Desintegration assoziiert wurde.

Und schließlich, im dritten Abschnitt dieses Kapitels (7.3), wurden einige Aussagen zu den Hintergründen der Wahrnehmungen und Bewertungen von städtischen Gebieten und deren Bewohnern dargestellt. Eine Erkenntnis, die sich daraus ableitete, war eine zentrale Bedeutung von Medienberichten und Einstellungen von Freunden und Bekannten für die Vorstellungen, welche die Befragten von städtischen Gebieten und deren Bewohnern zum Ausdruck brachten. Eine weitere Erkenntnis in diesem Abschnitt war, dass die Konzentration von „Einwanderern" in bestimmten Stadtteilen als die Folge von fehlenden Gemeinsamkeiten beziehungsweise Identifikationzmöglichkeiten zwischen „Einwandern" und „Norwegern" interpretiert wurde.

8 Wahrnehmungen und Bewertungen von Einwanderern

In diesem Kapitel geht es um die Frage, ob ethnische Zugehörigkeit das Empfinden von sozialer Nähe beeinflusst. Diese Frage ist deshalb relevant, weil davon ausgegangen wird, dass Wohnortpräferenzen mit dem Empfinden von sozialer Nähe zu den Menschen in der Wohnumgebung zusammenhängen (siehe Abschnitt 2.1).

Im ersten Abschnitt dieses Kapitels (8.1) wird dargestellt, welche Personen beziehungsweise Personengruppen die Teilnehmer mit dem Begriff „Einwanderer" assoziieren. Danach folgt eine Erläuterung der positiven Bewertungen im Zusammenhang mit Einwanderung beziehungsweise „Einwanderern" (Abschnitt 8.2). Daran anschließend erfolgt eine Erläuterung der negativen Bewertungen diesbezüglich (Abschnitt 8.3).

Ein weiterer Abschnitt befasst sich mit der Sonderposition der „Somalier" in der Kategorie der „Einwanderer" (Abschnitt 8.4). Zur Abrundung des Kapitels werden in Abschnitt 8.5 wichtige Hintergründe und Reflexionen in Bezug auf die versprachlichten Wahrnehmungen und Bewertungen von „Einwanderern" thematisiert – unter anderem Aussagen zu Kontakthäufigkeiten und -gelegenheiten zu „Einwanderern".

8.1 Die Bedeutung der Hautfarbe

„Einwanderer" sind die, die „anders aussehen"

In sämtlichen Osloer Befragungen wird zur Sprache gebracht, dass „Einwanderer" Personen sind, die sich durch äußere Merkmale (vor allem durch eine dunklere Hautfarbe) von „Norwegern" unterscheiden (u.a. O1, 69; O2, 62; O3, 49; O4, 49, 52; O10, 48; O11, 10, 56). In O11 wird explizit geäußert, dass Norweger „weiß" seien (O11, 56). Ansonsten wird meist nicht das Aussehen der „Norweger" thematisiert, sondern das „andere Aussehen" der „Einwanderer" (siehe ebd.). Das heißt es werden nur jene Menschen als „Einwanderer" wahrgenommen, deren Äußerliches als „nicht weiß" oder „nicht norwegisch" gewertet wird. Ein konkretes Beispiel dafür ist in der Aussage einer Teilnehmerin in O1 zu sehen, als sie ihre Nachbarschaft beschreibt:

O1Tx: Ich kann mich nicht erinnern, dass ich in dem Wohnblock neben uns Leute gesehen habe, die nicht komplett norwegisch aussehen. Während in den dem anderen Wohnblock mit den Vierzimmerwohnungen viele große Familien – Einwanderer oder ich weiß nicht, was sie sind, leben. Jedenfalls keine norwegischen Wikinger. (O1, 69).

Ein weiteres Beispiel dafür, dass „Einwanderer" eine Kategorie für Menschen ist, die „anders aussehen", gibt es in O10. In der 48. Minute sprachen die Teilnehmer über die Unterschiede zwischen den westlichen und den östlichen Teilen der Stadt, und es wurde unter anderem geäußert, dass die „Einwanderer" in Frogner viel eher „auffallen" würden (O10, 47). Eine Minute später fasst eine Befragte die Diskussion wie folgt zusammen: „Besonders in Gegenden, wo es nicht viele Einwanderer gibt, nimmt man die wenigen Einwanderer stärker wahr – in Gegenden wo es viele gibt, werden sie eher unsichtbarer" (O10, 48).

Auch in O4 wird mehrfach ein Zusammenhang zwischen Aussehen und Zugehörigkeit zu der Kategorie der „Einwanderer" (das heißt nicht zur Kategorie der „Norweger") zum Ausdruck gebracht. Zum Beispiel dann, als eine Teilnehmerin von ihrem ersten Umzug von Bergen nach Oslo berichtet. Hier erzählt sie, dass sie beim Blick vom Balkon in ihrer ersten Osloer Wohnung auf Grønland „nur Einwanderer" gesehen habe (O4, 16). Ein anderes Mal im gleichen Interview spricht ihr Lebensgefährte von „Dunkelhäutigen" als „Fremde" beziehungsweise „Nicht-Norweger" (O4, 50).

Zuletzt ein Beispiel aus O2. Hier erklärt eine Teilnehmerin, dass „westliche Einwanderer" es viel leichter hätten, sich „einzufügen", weil sie sich nicht so stark unterscheiden würden (von den „Norwegern") und nicht in gleicher Weise (wie „nicht-westliche Einwanderer") von „Norwegern" „als Fremde angesehen würden" (O2, 63). Es sei denn, sie würden ihren Mund aufmachen (ebd.). Mit dieser Bemerkung wird die Bedeutung der Hautfarbe für die Fremdkategorisisierung besonders ersichtlich. Das heißt „westliche Einwanderer", die „wie Norweger aussehen", seien nur dann als „Einwander" zu enttarnen, wenn sie mit Akzent sprechen.

Andere Hautfarbe als Hinweis auf kulturelle Differenz

Ein Teilnehmer aus O4 liefert eine Art „Erklärung" für die Reduzierung des Begriffs „Einwanderer" auf Menschen mit einer dunkleren Hautfarbe (O4, 52). Seiner Aussage nach gehe es darum, dass „Einwanderer" ein Begriff ist, der auch kulturelle Differenz zum Ausdruck bringt. Und so werde die dunklere beziehungsweise abweichende Hautfarbe als ein Indiz für kulturelle Differenz verwendet. Das heißt Personen mit einer anderen Hautfarbe als die eines „typischen Norwegers", werden grundsätzlich als „Einwanderer" und damit als Menschen, die andere Einstellungen und Verhaltensweisen vertreten, kategorisiert. Je dunkler beziehungsweise abweichender die Hautfarbe, umso größer die Annahme kultureller Differenz, und umso eher wird ein Mensch als „Einwanderer" klassifiziert.

> O4T2: Schweden und Polen sind ja die größten Einwanderergruppen, aber die haben es einfacher, in die norwegische Gesellschaft assimiliert zu werden, und das glaube ich, hat in erster Linie mit der Hautfarbe zu tun. Weil man sieht es nicht – man sieht es einer Person aus einem afrikanischen Land unmittelbar an. Also, die werden sofort abgestempelt. Kontra wenn die Leute aus einem europäischen Land stammen. Ich glaube, dass die kulturellen Unterschiede grösser sind, aus einem afrikanischen oder asiatischen Land, als intern in Europa. Somit wird die Hautfarbe zu einem Stempel für kulturelle Differenz.
> (O4, 52)

Ein weiterer Befragter, aus O3, erläutert ebenfalls, dass die Hautfarbe „ein wichtiges Thema" sei, weil damit zu erkennen sei, welcher „Lebensweise" jemand „angehört". Zwar erläutert er, dass dieses manchmal nicht ganz zutreffen würde, dennoch sei die Hautfarbe ein „Marker":

> O3Tx: Also, ja, die Hautfarbe ist ein sehr sichtbares Signal, dass jemand einer anderen Lebensweise angehört als wir. Also so gesehen ist die Hautfarbe ein wichtiges Thema, weil daran kann man einen Pakistaner erkennen und Vorannahmen haben diesbezüglich. Diese Person könnte eigentlich in der Tat genauso gut ein Brite sein. Aber so gesehen meine ich, dass die Farbe viel zu bedeuten hat, weil es so ein einfacher Marker wird.
> O3T2: ja
> (O3, 51)

Die Möglichkeit, dass diese Person auch ein „Norweger" sein könnte, wird hier interessanter Weise nicht angesprochen. Ein Grund dafür könnte sein, dass es in Norwegen weniger üblich ist, einen „anders aussehenden" Menschen für einen („echten") „Norweger" zu halten (siehe oben), hingegen würde womöglich eher akzeptiert, dass ein „Pakistaner" auch ein („echter") Brite sein könnte.

8.2 Positive Aspekte der Andersartigkeit von Einwanderern

Es gibt eine Fülle an Material, das nahe legt, dass die Wahrnehmung von „Einwanderern" überwiegend durch negative Assoziationen geprägt ist. Die wichtigsten Aspekte dazu werden im nächsten Abschnitt (8.3) vorgestellt. In diesem Abschnitt werden die positiven Aspekte, die mit der Einwanderung beziehungsweise mit den „Einwanderern" verbunden werden, präsentiert. Diese sind im Vergleich zu den negativen Aspekten verhältnismäßig bescheiden. Sie betreffen meist den Aspekt, dass die „Einwanderer" einen positiven Beitrag zur „kulinarischen Vielfalt" im Land beziehungsweise in der Stadt leisten (zum Beispiel O1, 7). So sagte ein Teilnehmer aus O3: „Es ist ja nicht ausschließlich negativ, dass die Einwanderer hier sind. In Bezug aufs Essen sind sie ja super integriert!" (O3, 46).

Wenn die Befragten positive Aspekte bezüglich der Einwanderung beziehungsweise der „Einwanderer" nennen, wird vor allem die „Andersartigkeit" der „Einwandererläden" gelobt (u.a. O1, 7; O2, 55; O4, 10; O11, 17-20). Wie etwa in O11, als die Teilnehmer erklären, dass das Angebot an Gemüse in den „Einwandererläden" vielfältiger und günstiger sei, und dass die Art und Weise der „Einwanderer", mit Gemüse umzugehen (nicht in Plastik einzupacken) besser sei:

> O11T2: Ich empfinde das als ein sehr gutes Angebot. Ähm, das, was sie da haben. Zum Beispiel, es ist viel einladender für mich, mein Gemüse bei Intermat [Name eines „Einwanderergeschäfts", A.O.S.] im Center von Tøyen zu kaufen anstatt bei Kiwi [Name einer Supermarktkette, A.O.S.] irgendwie.
> O11I: Wieso?
> O11T2: Ach, es sieht einfach irgendwie frisch aus, und das ist irgendwie viel einladender – und dann ist es auch noch viel günstiger.
> O11T1: Und dann gibt es viel mehr Auswahl.
> O11T2: Ja, eine größere Auswahl.
> O11T1 und O11T3: Mhm.
> O11T2: Und dann ist halt nicht das ganze Gemüse in Plastik eingepackt, irgendwie. Es fühlt sich irgendwie gesünder an.
> O11T3: Das finde ich auch.
> (O11, 17)

Ähnlich erklärt O4T2, dass sie bevorzugt in den „Einwanderläden" einkaufen geht anstatt in den Supermärkten „Meny" und „Mega", die ebenfalls in ihrer Wohnumgebung vorhanden seien (Zitat folgt). Unter anderem begründet sie ihre Präferenz mit der „gemütlicheren Atmosphäre" in den „Einwandererläden" im Vergleich zu den standardisierten, „DIN A4"- gestalteten Supermarktketten.

> O4T2: Ich bevorzuge ja, mein Gemüse bei Sultan oder einem anderen Einwandererladen um die Ecke zu kaufen – anstatt bei Meny oder Mega. Das hat auch damit was zu tun, dass es eine bessere Auswahl gibt als im Supermarkt, und es ist billiger und gemütlicher. Vor allem weil es gemütlicher ist.
> O4I: Kannst du das noch etwas vertiefen? Was meinst du damit, dass das Einkaufen da gemütlicher ist?
> O4T2: Ja, das ist irgendwie so ein bisschen altmodisch, halt, nicht wahr? Das Gemüse steht an der Straße, und du kannst es selber pflücken, und es ist –
> O4T1: Und dann ist es eine Familie, vielleicht. Oder jedenfalls –
> O4T2: Ja, ja. Alle arbeiten für zwanzig Kronen die Stunde [etwa 2, 50 Euro, A.O.S.], und das sind türkische Einwanderer, die unter ganz elenden Bedingungen arbeiten.
> {Lachen}
> O4T2: Aber man hat so ein poetisches Bild davon, dass es halt –

O4T1: Ja, aber das geht auch ein bisschen darum, wie sie sich einander gegenüber Verhalten.
O4T2: Mmm.
O4T1: Also, im Vergleich dazu, wie es ist, wenn du im Supermarkt bist –
O4T2: Ich glaube, es ist schon so eine Reaktion auf diese DIN A4 geformten Supermärkte. Man hat so das Gefühl, dass die Qualität besser ist, oder es ist mehr echt, irgendwie. Dass es nicht so dieses aufgesetzte Ding, mit dem aufgesetzten Lächeln und den Geschmacksproben ist, oder dieses ‚Mango im Angebot' bei Rema 1000 [Supermarktkette, A.O.S.] ist. Es ist ein bisschen mehr genuin [„ursprünglich", A.O.S.]. Also, wenn man aber etwas kritisch ist, dann ist es ja nicht so rosig, irgendwie. Aber dennoch ist es, weil es an der Ecke liegt, und mittendrin im Straßentrubel ist, dann wird es so natürlich und so leicht, da hineinzugehen, und es ist sehr schön, auch dass es diese DIN A4- Art von den Supermärkten nicht hat.
(O4, 10)

Als einen weiteren positiven Aspekt der Einwanderung fügt O2T2 die größere Vielfalt an persönlichen „Geschichten" hinzu:

O2T2: Es ist ja auch gut, also spannender, vielfältiger, wenn man Geschichten von Menschen hört, die nicht alle den gleichen Hintergrund haben. Wenn du dann jemand anders [aus dem Kontext ersichtlich: ein „Einwanderer" beziehungsweise „Ausländer", A.O.S.] kennenlernst, weißt du nicht unbedingt, welche Geschichte sich dahinter verbirgt. Du hast nicht diesen vertrauten, sicheren Rahmen, den wir Norweger haben. Es ist ja schon ein bisschen so, dass wir auf einer Art und Weise die gleiche Erziehung [auch: Sozialisation- im Norwegischen wird hier das Wort „Opplæring" verwendet, A.O.S.] erfahren haben. Wenn ich dann Menschen kennenlerne, die nicht in diesem norwegischen Setting aufgewachsen sind, bereichert es mich in meinem Alltag, weil es spannender ist.
O2T3: Das hast du sehr schön formuliert.
(O2, 54)

An dieser Stelle ist also die Wahrnehmung zu erkennen, dass es erst durch die „Einwanderer" beziehungsweise „Ausländer" zu einer Vielfalt in der Bevölkerung gekommen sei, die es angeblich nicht unter „Norwegern" geben könnte. Eine weitere Teilnehmerin, O2T1, fügt im Anschluss an dieses Zitat hinzu, dass die „Einwanderer" glücklicherweise dazu beigetragen hätten, dass es nun mehr Heterogenität in Bezug auf Musikangebote und Tanzveranstaltungen gäbe (O2, 55). Außerdem sei es positiv, dass die „Einwanderer" die Bereitschaft dazu hätten, auch an Sonntagen in den Läden zu stehen, als Busfahrer zu arbeiten, die Zeitungen auszutragen und andere schlecht bezahlte Jobs anzunehmen (ebd.).

8.3 Negative Aspekte der Andersartigkeit von Einwanderern

Wie bereits erwähnt, überwiegen in den Aussagen die negativen Aspekte, wenn die Teilnehmer in den Osloer Gruppendiskussionen über die Folgen beziehungsweise Ausdrucksformen von Einwanderung in ihrer Stadt sprechen. Zusammengefasst sind es vor allem die geringe (Wertschätzung von) Bildung, Kriminalität und fehlende „Integrationsbereitschaft", die als negative Aspekte der Einwanderung angesprochen wurden. Es folgt nun eine kurze Präsentation der Aussagen zu diesen jeweiligen Themen beziehungsweise Annahmen über „Einwanderer".

„Einwanderer" wirken bedrohlich

In vier der Osloer Gruppendiskussionen wird ausführlich darüber gesprochen, dass allein die Anwesenheit von Gruppen von „Einwanderern" Bedrohungsgefühle auslösen würden (O1, 48-51; O2, 26-28, 41; O10, 11-15, 51; O11, 8-10). Zum Beispiel berichte eine Teilnehmerin in O2, dass sie sich vor allem im Grønland unsicher fühle, weil dort so viele „Gangs" herumstehen würden. Auch wenn sie „vielleicht nix machen" würden, sagt sie, hätte sie Angst vor ihnen (Zitat folgt in Abschnitt 9.2).

Von ähnlichen Empfindungen berichten auch Teilnehmer in der Gruppendiskussion O1. Allerdings nicht in Bezug auf sich selbst, sondern in Bezug auf Aussagen, die sie von anderen gehört haben. Eine Teilnehmerin erklärt: „Die Leute behaupten, dass sie sich da [im „unteren Teil von Grünerløkka", am Fluss entlang, A.O.S.] nicht sicher fühlen, aber ich meine, dazu haben sie keinen Grund" (O1, 48). So wird hier argumentiert, dass es unbegründet und nicht richtig sei, die „Einwanderer" hier als Unsicherheitsfaktor abzustempeln. Die „Einwanderer" betrieben zwar dort Drogenverkauf, so die Teilnehmerin – eine Gefahr für Norweger stellten sie jedoch nicht dar, so die Kernaussage. In der anschließenden Diskussion wird von mehreren Teilnehmern erläutert und kritisch darüber reflektiert, dass die (dunkle) Hautfarbe der Grund sei, warum die Menschen (beziehungsweise: „Norweger") dort Angst bekommen würden. Das folgende Zitat zeigt die Details in den Aussagen:

> O1Tx: Es sind ja größtenteils ruhige Afrikaner, die da so stehen und dealen. Ich laufe jeden Tag an ihnen vorbei, und ich habe nie – ich bin nie in Situationen geraten, die ich als bedrohlich empfunden habe. Aber klar, es ist ja eindeutig eine illegale Aktivität, daher kann ich das schon verstehen, dass die Leute darauf reagieren. Aber in der Realität – die Leute verbinden sehr schnell das Wort Unsicherheit damit, dass jemand eine andere Hautfarbe hat oder herumsteht und den öffentlichen Raum anders nutzt als sie es selbst tun. Wenn jemand an der Straße einfach herumsteht, dann ist es -
> O1Tx: Das ist ein bisschen suspekt, irgendwie!

O1Tx: Ja, das ist suspekt.
O1Tx: Und das finde ich nicht so sehr – also wenn es darum geht, welche Hautfarbe du hast. Ich finde, die Leute könnten andere Wörter dafür benutzen. Die Leute kriegen ja Angst, wenn sie Leute mit dunkler Haut auf der Straße sehen, die etwas illegales verkaufen. Aber wenn man jemanden von denen, aus dieser Kampagne fragt [Zuvor wurde eine Nachbarschaftskampagne in dem „unteren Teil von Grünerløkka" erwähnt, bei der die Bewohner mit Bannern an den Häuserfassaden gegen den Verkauf von Drogen und das „Unsicherheitsempfinden" in ihrer Wohnumgebung mobilisieren, A.O.S.], dann sind keine Norweger in irgendwelche Schwierigkeiten gelandet.
O1Tx: Und sie kriegen bestimmt Angst, unabhängig davon. Also, wenn eine Gang dort Drogen verkauft und eine andere tut es nicht, dann kriegen sie sowieso Angst, weil sie gleich aussehen und Furcht erregend sind.
O1Tx: Aber ehrlich gesagt, ich glaube, wenn ich auf dem Heimweg [diese Teilnehmerin wohnt in dem betreffenden Gebiet, A.O.S.] überfallen werden sollte, auf dem Weg zurück aus der Innenstadt nachts, dann glaube ich eher, dass einer von denen an meiner Hausecke mir geholfen hätte, als umgekehrt. aber –
O1Tx: Ja.
(O1, 48-51)

In einer weiteren Diskussion (O11) wird in einer ähnlichen Weise – das heißt wieder einmal nicht in Bezug auf eigene Empfindungen, sondern in Bezug auf die Empfindungen anderer „Norweger" – erläutert, dass die Anwesenheit von „Männern mit dunkler Haut" Angst auslöse. Diese Aussage wurde bereits in Abschnitt 7.2 zitiert. Dort war zu sehen, dass die Teilnehmer sich darüber belustigend unterhielten, dass „Norweger" aus dem West-Teil, die zum Sport-Training in das Olympen in Tøyen fahren, Angst bekämen, wenn sie die „Männer mit dunkler Haut" im Café gegenüber dem Trainingsstudio sahen (O11, 8).

„Einwanderer" als Kriminelle

Ein anderer negativer Aspekt, der in den Osloer Gruppendiskussionen mit „Einwanderern" assoziiert wird, ist Kriminalität. Als ein Teilnehmer in O10 (O10, 11-15) äußert, dass die Bewohner in Grønland und Tøyen krimineller seien als die Bewohner anderswo in Oslo, ist er bemüht, diese Aussage zu rechtfertigen (aufgrund der Reaktionen seiner Gesprächspartner; siehe Abschnitt 7.3). Im Laufe seiner Rechtfertigungsversuche erklärt er, dass er damit nicht sagen wolle, dass „Einwanderer" generell krimineller seien als „Norweger" – lediglich in Bezug auf männliche „Einwanderer" in einer bestimmten Altersgruppe sei dies der Fall. An anderen Stellen in O10 sowie in den anderen Osloer Gruppendiskussionen ist hingegen zu sehen, dass eine kausale Verbindung zwischen „Einwanderern" und Kriminalität gezogen wird, ohne dass darüber kritisch diskutiert wird (u.a. O1, 32, 57; O2, 44ff; O3, 39, 42ff.; O4, 49; O10, 18, 31; O11, 37, 44).

So äußerte ein Teilnehmer in O3 ohne Widerrede von seinen Gesprächspartnern: „Es ist ja kein Geheimnis, dass die Einwanderer in den Gewaltstatistiken stark überrepräsentiert sind. Das ist ja irgendwie ein Fakt." (O3, 46). Ein anderes Beispiel, wo dieser Zusammenhang zwischen „Einwanderern" und Kriminalität gezogen wird, geht aus der Aussage einer Teilnehmerin in O1 hervor. Hier suggeriert sie, dass die (von ihr wahrgenommene) negative Entwicklung in Romsås seit Mitte der 80er Jahre mit dem Zuzug von „Einwanderern" per se zusammenhängen würde: „Also, da ging es los, mit mehreren Schießereien und haufenweisen Einwanderern." (O1, 30).

Im Anschluss an die Aussage aus der 47. Minute in O3, dass „Einwanderer" im Vergleich zu „Norwegern" gewalttätiger seien, wurden die Teilnehmer (von mir) dazu aufgefordert, die Gründe für dieses (angebliche) Faktum zu benennen. Die Antwort:

O3Tx: Entwicklungsländer -
O3T3: Ich glaube, das kann damit – ich glaube, das ist ein bisschen so wie – also, ein kulturelles Ding. Und dann gibt es, äh, vielleicht einige, die damit Schwierigkeiten haben, an einem anderen Ort anzukommen und so was. Also, keine Arbeit und so was zu bekommen, und dann müssen sie alternative {lacht} Hilfsmittel anwenden. Und das wird dann einfacher für sie vielleicht, und besonders wenn mehrere Generationen das vor ihnen gemacht haben, so dass sie in einem Milieu aufwachsen, wo dieses ist, und dann wirst du einfach da hineingezogen. Und dann – wenn du keine positiven Impulse hast, die dich in die andere Richtung ziehen, dann bleibst du dort gefangen, und dann wirst du es auch selber weiterführen.
O3Tx: Ich glaube, das ist für viele Einwanderer so, die hier sind.
O3Tx: Aber Asylbewerber, die sind ja nicht – die sind ja nicht – oder, das sind ja normale Leute, aber sie kommen ja aus nicht normalen Verhältnissen. Und daher haben sie ja nicht eine normale, stabile Kindheit und ein stabiles Aufwachsen erfahren. Da würden vielleicht sowieso Probleme entstehen, egal wo sie aufgewachsen wären.
O3T2: Aber es ist ja auch ein bisschen schwierig manchmal, so die norwegischen sozialen Normen zu verstehen. Also da hineinzukommen in die norwegische Kultur und Normen, und das zu verstehen. Das nimmt Zeit in Anspruch. Aber deshalb fällt man ein bisschen raus, jetzt mit der Schule, und wie die Sachen dort funktionieren – Arbeit – vielleicht, dass man das nicht kennt, dass man da erscheinen muss, weil es vorher nicht so war. Oder die Eltern haben nicht die gleiche Einstellung zum Erwerbsleben wie vorher. Aber das sind ja jetzt so Spekulationen.
O3T3: Ja.
O3Tx: Vielleicht ist es auch so eine Bitterkeit, ich weiß es nicht.
(O3, 46-48)

Hier ist zu sehen, dass die Aussage, dass „Einwanderer" häufiger gewalttättig beziehungsweise kriminell seien, mit unterschiedlichen Erklärungen begründet und somit auch legitimiert wird. Zum einen werden Ankunfts- oder Anpassungsschwierigkeiten angeführt, zum anderen eine Sozialisation in einem („Einwanderer-") Milieu, die kriminelle Handlungen billigt (bei „Asylbewerbern": das Aufwachsen in „nicht normalen" Verhältnissen).

„Einwanderer haben viele Kinder"

Eine weitere Form eines grundsätzlichen (negativen) Unterschieds von „Norwegern" und „Einwanderern" drückt sich in der Vorstellung von „Einwanderern" als Leute, die „viele Kinder" haben, aus (u.a. O1, 74; O4, 22, 35; O11, 13-16, 44). So ist davon die Rede, dass „Einwanderer" „haufenweise Kinder" hätten (O1, 74; vgl. auch O11, 13-16, 44ff.) oder dass die „typische Einwanderernfamilie" acht oder zwölf Kinder hätte (O4, 35 respektive O4, 22). Aus dem Kontext der Aussagen ist herauszulesen, dass dieses (ihnen zugeschriebene) Merkmal negativ gewertet wird, vor allem weil es mit „Lärm" und „Kindergeschrei" assoziiert wird (siehe hierzu Kapitel 9).

„Einwanderer" als Integrationsverweigerer

Ein häufiges Thema in den Gruppendiskussionen, wenn über Einwanderung beziehungsweise Verhaltensweisen und Einstellungen von „Einwanderern" gesprochen wurde, lässt sich als Integrationsverweigerung zusammenfassen. So wird mehrfach geäußert und kritisiert, dass „Einwanderer" sich abschotten würden und nicht daran interessiert seien, sich zu „integrieren" beziehungsweise sich an „Norweger" anzupassen (u.a. O1, 81; O2, 44-47, 79ff; O3, 48; O4, 61-63; O11, 24-26, 53ff.). Häufig wurden in diesem Zusammenhang (angebliche) fehlende Bemühungen der „Einwanderer" um Arbeit oder eine gute Schulbildung kritisiert (zum Beispiel O3, 48; O4, 63; O11, 26).

Allerdings wird unter diesem Aspekt aber auch das (angeblich) andere „Frauenbild" der „Einwanderer" kritisiert. Zum Beispiel wird behauptet und problematisiert, dass die „Einwandererfrauen" ihre Häuser nicht verlassen und somit nicht am gesellschaftlichen Leben teilnehmen würden (O4, 61 und O11, 53; vgl. O1, 81; O2, 79ff; O11, 47ff) – offensichtlich wird davon ausgegangen, dass die Männer es verbieten würden (vgl. O2, 79ff; O4, 63; O11, 56).

Als weitere Beispiele für mangelde Integrationsbereitschaft unter „Einwanderern" wird die Diskussion darüber, dass Polizistinnen ein *Hijab* (Kopftuch) tragen können sollten, genannt (O11, 26), sowie die (angeblich verbreitete) Praxis der Zwangsheirat unter muslimischen „Einwanderern" (O3, 60).

Eine Äußerung einer Teilnehmerin aus O11 stellt exemplarisch dar, wie weit die Forderung nach „Anpassung" der „Einwanderer" an „Norweger" reichen kann, um sie als vollwertige Gesellschaftsmitglieder zu akzeptieren. Sie erklärt: Richtig gelungen sei die Integration (erst) dann, wenn die „Einwanderer" das gleiche essen würden wie die „Norweger" (O11, 53).

„Einwanderer" versus „Akademiker"

Soweit steht auch für die Osloer Fallstudie fest, dass „Einwanderer" in die Kategorie „Andere" (siehe Abschnitt 2.2) sortiert werden. Wie auch in der Berliner Fallstudie dargestellt, hat diese grundsätzliche Unterscheidung zur Folge, dass „Einwanderer" in Kontrast zu „Akademikern" gesetzt werden (u.a. O1, 34-35, 55, 74; O11, 33). In dieser Gegenüberstellung erscheinen „Einwanderer" (das heißt „anders Aussehende") also pauschal als „un[aus]gebildet" (ebd.).

Dies wird zum Beispiel in der Aussage von einer Teilnehmerin in O1 ersichtlich, in der sie unmittelbar nach der Aussage, dass in Mortensrud viele „Einwanderer" wohnen würden, ergänzt, dass sie denke, dass sich „die Intellektuellen" nicht in Mortensrud niederlassen (O1, 35). Neben der direkten Gegenüberstellung von „Einwanderern" und „Akademikern" beziehungsweise „Intellektuellen" gibt es eine weitere Gegenüberstellung von „Einwanderern" und „gut ausgebildeten Menschen" (=„Norweger") in O11:

> O11T2: Tøyen ist wohl der Stadtteil, in dem sich dieses Verhältnis gerade am meisten ändert – also, dass es immer weniger Einwanderer gibt, und mehr Norweger. Also, das heißt, dass es einen extrem hohen Zuwachs an, äh, so jungen, ähm, ziemlich gut ausgebildeten Menschen gibt, die dahingezogen sind.
> (O11, 33)

Zu einem späteren Zeitpunkt in der O11 merkt eine weitere Teilnehmerin (O11T3) allerdings an: „Es ist ja nicht so, dass alle Einwanderer ohne Ressourcen sind" (O11, 44). So seien viele „Pakistanis" ihres Erachtens einigermaßen „gut integriert". Die fehlenden Ressourcen, auch Bildung, hätten vor allem „die Somalier" (ebd.; vgl. O1, 55).

8.4 Somalier als besondere Andere

Es folgt nun ein eigener Abschnitt zu den Wahrnehmungen und Bewertungen von „Somaliern", weil sich herausgestellt hat, dass sie eine besondere Rolle in der Kategorie der „Anderen" einnehmen. „Somalier" werden hier als besonders fremd – fremder als andere „Einwanderer" – beschrieben. So spricht eine Teilnehmerin in O1 zum Beispiel von „Somaliern und Einwanderern" (O1, 66). Auch geht aus den Aussagen hervor, dass „Somalier" als besonders unbeliebt gelten (u.a. O2, 69; O3, 52; O11, 47-50). Eine Teilnehmerin in O11 erklärt zum Beispiel, im Anschluss an eine längere Ausführung über negative Aspekte bei den „Somaliern", dass sie es zwar nicht nett finde, zu verkunden, dass die „Somalier" die unbeliebteste „Einwanderergruppe" sei, aber wenn man ehrlich sein wolle, müsse man dies zugeben (O11, 50).

Zu Veranschaulichung der Verachtung der „Somalier" im Vergleich zu anderern „Einwanderern" folgen nun zwei Ausschnitte aus O11:

> O11T3: Somalier sind ja eine sehr – das ist ja die Gruppe, die am meisten Probleme hat, sich an Norwegen anzupassen. Und das hängt ja mit deren Kultur zusammen, die sehr speziell ist, und die –
> O11T2: Das sind so Nomaden, habe ich gelesen, ja.
> O11T3: Ja, die so eine grausame Geschichte haben, so furchbare Verhältnisse, wo sie herkommen, und vielleicht Leute, die viele Probleme haben. Und Somalier sind ja an der Spitze der Kriminalitätsstatistiken.
> O11Tx: mmm
> O11T3: Und das ist ja – wenn man von irgendwem was hört – wenn etwas passiert ist, dann ist es unglaublich oft, dass es jemand ist, mit einem somalischen Hintergrund.
> O11Tx: mmm
> O11T3: Es sind ja auch Somalier gewesen, mit denen ich die meisten negativen Erlebnisse hatte – also während der Zeit, wo ich in Grønland und so gewohnt habe, also, dass sie irgendwie Probleme haben, sich anzupassen, und dann sind sie auch nicht interessiert daran. Die sind nicht daran interessiert, Bekanntschaften zu schliessen oder sich zu ändern. Oder – nicht ändern, aber sich anzupassen und -
> O11T1: Integriert zu werden.
> O11T3: Integriert, ja. Die wollen nicht integriert werden.
> […]
> O11T3: Wo alle Frauen nur zu Hause bleiben mit einem Haufen an Kindern und es gibt irgendwie nichts – sie haben einfach kein Interesse, Norwegisch zu lernen.
> […]
> O11T1: Ich finde, es ist sehr üblich, dass die [somalischen] Männer keine Arbeit haben.
> O11T2: Mhm.
> O11T1: Und ich glaube, keiner von diesen somalischen Männer hat Arbeit, weil in Afrika gibt es generell eine hohe Arbeitslosigkeit, und so sind die Männer gar nicht gewohnt, zu arbeiten, weil es nicht –
> O11T2: Und dann sind es die Frauen-
> O11T1: Ja, daher sind es die Frauen, die arbeiten und auf die Kinder aufpassen, und irgendwie so –
> O11T2: Sie bauen das Essen an.
> O11T3: Während hier, kommen sie nicht raus, und kommen nicht dazu, Norwegisch zu lernen.
> O11T1: Nein.
> O11T3: Sie bleiben zu Hause sitzen.
> (O11, 44-49)

Die besondere Unbeliebtheit der Somalier wird also primär mit deren „speziellen Kultur" oder „Geschichte" begründet, demzufolge sie sich in Norwegen „schlecht anpassen" beziehungsweise einfügen würden. Auch seien es „sehr oft" Somalier, die in Gewalttaten (von denen die Medien berichten) involviert sind. Im Anschluss an das letzte Zitat reflektieren die Teilnehmer in diesem Interview ihre Ablehnung beziehungsweise „fehlenden Respekt" den Somaliern gegenüber und kommen zu dem Ergebnis, dass sie diese Einstellungen vielleicht deshalb hätten, weil sich die Somalier nicht „bemühen" würden [etwa um „Integration" oder Arbeitssuche] (O11, 51). Sie geben auch an, vor ihnen „Angst" zu haben (ebd.). O11T1 ergänzt dazu, dass ihre „ablehnende Haltung" gegenüber Somaliern auch dadurch verstärkt werde, dass es sich um „gegensätzliche Kulturen und Werte" handle (ebd.), im Vergleich zur „norwegischen Kultur" und zu „norwegischen Werten". Daraufhin erzählen ihre Gesprächspartner dann, dass sie sehr positiv überrascht würden, wenn sie von „erfolgreichen" Somaliern hören:

> O11T2: Jedes mal, wenn es einen Somalier gibt, der etwas Postives macht, zum Beispiel, wenn er sich so äußert, dass – irgendwie, dass es so – irgendwie, es gibt ja auch Somalier, die erfolgreich sind.
> O11T3: Ja, natürlich, um Gottes Willen
> O11T2: Ja, und jedes Mal wenn sie in den Medien sind, dann werde ich so total positiv überrascht. Da denke ich dann so; ach, ja, siehe da!
> {Lachen}
> O11T2: Es muss also nicht so viel sein, damit ich umschwanke und-
> {Lachen}
> O11T2: Und dann wird es irgendwie ‚on the good side'. Also, dann werde ich ja viel stärker beeindruckt von einer somalischen Frau mit einem Studienabschluss, irgendwie! Als von irgendeiner anderen –
> O11T3: Natürlich, weil es ist ja für sie viel härter –
> (O11, 51)

So reagieren sie deshalb überrascht, weil sie dies von Somaliern offenbar nicht erwarten könnten. Während die Teilnehmer in O11 die Vorurteile gegen Somalier offenbar nicht hinterfragen oder kritisieren, passiert dies durchaus in anderen Gruppendiskussionen. Zum Beispiel heißt es in O1, dass „Somalier" zwar nicht dazu bereit seien, sich zu integrieren – es sei jedoch auch „unsere Schuld", weil „wir" nicht dazu bereit seien, sie zu integrieren" (O1, 57). Ein weiteres Beispiel ist die Aussage des Teilnehmers in O4T2, dass das Verhältnis zwischen „Einwanderern" und „Norwegern" durch zu wenige Kenntnisse geprägt sei (O4, 56). Seiner Meinung nach verhindere dies, dass sich „Einwanderer" und „Norweger" als gleichwertig und mit Respekt betrachteten. O4T2 hält es daher für dringend nötig, dass die Norweger ihre Kenntnisse erweitern, um ihre Vorstellungen von den „Somaliern" (als Leute, die ihre Kinder verprügeln und Kat [ein Narkotikum] kauen) mit differenzierten Betrachtungen zu ersetzen.

Ein weiterer Teilnehmer aus O3 reflektiert darüber, dass die Medien diese Gruppe besonders heftig stigmatisieren (O3, 52). Er fügt hinzu, dass es bestimmt nicht einfach sei, Somalier in Oslo zu sein (ebd.) und geht also von einem starken Effekt der Medienberichterstattung auf die Einstellungen der Osloer Bewohner aus. Auch in O11 berichteten die Befragten, dass die Mediendarstellung, etwa durch die Berichterstattung von Raubüberfällen, die negative Wahrnehmung von „Somaliern" stark beeinflusst hätten (O11, 47).

8.5 Kontext und Reflexion

Vorstellungen werden durch Mediendarstellung geprägt

Auch in weiteren Situationen wird angesprochen, dass die Vorstellungen, die Mehrheitsangehörige von „Einwanderern" oder speziell von „Somaliern" durch die Mediendarstellung geprägt seien (u.a. O1, 51-52; O2, 70-72; O4, 63). Da die Medien die Vielfalt, die es in Wirklichkeit gäbe, nicht darstellen würden, so unter anderem zwei Teilnehmerinnen in O2, würden viele Menschen vorwiegend bestimmte negative Vorstellungen mit „Einwanderern" assoziieren.

> O2T2: Ich empfinde es so, dass die Presse ein bisschen zu viel Einfluss hat, dass sie die Pakistanis als kriminell abgestempelt haben, und die Somalier sind auch ziemlich {lacht} negativ behaftet. Es gibt viele tolle Menschen in diesen Milieus, aber von denen hören wir nichts. Wir hören nur von den wenigen, die Scheiße bauen wollen, und von den norwegischen Leuten, die Scheiße bauen wiederum kaum, obwohl es davon ja viele gibt {lacht}.
> O2T1: Ja, die eigene Auffassung ist wahrscheinlich sehr geprägt von dem Bild aus den Nachrichten, und das, was als kulturelle Konflikte und Integrationsproblematik und so dargestellt wird. Diese Auseinandersetzungen und Diskussionen prägen das Bild, das die meisten Leute von einem typischen Einwanderer haben.
> O2T2: Ja, dieses Bild von Einwanderern, die das Sozialsystem ausnutzen und nicht dazu beitragen –
> O2T1: Ja, ja! und die Diskussion dreht sich vielleicht um Islam und unterschiedliche Kulturen und Werte im Vergleich zur norwegischen Gesellschaft und so was. Und daher werden die meisten vielleich denken, dass ein typischer Einwanderer, Moslem ist, zum Beispiel, der die und die Werte vertritt, und sich so und so anzieht! Aber wenn man das auflöst, also, was soll ich sagen, ja die Gruppe der Einwanderer in unterschiedliche Blöcke gruppiert, dann findet man vielleicht heraus, dass es viele verschiedene Teile innerhalb des Islams gibt, und auch dass es ja auch Einwanderer in Norwegen gibt, die andere Religionen haben. Viele vergessen das so schnell. Weil so sind halt die Diskussionen, die am häufigsten die Oberfläche erreichen.
> (O2, 70-72)

Zuvor hatte eine Teilnehmerin ebenfalls in O2 geäussert, dass sie „aufgrund der Mediendarstellung" verstehen könne, „dass die Leute denken, dass Ola und Kari [Musternamen im Norwegischen, A.O.S.] bessere Spielkameraden für ihre Kinder sind als drogendealende Einwandererkinder" (O2, 29). Hier liegt die Annahme also nahe, dass „norwegische" Stadtbewohner (hier von den Befragten als „die Leute" oder „die meisten" bezeichnet) mit Wahrnehmungen von „guten und vertrauenswürdigen Norwegern" und grundsätzlich „suspekten" und „tendenziell kriminellen Einwanderern" operieren.

Eine Teilnehmerin aus O4 bedauerte, dass „norwegische" Eltern den Umgang zwischen „norwegischen Kindern" und „Einwandererkindern" nicht als positiv wahrnehmen, da sie selbst den Umgang grundsätzlich sehr bereichernd fände, weil die („norwegischen") Kinder dadurch mehr Wissen erwerben und eine erweiterte Kompetenz bekämen (etwa weil sie den Ramadan kennenlernen) (O4, 30).

Kaum eigene Erfahrungen/ Freundschaften

Eine plausible Erklärung für den starken Einfluss von Mediendarstellungen auf die Vorstellungen von „Einwanderern" dürfte der geringe Kontakt der Teilnehmer zu Personen, die sie als solche wahrnehmen, sein. Eine Teilnehmerin in O4 erklärt, dass sie „keine Einwandererfreunde" hätte (O4, 22). Weiter: „Ich besuche keine Einwandererfamilien. Also es gibt keinen in meinem Umgangskreis, der so – in Grønland wohnt in so einer Familie mit zwölf Kindern" (ebd.). Im Großen und Ganzen, so die Teilnehmer in O4, sei das Verhältnis der „Norweger" zu den „Einwanderern" durch wenig intensiven Kontakt und vor allem durch wenige Kenntnisse geprägt (O4, 54-56).

Auch eine Teilnehmerin aus O10 gibt an, dass „Einwanderer" in ihrem „Privatleben" kaum eine Rolle spielen, mit der Ausnahme, dass sie „mal in die Einwandererläden" gehe, um Gemüse und Oliven zu kaufen (O10, 20). Auf der Arbeit allerdings hätte sie „Einwandererkollegen", mit denen sie sich aber nicht privat treffe (ebd.). Ein weiterer Teilnehmer, aus O3, gibt an, dass er „ein paar Schweden" kenne (und lacht darauf hin), ein Gesprächspartner äußert, dass er „einen netten Pakistaner" kenne, und ansonsten kenne er „Einwanderer" nur aus der Kindheit (hier: die adoptiert worden seien) und aus beruflichen Zusammenhängen – allerdings seien bei den letzteren keine „nicht-westlichen Einwanderer" darunter gewesen. Außerdem geben die Befragten in O3 an, Kontakt mit „Einwanderern" durch Restaurantbesuche zu haben – etwa weil sie gerne „Sushi" essen gehen (O3, 53). Einer der Befragten sagt auch, dass er zurzeit „mehr kulturelles als norwegisches Essen" zu sich nehmen würde (O3, 54).

Das bedeutet, insgesamt zeigt sich, dass die meisten Kontakte mit „Einwanderern" durch „oberflächliche" und „objektorientierte" Situationen zustandekommen. Dazu ein Beispiel aus O11:

> O11I: Hat die Einwanderung nach Oslo irgendwelche Konsequenzen für euer Leben, irgendwie? Bedeutet es euch was?
> O11T2: Ja das tut es. Jedenfalls für mich. Es gibt ja viele, die Geschäfte aufgemacht haben, Gemüseläden und Einwandererläden zum Beispiel, die ich gerne nutze.
> O11Tx: Mhm.
> (O11, 17)

Nur wenige Befragte geben an, Freunde „mit unterschiedlichen Nationalitäten" zu haben (O2, 84; O10, 24; O11, 19, 47) oder „ganz bewusst" den Kontakt zu „Einwanderern" aufzusuchen, weil sie „das gewisse Extra" in diesen Kontakten anreizend finden (O2, 54, 84). Eine Teilnehmerin in O2 erklärt, dass es „spannender" und „abwechslungsreicher" sei, wenn „nicht alle den gleichen Hintergrund" hätten – so hätten „wir Norweger" „praktisch die gleiche Erziehung und Sozialisation gehabt", und daher hätten Begegnungen mit Menschen aus verschiedenen Orten einen größeren Wert (O2, 54).

Bestimmte Erlebnisse bestätigen die Vorstellungen

Wie die nächsten Gesprächsausschnitte zeigen, können allerdings der persönliche Kontakt oder bestimmte Erlebnisse mit „Einwanderern" auch dazu beitragen, dass pauschalisierende Vorstellungen von ganzen Bevölkerungsgruppen („Somalier" oder „Einwanderer") verfestigt werden. Das bedeutet, dass der persönliche Kontakt nicht, wie in der „Kontakthypothese" (Allport 1954) angenommen, ausschließlich zum Abbau von Vorurteilen oder Grenzziehungen dient. Vielmehr kann eine bestimmte Situation mit bestehenden Vorurteilen derart verknüpft werden, dass diese als bestätigt angesehen werden. Dabei werden andere Komponenten wie etwa die soziale Schichtzugehörigkeit ausgeblendet und die Situation lediglich auf das „Interkulturelle" (hier: „Internationale") reduziert.

Zwei konkrete Beispiele dafür finden sich in O11. Erstens, als eine Teilnehmerin (O11T3) von ihrer Erfahrung, zwei Jahre lang in einem Hochhaus „mit 85 Prozent Einwandereranteil" zu wohnen, berichtete (O11, 13-16: Zitat folgt in Kapitel 9), erklärt sie unangenehme Erlebnisse als die Folge von grundsätzlich kulturellen Unterschieden zwischen ihr und den „Einwanderern". Unter anderem erklärt sie, „Einwanderer" könnten „nicht vernünftig mit Müll umgehen", und „Einwanderer haben mit mir als freie, norwegische, blonde Dame ein Problem" (ebd.). Zweites Beispiel: Zu einem späteren Zeitpunkt in O11 berichtet eine ihrer Gesprächspartnerinnen (O11T2), offensichtlich selbst etwas überrascht, dass sie „doch tatsächlich eine somalische Freundin" hätte, und diese Freundin sei selber so verzweifelt über „die Kultur, aus der sie stammt" (O11, 47, Zitat folgt). So werden die Erfahrungen der „somalischen Freundin" als eine Rechtfertigung und Legitimierung von pauschalisierten und negativ bewerteten Aussagen über die „Kultur" der „Somalier" genutzt:

> O11T2: Eine somalische Frau, die ich kenne – ja, ich habe doch tatsächlich eine somalische Freundin. Aber sie ist ja schon als Kind hierhergezogen und lebt hier schon lange. Ja, sie ist sehr norwegisch geworden. Aber sie erlebt immer wieder, wenn sie abends alleine in der Stadt unterwegs ist, dass dann fremde Männer [Somalier, A.O.S.] anhalten, und fragen, ob ihre Eltern wissen, dass sie alleine unterwegs ist, und ob sie sie nach Hause fahren sollen. Also, sie ist selber ganz verzweifelt über die Kultur, aus der sie stammt – als Frau hat sie irgendwie nicht den gleichen Wert wie ein Mann.
> (O11, 47)

So ist die Interpretation dieser Erlebnisse der Freundin, dass dieses Verhalten der Männer damit zu tun hätte, dass in der „somalischen Kultur" eine Frau nicht „den gleichen Wert" hätte wie ein Mann. Eine Schutzfunktion beziehungsweise eine „Gefahrenabwehr" wird hier beispielsweise nicht thematisiert.

Ein weiteres Beispiel für die Verallgemeinerung einer bestimmten Erfahrung zu einer generellen Aussage über Einwanderer gibt es in O4. Der nachfolgenden Aussage ging die Thematisierung vom „Abschottungsverhalten" der „Einwanderer" voraus. Unter anderem wird erklärt: „Viele Einwanderer" würden nicht „an der Gesellschaft teilnehmen", „ihre Töchter zu Hause behalten" und „nicht arbeiten" (O4, 61). Direkt im Anschluss an dieser Darstellung erzählt O4T1, dass sie selbst versucht habe, „da was in Bewegung zu bringen", durch die Unterstützung von Kindern mit Hausaufgaben. Die Mütter der Kinder, Somalier (vermutlich), hätten dies aber boykottiert:

> O4T1: Also ich selber habe mal versucht, da was in Bewegung zu bringen, und habe an Ideen zu einer Lösung gearbeitet. Ich habe mich da mit sehr engagierten Leuten zusammengetan und Hausaufgabenhilfe angeboten, insbesondere für Somalier, glaube ich. Und wir wollten dann auch, dass die Mütter mitkommen sollten, so dass sie ein Netzwerk bekommen und dass wir zusammen sozial sein konnten. Aber die Mütter haben das total boykottiert. Ja, also Hausaufgaben waren ihnen nicht wichtig, haben sie gesagt. Also, das sind ja für uns ganz grundlegende Sachen, und dann wird es ja schwierig- was soll man denn machen? Da muss man ja viel grundsätzlicher anfangen, um zu vermitteln, was wichtig ist. Aber – jetzt sind es ja neue Leute, die Kinder kriegen, vielleicht wird sich das dann ändern. Wenn sie nicht zwangsverheiratet und nach Hause geschickt werden. Das war ein scherz.
> (O4, 63)

Hier ist zu sehen, dass die Befragte über ihre negativen Erfahrungen mit den Müttern der Kinder, denen sie helfen wollte, offenbar verärgert ist, und dadurch auch die nächste Generation „somalische" oder „ausländische" Frauen unter Verdacht stellt, dass sie möglicherweise sich ähnlich verhalten könnten. Daher hofft sie nur, dass die „neuen Leute" sich anders verhalten könnten.

8.6 Zusammenfassung

In diesem Kapitel wurden die Wahrnehmungen und Bewertungen von „Einwanderern", die sich aus den Gruppendiskussionen über Stadtteile und Wohnortpräferenzen ergaben, dargestellt. Eine zentrale Erkenntnis des Kapitels war die Bedeutung der Hautfarbe als ein Indikator für die Identität beziehungsweise Einstellungen einer Person. Das heißt Personen mit einer anderen Hautfarbe als die eines „typischen Norwegers" werden grundsätzlich als „Einwanderer" und damit als Menschen, die andere Einstellungen und Verhaltensweisen vertreten, kategorisiert. Je dunkler die Hautfarbe, umso eher wird ein Mensch als „Einwanderer" klassifiziert.

Zu keinem Zeitpunkt wurde in den Gruppendiskussionen hinterfragt, dass „Einwanderer" „anders" seien als „Norweger". Das zeigt sich auch daran, dass die Aussagen der Teilnehmer sich in zwei Unteraspekte gliedern lassen: Positive vs. negative Aspekte der (vermeintlichen) „Andersartigkeit" von „Einwanderern". Während es durchaus Aussagen gab, aus denen eine Wertschätzung der „Andersartigkeit" von „Einwanderern" hervorging, dominierten negative Bewertungen in den Beschreibungen zu der „Andersartigkeit" der „Einwanderer".

Ähnlich wie in der Berliner Fallstudie war zu erkennen, dass ein ziemlich homogenes Bild von „den Einwanderern" gezeichnet wird, das stark von stereotypen Vorstellungen beeinflusst ist. Die Themen, die hier überwiegen, sind Darstellungen – eigene oder übermittelte – von „Einwanderern" als eine Gefahr (hier: durch Gewalttätigkeit). Hinzu kommt, dass „Einwanderer" die sozialen Absicherungssysteme ausnutzen würden, sich weigern würden, „integriert zu werden", Drogen nehmen oder verkaufen oder sich nicht (genug) darum bemühen, eine Arbeit zu finden.

Es stellte sich heraus, dass die Teilnehmer diese Vorstellungen nicht unbedingt grundsätzlich in Frage stellen, aber dennoch deren Folgewirkungen kritisch reflektieren (vor allem Abschnitt 8.5). Insbesondere gilt dies für die Stigmatisierung von „Somaliern".

9 Die Bedeutung von ethnischer Zugehörigkeit für Wohnortpräferenzen

In diesem Kapitel geht es um die Frage (wie auch in Kapitel 6 für Berlin), ob die Wahrnehmungen von „Einwanderern" (Kapitel 8) und die Assoziation bestimmter Stadtteile mit „Einwanderern" (Kapitel 7) die Wohnortpräferenzen von Mehrheitsangehörigen in Oslo beeinflussen. Dieser Untersuchungsaspekt ist in zwei Teilfragen unterteilt. Die erste Frage lautet: Spielt die „ethnische Zugehörigkeit"[155] der Nachbarn beziehungsweise der Menschen in der Wohnumgebung für die Wohnortpräferenzen der befragten Mehrheitsangehörigen eine Rolle? Die Bearbeitung dieser Frage erfolgt in Abschnitt 9.1. Hier soll vor allem untersucht werden, ob die Befragten generell eher „Norweger" anstatt „Einwanderer" als Nachbarn bevorzugen.

Die zweite Frage lautet: Können sich die Befragten vorstellen, in den Gebieten zu wohnen, die sie zuvor als „Einwandererstadtteile" (siehe Kapitel 7) beschrieben haben? Anhand dieser Frage wird untersucht, ob die Wahrnehmung von „vielen Einwanderern" in bestimmten städtischen Teilgebieten und die häufig negative Bewertung von Konzentrationen von Einwanderern zum Ausschluss dieser Gebiete als potentielle Wohnorte führen können (Abschnitt 9.2).

Vorweg: Soziale beziehungsweise „ethnische Grenzziehung" ein Faktor neben anderen

Als die Teilnehmer offen dazu befragt wurden, wo sie wohnen möchten, und warum sie bestimmte Wohnorte bevorzugen, und andere nicht, wurden (erwartungsgemäß) verschiedene Faktoren als bedeutend genannt (vgl. Kapitel 2), die hier nicht weiter beachtet werden können (siehe Abschnitt 1.5 zum Erkenntnisinteresse dieser Arbeit). Wie in der Fallstudie zu Berlin dargestellt, sprachen auch die Teilnehmer der Gruppendiskussionen in Oslo über Einschränkungen in der Wohnortwahl aufgrund des Preisniveaus von Wohnungen[156] sowie der geographischen Lage der

---

[155] Beziehungsweise die zugewiesene ethnische Zugehörigkeit – siehe Kapitel 2.
[156] O1,14,19,21; O10,2.

Wohnung[157]. In Oslo wird die Wichtigkeit der geographischen Lage der Wohnung allerdings vorrangig mit der historischen Bedeutung der Orte begründet[158]. Viele der Osloer Befragten gaben an, dass es für sie wichtig sei, in der Innenstadt zu wohnen[159], „vielfältige Angebote"[160] (etwa Geschäfte und gastronomische Betriebe) und gute Verkehrsanbindungen u.a. zwecks kürzerer Arbeitswege in der Wohnungsnähe vorzufinden[161]. Zudem wird die räumliche Nähe zu Freunden als ein wichtiges Kriterium für die Wohnortwahl erwähnt[162]. Auch wurden an einigen Stellen architektonische Vorlieben (vor allem: „kein Hochhaus") als ausschlaggebend genannt[163]. Weiter sei es vielen Befragten wichtig, besonders in der Wohn*perspektive* („wo man später wohnen möchte"), in einer „ruhigen" und „schönen" Gegend zu wohnen[164].

9.1 Die Bedeutung der ethnischen Zugehörigkeit der Nachbarn

In diesem Abschnitt werden die Aussagen der Befragten zur Bedeutung der „ethnischen Zugehörigkeit" ihrer (künftigen) Nachbarn dargestellt. Dabei geht es vor allem um die Frage, ob Präferenzen für „norwegische" Nachbarn (und Ablehnungen von „Einwanderern" als Nachbarn) ausgesprochen werden.

9.1.1 „Norwegische" Nachbarn sind besser

„Man bevorzugt es ja, mit ähnlichen Leuten wie einem selbst zu leben"

Als in O1 über den Wandel von Grünerløkka (in der östlichen Innenstadt) von einem „klassischen Einwanderungsstadtteil" zu einem inzwischen „hippen" Stadtteil unter „Norwegern" gesprochen wurde, beurteilen die Teilnehmer diese aktuelle Entwicklung dort als die Folge von dem grundsätzlichen Wunsch der Menschen,

---

[157] O1,11; O2,34, 38; O10,2,8.
[158] So hat die Mehrzahl der Befragten in drei Osloer Gruppendiskussionen explizit geäußert, dass sie sich niemals im West-Teil der Stadt ansiedeln würden, da dies nicht „politisch korrekt" sei (O1,15-18; O10,3; O11,3-5). Dazu sei angemerkt: Oslo war ab dem Zeitpunkt der Industrialisierung „sozio-ökonomisch gespalten"; die Fabriken und die Arbeiterwohnungen befanden sich auf der östlichen Fluss-Seite, während die westliche Fluss-Seite eher vom gehobenen Bürgertum besiedelt war. Die Bevorzugung des Ost-Teils als Wohnort ist also verbunden mit einem Loyalitätsempfinden gegenüber der Geschichte des Stadtteils als „Arbeiterviertel".
[159] Zum Beispiel O1,20; O2, 34.
[160] Zum Beispiel O1,2-4,78; O11,21.
[161] Zum Beispiel O1,3-4; O3, 32.
[162] O1,11; O2, 34, 37.
[163] O3, 30; O10, 7; O11, 38.
[164] O1,23; O2,8; O3,30; O10,16.

mit „ähnlichen Leuten" wie sie selbst zusammen zu wohnen (O1, 72). Das heißt offenbar hat der steigende Anteil von „Norwegern" und der sinkende Anteil von „Einwanderern" die Wohnortattraktivität von Grünerløkka für „norwegische" Wohnungssuchende gesteigert (so lautete die Frage, die zuvor gestellt worden war). Den Aussagen an dieser Stelle ist zu entnehmen, dass „Einwanderer" und „Norweger" grundsätzlich als „nicht ähnlich" betrachtet werden (ebd.; siehe hierzu auch die Erläuterungen in Kapitel 8).

Gegen Ende der zweiten Gruppendiskussion äußert eine Teilnehmerin, dass es den Menschen - seien es Ausländer oder „Leute aus Oslo" - Sicherheit biete, in der Nähe von Leuten zu wohnen, die einem ähnlich sind (O2, 61). Auch in O4 wird dieser Aspekt der „Sicherheit" beziehungsweise „Vertrautheit" unter seines (ethnisch) Gleichen als grundlegend für Wohnortpräferenzen gesehen:

O4T2: Also es gefällt einem ja besser, mit dem, was man von vorher kennt. Das fühlt sich irgendwie sicherer an, das, wo man weiß, wie –
O4T1: Ja, das ist ja am sichersten, aber –
O4T2: Und das ist ja für, äh, norwegische Familien mit Kindern, die norwegische Schulen aufsuchen, oder Schulen mit einem hohen Anteil ethnische Norweger genauso wie für eine somalische Einwandererfamilie, glaube ich. Also, jeder bleibt bei seinen Leuten. Das ist am sichersten.
(O4, 54)

Eine Teilnehmerin in O11 erklärt in der 31. Minute, dass sie deshalb nach Grünerløkka gezogen sei, weil sie sich unter den Menschen, die dort leben, sehr wohl fühle. Sie beschreibt die Grünerløkka-Bewohner als „kreativ", „nicht superreich", eher „alternativ", nahezu alle altersgleich wie sie selbst und sie geht davon aus, dass sie „gleich denken und sehr viele ähnliche Werte vertreten" würden wie sie selbst (O11, 30). Als weiteres Merkmal in ihrer Auflistung nennt sie, dass „sehr viele" der Bewohner in Grünerløkka „weiß" seien (ebd.). Aufgrund dieser Bevölkerungszusammensetzung, so ihr Resümee, fühle sie sich „extrem wohl" in Grünerløkka (ebd.).

„Skeptisch" wenn „nur Einwanderer"

In keinem der Osloer Interviews wird explizit und grundsätzlich abgelehnt, zum Beispiel einen „Einwanderer" als Nachbar zu haben. Hingegen ist die Ablehnung von „Einwanderern" als Nachbarn „verdreht" formuliert. So erzählt zum Beispiel ein Teilnehmer in O3, dass er es „nicht so cool" fände, wenn „alle" seine Nachbarn „Einwanderer" wären (O3, 39). Er fügt die Bemerkung hinzu: „So ehrlich muss man doch sein können" (ebd.). Und er formuliert weiter: Er habe kein Interesse daran, „in einer Integrationszentrale zu wohnen" (ebd.). Daraufhin berichtet ein weiterer Teilnehmer, dass ein iranisches Ehepaar neben seinen Eltern eingezogen sei. Als Einzelfall, so der Teilnehmer, sei dies ja nicht weiter problematisch, zumal diese neuen Nachbarn ja auch „tolle Leute" seien. Wenn aber etwa die nächsten zehn Nachbarn seiner Eltern „Einwanderer" würden, sagt er, würden seine Eltern jedoch, seiner Einschätzung nach, dies nicht so toll finden (O3, 41).

In mehreren Gruppendiskussionen wird explizit formuliert, dass der Rückgang des „Einwandereranteils" und des steigenden Anteils von „Norwegern" in bestimmten Gebieten zu einer höheren Wohnortattraktivität dieser Gebiete für „Norweger" (beziehungsweise auch für sie selbst) geführt habe (u.a. O1, 31, 74; O4, 16, 49; O11, 28, 33-34; weitere Erläuterungen hierzu in Abschnitt 9.2).

Es sei am Besten, wenn „Einwanderer" und „Norweger" stärker durchmischt zusammen leben würden, so die Teilnehmerin O4T1 (O4, 16). Denn keiner (das heißt kein „Norweger") wolle ja, so setzt sie fort, mit den Einwanderern „alleine sein" (ebd.). Dies hindere „Norweger" daran, dort hinzuziehen, wo viele „Einwanderer" leben (ebd.).

Auf die Frage, worauf bei der Wohnortsuche geachtet wird, antwortet eine Teilnehmerin in O10, dass es für sie ein wichtiges Kriterium sei, dass nicht alle (künftigen) Nachbarn „Einwanderer" sind:

O10I: Hängen eure Wohnortwünsche auch von der Bevölkerung ab, die dort lebt?
O10T2: Mhm.
O10T1: Ja.
O10I: Da wo ihr wohnen möchtet?
O10T2: Ja, das tun sie.
O10T3: Ja.
O10I: Also, schaut ihr euch dann an, wie die Leute so sind, oder wie?
O10T2: Ja.
O10T3: Mhm.
O10T2: Ich tue das, ganz bestimmt.
O10T1: Absolut. Darauf achtet man als Erstes, wenn man reinkommt. Jedenfalls, wenn man auf Besichtigungen geht, so in Mehrfamilienhäusern und so – welche andere Leute du triffst im Hausflur und wer da im Hausflur steht. Also ein bisschen so der Eindruck von den Leuten dort.
O10T5: Nein, darauf schaue ich nicht.
{Lachen}
O10T1: Das ist das, worauf ich schaue.
O10I: Was ist es denn, wonach man schaut?
O10T1: So ein Mix von jungen Leuten und vielleicht ein paar Familien mit kleinen Kindern. Nicht allzu viele davon, aber ein paar. Dann bedeutet das, dass es OK ist und auch schon ruhig, und nicht nur Party-Studenten.
O10T2: Ja.
O10T1: Zu viele Neunzehnjährige – also, nur Studenten ist negativ und natürlich nur Einwanderer, da würde ich auch skeptisch reagieren irgendwie. Also, ich wohne ja in

Tøyen. Da sind ja auch Einwanderer {Lachen}, aber vielleicht einfach, dass es schön ist, wenn es außer mir weitere Norweger gibt im Haus.
O10I: Mhm
O10I: Mhm
O10T2: Ja, so eine Mischung, halt, von allen Altersgruppen und so-
O10T5: Ja, das denke ich auch.
O10T2: So eine Mischung aus allem.
O10T1: Ja, vielleicht schlicht und ergreifend einfach eine Mischung.
(O10, 30-31)

Auch weitere Teilnehmer in den Osloer Gruppendiskussionen erzählen, dass sie nicht in ein Wohnhaus ziehen würden, in dem „viele Einwanderer" leben (u.a. O1, 74; O4, 22, 35; O10, 37; O11, 44). Sie begründen ihre Einstellung mit Erfahrungen, die sie gesammelt haben. So erklärt O10T5, dass sie nicht denke, dass es von Bedeutung sei, ob die Nachbarn „Einwanderer" oder „Norweger" seien. Weiter erzählt sie aber, dass sie aufgrund ihrer Erfahrungen als Sozialarbeiterin festgestellt habe, dass dort, wo „viele Einwanderer" leben, viel Müll herumliege, und dass sie aus dem Grund in Gegenden mit vielen „Einwanderern" nicht wohnen wollen würde (O10, 37).

Eine Teilnehmerin in der Gruppendiskussion O1 äußert, dass sie inzwischen grundsätzlich Wohngebiete ablehne, in denen „viele Einwanderer" leben, weil sie bei mehreren Wohnungsbesichtigungen festgestellt habe, dass dort „sehr viele Kinder" sind, „die den ganzen Tag herumschreien" (O1, 74; vgl. auch O4, 22, 35; O11, 44).

Die Teilnehmerin begründete ihre Einstellung, nicht (mehr) in einem Haus beziehungsweise in einer Gegend wohnen zu wollen, wo „überwiegend" „Einwanderer" leben, mit Erfahrungen die sie gemacht habe, als sie zwei Jahre lang in einem Hochhaus in Tøyen wohnte:

O11T3: Es war ein großes Hochhaus mit mehreren hundert Bewohnern. Also, mir ging das auf die Nerven. Ich fühlte mich da nicht wohl, weil es so ein kulturelles Aufeinanderprallen gab. Also, so in Bezug auf alltägliche Sachen. Müllprobleme, zum Beispiel. Es gab da viele Leute die aus Ländern kommen, wo sie es nicht gewohnt sind, mit dem Müll umzugehen, und es gab dann so viel Dreck und die Leute haben ihren Müll überall hingeschmissen und daraus entwickelte sich ein Unwohlbefinden. Während sie sich keinen Kopf drum machten, weil – also, ich bin viel herumgereist in Ägypten, und das gilt ja auch in vielen anderen Ländern, wo mit dem Müll ganz anders umgegangen wird. Aber so ist es ja hier nicht. Also, solche einfache Sachen. Und wenn man halt anfängt, sich darüber zu ärgern, dann hält man es nicht aus, da wohnen zu bleiben. Deshalb bin ich da auch weggezogen.
O11I: Gab es auch andere Gründe, die dich zum Wegzug bewegt haben?
O11T3: Schon.
O11I: Welche denn?

> O11T3: Also, ich habe es mehrmals erlebt, von somalischen Jungs angefasst zu werden, oder dass ältere somalische Männer mir hinterherspuckten, zum Beispiel. Also, wenn man etwa an einem sommerlichen Tag etwas herausfordernd angezogen ist, dann habe ich mehrmals erlebt, dass ältere Männer nur gespuckt haben, wenn ich an denen vorbeilaufe– vielleicht weil sie das Gefühl haben, dass ich sie beleidige und ihre Ehre verletze, weil ich eine freie, äh, norwegische blonde Dame bin. Ich weiß es nicht. Ich hatte mehrere solche Erlebnisse, entweder so, oder so extremes Hinterherpflüstern und Aufmerksamkeit und Leute, die sich aus den Autofenstern heraus hingen. Das kann ja mal nett sein, aber nicht jeden Tag.
> O11T2: Jetzt bin ich ja fast schon eingeschnappt, weil ich sowas nicht erlebt habe. Was ich mit kulturellem Aufeinanderprallen erlebt habe, ist das mit dem Müll, und vielleicht auch das mit den Kindern. Also, ich selber habe noch keine Kinder und ich erinnere mich nicht mehr, wie ich war. Aber ich finde, dass sie unglaublich viel Lärm machen! Sie schreien und machen so viel Lärm, sind bis spät abends draußen und spielen, sind bis neun-halb zehn wach, obwohl am nächsten Tag wieder Schule ist. Also, daran habe ich schon mehrmals gedacht, aber sonst habe ich nicht so viel erlebt.
> (O11, 13-16)

Am Ende dieses Zitats ist zu sehen, dass ihre Gesprächspartnerin O11T2 den von O11T3 konstruierten Zusammenhang zwischen „Kultur" (beziehungsweise „ethnische Zugehörigkeit") und dem Umgang mit Müll und Kindeserziehung annimmt beziehungsweise teilt. So werden diese jeweiligen Erfahrungen zu generellen Aussagen darüber, dass das Zusammenleben mit „Einwandern" ziemlich sicher zu Konflikten beziehungsweise Ärgernis führt.

Als eine weitere Erklärung für die geringere Wohnortattraktivität von Gebieten beziehungsweise Wohnhäusern, in denen „viele Einwanderer" oder insbesondere „Somalier" wohnen, wird das Verschwinden des Gefühls, zu Hause zu sein, genannt:

> O11T3: Also, wenn so was [Konzentration von Somaliern, die „sich nicht ingegrieren wollen", A.O.S.] entsteht, dann wird es ja schnell zu einem Ghetto, so wie in dem Hochhaus, wo ich gewohnt habe.
> O11Tx: Ja.
> O11T3: Wie zum Beispiel in der Borggata [eine Straße zwischen Grønland und Tøyen, A.O.S.], wo alle Frauen nur zu Hause sind mit einem Haufen Kindern und es gibt irgendwie Nichts. Man ist einfach nicht interessiert daran, Norwegisch zu lernen. Die Eltern sprechen kein Norwegisch, und dann wird es doch, äh, wenn dies sich in einem Gebiet konzentriert, dann wird es ja nicht mehr attraktiv für Norweger, dort zu wohnen. Dann fühlt man sich ja nicht zu Hause.
> {Lachen}
> O11Tx: Mhm.
> (O11, 44)

9.2 Die Wohnortattraktivität von Einwandererviertel

In diesem Abschnitt wird dargestellt, welche Bedeutung die Wahrnehmung von „vielen Migranten" „Türken" beziehungsweise „Araber" usw. in bestimmten städtischen Teilgebieten (siehe Abschnitt 7.1) und die häufig negative Bewertung von Migrantenkonzentrationen (Abschnitt 7.2) für die konkreten (angegebenen) Wohnortoptionen der Befragten hat.

9.2.1 Ablehnung von „Einwanderergebieten"

Einige der Teilnehmer in den Osloer Gruppendiskussionen schließen es partout aus, in die Gebiete zu ziehen, die als „Einwanderergebiete" charakterisiert worden waren (vor allem Grønland und den „unteren Teil" von Grünerløkka; siehe nachfolgende Zitate). Insbesondere der Stadtteil Grønland war bei vielen auf dem ausgehändigten Stadtplan mit „n" („niemals") markiert. Allerdings waren die Gründe, die dafür angegeben wurden, etwas unterschiedlich. Dies wird nun genauer betrachtet.

Als eine Erklärung für den Ausschluss von „Einwanderergebieten" als potentielle Wohnorte wird genannt, dass diese Gebiete „gefährlich" seien, beziehungsweise dass „man" sich dort „nicht sicher" fühlen könne (u.a. O2, 27-29, 36, 41; O10, 11-15[165]). Dazu ein Ausschnitt aus O2:

O2T1: [zu O2T2, die in der 36. Minute äußerte, dass sie sich in Gamlebyen nicht sicher fühle, A.O.S.] Also, ich bin ganz deiner Meinung.
O2I: Ja?
O2T1: In Bezug darauf, dass ich mich auch nicht sicher fühle in Grønland. Weil -also, als ich in Torshov gewohnt habe, da bin ich viel zu Fuss gelaufen zu [NAME], die in Gamlebyen wohnt. Das war so im unteren Teil von Grünerløkka. Und auch in Grønland fand ich es so ein bisschen unheimlich, da durch zu laufen.
O2Tx: Mhm.
O2T1: Deswegen habe ich irgendwie nicht so Lust drauf, da zu wohnen.
{Lachen}
O2T1: Aber ein bisschen weiter oben in Grünerløkka, da in der anderen Richtung, da fand ich das total OK, etwa in der Gegend Holbergsplass, das ist ja sehr zentral gelegen, und da passiert auch viel. Aber ich fühle mich sehr unsicher [„utrygg"- etwa „unsafe" im Englischen, A.O.S.] in –
O2T2: Warum fühlst du dich denn da in Grønland, wenn du da durchläufst, so unsicher?

---

[165] In O10 widersprechen zwei der Teilnehmer der ausgesprochenen Wahrnehmung von Grønland als „gefährlich".

O2T1: Weil da ziemlich viele Menschen sind. Ja da sind sehr viele Menschen und so ziemlich viele Gangs die da herumstehen, und ich finde es nicht so toll, an denen vorbeizulaufen.
O2T2: Mhm.
O2T1: Und die so ein bisschen Krach machen und so. Aber es kann ja sein, dass es deswegen ist, weil ich – oder, vielleicht ist es nur so, wenn ich abends da durchlaufe. Tagesüber ist es vielleicht eher nicht so.
O2T2: Aber tun sie dir was?
O2T1: Nein, nein.
O2T2: Oder stehen sie da nur herum, und du –
O2T1: Ich empfinde es einfach so, ja.
{mehrere: Mhm}
O2T1: Es ist ja nichts passiert. {Lachen} Es ist nie was passiert, aber es ist einfach dieses Gefühl was man dort halt kriegt.
{mehrere: Mhm}
O2Tx: ja
(O2, 41)

Hier ist zu sehen, dass eine weitere Teilnehmerin (O2T1) die Wahrnehmung von Grønland und nedre Grünerløkka durch Nachfragen auf den Grund gehen möchte. Dadurch äußert O2T2, dass es vor allem „herumstehende Gangs" sind, die ihr Angst machen. In O3 wird ebenfalls die Angst vor „großen Gangs mit Jungs" angesprochen (O3, 55). Anders als in O2 werden diese eindeutig als „Einwanderer" identifiziert (ebd.).

Ein Teilnehmer aus der Gruppendiskussion O10, spricht ähnlich wie die Befragten in O2, darüber, dass er sich in Grønland und Tøyen unsicher fühle und deshalb dort nicht wohnen wolle (O10, 11-15). Als wesentlichen Grund dafür gibt er an, dass die Bevölkerung dort im Durchschnitt krimineller sei als der Rest der Bevölkerung, und somit seien diese bestimmten Orte auch krimineller als der Durchschnitt (ebd.). Aus seiner Aussage geht zudem hervor, dass er sich bemüht, keine „politisch inkorrekten" Aussagen zu machen, und spannt daher einen weiten Bogen, um die Aussage rund zu machen. Er resümiert, dass er damit nicht sagen wolle, dass „Einwanderer" krimineller seien als „Norweger", sondern dass in diesen „Einwandererstadtteilen" viele männliche „Einwanderer" in einer bestimmten Altersgruppe wohnen (die statistisch gesehen die kriminellste Gruppe sei). Seine Mitdiskutanten weisen allerdings diese Betrachtung von Grønland und Tøyen als unsichere Orte entschieden zurück (ebd).

Als einen weiteren Grund, ein als „Einwanderergebiet" klassifizierter Wohnort auszuschließen, wird die fehlende „Identifikationsmöglichkeit" mit den Bewohnern beziehungsweise mit der „Stimmung" dort genannt, wie unter anderem in O11 in der neunten Minute. Hier wird Trondhjemsveien (Stadtteil Grünerløkka/Sofienberg) als ein Ort beschrieben, der deshalb nicht als Wohnortoption in Frage komme, weil dort „sehr viele Einwanderer" beziehungsweise „Somalier" wohnen würden und eine „besondere Stimmung" (u.a. wegen „Jallamusik aus den Fenstern") herrsche (ebd.; vgl. auch O11, 12). Das Empfinden von Fremdheit zu „Einwanderern" wie hier in O11 wird auch in anderen Gruppendiskussionen als einen Grund für eine grundsätzliche Ablehnung von „Einwanderergebieten" angesprochen (O1, 74; O2, 58-59; O10, 49f.). Eine Teilnehmerin in O2 schätzt, dass „viele Norweger", deshalb nicht in die „Einwanderergebiete" ziehen, weil sie „Angst und Fremdheit gegenüber Einwanderern empfinden" (O2, 59).

O2I: Glaubt ihr, dass diese sogenannten Einwanderergebiete wegen den Einwanderern nicht als attraktiv gelten?
O2T2: Ja, wenn die Leute sich nicht weiter auskennen, sowieso.
O2T3: Ja, ich glaube schon, dass viele Leute so denken
O2T2: Ja, das glaube ich auch.
O2T1: Ja.
O2T2: So bei Freunden, die ich habe, die kein internationales Interesse haben, irgendwie – anders als bei uns, die hier sitzen, habe ich das Gefühl. Es ist für sie fremd, oder, es ist Angst erregend, weil es fremd ist.
[…]
[O2T2 erzählt von einer Freundin, die zu einer „afrikanischen" Veranstaltung mitgekommen sei, und unmittelbar nach der Veranstaltung nach Hause wollte, weil sie sich in diesem „Setting" nicht zu Hause fühlte. Sie hätte den (Verhaltens-)„Code" dort nicht verstanden und es als unangenehm empfunden, sich „auf unbekanntem Territorium im eigenen Land" zu befinden.]
O2T2: Ich glaube dadurch - [durch das Gefühl, sich „auf unbekanntem Territorium im eigenen Land" zu befinden, A.O.S.]
O2T1: Dadurch kriegen die Angst.
O2T2: Dadurch zieht man nicht an diese Orte – man wählt eher, woanders hinzugehen oder da zu bleiben, wo man bereits ist.
O2T1: Ja.
(O2, 58-59)

Konkreter äußert eine Teilnehmerin in O10, dass sie nicht nach Grorud ziehen würde, weil sie keine Lust dazu habe, in einer Minderheitsposition zu sein (als Norwegerin)(O10, 50). Denn dadurch würde sie herausragen, weil sie „anders" sei (im Vergleich zu den „Einwanderern"). Ihre Befürchtung, in Grorud zu einer „Minderheit" zu gehören, läßt sich nur anhand der symbolischen Bedeutung dieses Gebietes – aufgeladen etwa durch Presseberichterstattung erklären[166].

---

[166] Nach Bloms (2002) Segregationsanalyse betrug der Anteil „nicht-westlicher Einwanderer" im Zeitraum von 1988-1998 zwischen sechs und 15 Prozent (Tendenz steigend) (ebd.: 107). In einem „Faktenbericht" von 2010, herausgegeben von der Kommune Oslo/ Bezirk Grorud, wird der Anteil der Bevölkerung „mit Migrationshintergrund" mit unter 40 Prozent angegeben (Oslo Kommune 2010).

Eine Befragte aus O11 hatte bei der Diskussion über Wohnortpräferenzen geäußert, dass sie definitiv Grünerløkka vor Grønland bevorzugen würde. Auf Nachfrage der Interviewerin hin, warum dies so sei, weil offenbar beide Gebiete die genannten Wohnortpräferenzen erfüllen würden (zentrale Lage, alte Baustruktur, Infrastruktur, viel Trubel usw.), antwortete sie:

> O11T1: Grünerløkka ist ja viel „gemütlicher" [Übersetzung von „koseligere", A.O.S.], es ist ja viel schöner hier, es ist ja grüner und sieht besser aus. Ich würde niemals – ja, ich weiß nicht genau, warum ich Grønland ausschliesse. Es ist vielleicht deshalb, weil es dort sehr viele Einwanderer gibt.
> {O11Tx: räuspert sich}
> {Lachen}
> (O11, 34)

Präferenz für „gemischte Gebiete"

Neben einer expliziten Ablehnung von „Einwanderergebieten" gibt es eine implizite Form der Ablehnung durch das gezielte Aufsuchen von „gemischten Gebieten". So erklären einige Teilnehmer, dass sie es bevorzugen würden, in „gemischten Gebieten" zu wohnen – manche berichten, dass dies ein ausschlaggebendes Kriterium für ihre letzte Wohnortentscheidung gewesen sei (O1, 14, 73, 78; O4, 22).

Damit beschränken die Teilnehmer ihre Wohnortpräferenzen auf Gebiete, die weder als „Einwanderergebiete" noch als „anders herum homogen" (wie die Innenstadtbereiche im West-Teil Oslos, vor allem Frogner und Majorstua, wo es keine oder zumindest kaum „Einwanderer" gäbe; siehe u.a. O1, 27, 40; O2, 22ff; O10, 46f.). Es ist also naheliegend, dass diese Teilnehmer womöglich lediglich in Gebieten, die sie als „gemischt" oder „vielfältig" wahrnehmen, nach einer Wohnung suchen, wie der folgende Ausschnitt aus O1 nahelegt:

> O1Tx: Also, ich will ja eben gerade deshalb hier [in Grünerløkka, A.O.S.] wohnen, weil es so vielfältig ist.
> O1Tx: Ja, ich auch.
> O1Tx: Ja, das stimmt.
> O1Tx: Ich will nicht irgendwo wohnen, wo es total homogen ist.
> O1Tx: Nein, da stimme ich dir voll und ganz zu.
> O1Tx: Weder in der einen noch in der anderen Hinsicht.
> (O1, 73)

Vier Minuten später fügt die Teilnehmerin, die sich aufgrund der „Vielfalt" in Grünerløkka für diesen Wohnort entschieden habe, hinzu, dass sie selbst zwar ein sehr homogenes privates Umfeld habe, aber wenigstens in der Wohnumgebung die Möglichkeit zur Vielfalt schätze[167] (O1, 77; vgl. auch O2, 40; O4, 22).

In der 15. Minute ebenfalls in O1 hatte eine andere Teilnehmerin geäußert, dass es positiv sei, wenn es im Wohnumfeld auch „einige Einwanderer" gäbe (vgl. O10, 30f.). Dort, wo sie jetzt wohne, sei dies der Fall, und das sei auch für sie sehr schön. Sie beschreibt ihre jetzige Wohnumgebung als optimal:

> O1Tx: Wo ich jetzt wohne, in Sandaker, da ist es mehr so – es gibt sehr viele Leute genau in unserer Situation. So Paare um die, ja, Anfang dreißig oder Ende zwanzig.
> {Mehrere: Mhm}
> O1Tx: Aber auch ein bisschen ver- sehr viele verschiedene Leute. Einige Einwanderer und äh, ja, alles Mögliche- Akademiker, Nicht-Akademiker, Seite an Seite.
> O1I: Mhm.
> O1Tx: Also es war in so einer Umgebung, in der ich wohnen wollte.
> O1I: Mhm.
> (O1,14)

Gegen Ende der Gruppendiskussion beschreibt die gleiche Teilnehmerin, dass sie zuvor in Majorstua (im West-Teil) gewohnt habe. Die „fehlende Vielfalt" und die „Homogenität" dort sei mit ein Grund dafür gewesen, so erzählt sie, dass sie von dort weggezogen sei, und nach Sandaker gezogen ist – auch wenn Sandaker nicht ganz so „vielfältig" sei wie Grünerløkka.

> O1Tx: Das war schon mit ein Grund dafür, warum ich von dort wegziehen wollte. Da wo wir damals wohnten, da war es sehr homogen. Es gab halt eine einzige somalische Familie, die ich zwischendurch mal bei Kiwi [ein Supermarkt, A.O.S.] gesehen habe. Ansonsten gab es da überhaupt keine Einwanderer fast, glaube ich. Und deshalb – auch wenn Sandaker jetzt nicht so eine sprudelnde Vielfalt hat wie man es hier in Grünerløkka sieht – immerhin ist es dort viel besser als in Majorstua.
> (O1, 78)

9.2.2 Präferenz für „Einwanderergebiete"

Während viele Teilnehmer – aus verschiedenen Gründen – zum Ausdruck bringen, dass sie „Einwanderergebiete" eher nicht als Wohnorte auswählen würden, äußern andere Teilnehmer, dass sie sich durchaus vorstellen können, in diesen Gebieten zu wohnen. Auch dafür werden unterschiedliche Gründe angegeben.

Einige wenige Teilnehmer erklären, dass sie die „Fremdprägung" in den „Einwanderergebieten" als angenehm empfinden, und dass sie deshalb dort gerne woh-

---

[167] Die „Vielfalt" in Grünerløkka wird hier beschrieben als etwas „Sichtbares" und anhand der Möglichkeit, in Einwandererläden (v.a. Gemüseläden wie „Sultan") einzukaufen (O1, 73-79; die gleiche Aussage auch in O11, 17).

nen möchten (O2, 59; O4, 16; O11, 9). O2T2 erklärt zum Beispiel, dass sie sich „auf internationalem Gebiet mehr zu Hause" fühle als „in so typisch norwegischen Zusammenhängen" (O2, 59). Letzteres sei ihr „zu homogen" (ebd.). Deshalb würde sie selbst – anders als manche ihrer Freunde und Bekannte (siehe oben) – es bevorzugen, in den „Einwanderergebieten" zu wohnen. Auch eine Teilnehmerin in O4 erklärt, dass sie (inzwischen) nur noch in den innerstädtischen „Einwandergebieten" wohnen möchte:

> O4T1: Also, als ich nach Oslo gezogen bin, da habe ich eigentlich die erstbeste Wohnung genommen {lacht}. Da bin ich in Grønland gelandet, als ich von Bergen weggezogen bin. Und ich erinnere mich, dass es eine sehr große Überraschung war, als ich am Abend vom Balkon hinausschaute, nachdem ich die Wohnung angenommen hatte. Da habe ich ja – ich habe nur Einwanderer gesehen. Überall, eigentlich. Und das war so neu für mich. Ich komme ja aus einem kleineren Ort und Bergen war auch nicht so riesig. Aber dann habe ich nach kurzer Zeit nicht mehr so darüber nachgedacht. Und danach habe ich mich stets dafür entschieden, immer in diesen Gebieten zu wohnen. (O4, 16)

Offenbar hat sie ihren ersten Eindruck damals, dass in ihrer neuen Wohnumgebung „nur Einwanderer" sind, als unangenehm empfunden. Nach einer „kurzen" Zeit hat sie sich aber „daran gewöhnt" oder es nicht mehr als störend empfunden. Im weiteren Gesprächsverlauf erläutert sie, dass es nun mehr und mehr „Norweger" in diesen Gebieten gäbe, auch viele Freunde von ihr seien nach Grønland und Tøyen gezogen. Sie bewertet diese Entwicklung als positiv (siehe Abschnitt 9.1). Ihren Erläuterungen hierzu (nicht im Zitat erhalten) ist zu entnehmen, dass sie sich auch deshalb weiterhin vorstellen kann, in den „Einwanderergebieten" zu leben, weil dort inzwischen mehr und mehr „Norweger" wohnen (ebd.; vgl. auch O4, 49 wo der Zusammenhang zwischen Zuzug von „Norwegern" und gestiegener Wohnortattraktivität noch einmal bekräftigt wird).

Mit einer ähnlichen Argumentation berichten Teilnehmer aus anderen Gruppendiskussionen, dass sie sich ebenso vorstellen könnten, in den „Einwanderergebieten" Tøyen und Grønland zu wohnen (O1, 74; O10, 25; O11, 28, 33-34). In diesen Stadtteilen sei derzeit ein Wandel in der Bewohnerschaft zu beobachten (das heißt sinkender „Einwandereranteil" und steigender Anteil von „Norwegern": ebd.; siehe auch O4, 49) und deshalb seien diese Gebiete durchaus für sie potentielle Wohnorte (ebd.).

Zur Veranschaulichung berichtete eine Teilnehmerin aus der Gruppendiskussion O1 von einem Hochhaus in der Borggata zwischen Grønland und Tøyen. Dieses Hochhaus habe den Ruf gehabt, „das meist belastete Hochhaus in ganz Oslo" zu sein, und zwar, „weil es dort einen sehr hohen Anteil an Einwanderern gab und dann auch, weil einige dort Drogen verkauft hatten" (O1, 74). Davon sei in den Nachrichten berichtet worden. Jetzt allerdings, so die Teilnehmerin, sei es dort besser geworden, weil der Einwandereranteil zurückgehe:

> O1Tx: Jetzt ist es schon besser geworden, da zu wohnen. Also, es gab ja sehr viele Einwanderer dort, aber jetzt gibt es mehr und mehr Leute wie wir, vielleicht Akademiker, die dort eindringen.
> (O1, 74)

Viele „junge Norweger" haben inzwischen erkannt, so O4T1, dass es „schlau" sei, sich jetzt in den „Einwanderergebieten" niederzulassen[168] (O4, 16; vgl. auch O10, 25). Am deutlichsten, so die Teilnehmerinnen in O11, sei dies derzeit in Tøyen zu beobachten (O11, 33). Und dies sei auch der Grund dafür, warum Tøyen für sie selbst und auch für andere „Norweger" als ein attraktiver Wohnort gelte[169] (ebd.; vgl. auch O11, 28; O1, 3, 43, 74; O2, 40; O4, 16, 40; O10, 25).

Lediglich in einer Gruppendiskussion wird die Präferenz für „Einwanderergebiete" auch mit „Nicht-Ethnischem" begründet. Zwei Teilnehmer in O1 erklärten, dass sie womöglich nach Grønland ziehen würden, weil der Stadtteil so zentral gelegen sei (O1, 11, 43).

9.3 Kontext: Das Empfinden von sozialer Nähe als grundlegende Bedingung für Wohnortpräferenzen

Aus den oben aufgeführten Aussagen sowie aus dem weiteren Interviewmaterial lässt sich herauslesen, dass das Empfinden von sozialer Nähe zu den Menschen in der Wohnumgebung für die Osloer Befragten als eine zentrale Bedingung für Wohnortpräferenzen dargestellt wird. So sprechen die Teilnehmer in den Osloer Gruppendiskussionen sehr viel darüber, dass es ihnen wichtig ist, „Ähnlichkeit" beziehungsweise Sympathie zu den Bewohnern ihres Viertels zu empfinden (zum Beispiel O1, 72-75; O2, 46; O3, 31; O10, 25, 30-31, 36; O11, 8). In O1 erklären mehrere Teilnehmer, dass der Wunsch, mit Leuten zu wohnen, zu denen man eine Ähnlichkeit mit einem Selbst empfindet, für die Wohnortwahl „genauso wichtig" sein könne „wie der ökonomische Aspekt" (O1, 72-73).

Vor diesem Hintergrund wird eine Ablehnung von Wohnorten ausgesprochen, in denen keine soziale Nähe zu den Menschen in der Wohnumgebung empfunden wird (zum Beispiel O3, 31; O1, 75). Dies betrifft längst nicht nur die Ablehnung von Wohnorten, in denen „viele Migranten" leben (siehe Abschnitt 9.1 und 9.2) Mit diesem Argument der Wichtigkeit sozialer Nähe werden auch Trabantenstädte (weil die Bewohner dort „langweilig oder blöd seien": O3, 31) sowie „Rentnergegenden"

---

[168] Vermutlich werden hiermit die vergleichbar günstigen Wohnungspreise angesprochen.
[169] O1, 3, 43, 74; O2, 40; O4, 16, 40; O10, 25ff.; O11, 1, 28

(O1, 75) oder auch prinzipiell Bezirke im West-Teil der Stadt abgelehnt (zum Beispiel O2, 40; O4, 40; O10, 3, 25-27, 35; O11, 3-5)[170]. Dies ist insbesondere in Bezug auf die Ablehnung von Majorstua interessant (Erläuterung folgt), da sich dieser Stadtteil im Hinblick auf mehrere Wohnortskriterien (zentrale Lage, Wohnungspreise, Infrastruktur) nicht sehr stark von Stadtteilen in der zentralen östlichen Innenstadt unterscheidet.

Vermutlich hängt die hohe Bedeutung von sozialer Abgrenzung in Oslo damit zusammen, dass die geographischen Abstände nicht besonders groß sind (im Vergleich zu Berlin), und die Preisunterschiede zwischen vielen Stadtteilen nicht erheblich sind. Mehrere Aussagen legen es nahe, dass die Wohnortpräferenzen in erheblichem Maße von sozialen Faktoren bestimmt werden, wie unter anderem diese folgende Aussage aus O10 zeigt:

> O10T1: In Oslo empfinde ich es als eine sehr bewusste Wahl. Wo man wählt zu wohnen und wo es überhaupt in Frage kommt zu wohnen, irgendwie.
> O10T2: Ja.
> O10T1: Selbstverständlich kann man nicht immer frei wählen wegen Preis und so was.
> O10T2: Ja.
> O10T1: Aber ich meine, unter den Optionen die man hat, da ist es dann sehr bewusst – also, ich wohne bewusst in Tøyen, irgendwie. Oder auf dieser Seite und dort und –
> O10Tx: Ja.
> O10I: Was sind denn die Gründe dafür?
> O10T1: Äh-
> O10Tx: {Lachen}
> O10T1: Dass ich mir das leisten kann, ist ja eine Sache, aber äh-
> O10Tx: {Lachen}
> O10T1: Dass es zentral gelegen ist, dass ähm dass es in der Nähe ist zu Grünflächen und so was, dass viele junge Leute da wohnen, dass es – also, dass ich das Gefühl habe, dass ich dort hineinpasse, schon. mehr als in äh –
> O10I: Aber könnte es dann auch Majorstua sein? Oder ist Majorstua zu teuer?
> O10T1: Nein, ich könnte nicht in Majorstua wohnen.
> O10I: Nein?
> O10T1: Das würde ich nie machen.
> O10I: Was ist der Unterschied?
> {lachen gleichzeitig}
> O10T1: Der Unterschied ist ja die Leute.
> (O10, 25)

---

[170] Lediglich in einer der Osloer Gruppendiskussionen wurde eine solche prinzipielle Abgrenzung gegenüber „Ost-Teil-Leuten" ausgesprochen: O3, 35. Dies hängt sicher damit zusammen, dass in der Stichprobe in Oslo die Mehrheit der Teilnehmer im Ost-Teil der Stadt wohnen (dies ist eine unbeabsichtigte Folge der Auswahl von Teilnehmern nach dem Schneeballprinzip: siehe die Erläuterungen hierzu in Kapitel 3).

Hier erklärt O10T1, dass die Wohnortwahl von Wohnungssuchenden in Oslo sehr stark von sozialen Faktoren abhänge und erntet explizite Zustimmung von ihren Gesprächspartnern. Mit der Aussage, dass sie Majorstua aufgrund der Leute dort als Wohnort ablehnt, unterstreicht O10T1, dass das Empfinden von sozialer Nähe zu den Menschen in ihrer Wohnumgebung für sie sehr wichtig ist. Offensichtlich nimmt sie Majorstua (im West-Teil) und Tøyen (im Ost-Teil) in Bezug auf die Verfügbarkeit von Grünflächen oder Zentralität als relativ ähnlich wahr. Dennoch lehnt sie es kategorisch ab, in Majorstua wohnen zu wollen, welches sie allein mit der sozialen Komponente („der Unterschied ist ja die Leute") begründet.

Um diese Empfindungen von grundsätzlichen Differenzen zwischen Gebieten im Ost- und West-Teil der Stadt anschaulicher zu machen, folgt nun ein weiterer Gesprächsausschnitt vom Anfang der Diskussion in O10. Hier erklären gleich mehrere Teilnehmer, dass die Thematik ob Ost oder West für ihre Wohnortwahl eine sehr zentrale Thematik sei:

> O10T2: Also, ich muss sagen, dass diese Ost-West-Trennung mir sehr wichtig ist. Also, ich habe schon lange im West-Teil gelebt, viele Jahre jetzt, vielleicht drei Jahre oder so. Und ich merke, dass ich sehr froh bin, dass ich jetzt zurück in den Ost-Teil ziehen werde. Da fühle ich mich wohler. Ich habe schon früher im Ost-Teil gelebt, an verschiedenen Orten. Hier im West-Teil empfinde ich, dass es ein bisschen schicki-micki ist, schlicht und ergreifend.
> O10T1: Das sehe ich auch so, weil ich finde es herrlich, entspannt, im Ost-Teil zu wohnen.
> O10T2: Ja.
> O10T1: Im Vergleich zum hippen, coolen Bislett, wo ich früher gewohnt habe.
> O10T2: Ja, nicht wahr?
> O10T1: Im Ost-Teil kann man in der Jogginghose zum Supermarkt gehen. Das kann man ja im West-Teil nicht. Daher bin ich ganz deiner Meinung. Ich finde es viel besser-
> O10T5: Ich könnte mir gut vorstellen, in Vålerenga oder Rodeløkka zu wohnen. Das ist wohl so wie bei euch anderen. Oder in Gamle Oslo.
> O10Tx: Mhm.
> O10T5: Aber, ja. Ich bin in Oslo aufgewachsen, in Oppsal. Von daher bin ich auch ein echter Ost-Teil-Mensch. Daher ist der West-Teil für mich auf der falschen Seite der Stadt.
> O10I: Warum empfindest du das so?
> O10T5: Das ist so ein bisschen, wie [Name des Teilnehmers O10T2] gesagt hat – man kann in der Jogginghose zum Supermarkt gehen und man muss sich nicht stylen, um vor die Tür zu treten. Ich finde es entspannter im Ost-Teil.
> (O10, 3)

In diesem Zitat ist zu sehen, dass die Teilnehmer angeben, die „schickeren", „hipperen" und „cooleren" Stadtteile im westlichen Teil der Stadt nicht (mehr) als Wohnorte in Erwägung ziehen würden. Sie geben an, den östlichen Teil der Stadt als „entspannter" wahrzunehmen, und bevorzugen deshalb diesen Teil der Stadt.

Bemerkenswert ist hier, sowie aus der anschließenden Diskussion nach diesem Zitat, dass die Befragten den Ost-Teil als Wohnort bevorzugen, obwohl sie den West-Teil als „ästhetisch schöner", „architektonisch schöner" und weniger verkehrsbelastet wahrnehmen (O10, 5).

Eine ähnliche grundsätzliche Ablehnung von Stadtteilen im westlichen Teil wird auch in O11 ausgesprochen. Hier erläutern die drei Teilnehmerinnen, dass sie sich im West-Teil nicht wohl fühlen würden, und dass dort die „Stimmung" „völlig anders" sei (O11, 5ff). Im Stadtteil Frogner sei dies besonders deutlich zu spüren, man bekomme dort das Gefühl, „unterlegen zu sein", „nicht hübsch genug" oder „falsch angezogen" zu sein, so eine Teilnehmerin (O11T2). Eine weitere Teilnehmerin (O11T3) ergänzt dazu – das Milieu in Frogner und Majorstua sei sehr verschlossen, jeder wisse über jeden Bescheid (O11, 7).

Auch in O4 lehnen die Teilnehmer Gebiete im westlichen Teil der Stadt als mögliche Wohnorte ab – hier insbesondere den Stadtteil Majorstua (O4, 40). Die Teilnehmer geben hier an, dass für sie lediglich die Stadtteile Grünerløkka (der momentane Wohnort), Sofienberg, Sagene, Torshov, „eigentlich auch" Gamlebyen und Tøyen und vielleicht auch St. Hanshaugen oder „sogar Bislett" als Wohnortoptionen in Frage kommen würden (O4, 40). Darauf hin merkt die Interviewerin an, dass Majorstua ebenfalls zu den von ihnen als wichtig genannten Kriterien passen würde (zentrale Lage, gute Verkehrsanbindung). Daraufhin antwortet einer der Teilnehmer, dass Majorstua zwar sehr zentral gelegen sei, „mental" jedoch sei Majorstua vergleichbar mit Manglerud (am Außenrand). So erklärt er, dass er sich überhaupt nicht vorstellen könne, in Majorstua zu wohnen, obwohl dieser Ort zu seinen „objektiven" Wohnortkriterien passen würde. Aus seiner Aussage geht hervor, dass ihm nicht das Geld für eine Wohnung in Majorstua fehlen würde. Offenbar ist es vielmehr die Empfindung, dass dort „komische Leute" sind, die ihn von diesem Stadtteil fernhalten. So könne er sich nur vorstellen, in einem bestimmten „Typus" Stadtteil zu wohnen, und somit wird die Wahrnehmung und Bewertung der Bewohnerschaft für ihn, ebenso wie für seine Lebensgefährtin (die auch an der Befragung teilnimmt), zu einem ausschlaggebenden Faktor bei der Wohnortwahl.

Eine sozial bedingte Ablehnung und Abgrenzung zu Majorstua sprechen die Teilnehmer in O1 auch an. In der 15. Minute berichtet eine Teilnehmerin, dass sie früher in Homansbyen im Stadtteil Majorstua gewohnt habe, und wegen den Leuten dort aus dem Gebiet weggezogen sei. Sie formuliert: Dort lebten „eine andere Sorte Leute, als die, mit denen ich wohnen wollte, so ein bisschen Westkant-Wanna-Be. Worauf ich nicht so Lust hatte, oder ich fühlte mich da nicht ganz zu Hause."(O1, 14; vgl. auch O1, 78).

9.4 Zusammenfassung

In diesem Kapitel wurde untersucht, ob die Wahrnehmungen von „Einwanderern" (Kapitel 8) und die Assoziation bestimmter Stadtteile mit „Einwandern" (Kapitel 7) die Wohnortpräferenzen von Mehrheitsangehörigen in Oslo beeinflussen. Anhand der Aussagen der Teilnehmer über ihre Wohnortpräferenzen beziehungsweise bereits getroffenen Wohnortentscheidungen wurde untersucht, erstens, ob die „ethnische Zugehörigkeit"[171] der Nachbarn beziehungsweise der Menschen in der Wohnumgebung für die Wohnortpräferenzen der befragten Mehrheitsangehörigen eine Rolle spielt. Zweitens wurde untersucht, ob die Befragten sich vorstellen können, in den Gebieten zu wohnen, die sie zuvor als „Einwandererstadtteile" (siehe Kapitel 7) beschrieben hatten.

Zu dem ersten Untersuchungsaspekt, ob Präferenzen für „norwegische" Nachbarn ausgesprochen wurden, ergab die Analyse der Aussagen, dass dies durchaus der Fall war. Zum einen sprachen die Teilnehmer darüber, dass sie bei den Wohnortpräferenzen beziehungsweise bei der Wohnortwahl Wert darauf legen würden, dass ihre Nachbarn ihnen selbst ähneln würden. Zum anderen sprachen sie darüber, dass sie, etwa bei einer Wohnungsbesichtigung, eine skeptische Haltung einnehmen würden, wenn sie feststellten, dass in dem Haus „nur Einwanderer" wohnen.

Zu dem zweiten Untersuchungsaspekt, ob die Wahrnehmung der Anwesenheit „vieler Einwanderer" in bestimmten städtischen Teilgebieten und die häufig negative Bewertung von Konzentrationen von Einwanderern zum Ausschluss dieser Gebiete als potentielle Wohnorte führen können, war eine größere Varianz in den Aussagen zu beobachten. Während ein Teil der Befragten erklärte, dass diese Gebiete nicht als Wohnort in Frage kommen würden, erklärte ein anderer Teil, dass sie manche dieser Gebiete (die zentral gelegenen) nicht als potentielle Wohnorte ausschließen würden. Einige Teilnehmer verkündeten, dass sie gerade aufgrund der „Fremdprägung" (etwa: „Flair des Südens" beziehungsweise von Istanbul) in diesen Gebiete wohnen wollen würden. Andere gaben an, dass sie diese Wohnorte aus strategischem Kalkül (steigende Wohnortattraktivität für „Norweger") auswählen würden.

Abschnitt 9.3 präsentierte weitere Aussagen zu den Hintergründen und Bedingungen für Wohnortpräferenzen und -wahl. Daraus geht die Erkenntnis hervor, dass soziale Faktoren (Wahrnehmung und Bewertung der Bewohner, Empfinden von sozialer Nähe und Distanz) offensichtlich eine ganz entscheidende Rolle für Wohnortpräferenzen und -entscheidungen in Oslo spielt.

---

[171] Beziehungsweise die zugewiesene ethnische Zugehörigkeit – siehe Kapitel 2.

Teil IV: Ergebnisse und Diskussion

10 Ergebnisse der empirischen Untersuchung
(Teil II und III)

In diesem Abschnitt werden zentrale Ergebnisse aus den beiden Fallstudien im Hinblick auf die Forschungsfragen der Arbeit (siehe Abschnitt 1.5) zusammengetragen und diskutiert. Dabei erfolgt auch eine Rückbindung an das bestehende Vorwissen, das in den ersten beiden Kapiteln vorgestellt wurde.

Der erste Kapitelabschnitt (10.1) diskutiert zusammenfassend die Ergebnisse zu der Frage, inwiefern ethnische Kategorien die *Wahrnehmung und Bewertung von städtischen Teilgebieten* seitens mehrheitsangehöriger Stadtbewohner beeinflussen (Kapitel 4 und 7). Der zweite Abschnitt (10.2) behandelt die Bedeutung von ethnischen Kategorien für die Wahrnehmungen von *anderen Stadtbewohnern* (aus den Kapiteln 5 und 8). Hier geht es um den Zusammenhang zwischen „ethnischer Zugehörigkeit" und dem Empfinden sozialer Nähe. Unter anderem geht es darum, ob die Teilnehmer sich selbst als „Deutsche" beziehungsweise „Norweger" verstehen, und ob sie andere Stadtbewohner nach ethnischen Kategorien einordnen (Deutsche, Migranten, Norweger, Einwanderer). Der dritte und letzte Abschnitt des Kapitels (10.3) wertet die Untersuchungsergebnisse im Hinblick auf Abhängigkeiten zwischen „ethnischer Zugehörigkeit" und *Wohnortpräferenzen* der befragten mehrheitsangehörigen Stadtbewohner aus (Ergebnisse aus den Kapiteln 6 und 9).

10.1 Die Rolle von ethnischen Kategorien in der Wahrnehmung städtischer Teilgebiete und deren Bewohner

10.1.1 Prägt die ethnische Zugehörigkeit der Bewohner eines städtischen Teilgebietes die Wahrnehmung und Bewertung dieses Gebiets?

In den jeweiligen Kapiteln vier und sieben war zu sehen, dass die Befragten, nach der Aufforderung, eine Anzahl städtischer Teilgebiete auszuwählen und zu beschreiben, von sich aus auf ethnische Kategorien zurückgriffen (in Berlin: v.a. „Türken", „Araber", „Ausländer", in Oslo: v.a. „Einwanderer" und „Somalier"). Die Angabe von ethnischen Kategorien für die Beschreibung der Gebiete war in Berlin insbesondere in Bezug auf Neukölln, Wedding und Kreuzberg – in Oslo Grønland und Tøyen (und als Sammelbezeichnung Gamlebyen) – ganz zentral. Die Verwendung ethnischer Kategorien spielt auch bei der Beschreibung anderer Gebiete eine wichtige, aber nicht in gleicher Weise vorrangige Rolle. In der Berliner Falluntersuchung betraf dies spezifische Bezirke im Ost-Teil Berlins (Marzahn-Hellersdorf und Lichtenberg) sowie Spandau im West-Teil mit „Russen". Hingegen wurden Prenzlauer Berg sowie Friedrichshain als „deutsch" beschrieben. In der Osloer Falluntersuchung stellte sich heraus, dass die Gebiete Sagene und Torshov als „durchmischt" wahrgenommen wurden (das heißt dass mit diesen Orten „einige Einwanderer" assoziiert wurde), während Majorstua und Frogner als „homogen" „norwegisch" betrachtet wurden.

Die Assoziation eines städtischen Teilgebietes mit einer anderen ethnischen Kategorie als „deutsch" beziehungsweise „norwegisch" geht in jedem Falle mit einem Empfinden von Fremdheit einher. Die Art des Empfindens kann allerdings stark variieren: Auf der einen Seite wird das Fremdheitsempfinden als etwas Positives dargestellt, wie etwa die Beschreibung von Kreuzberg als ein „türkisches Urlaubsparadies" oder die Assoziation zwischen dem Stadtteil Grønland und Afrika. Auf der anderen Seite wird das Fremheitsempfinden als etwas Negatives beschrieben. Darunter fallen die Beschreibungen, in denen ein „(zu) hoher" Anteil an Migranten mit Gefahr, Angst, oder das Gefühl, „nicht zu Hause zu sein" verbunden wird.

Der (mehrfach auftretende) Vergleich von Neukölln mit Istanbul in der Berliner Untersuchung bringt eine Vorstellung von Neukölln als ein fremdes Territorium zum Ausdruck. Hier drückt sich in der Wahrnehmung und Bewertung von Neukölln aus, dass dieses Gebiet von einer türkischen Mehrheit dominiert würde und sie dort eine kleinere Ausgabe einer ihrer Großstädte errichtet hätte. In diesem Fall, wie auch in der Aussage, dass es inzwischen mehrere großstädtische Teilgebiete gäbe, die ausschließlich von Türken bewohnt würden, ist sehr deutlich zu erkennen, dass hier auf Vorstellungen über das Gebiet zurückgegriffen wird, die nicht den tatsächlichen Verhältnissen in Neukölln entsprechen (nämlich eine „multinationale" Bevölkerung mit einem erheblichen Anteil von „Alteingesessenen deutschen Bewohnern": siehe Monitoring 2008). Das Gleiche tritt in der Wahrnehmung und Beschreibung der Sonnenallee als arabisch dominiertes Gebiet, und von der Karl-Marx-Straße als türkisch dominiert, hervor.

Solche „wirklichkeitsferne" Vorstellungen von bestimmten städtischen Gebieten als dominiert von Einwanderern traten auch in Oslo auf, insbesondere in Bezug auf Grorud, Mortensrud, zum Teil auch auf Grønland, Sofienberg und nedre Grünerløkka. Anhand der Bevölkerungsstatistiken aus den jeweiligen Stadtgebieten geht hervor, dass es auch in Oslo eine stark gemischte Bevölkerung in den jeweiligen städtischen Gebieten gibt, so dass hier nicht von Homogenität, Dominanz einer Gruppe oder geschweige denn von „Ghetto" die Rede sein kann (siehe u.a. die Auswertung von Barne-, likestillings- og inkluderingsdepartementet 2011)[172].

---

[172] Der Stadtteil „Zentrum" ist der einzige, dessen Einwandereranteil 50% überschreitet (54%). Davon sind wiederum rund 71% „westliche Einwanderer" (ebd.).

Anhand vieler Aussagen, die sowohl in den Kapitel vier, sechs als auch sieben und neun vorgestellt wurden, wird ersichtlich, dass die Befragten häufig auf bestimmte Vorstellungen von *einem* Charakter eines städtischen Gebiets beziehungsweise deren Bewohner (vgl. Abschnitt 2.1.4) zurückgreifen, wenn sie die unterschiedlichen städtischen Teilgebiete beschreiben. In Berlin zeigt sich dies sowohl in Bezug auf die Vorstellung von Neukölln als einen Ort, an dem türkisches Flair zu erleben sei, als auch zum Beispiel in der Beschreibung von Pankow als ein geeigneter Ort, Kinder zu erziehen (anders als Lichtenberg). Dies zeigt sich auch in der Vorstellung von Prenzlauer Berg als eine „Blase von Akademikern" oder in der Beschreibung von Charlottenburg als „Omas Dorf" (B6, 19; vgl. Lindner 2006: über die Mythen städtischer Gebiete). Entsprechende Beispiele sind in Oslo einerseits die Vorstellung, dass in Majorstua oder im oberen Teil von Grünerløkka „kaum noch" Einwanderer leben würden, und andererseits die Vorstellung, dass es in Grorud nur noch ganz wenige Norweger gäbe.

10.1.2 Ist es für die Wahrnehmung und Bewertung eines städtischen Teilgebietes relevant, um welche ethnische Zugehörigkeit es sich handelt?

Für die Bewertung eines städtischen Teilgebietes spielt es eine erhebliche Rolle, mit welcher ethnischen Kategorie dieses Gebiet assoziiert wird. In den Abschnitten 4.2 und 7.2 wurde ausführlich darüber berichtet, dass das Etikett „Ausländer" (auch: „Türken", „Araber", „Migranten"; ferner „Russen") beziehungsweise „Einwanderer" (v.a. auch: „Somalier") häufig mit einer negativen Bewertung des Gebietes einherging (ähnliche Feststellungen bei u.a.: Best und Gebhardt 2001; Gakkestad 2003; Hansen und Brattbakk 2005; Gruner 2006; Häußermann 2007b; Eriksen und Høgmoen 2011; siehe Abschnitt 1.3). Zwar wurden auch Beispiele genannt, wonach dieses Etikett aus Sicht der Befragten auch eine positive Bedeutung hätte (u.a. die Möglichkeit, Klein-Istanbul mitten in Berlin zu erleben oder das Gefühl in Tøyen, „auf einer Reise im Süden zu sein"), jedoch wurde stets darüber gesprochen, dass ein Gebiet, das mit diesen ethnischen Kategorien assoziiert wird, im Allgemeinen negativ wahrgenommen und bewertet wird. Diese negative Bewertung, insbesondere von Neukölln, Wedding, nedre Grünerløkka, Grønland oder insgesamt Gamlebyen, wird auch offensichtlich, wenn die weiteren Assoziationen mit diesen Gebieten daneben gestellt werden: „Ghetto", „Kriminalität", „Angst", „chaotische Zustände", „Dreck"" sowie „Respektlosigkeit gegenüber Frauen".

Hingegen war zu sehen, dass Gebiete, die als „deutsch" beziehungsweise „norwegisch" oder „durchmischt" beschrieben wurden (u.a. Prenzlauer Berg, Friedrichshain und Kreuzberg – respektive den mittleren und oberen Teil von Grünerløkka oder Sandaker und Torshov) – mit positiven Bewertungen verbunden wurden; unter anderem wird hier darüber gesprochen, dass das jeweilige Gebiet als „schön", „hip", „cool", „divers", „sauber" oder „nett" gelte.

Als eine Erklärung für die überwiegend negative Bewertung von Gebieten, in denen sich „Türken" und „Araber" beziehungsweise „Einwanderer" und „Somalier" konzentrieren, wird vor allem die („spezielle") „Kultur" der dort lebenden „Ausländer" genannt. Die negative Bewertung von Migrantenvierteln sei demnach die Folge davon, dass die Migranten (das heißt bestimmte Migrantengruppen) so negativ wahrgenommen würden. Das interessante Phänomen, dass Kreuzberg trotz des Labels „Migrantenviertel" im Vergleich zu den anderen „Migrantenvierteln" positiver wahrgenommen wurde, hängt wohl damit zusammen, dass dort neben den Menschen mit der „problematischen türkischen Kultur" auch die „hippen", „szenigen möchte-gern-Berliner und alt-eingesessenen Berliner" wohnen würden – das heißt also die „Problemdichte" somit geringer sei. Ähnlich wird dies in Bezug auf die zunehmende Attraktivität von Grønland und Tøyen beschrieben – demnach würde die zunehmende Präsenz von „Norwegern" die Situation dort verbessern (vgl. hierzu Sæter 2005; Huse et al. 2010).

Eine weitere Erklärung für die negative Bewertung der wohnräumlichen Konzentration der „Ausländer" (v.a. „Türken" beziehungsweise „Araber") beziehungsweise „Einwanderer" war, dass diese als Ausdruck von einer von ihnen gewollte kulturell bedingte Abschottung und einen fehlenden Willen zur „Integration" interpretiert wurde. Diese Interpretation stimmt weitgehend mit den Argumentationsstrukturen in der „Parallelgesellschaftsdebatte" (siehe Abschnitt 2.1) überein, die in der wissenschaftlichen Diskussion scharf kritisiert wird (siehe ebd.). Allerdings hat die Annahme, dass „Migrantenviertel" Orte der gegenseitigen Unterstützung und „kulturellen Identifikation" darstellen würden, auch die wissenschaftliche Diskussion stark geprägt. Aufgrund einer zunehmenden Kritik der empirischen Belegbarkeit dieser Annahmen findet diese Interpretation von „Migrantenvierteln" jedoch inzwischen weniger Unterstützung.

Unter den Teilnehmern hier findet sich die Annahme wieder, dass die „Türken" und „Araber" beziehungsweise „Einwanderer", vor allem „Somalier", sich abschotten wollen. Das heißt die Konzentration von bestimmten Migrantengruppen wird hier als die Folge von einer von ihnen selbst forcierten Entwicklung gesehen – die dem Wunsch der Mehrheitsgesellschaft widerspricht. Denn die Mehrheitsgesellschaft – dies lässt sich in den Äußerungen erkennen – wie auch die Teilnehmer selbst, betrachten die Konzentration von „Migranten" beziehungsweise „Einwanderer" als „unglücklich" und mit Sorge, weil sich dadurch gesellschaftliche Probleme ergeben würden.

In einem der Berliner Interviews wurde angemerkt, dass diese Ablehnung seitens der Mehrheitsgesellschaft nicht für eine wohnräumliche Konzentration von Amerikanern gelten würde (siehe Abschnitt 10.2.1).

10.1.3 *Aus welchen Quellen beziehen die Befragten ihre Wahrnehmungen und Bewertungen von städtischen Teilgebieten und deren Bewohnern?*

Sowohl in Bezug auf die negativen als auch für die positiven Bewertungen der unterschiedlichen Stadtteile zeigte sich, dass die Befragten diese Vorstellungen überwiegend aus dem eigenen sozialen Umfeld (Freunde, Familie, Bekannte) als auch aus den Massenmedien übernommen hatten (zum Erwerb von Wahrnehmungen/ Einstellungen über Sozialisationsprozesse, siehe Abschnitt 2.2). Das heißt häufig basierten die Vorstellungen von den Gebieten beziehungsweise deren Bewohner nicht auf eigenen, persönlich gewonnenen Erfahrungen und Eindrücken.

Viele Teilnehmer in beiden Städten geben explizit an, dass ihre Wahrnehmungen und Bewertungen der Gebiete weitgehend von der symbolischen Bedeutung der Gebiete (vor allem kollektive, im Diskurs verbreitete Vorstellungen) geprägt sind (siehe v.a. Abschnitte 4.3 und 7.3; vgl. auch 2.1.4). So berichten die Befragten darüber, dass ihre Wahrnehmungen, Bewertungen und auch Orientierungen im Raum maßgeblich vom „Ruf" oder „Image" der Gebiete gesteuert werden (siehe ebd.; vgl. auch Firey 1974; Herlyn 1976; Hamm 1982; Best und Gebhardt 2001; Läpple und Walter 2007; siehe Abschnitt 2.1.4).

Demnach wäre anzunehmen, dass lediglich diejenigen, die „türkisches Flair" beziehungsweise „arabische" oder „somalische" „Männerdominanz" nicht als unangenehm oder beeinträchtigend empfinden, die Gebiete Wedding, Neukölln (mit Ausnahme des nördlichsten Teils) oder Tøyen und Grønland aufsuchen (vgl. Abschnitt 2.1.4; weitere Erläuterungen dazu in Abschnitt 10.3).

10.2 Die Bedeutung von ethnischer Zugehörigkeit für soziale Nähe

10.2.1 *Werden „Migranten" als „Andere" beziehungsweise als „Fremde" wahrgenommen? Wenn ja: Gibt es unterschiedliche Wahrnehmungen, etwa je nach Nationalität, in Bezug darauf, ob „Migranten" als „Fremde" wahrgenommen werden?*

Die zentrale Feststellung aus den Kapiteln fünf und acht ist, dass die Befragten zwar von grundsätzlichen Differenzen zwischen „Migranten" und „Deutschen" respektive „Norwegern" und „Einwanderern" sprechen, aber damit sind nicht alle gemeint, die „streng genommen" Migranten sind. Es sind diejenigen, die vom äußeren Erscheinungsbild[173] her „auffallen", besonders „Türken", „Araber", „Somalier" oder generell „Muslime", die als „Migranten" beziehungsweise „Einwanderer" kategorisiert werden (diese Feststellung ergibt sich auch aus vielen anderen Untersuchungen: u.a. Hernes und Knudsen 1990; Rogstad 2001; Gullestad 2002; Brochmann

---

[173] Es werden sowohl körperliche als auch „kulturelle" Merkmale, wie zum Beispiel das Kopftuch oder bestimmte Verhaltensweise, genannt.

2005; Gruner 2006; siehe Abschnitt 2.2). Den Aussagen der Teilnehmer bezüglich der genannten Gruppen ist zu entnehmen, dass Angehörige dieser Gruppen als besondere „Fremde" kategorisiert werden (siehe Kapitel fünf und acht; vgl. ähnliche Befunde bei Steinbach 2004). Auf diese Menschen werden bestimmte Einstellungen und Verhaltensweise projiziert, die stark abgelehnt werden (vgl. Hall 2000). Damit wird ersichtlich, dass die Wahrnehmungen und Einstellungen der Großstadtbewohner zu „Migranten" beziehungsweise „Migrantenvierteln" sich nicht grundsätzlich von den Wahrnehmungen und Einstellungen, die in den Studien aus dem Bereich der Migrationsforschung erfasst worden sind, unterscheiden (siehe Abschnitte 1.4 und 2.2).

In mehreren Gruppendiskussionen wird geäußert, dass die Kategorie „Migrant" beziehungsweise „Einwanderer" negativ behaftet sei – in der zwölften Gruppendiskussion heißt es zum Beispiel, dass der Begriff „Migrant" mit „Türken" und „Arabern" assoziiert würde und (deshalb) abwertend sei. Wenn es hingegen um das Thema Essen (zum Beispiel Döner, Kaffee trinken oder Einkaufen) geht, wird die „Andersartigkeit" der „Türken" und „Araber" beziehungsweise „Einwanderer" ausdrücklich positiv bewertet (vgl. Moseng 2007; Thränhardt 2008; siehe hierzu Abschnitt 2.2).

Auffällig ist die Abwesenheit einer sozialen Differenzierung innerhalb dieser Kategorie der „Migranten" beziehungsweise „Einwanderer" (insbesondere innerhalb der Unterkategorien „Türken", „Araber" und „Somalier"). Dafür hat Zerubavel (1991) eine Erklärung. Nach Zerubavel (1991) hat die fehlende soziale Differenzierung in Bezug auf Angehörige der „ethnisch Anderen" womöglich den Hintergrund, dass die unterschiedlichen Biographien, Qualifikationen oder Persönlichkeiten der „Migranten" beziehungsweise „Einwanderer" in der Begegnung mit „Nicht-Migranten" keinen Unterschied ausmacht: „*What often looks like an inability to differentiate may very well be a deliberate disregard for negligible differences that ‚make no difference.'*" (Zerubavel 1991: 63).

Das Empfinden von (besonders großer) Fremdheit zu den „Türken" und „Arabern" beziehungsweise „Somaliern" begründen die Befragten primär damit, dass deren Werte und Normen (u.a. Frauenbild, Integrationsbereitschaft und Bildungsaspirationen) sehr unterschiedlich seien im Vergleich zu ihren eigenen. Manche der Befragten lehnen zwar die (angebliche) massenmediale Darstellung von Migranten als „gewalttätig", „gefährlich" oder „kriminell" ab, jedoch ist eindeutig zu erkennen, dass die Befragten von einer grundsätzlichen Differenz zwischen ihnen selbst und den (vermeintlichen) Mitgliedern dieser Gruppen ausgehen. Dabei geben die meisten Teilnehmer an, dass sie selbst kaum persönliche Kontakte zu diesen Gruppen pflegen außer in Einkaufssituationen oder ähnliches.

Andere Migrantengruppen (zum Beispiel „Pakistanis", „Russen", „Ost-Europäer", „Polen", „Vietnamesen und Thailänder", „Amerikaner", „Österreicher" oder insgesamt „westliche Einwanderer") werden hingegen milder beurteilt. Deren

Fremdheit, so scheint es, sei längst nicht in gleicher Weise unangenehm oder bedrohlich. Auch scheint es, dass sie deshalb positiver wahrgenommen werden, weil sie sich angeblich „mehr bemühen" oder (auch aufgrund von weniger Diskriminierung) „besser integriert" seien. Damit wird die Empfindung von sozialer Distanz offenbar relativiert. Die positivere Wahrnehmung von diesen Migrantengruppen im Vergleich zu den anderen geht aus dem direkten Vergleich (Abschnitte 5.3 und 8.3) der unterschiedlichen Migrantengruppen hervor.

10.2.2 Nehmen mehrheitsangehörige Bewohner sich selbst als „Deutsche" beziehungsweise „Norweger" wahr?

In den Abschnitten 4.3 und 7.3 werden Aussagen präsentiert, aus denen hervorgeht, dass die Befragten die wohnräumliche Konzentration von Migranten als „kulturell bedingt" interpretierten. Sie beschrieben dieses Phänomen als „normal" und allgegenwärtig – so würden sie auch selbst, wenn sie im Ausland leben würden, die Nähe zu anderen Deutschen beziehungsweise Norwegern aufsuchen. So wird in diesem Zusammenhang explizit, dass die Teilnehmer sich selbst als „Deutsche" beziehungsweise „Norweger" einordnen.

In vielen weiteren Aussagen wird die Selbst-Zuordnung der Teilnehmer als „Deutsche" beziehungsweise „Norweger" implizit formuliert – etwa wenn geäußert wird, dass es schön(er) sei, wenn außer einem selbst auch andere „Norweger" oder „Deutsche" im selben Haus wohnen würden.

10.2.3 Lässt sich anhand der Äußerungen der Befragten erkennen, dass soziale Problemlagen oder Kriminalität mit „ethnischer" oder „kultureller" Herkunft erklärt wird (vgl. das Konzept der Ethnisierung)?

Es wird nur in einzelnen Fällen darüber reflektiert, dass die „Türken", „Araber" beziehungsweise „Einwanderer", über die sie sprechen, zugleich zu den ärmeren Schichten der Bevölkerung gehören (vgl. die Ausführungen zu Ethnisierung in den Abschnitten 1.3 und 2.2.3). Vielmehr wird deren schlechtere sozioökonomische Lage „kulturell" begründet – als die Folge von fehlenden „Integrationsbemühungen" und Ambitionen, beziehungsweise weil sie angeblich „keinen Wert" auf Bildung legen würden.

10.2.4 Aus welchen Zusammenhängen beziehen die Befragten ihre Wahrnehmungen von „Migranten" beziehungsweise „Einwanderern"?

In Bezug auf ihre Vorstellungen von beziehungsweise Annahmen über „Migranten" (respektive „Einwanderer") äußern die Befragten, dass sie kaum persönliche Kontakte zu Personen aus diesen Gruppen pflegen und dadurch wenige Möglichkeiten haben, ihre Kenntnisse aus anderen Quellen als dem gesellschaftlichen Diskurs beziehungsweise Erfahrungen von Freunden und Bekannten zu schöpfen. Sie berichten, dass die meisten Kontakte in Situationen zustande kommen, in denen die „Migranten" beziehungsweise „Einwanderer" entweder die Rolle als Kriminelle (u.a. als Drogenverkäufer oder Übergreifer) oder als Dienstleister („Dönermann", Möbel- oder Gemüsehändler) innehaben. Sie selbst hingegen arbeiten in Berufen mit einem höheren Sozialstatus.

Wenn aus diesen Begegnungen ein Vergleich von „Migranten" beziehungsweise „Einwanderern" mit „Deutschen" respektive „Norwegern" stattfindet (siehe Abschnitt 10.2.2) wird ausgeblendet, dass die „Migranten" beziehungsweise „Einwanderer", denen sie gegenüber treten, eine andere soziale Stellung innehaben (vgl. Bourdieu 1982; Bourdieu 1991, 1991; 1992). Es findet somit kein Vergleich zwischen Personen auf „Augenhöhe" statt (zum Beispiel zwischen Lehrern unterschiedlicher ethnischer Gruppen), sondern ein Vergleich zwischen „Mittel- und Unterschicht". Es wird dabei nur in Einzelfällen reflektiert, dass es ebenso zum Beispiel eine türkische Mittelschicht gibt, bei der ein Vergleich sinnvoller wäre (ein Einzelfall: Eine Anmerkung in B7, bei dem der fehlende Aufstieg der „Türken" mit den Problemen von „deutschen Arbeiterkindern" verglichen wird). Vielmehr ist hier zu sehen, dass davon ausgegangen wird, dass „Migranten" und „Einwanderer", speziell „Türken" und „Somalier" per se zu der unteren Schicht gehören, weil sie bedingt durch ihre „Kultur" nicht anders sein könnten (siehe Abschnitt 10.2.3). Hier ist eine subtile Form der Ethnisierung von sozialer Ungleichheit zu sehen, die dazu beiträgt, dass sich stereotypisierte Vorstellungen von Migranten reproduzieren.

Es wurde an manchen Stellen gezeigt, dass die Wahrnehmung und Bewertung von „Migranten" auch aus Beobachtungen von bestimmten Situationen abgeleitet werden. Dies zeigt sich unter anderem in den zwei Erzählungen aus der neunten Gruppendiskussion in Berlin: Die Beschreibung eines Mannes, der drei Meter vor seiner Frau (mit Kopftuch) lief, oder die Geschichte über die Mutter (ebenfalls mit Kopftuch) und deren Sohn in der Sonnenallee (Abschnitt 4.2). Beide verwenden diese Beobachtung als eine Beweisführung für das Argument, dass „Migranten" im Allgemeinen (etwa kopftuchtragende Frauen oder „türkisch oder arabisch aussehende Männer") frauenfeindlich eingestellt seien. Damit pauschalisieren sie nicht nur – auch *ethnisieren* sie dieses Phänomen – in dem sie Frauenfeindlichkeit als ein Thema der „Migranten" (und nicht der „Deutschen") behandeln (vgl. Beck-Gernsheim 2004).

Ähnlich verhält es sich mit der Aussage aus der achten Gruppendiskussion in Berlin, als über das Hamburg-Harburger Wohnprojekt berichtet wurde. Aufgrund von bestimmten Nachbarschaftskonflikten in diesem Projekt wird verallgemeinert, das Zusammenleben von Türken und Deutschen nicht in der Praxis funktioniere. So wird aus bestimmten Erfahrungen oder Erzählungen abgeleitet, dass Ruhestörung – darunter das laute „zu Allah beten" früh am Morgen (wobei fragwürdig ist, ob das Beten an sich hörbare Geräusche verursacht – eine typische Eigenschaft der Türken sei. Dieses Phänomen taucht auch in den Osloer Gruppendiskussionen auf – zum Beispiel in der elften Gruppendiskussion, wo zu sehen war, dass aus einer konfliktreichen Erfahrung, in einem Hochhaus zu leben mit „fast nur Einwanderern", generelle Schlussfolgerungen über „Zusammenprallen der Kulturen" gezogen wurden.

10.3 Abhängigkeiten zwischen „ethnischer Zugehörigkeit" und Wohnortpräferenzen

10.3.1 Welchen Stellenwert hat die „Empfindung sozialer Nähe zu den Nachbarn" für Wohnortpräferenzen?

In den Abschnitten 6.3 und 9.3 wird dargestellt, dass ein erheblicher Teil der Befragten erklären, dass das Empfinden von sozialer Nähe zu den Menschen im Wohnumfeld eine wichtige Rolle für Wohnortpräferenzen beziehungsweise -entscheidungen sei. Dies wird damit begründet, zum einen, dass es dann weniger Reibungspunkte gäbe, zum anderen, dass die „Ähnlichkeit" der Menschen mit einem selbst beziehungsweise die „Identifikation" mit den Leuten im Wohnumfeld wichtig sei. Es sei angenehmer, wenn die Menschen um einen herum ähnlich seien wie man selbst.

Dieser Befund entspricht den theoretischen Annahmen der Forschung sowie den Befunden aus bestehenden empirischen Studien (vgl. Wessel 1997; Hansen und Brattbakk 2005; Häußermann 2008b; siehe die Erläuterungen hierzu in Abschnitt 2.1). Demnach spielt für diejenigen, die eine Wohnort*wahl* treffen können, der Wunsch mit „Gleichgesinnten" beziehungsweise Menschen mit einem ähnlichen sozialen Status zusammen zu leben eine wichtige Rolle (u.a. Sennett 1970; Bourdieu 1991; siehe auch Friedrichs 2000: 177; Häußermann und Siebel 2001a: 75 sowie zur „Konflikthypothese": Häußermann und Siebel 2004: 182f.). Diese Annahme gilt als eine „weit verbreitete, empirisch gut belegte Tendenz" (Schroer 2005: 246)[174].

Die Feststellung, dass viele Befragte bei ihren Wohnortpräferenzen auf soziale Nähe Wert legen, ist hier deshalb brisant, weil diese Befragten zugleich „Migranten"

---

[174] Vgl. das Konzept „freiwillige Segregation" (u.a. Siebel 1997: 39; Häußermann und Siebel 2001a: 76; Krummacher 2007: 111).

beziehungsweise „Einwanderer" als „Fremde" oder „Andere" beschrieben haben (Kapitel 5 und 8). Damit deutet sich an, dass Gebiete, die mit „vielen Migranten" assoziiert werden, aufgrund des Mangels an „Ähnlichkeit" oder „Identifikationsmöglichkeit" von vornherein als Wohnorte ausscheiden können.

10.3.2 Äußern die Befragten Präferenzen für „deutsche" beziehungsweise „norwegische" Nachbarn? Wenn ja, wie wird es begründet? (zum Beispiel Präferenz für räumliche Nähe zu „Gleichgesinnten"?)

Zusammenbetrachtet ergeben die Aussagen der Befragten folgenden Gesamteindruck: Ein „hoher" Anteil von „Migranten" in der Wohnumgebung wird eher abgelehnt. Danach gibt es Abstufungen, von einer generellen Ablehnung von Gebieten, die durch Migranten geprägt sind, bis hin zu einer ausdrücklichen Präferenz für „durchmischte Gebiete".

Manche Befragte geben an, dass sie Wohngebiete bevorzugen, geben an, dass sie „durchmischte" Wohngebiete bevorzugen (das heißt eine gemäßigte Anwesenheit von „Migranten" beziehungsweise „Einwanderer"). Diese Teilnehmer berichten, dass sie bei ihrer Wohnortsuche und -wahl bewusst auf eine „Mischung" von unterschiedlichen Bevölkerungsgruppen in der Umgebung achten (es wird aus dem Kontext der Aussagen ersichtlich, dass damit eine „ethnische", und nicht nur „soziale Durchmischung" gemeint ist). So suchen diese Befragten gezielt nach einem „diversen" beziehungsweise „multikulturellen" Wohnumfeld, weil dies ihr Wohlempfinden positiv beeinflussen würde. Im Umkehrschluss bedeutet dies, dass ein „zu hoher" „Migrantenanteil" wiederum als „nicht durchmischt" beziehungsweise „zu homogen" erlebt wird. Dies ist wohl auch der wesentlichste Grund dafür, warum Kreuzberg und Nord-Neukölln im Vergleich zu anderen Teilen Neuköllns, Wedding und Moabit häufiger als ein attraktiver, in Frage kommender Wohnort genannt wird (Analog dazu in Oslo: Tøyen wird im Vergleich zu Grønland als stärker „durchmischt" wahrgenommen, und wird damit positiver bewertet).

Andere Teilnehmer hingegen bringen zum Ausdruck, dass sie (nur) Wohnumgebungen bevorzugen würden, in der sie sich unter Ihresgleichen (auch in „ethnischer" Hinsicht) leben könnten.

Beide Teilnehmergruppen vereint eine Skepsis gegenüber „Türken" beziehungsweise „Einwanderern" oder auch speziell „Somaliern" als Nachbarn, die bei der einen Gruppe stärker ausgeprägt ist als bei der anderen. Allerdings war es offenbar schwer für sie (beide Gruppen), über solche Empfindungen zu sprechen. Das hat eine Teilnehmerin in B8 auch explizit thematisiert – es sei ein heikles Thema und „politisch inkorrekt" zuzugeben, dass ein „türkischer" („halbstarker") Nachbar nicht gerne gesehen ist. Vermutlich war dies der Grund dafür, warum darüber seltener explizit, aber häufig implizit gesprochen wird.

Als es nicht um die Teilnehmer selbst, sondern um Empfindungen von anderen ging, wurde darüber viel offener gesprochen. In sämtlichen Gruppendiskussionen wird geäußert, dass „Deutsche" beziehungsweise „Norweger" allgemein „deutsche" beziehungsweise „norwegische" Nachbarn bevorzugen würden. Auch in der Aussage aus B7, „man" [das heißt als „Deutsche(r)"] achtet auf die Namen auf den Klingelschildern, weil „man" möglichst vermeiden will, „Türken" als Nachbarn zu bekommen, wird diese Einstellung sehr direkt und offen angesprochen. Schließlich verstoßen dieses Zugeständnisse nicht gegen das Prinzip der „politischen Korrektheit", weil damit nur zum Ausdruck gebracht wird, was andere tun und für wichtig erachten (und die eigenen Einstellungen und Präferenzen).

10.3.3 Werden Wohngebiete, in denen vergleichsweise viele Bewohner mit Migrationshintergrund leben, von den befragten Mehrheitsangehörigen als potentielle Wohnorte angegeben?

Die Wohngebiete, die von den Befragten in Berlin am ehesten mit „Migranten" assoziiert wurden, sind Neukölln, Wedding, Moabit und Kreuzberg sowie Marzahn/Hellersdorf (siehe Abschnitt 4.1). In Oslo waren es die Gebiete Grønland, Tøyen (oder insgesamt Gamlebyen). Die Frage, ob diese Gebiete als Wohngebiete ausgewählt oder abgelehnt werden, lässt sich nicht eindeutig beantworten.

Auf der einen Seite äußert ein Teil der Befragten, dass sie einen oder mehrere dieser Gebiete partout als Wohnorte ausschließen. Anhand der Äußerungen wären folgende vier Erklärungen[175] für diese Haltung plausibel. Zum einen, das Empfinden von „Entfremdung im eigenen Land", zum anderen ein „Unwohlbefinden" in einem Setting mit „(zu) vielen Migranten". Eine dritte Erklärung könnte die Ethnisierung sozialer Problemlagen sein, und eine vierte könnte aus der Annahme resultieren, dass die sozialräumliche Konzentration von „Migranten" „Integration" verhindere (das heißt möglicherweise wären Anfeindungen dort zu befürchten).

Auf der anderen Seite äußert ein weiterer Teil der Befragten, dass einige dieser Gebiete – in Berlin vor allem (Nord-) Neukölln und in Oslo vor allem Tøyen – als Wohnort in Frage kommen würde. Auch hierfür werden unterschiedliche Gründe genannt – günstigere Mietpreise oder positive Konnotationen mit der „Fremdprägung" in den Gebieten.

---
[175] Erklärungen, bei denen ethnische Kategorien eine Rolle spielen.

11 Schlussbetrachtungen: Ethnische Segregation als das Abbild von ethnischen Grenzziehungen?

Das zentrale Anliegen dieses Buches war es, auf Lücken in der Erforschung von ethnischer Segregation hinzuweisen, und eine erste empirische Erhebung aus einer erweiterten und für die deutsche und norwegische Segregationsforschung ungewöhnlichen Perspektive auf ethnische Zugehörigkeit und Segregation zu präsentieren. In diesem letzten Kapitel erfolgt eine abschließende Diskussion der Erkenntnisse dieser Arbeit, einschließlich ihrer Bedeutung für die weitere Erforschung von ethnischer Segregation.

11.1 Gleich und Gleich gesellt sich gern? Nicht unbedingt.

Die stadtsoziologische Auseinandersetzung mit der ungleichen Verteilung von unterschiedlichen sozialen Gruppen im Raum basiert auf der Annahme, dass die Verteilungen ein Bild der sozialen Abgrenzungsprozesse zwischen den Gruppen darstellen können. Demnach ist beim Auftreten von ethnischer Segregation zu fragen, ob die ungleiche Verteilung von Migranten und Mehrheitsangehörigen im städtischen Raum mit deren Zugehörigkeit zu unterschiedlichen ethnischen Gruppen zusammenhängt, oder nicht.

Im ersten Teil dieser Arbeit wurde argumentiert, dass noch ungewiss ist, ob die ungleiche Verteilung der Stadtbewohner mit und ohne Migrationshintergrund in Berlin und Oslo eine Folge davon ist, dass sich Mehrheitsangehörige von Migranten sozial und räumlich abgrenzen, oder ob die Segregation primär durch eine sozioökonomische Ungleichheit zwischen den Gruppen bedingt ist.

Die Befunde aus der hier durchgeführten empirischen Untersuchung lassen keine klaren Schlüsse im Hinblick auf die Ausgangsthese zu, dass ethnische Segregation aufgrund von sozialen Abgrenzungsprozessen in ethnischer Hinsicht seitens der Mehrheitsangehörigen gegenüber Migranten zustande kommt oder verstärkt wird. Das liegt zum einen daran, dass im Material sehr unterschiedliche Bewertungen des Zusammenlebens mit Migranten vorzufinden sind. Es lassen sich drei verschiedene Wirkungsformen zum Einfluss von sozialen Abgrenzungsprozessen in ethnischer Hinsicht auf Wohnortpräferenzen beziehungsweise -entscheidungen finden (Erläuterung im nächsten Abschnitt). Zum anderen liegt es an dem hier gewählten Untersuchungsansatz, insbesondere, dass konkrete Wohnortentscheidungen und deren Motive nicht systematisch erhoben wurden (eine Erläuterung hierzu folgt in Abschnitt 11.1.2).

11.1.1 Drei Wirkungsformen von sozialen Abgrenzungsprozessen in ethnischer Hinsicht auf Wohnortpräferenzen von mehrheitsangehörigen Stadtbewohnern

Eine der Wirkungsformen von sozialen Abgrenzungsprozessen in ethnischer Hinsicht, die sich im Material feststellen lässt, ist eine *abschreckende Wirkung*. Manche Teilnehmer berichten, dass sie ein Haus, in dem „viele Migranten" leben oder auch generell ein „Migrantenviertel" nicht als Wohnort auswählen würden. Zum Teil wird dies mit Annahmen über die Einstellungen und Verhaltensweisen von „Migranten" begründet (Kapitel 5 und 8)[176]. Die Auswertungen zeigen, dass es als „sicherer" und attraktiver gilt, möglichst keine oder zumindest nur wenige „Migranten" als Nachbarn zu haben, etwa weil die „Migranten" als besonders laut wahrgenommen werden (Abschnitte 6.1 und 9.1).

Ein weiterer Grund für eine ablehnende Haltung zu „Migranten" in der Nachbarschaft hängt mit der symbolischen Bedeutung und der kollektiven narrativen Konstruktion von einem „Migrantenviertel" (als kriminell, gefährlich, repressiv usw.) zusammen (wie anhand von Aussagen in den Abschnitten 4.2, 6.2 und 6.3, ferner auch 6.1, zu erkennen ist). Anhand der Erzählungen der Teilnehmer (in Berlin und Oslo) sind hier zwei Mechanismen als Folge der symbolischen Bedeutung von „Migrantenvierteln" zu erkennen.

Einerseits löst die narrative Konstruktion von einem „Migrantenviertel" Ängste und Fremdheitsempfinden bei einigen Teilnehmern aus, so dass sie sich an einem solchen Ort nicht sicher fühlen (siehe Abschnitte 4.2 und 7.2). Andererseits ist anhand von manchen Aussagen zu sehen, dass die „Identifikation" mit einem Wohnort (vgl. Spellerberg 2007) und deren Bewohnern oder die Wahrnehmung von einem Ort als „schön" – die als wichtige Aspekte bei der Wohnortwahl gelten (siehe Abschnitt 2.1) – dort nicht für möglich gehalten wird, wo die symbolische Repräsentanz mit „dunklen Männern" oder „kopftuchtragenden Frauen" besetzt ist (und beispielsweise nicht mit „Weißen" beziehungsweise „Akademikern") (siehe insbesondere die Abschnitte 6.3 und 9.2).

Eine zweite Wirkungsform, die anhand der hier durchgeführten Untersuchung festzustellen ist, ist eine *anziehende Wirkung* der sozialen Grenzziehungen in ethnischer Hinsicht. Das heißt, die empfundene soziale Differenz der „Migrantenviertel" wird als etwas Positives und Anziehendes wahrgenommen. Allerdings wurde nur

---

[176] Diese Annahmen können aus eigenen Erfahrungen, Erfahrungen von Freunden und Bekannten oder Mediendarstellungen begründet sein, die dann auf andere „Migranten" projiziert werden.

dann von einer anziehenden Wirkung von „Migrantenvierteln" gesprochen, wenn diese auch als „durchmischt" wahrgenommen wurden[177]. Das bedeutet, Gebiete, die als „nicht [ausreichend] durchmischt" wahrgenommen werden, werden auch nicht als attraktiv beschrieben.

In Bezug auf den Berliner Stadtbezirk Neukölln wurde beispielsweise berichtet, dass das Gebiet das Image hätte, „unangepasst" zu sein, und dies würde die Menschen (das heißt junge, gut ausgebildete „Deutsche" oder „Nicht-Türken") anziehen. In Oslo war es insbesondere der Stadtteil Tøyen, bei dem die wahrgenommene starke Präsenz von „Migranten" als positiv und anziehend bewertet wurde („herrliche Kontraste", „wie in Istanbul"). Bemerkenswert ist, dass eine positive Bewertung von „Durchmischung" und der räumlichen Nähe zu „Migranten" sich fast immer nur auf einen distanzierten Raum, d.h. auf den Stadtteil beziehungsweise die Umgebung der Wohnung, bezieht. Nur in wenigen Fällen wurde geäußert, dass es begrüßenswert sei, wenn die unmittelbaren Nachbarn auch „durchmischt" seien (etwa in B9, 10: „gut, wenn die Nachbarn nicht alle so sind wie ich").

Die Bevorzugung der „Migrantenviertel" als Wohnort unter der Gruppe der Mehrheitsangehörigen kann sich unterschiedlich auf die statistische Signifikanz „ethnischer Segregation" auswirken: Zum einen kann sie einen geringeren Segregationsgrad erzeugen, weil Mehrheitsangehörige gezielt in die „Migrantenviertel" ziehen. Zum anderen kann sie auf Dauer zu einem höheren Segregationsgrad führen, wenn damit ein Wandel in den Gebieten in Gang gesetzt wird, der weitere mehrheitsangehörige Stadtbewohner anzieht, und demzufolge Verdrängungsmechanismen eintreten (vgl. das Konzept Gentrification, in Abschnitt 1.3 und 2.1.1 erläutert; vgl. auch Häußermann et al. 2002: 193; Robbins 2005). Die Befragten berichteten von solchen Prozessen, die zu einer Verschärfung beziehungsweise Verlagerung ethnischer Segregation führen können, im Zusammenhang mit den Gebieten Kreuzberg, „Kreuzkölln" und Wedding in Berlin sowie Grünerløkka, Grønland und Tøyen in Oslo.

Die dritte Wirkungsform, die festgestellt werden kann, ist *die nachrangige Wirkung* von ethnischen Grenzziehungen auf die Wohnortwahl. Von einigen Teilnehmern wird explizit zum Ausdruck gebracht, dass soziale Abgrenzungsprozesse in ethnischer Hinsicht zwar wahrgenommen würden, aber letztendlich für die Wohnortentscheidung nicht ausschlaggebend seien. Sie berichten, dass andere Faktoren – wie der Preis oder die geographische Lage – für sie wichtiger sind als die symbolische Bedeutung des Wohnortes und/oder die Identifikation mit den Menschen in

---

[177] Allerdings ist dabei unklar, was ein „durchmischtes Viertel" überhaupt ist – ob dies auch Gegenden mit einer hohen Konzentration von Migranten sind oder ob es sich um Gegenden handelt, in denen nur ein geringer Anteil von Migranten leben. Im letzten Fall würde die Präferenz für „durchmischte" und die damit implizite Vermeidung von „zu fremden" Gebieten die ethnische Segregation mit verursachen beziehungsweise verstärken.

der Wohnumgebung. Das heißt, sie nehmen unter Umständen einen „hohen Migrantenanteil" in der Wohnumgebung in Kauf.

11.1.2 Die vorliegende Untersuchung: Ein erster Schritt

Die hier vorgestellte Untersuchung wurde vor dem Hintergrund konzipiert, dass die Rolle der Mehrheitsbevölkerung bei der Entstehung von ethnischer Segregation bislang in der deutschen und norwegischen Segregationsforschung kaum thematisiert worden ist. Deshalb handelt es sich bei dieser Untersuchung um ein exploratives Vorgehen. Das Ziel war, anhand einer offenen Befragung von Mehrheitsangehörigen zu ihrer Wahrnehmung und Bewertung von Stadtteilen und ihren Wohnortpräferenzen, zu ermitteln, ob und wenn ja, welche Rolle soziale Abgrenzungsprozesse in ethnischer Hinsicht dabei spielen.

Die hier vorgestellte Untersuchung ist ein erster Schritt gewesen, um zu erkunden, ob sich mehrheitsangehörige Stadtbewohner sozial und räumlich von Migranten distanzieren. Mit dem gewählten Untersuchungsansatz war es möglich, einen ersten Eindruck davon zu gewinnen, welche Bedeutung soziale Abgrenzungsprozesse in ethnischer Hinsicht für Raumwahrnehmungen und -orientierungen von *mehrheitsangehörigen* Stadtbewohnern in Berlin und Oslo haben. Es lässt sich jedoch damit nicht systematisch überprüfen, welchen Einfluss soziale Abgrenzungsprozesse in ethnischer Hinsicht auf die *tatsächlichen* Wohnortpräferenzen oder -entscheidungen von mehrheitsangehörigen Stadtbewohnern ausüben.

Um den Einfluss von sozialen Abgrenzungsprozessen in ethnischer Hinsicht auf die Wohnortwahl von mehrheitsangehörigen Stadtbewohnern zu bestimmen, wäre eine umfassendere Erhebung mit einer systematischen Rekonstruktion von getroffenen Wohnortentscheidungen erforderlich gewesen. So sollte dabei ein größeres Sample als hier verwendet Berücksichtigung finden. Abbildung 2 (nächste Seite) stellt die hier durchgeführte Studie in den Kontext der übergeordneten Frage nach dem Zusammenhang zwischen ethnischen Grenzziehungen und ethnischer Segregation.

Abbildung 2: Erforderliche Schritte für die Überprüfung des Einflusses von ethnischen Abgrenzungsprozessen auf ethnische Segregation[178]

Ausgangspunkt (theoretisch abgesicherte Voranahme):
Wahrnehmung und Bewertung von sozialen Gruppen und städtischen Gebieten üben Einfluss auf die Wohnortwahl und Segregation

Etappe 1:
Relevanz von ethnischen Grenzziehungen für Wahrnehmung und Bewertung von Orten und deren Bewohnern

Etappe 2:
Statistische Überprüfung der Gewichtung der ethnischen Abgrenzungen für die Wohnortwahl

Etappe 3:
Auswirkung von ethnischen Abgrenzungsprozessen auf ethnische Segregation

Soziale Abgrenzungsprozesse in „ethnischer Hinsicht" ⟶ *Ethnische Segregation*

Der Pfeil auf der Abbildung illustriert den möglichen Zusammenhang zwischen ethnischen Grenzziehungen und dem Auftreten von Segregation nach „ethnischer Zugehörigkeit". Darüber sind die Schritte beziehungsweise Etappen dargestellt, die für die Überprüfung des Zusammenhangs zwischen ethnischer Segregation und sozialen Abgrenzungsprozessen in ethnischer Hinsicht erforderlich wären. Die hier vorgestellte empirische Untersuchung zur Bedeutung sozialer Grenzziehungsprozesse in ethnischer Hinsicht für die *Wahrnehmung und Bewertung von Wohnorten und deren Bewohnern* stellt, wie die Abbildung zeigt, die erste und grundlegende Etappe dar.

11.2 Bedarf an weiteren Untersuchungen

Aus Abbild 2 geht hervor, welche weiteren Schritte erforderlich sind, bevor die Untersuchung zum Zusammenhang zwischen sozialen Abgrenzungsprozessen in ethnischer Hinsicht seitens mehrheitsangehöriger Stadtbewohner und ethnischer

---

[178] Hier wird nur ein Aspekt der Relevanz von ethnischer Zugehörigkeit für ethnische Segregation dargestellt. Hier geht es um den Einfluss von „ethnisch geprägten" individuellen Wohnortpräferenzen von Mehrheitsangehörigen auf ethnische Segregation. Darüber hinaus ist es denkbar, dass ethnische Abgrenzungsprozesse aufgrund von Diskriminierung und Rassismus auf ethnische Segregation Einfluss nehmen. Siehe die Anmerkungen hierzu in Kapitel 1.

Segregation abgeschlossen ist. Die Befunde der hier durchgeführten Untersuchung sowie die bestehenden Forschungserkenntnisse (siehe Abschnitte 1.4 und 2.2), die auf einen möglichen Einfluss von ethnischer Zugehörigkeit der Bewohner auf Wohnortentscheidungen von Mehrheitsangehörigen hindeuten, liefern eine Vorlage für eine gründlichere Analyse der räumlich beobachtbaren ethnischen Segregation.

So wäre statistisch zu prüfen, ob ethnische Grenzziehungen auch tatsächlich für Wohnortentscheidungen ausschlaggebend sind (Etappe 2). Unter anderem wäre zu untersuchen, ob die Präsenz von „Migranten" in der Wohnumgebung oder das Image „Migrantenviertel" per se zum Ausschluss eines Wohnortes für Mehrheitsangehörige führt. Beispielsweise ob „Migrantenviertel" deshalb als mögliche Wohnorte ausscheiden, weil dort „viele Migranten" wohnen oder ob sie aus ganz anderen Gründen nicht ausgewählt werden[179]. Dies könnte etwa durch Begleitung und Befragung einer repräsentativen Auswahl von Mehrheitsangehörigen in der Phase der Wohnungssuche und -entscheidung erfolgen.

In der hier durchgeführten Untersuchung stellte sich heraus, dass einige Teilnehmer die „Migrantenviertel" oder auch ein Wohnhaus, in dem „(viele) Migranten" leben, für sich als potentielle Wohnorte ausschließen. Dieser Befund ist bemerkenswert, da die Teilnehmer zu den „tolerantesten" Bevölkerungsgruppen gehören (laut repräsentativer Umfragen; siehe Abschnitt 3.2). In einer repräsentativen Befragung zur Bedeutung von ethnischen Grenzziehungen für die Wohnortwahl würden auch die „weniger toleranten" Bevölkerungsgruppen befragt. Spannend wäre, welche Ergebnisse die Befragung dieser Gruppen hervorbringen würde. Lehnen Stadtbewohner aus den „weniger toleranten" Gruppen noch stärker das Zusammenwohnen mit „Migranten" ab?

Die Befunde in den Studien zur Diskriminierung auf dem Wohnungsmarkt (u.a. Gestring et al. 2006; siehe Abschnitt 1.4) deuten darauf hin, dass es durchaus verbreitet ist, auf (einen „zu hohen" Anteil von) Migranten in der Nachbarschaft negativ zu reagieren. Deshalb – so die von Gestring et al. (2006) befragten Vermieter – würde darauf geachtet, dass der Migrantenanteil in einer „attraktiven Lage" gering gehalten wird (ebd.). Dies legt die Annahme nahe, dass Mehrheitsangehörige es bevorzugen, in einer Nachbarschaft ohne beziehungsweise mit sehr wenigen Migranten zu wohnen, das heißt, die Abwesenheit beziehungsweise geringe Präsenz von „Migranten" in einem Wohngebiet oder –haus explizit als ein positives Merkmal wahrnehmen. Dies stünde im Übrigen im Einklang mit der etablierten Annahme in der Stadtforschung, dass die Stadtbewohner es bevorzugen, unter ihresgleichen zu wohnen (Abschnitt 2.1).

Dennoch ist noch nicht bekannt, ob oder wie stark Wohnortentscheidungen von Mehrheitsangehörigen in Deutschland und Norwegen durch die Präferenz für

---

[179] Unter anderem müsste erhoben werden, wie wichtig die soziale Zusammensetzung des Wohnumfeldes (gegenüber Kriterien wie Baustruktur, geographische Lage, Infrastruktur usw.) für die Wohnortwahl ist.

die eigene ethnische Gruppe bestimmt werden, anders als beispielsweise in den USA (siehe insbesondere die Abschnitte 1.2 und 2.3).

Nachdem der zweite Schritt (Abbildung 2) absolviert ist, müsste in einem dritten Schritt überprüft werden, welcher Einfluss Wohnortentscheidungen, die aufgrund von ethnischen Grenzziehungen zustande kommen, auf das Auftreten von Segregation haben. Dieser Schritt bedarf einer sorgfältigen Vorbereitung, um methodologische Herausforderungen zu überwinden.

Die in Abbild 2 dargelegten drei Schritte beschreiben, wie vorgegangen werden muss, um zu prüfen, ob die Segregation nach dem Merkmal „ethnische Zugehörigkeit" mit sozialen Abgrenzungsprozessen in ethnischer Hinsicht (seitens mehrheitsangehöriger Stadtbewohner) zusammenhängt. Zusätzlich wäre zu bedenken, dass das Merkmal „ethnische Zugehörigkeit" auch auf anderen Wegen als durch Verhaltensweisen von einzelnen Stadtbewohnern die Segregation nach „ethnischer Zugehörigkeit" beeinflusst – etwa aufgrund von struktureller Diskriminierung von Migranten auf dem Wohnungs- und Arbeitsmarkt (siehe die ausführlicheren Erläuterungen und Nachweise hierzu in Abschnitt 2.3).

Bei der Gesamtbetrachtung der Erkenntnislage komme ich zu dem Ergebnis, dass es aufgrund fehlender Erkenntnisse sowohl a) über den Einfluss von Diskriminierung auf ethnische Segregation als auch b) über den Stellenwert von „ethnischen Präferenzen" für die Wohnortwahl von Mehrheitsangehörigen nicht angemessen ist, den Einfluss von ethnischer Zugehörigkeit für ethnische Segregation als gering beziehungsweise als nachrangig einzustufen. Bevor Erkenntnisse darüber vorliegen, so ein Plädoyer dieses Buches, kann weder *angenommen* noch *ausgeschlossen* werden, dass ein enger Zusammenhang zwischen ethnischer Zugehörigkeit und dem Auftreten von ethnischer Segregation besteht.

Das heißt, die in der deutschen und norwegischen Segregationsforschung dominierende Annahme, dass ethnische Segregation am ehesten durch sozioökonomische Ungleichheit zu erklären sei, lässt sich erst dann bekräftigen, wenn Untersuchungen dazu vorliegen, die feststellen: Zum einen, dass die sich Mehrheitsangehörige bei der Wohnortwahl *nicht* in bedeutender Weise an „ethnischen Präferenzen" orientieren[180], und zum anderen, dass ethnische Diskriminierungen auf dem Wohnungsmarkt *nicht* dazu führen, dass die sozialräumliche Durchmischung von Migranten und Mehrheitsbevölkerung verhindert wird[181].

---

[180] Das heißt es müsste sich herausstellen, dass soziale Distanz zu „Migranten" kein relevanter Faktor für die räumliche Distanz zwischen Migranten und „Mehrheisangehörigen" (abgebildet durch Segregation) darstellt.
[181] Diese Auflistung ließe sich erweitern – unter anderem um den Aspekt, dass nachgewiesen sein müsste, dass die sozioökonomische Benachteiligung von „Migranten" nicht in bedeutender Weise damit zusammenhängt, dass sie sprachlich oder „kulturell" diskriminiert werden (vgl. Studien zu Diskriminierung auf dem Arbeitsmarkt, u.a. Goldberg et al. 1995; Østerud et al. 2003; Rogstad 2006; Gestring et al. 2006; oder die Benachteiligung durch den monolingualen Habitus im Schulsystem, zum Beispiel Gogolin 1994).

Es lässt sich nur darüber spekulieren, warum diese Aspekte bislang nicht als potentielle Einflussfaktoren auf die ungleichen wohnräumlichen Verteilungen von Migranten und Mehrheitsangehörigen in Berlin (oder anderen deutschen Großstädten) und Oslo empirisch untersucht worden sind. Schließlich wurde die Segregation zwischen ethnischer Mehrheit und ethnischen Minderheiten in anderen Ländern damit in Verbindung gebracht (u.a. Abschnitte 1.2 und 2.3). Eine mögliche Erklärung könnte sein, dass eine „ethnisch begründete" Abgrenzung der Mehrheitsbevölkerung von Migranten schlichtweg nicht für möglich erachtet wird. Immerhin präsentieren sich diese Länder und ihre politische Repräsentanten als „tolerant" und bekennen sich zu der wachsenden „kulturellen Vielfalt" in der Gesellschaft (siehe Abschnitt 1.5). Eine andere Erklärung könnte darin bestehen, dass in der Segregationsforschung nicht darüber reflektiert wird, dass Mehrheitsangehörige in der Gegenüberstellung mit Migranten ebenfalls (potentiell) „ethnische Akteure" darstellen. Die Thematisierung von ethnischer Segregation als die Segregation von Migranten sowie die Verwendung der Bezeichnung „ethnisches Quartier" als Kennzeichnung für ein „Migrantenquartier" in der Segregationsforschung (siehe Abschnitt 1.3) bilden dafür Anhaltspunkte.

11.3 Sozioökonomisch bedingte Segregation: Keine „ethnische Segregation"

Zum Abschluss folgt die Argumentation für eine meiner Meinung nach dringend notwendige Neuformulierung des Konzeptes ethnische Segregation. Die Begründung ist der folgenden zentralen Annahme in der stadtsoziologischen Theorie (Abschnitt 2.1) entnommen: Die Betrachtung und Analyse des sozialen Raumes einer Stadt basiert darauf, dass die ungleiche Verteilung von unterschiedlichen sozialen Gruppen soziale Abgrenzungsprozesse zwischen diesen Gruppen abbildet.

Mein Hauptkritikpunkt: Von „ethnischer Segregation" kann in Deutschland und Norwegen derzeit nicht die Rede sein. Und zwar aus folgenden zwei Gründen: *Erstens:* Noch fehlt eine wissenschafts-theoretische Begründung dafür, die Segregation von Bevölkerungsgruppen mit und ohne Migrationshintergrund überhaupt zu betrachten. *Zweitens:* Die Segregation von Personen mit und ohne Migrationshintergrund ist nicht mit einer Segregation zwischen unterschiedlichen *ethnischen Gruppen* gleichzusetzen.

In der stadtsoziologischen Betrachtung und Analyse von Segregation geht es um die Feststellung und Beobachtung von Zusammenhängen zwischen Raum und sozialen beziehungsweise gesellschaftlichen Prozessen (siehe Abschnitt 2.1). Wenn keine Zusammenhänge zwischen der Zugehörigkeit zu unterschiedlichen ethnischen Gruppen und dem Auftreten von Segregation festgestellt werden, gibt es auch *keine theoretische Rechtfertigung* dafür, die Segregation von Bevölkerungsgruppen nach „ethnischer Zugehörigkeit" überhaupt zu betrachten. Dies unterstreicht Hamm mit seiner Erklärung, dass es sich bei einer stadtsoziologischen Auseinandersetzung mit Raum nicht lediglich um eine deskriptive Betrachtung von Raum als ein „Gefäß" handelt:

> Wenn nun Raum nichts anderes wäre als ein bloßes *Gefäß*, in dem soziale Beziehungen ablaufen, die von ihm gänzlich unabhängig sind, dann ist Raum allenfalls auf einer deskriptiven Ebene interessant, aber völlig unfruchtbar für die Erkenntnis dessen, worauf es einer solchen [Siedlungs-] Soziologie ankäme: von sozialer Organisation nämlich (Hamm 1982: 24. Hervorhebung im Originaltext).

Dieser theoretischen Annahme zufolge ist das Abbilden und Betrachten von ethnischer Segregation im Raum erst dann sinnvoll, wenn sie mit ethnisch bedingten Abgrenzungsprozessen[182] (auch: Diskriminierung und Rassismus) in Zusammenhang gebracht werden kann. Wenn dies aber *nicht* der Fall ist, dann ist die Berechnung und Beobachtung der Verteilungen nichts Weiteres als eine Kartierung von Bevölkerungsgruppen mit und ohne Migrationshintergrund, und damit, wie Hamm beschreibt, „lediglich auf einer deskriptiven Ebene interessant", für eine stadtsoziologische Analyse jedoch nicht (siehe oben).

Bei dem derzeitigen Wissensstand ist nicht erkennbar, dass die ethnische Zugehörigkeit die primäre Ursache für die Segregation von Mehrheitsangehörigen und Migranten darstellt. Es wird angenommen, dass die ungleiche wohnräumliche Verteilung von Personen mit und ohne Migrationshintergrund primär aufgrund von sozioökonomischer Ungleichheit zwischen den Gruppen zustande kommt. In dem Fall ist es irreführend, von *ethnischer Segregation* zu sprechen. Es handelt sich dabei um eine *eine sozioökonomische Segregation*[183].

Hinzu kommt, dass die Bezeichnung „ethnische Segregation" für die wohnräumlichen Verteilungen von Personen mit und ohne Migrationshintergrund nicht gut gewählt ist. Die Variable Migrationshintergrund, die für die Berechnung von „ethnischer Segregation" verwendet wird, enthält keine Informationen darüber, zu welcher ethnischen Gemeinschaft sich Personen mit Migrationshintergrund zugehörig *empfinden*. Es handelt sich hierbei um eine Variable, die allein auf amtlichen Eintragungen zum Geburtsort (beziehungsweise auch Geburtsort der Eltern) basiert, also eine Variable, die den Stadtbewohnern eine „ethnische Zugehörigkeit" *zuschreibt*[184] (vgl. die Kritik hierzu u.a. von Beck 2001; Lanz 2007: 12f.; Beck-Gernsheim 2004: 197f.; Wippermann und Flaig 2009: 5). Die Personen, die dort als „Angehörige (verschiedener) ethnischer Minderheiten" dargestellt werden, empfin-

---

[182] Ethnisch bedingte Abgrenzungsprozesse, die sowohl individuell als auch strukturell verursacht werden.

[183] Vgl. die Unterscheidung zwischen sozioökonomischer, ethnischer und demographischer Segregation u.a. bei Häußermann und Siebel 2004: 143.

[184] Die Zugehörigkeit wird ihnen zugeschrieben, anhand einer nationalstaatlichen Definition beziehungsweise einer amtlich festgelegten Zugehörigkeit.

den sich selbst womöglich nicht als Angehörige einer ethnischen Minderheit (vgl. ebd.). Womöglich empfinden sie sich (auch) als „Deutsche" beziehungsweise „Norweger" oder als „Berliner" beziehungsweise „Osloer" (vgl. u.a. Gullestad 2002; Mannitz 2006; Rauch 2010).[185]

Für die Bestimmung von „ethnischer Zugehörigkeit" ist das Zugehörigkeits*empfinden* von zentraler Bedeutung, und nicht die biologische Abstammung, der Geburtsort oder der Geburtsort der Eltern. Deshalb ist die Variable Migrationshintergrund kein zuverlässiger Indikator für „ethnische Zugehörigkeit". Anders als bei dem Konzept der „Rassenzugehörigkeit" ist das Konzept der „ethnischen Zugehörigkeit" ein soziales und nicht „vererbbares" Phänomen (siehe die Definition von ethnischer Zugehörigkeit in Abschnitt 2.2)[186].

Durch die Gleichsetzung zwischen „Segregation nach dem Merkmal Migrationshintergrund" und „ethnischer Segregation" übernimmt und reproduziert die Stadtforschung weit verbreitete und zum Teil falsche Vorstellungen von Personen mit Migrationshintergrund als „Andere" beziehungsweise „Fremde" (siehe Abschnitt 2.2) in der Gesellschaft.

Vor dem Hintergrund der hier skizzierten Probleme braucht das Konzept „ethnische Segregation", wie es heute verwendet wird, einen anderen Begriff. Ich schlage vor, das heutige Konzept von „ethnischer Segregation" in „Segregation nach dem Merkmal Migrationshintergrund" umzubenennen. Damit wäre das Konzept „ethnische Segregation" – urheberrechtlich gesprochen – „frei gegeben" und könnte dann ausschließlich dazu verwendet werden, *ethnisch bedingte soziale Abgrenzungsprozesse*, die im Raum sichtbar werden, zu beschreiben.

---

[185] So werden andere beziehungsweise weitere Indikatoren als die politisch-administrative Definition von ethnischen Gruppen zur Abbildung von ethnischer Segregation dringend benötigt, das heißt Indikatoren für soziale beziehungsweise „ethnisch bedingte" Grenzziehungen.

[186] Wenn das Interesse an der Segregation darin besteht, die Segregation von Gruppen nach ihrer „Hautfarbe" oder Blutsabstammung (vgl. das Prinzip „ius sanguinis", das lange Zeit die Bestimmung von Zugehörigkeit zur deutschen und norwegischen Nation prägte) abzubilden, wäre es naheliegender, von „rassischer Segregation" (wie u.a. in den USA) zu sprechen. Allerdings lässt sich bezweifeln, dass das Abbilden und Thematisieren „rassicher Segregation" aufgrund der Geschichte beider Länder (siehe Abschnitt 1.5) als legitim erachtet würde. So scheint die Bezeichnung „ethnische Segregation", bei der eine Abstammung zugrunde gelegt wird, ein Kompromiss zwischen Empfindlichkeiten zu sein („ethnisch klingt besser").

Quellenverzeichnis

Aftenposten (2009a): Flerkulturelt Norge? Tja…like barn leker helst sammen. Von Olga Stokke und Dag W. Grundseth. In: *Aftenposten*, 16.06.2009, S. 6–7.

Aftenposten (2009b): Ola og Kari flytter fra innvandrerne. Mens innvandrerne strømmer til Groruddalen og Oslo sør, flytter etniske nordmenn vekk. Von Andreas Slettholm. In: *Aftenposten (Aften)*, 15.12.2009, S. 6–7.

Alba, Richard (Hg.) (2000): Deutsche und Ausländer: Freunde, Fremde oder Feinde? Empirische Befunde und theoretische Erklärungen. Wiesbaden: Westdt. Verl. (Blickpunkt Gesellschaft / Zentrum für Umfragen, Methoden und Analysen. Peter Ph. Mohler (Hrsg.), 5).

Allport, Gordon W. (1954): The nature of prejudice. Cambridge Mass.: Addison-Wesley Pub. Co.

Alpheis, Hannes (1988): Kontextanalyse. Die Wirkung des sozialen Umfeldes, untersucht am Beispiel der Eingliederung von Ausländern. Wiesbaden: Deutscher Universitätsverlag.

Amin, Ash; Thrift, Nigel (2002): Guest Editorial: Cities and Ethnicities. In: *Ethnicities* 2 (3), S. 291–300.

Amt für Statistik Berlin-Brandenburg (2011): Leben Berliner mit Migrationshintergrund segregiert? Unter Mitarbeit von Hartmut Bömermann (3).

Andersen, Jørgen Goul; Bjørklund, Tor (1994): Struktureller Wandel, neue Konfliktlinien und die Fortschrittsparteien in Dänemark, Norwegen und Schweden. Aus dem Englischen übertragen von Christine Braß. In: Franz Urban Pappi und Hermann Schmitt (Hg.): Parteien, Parlamente und Wahlen in Skandinavien. Frankfurt a. M.: Campus Verl., S. 57–89.

Anderson, Benedict R. O'G (2006): Imagined communities. Reflections on the origin and spread of nationalism. Rev. ed. London, New York: Verso.

Aspen, Jonny (2005): Gentrifisering som kulturell diskurs. In: Jonny Aspen (Hg.): By og byliv i endring. Studier av byrom og handlingsrom i Oslo. Oslo: Scandinavian Academic Press, S. 121–152.

Back, Les (1996): New ethnicities and urban culture. Racisms and multiculture in young lives. London: UCL Press (Race and representation, 2).

Back, Les (2000): Theories of Race & Racism. Reader. London: Routledge.

Baecker, Dirk (2004): Miteinander leben ohne sich zu kennen: Die Ökologie der Stadt. In: *Soziale Systeme* 10 (2), S. 257–272.

Balibar, Étienne; Wallerstein, Immanuel Maurice (1990): Rasse - Klasse - Nation. Ambivalente Identitäten. Hamburg/ Berlin: Argument-Verl.

Balog, Andreas (2006): Soziale Phänomene. Identität, Aufbau und Erklärung. 1. Aufl. Wiesbaden: VS Verl. für Sozialwiss.

Barne-, likestillings- og inkluderingsdepartementet (Hg.) (2011): Bosettingsmønster og bokonsentrasjon i Oslo (Norsk offentlig utredning (NOU), 14).

Barth, Fredrik (1969): Ethnic groups and boundaries. The social organization of culture difference. London: Allan&Unwin.

Baumert, Jürgen; Stanat, Petra; Watermann, Rainer (Hg.) (2006): Herkunftsbedingte Disparitäten im Bildungswesen. Differenzielle Bildungsprozesse und Probleme der Verteilungsgerechtigkeit; vertiefende Analysen im Rahmen von PISA 2000. 1. Aufl. Wiesbaden: VS, Verl. für Sozialwiss.

Becker, Birgit (2005): Der Einfluss der Bezugsgruppenmeinung auf die Einstellung gegenüber Ausländern in Ost- und Westdeutschland. In: *Zeitschrift für Soziologie* 34 (1), S. 40–59.

Beck-Gernsheim, Elisabeth (2004): Wir und die Anderen. Vom Blick der Deutschen auf Migranten und Minderheiten. Frankfurt am Main: Suhrkamp (Edition Zweite Moderne, Orig.-Ausg., 1. Aufl.).

Beckmann, Klaus; Hesse, Markus; Holz-Rau, Christian; Hunecke, Marcel (Hg.) (2006): Stadt-Leben- Wohnen, Mobilität und Lebensstil. Neue Perspektiven für Raum- und Verkehrsentwicklung. 1. Aufl. Wiesbaden: VS Verlag für Sozialwissenschaften.

Bendixen, Synnøve (2005): Being Young, Muslim and Female. Creating Space of Belonging in Berlin. In: Alexa Färber (Hg.): Hotel Berlin. Formen urbaner Mobilität und Verortung. Münster: LIT (Berliner Blätter, 37), S. 88–97.

Benz, Wolfgang (2011): Antisemitismus und "Islamkritik". Bilanz und Perspektive. Berlin: Metropol.

Berding, Helmut (1996): Nationales Bewußtsein und kollektive Identität. Studien zur Entwicklung des kollektiven Bewußtseins in der Neuzeit. Frankfurt am Main: Suhrkamp (Suhrkamp-Taschenbuch Wissenschaft).

Berger, Peter L.; Luckmann, Thomas (2000): Die gesellschaftliche Konstruktion der Wirklichkeit. Eine Theorie der Wissenssoziologie. Mit einer Einleitung zur deutschen Ausgabe von Helmuth Plessner. Übersetzt von Monika Plessner. Frankfurt am Main: Fischer-Taschenbuch-Verl. (Fischer, 6623 : Sozialwissenschaft).

Berking, Helmuth (2000): "Homes away from Home". Zum Spannungsverhältnis von Diaspora und Nationalstaat. In: *Berliner Journal für Soziologie* (10), S. 49–60.

Bernien, Sandra (2005): Urbanes Leben. Warum bevorzugen Akademikerinnen mit Kindern den innerstädtischen Berliner Ortsteil Prenzlauer Berg als Lebensort? Hat diese Wohnstandortentscheidung Konsequenzen für ihr Reproduktionsverhalten? Diplomarbeit im Studiengang Sozialwissenschaften. Humboldt Universität zu Berlin.

Best, Ulrich; Gebhardt, Dirk (2001): Ghetto-Diskurse. Geographie der Stigmatisierung in Marseille und Berlin. Potsdam: Audiovisuelles Zentrum der Univ. Potsdam (Praxis Kultur- und Sozialgeographie, 24).

Binder, Beate (2007): Urbanität und Diversität. Zur Verhandlung von Fremdheit in der Berliner Stadtentwicklungspolitik. In: Wolf-Dietrich Bukow, Claudia Nikodem, Erika Schulze und Erol Yildiz (Hg.): Was heißt hier Parallelgesellschaft? Zum Umgang mit Differenzen. Wiesbaden: VS Verl. für Sozialwiss. (Interkulturelle Studien, 19), S. 121–131.

Blokland, Talja (2003): Ethnic complexity: routes to discriminatory repertoires in an innercity neighbourhood. In: *Ethnic and Racial Studies* 26 (1), S. 1–24.

Blokland, Talja (2008): From the outside looking in: a European perspective on the Ghetto. In: *City & Community* 7 (4), S. 372–377.

Blokland, Talja; Savage, Michael (2008): Social Capital and Networked Urbanism. In: Talja Blokland und Michael Savage (Hg.): Networked urbanism. Social capital in the city. Aldershot England, Burlington VT: Ashgate, S. 1–20.

Blom, Svein (2001): Økt bokonsentrasjon blant innvandrere i Oslo - er toppen snart nådd? Hg. v. Statistisk Sentralbyrå. Oslo (Samfunnsspeilet, 2).

Blom, Svein (2002): Innvandrernes bosettingsmønster i Oslo. Hg. v. Statistisk Sentralbyrå. Oslo (Sosiale og økonomiske studier, 107).

Blom, Svein (2006): Innvandreres bo- og flyttemønstre i Oslo rundt årtusenskiftet. Hg. v. Statistisk Sentralbyrå (Rapporter, 2006/33).

Blom, Svein (2007): Holdninger til innvandrere og innvandring 2007. Statistisk Sentralbyrå. Oslo (Rapporter, 44).

Blom, Svein; Henriksen, Kristin (Hg.) (2008): Levekår blant innvandrere i Norge 2005/2006. Statistisk Sentralbyrå. Oslo (Rapporter, 5).

Blumer, Herbert (1981): Der methodologische Standort des symbolischen Interaktionismus. In: Joachim Matthes (Hg.): Alltagswissen, Interaktion und gesellschaftliche Wirklichkeit. 5. Aufl. Opladen: Westdeutscher Verlag.

Bohnsack, Ralf (1997): Dokumentarische Methode. In: Ronald Hitzler und Anne Honer (Hg.): Sozialwissenschaftliche Hermeneutik. Eine Einführung. Opladen: Leske + Budrich (Uni-Taschenbücher Sozialwissenschaften, 1885), S. 191–212.

Bohnsack, Ralf (2008): Das Gruppendiskussionsverfahren in der Forschungspraxis. Opladen: Budrich.

Bohnsack, Ralf (2010): Rekonstruktive Sozialforschung. Einführung in qualitative Methoden. 8., durchgesehene Aufl. Opladen [u.a.]: Budrich.

Böltken, Ferdinand (2000): Soziale Distanz und räumliche Nähe - Einstellungen und Erfahrungen im alltäglichen Zusammenleben von Ausländern und Deutschen im Wohngebiet. In: Richard Alba (Hg.): Deutsche und Ausländer: Freunde, Fremde oder Feinde? Empirische Befunde und theoretische Erklärungen. Wiesbaden: Westdt. Verl. (Blickpunkt Gesellschaft / Zentrum für Umfragen, Methoden und Analysen. Peter Ph. Mohler (Hrsg.), 5), S. 147–194.

Borer, Michael Ian (2006): The Location of Culture: The Urban Culturalist Perspective. In: *City & Community* (5), S. 173–197.

Bouma-Doff, Wenda van der Laan (2007): Involuntary Isolation: Ethnich Preferences and Residential Segregation. In: *Journal of Urban Affairs* 29 (3), S. 289–309.

Bourdieu, Pierre (1982): Die feinen Unterschiede. Kritik der gesellschaftlichen Urteilskraft. Frankfurt am Main: Suhrkamp.

Bourdieu, Pierre (1991): Physischer, sozialer und angeeigneter physischer Raum. In: Martin Wentz (Hg.): Stadt-Räume. Frankfurt/Main: Campus-Verl. (Die Zukunft des Städtischen, 2), S. 25–34.

Bourdieu, Pierre (1992): Die verborgenen Mechanismen der Macht. Hamburg: VSA-Verl.

Breckner, Ingrid (2007): Minderheiten in der Stadtentwicklung. In: Wolf-Dietrich Bukow, Claudia Nikodem, Erika Schulze und Erol Yildiz (Hg.): Was heißt hier Parallelgesellschaft? Zum Umgang mit Differenzen. Wiesbaden: VS Verl. für Sozialwiss. (Interkulturelle Studien, 19), S. 83–92.

Bremer, Peter (2000): Ausgrenzungsprozesse und die Spaltung der Städte. Zur Lebenssituation von Migranten. Opladen: Leske + Budrich (Stadt, Raum und Gesellschaft, Bd. 11).

Brevik, Ivar; Halvorsen, Knut; Pløger, John (1998): Byutvikling og bypolitikk i en brytningstid. Om samspillet mellom sosial segregering, bykultur, økonomi og politikk i norske storbyer. Hg. v. Norsk Institutt for by- og regionforskning. Oslo (NIBR notat, 112).

Brochmann, Grete (Hg.) (2002): Sand i maskineriet. Makt og demokrati i det flerkulturelle Norge. Unter Mitarbeit von Tordis Borchrevink, Jon Rogstad und Makt- og demokratiutredningen. Oslo: Gyldendal akademisk.

Brochmann, Grete (2005): Lykksalighetens rike og den nye etniske forstyrrelsen: Innvandring og det flerkulturelle Norge. In: Ivar Frønes und Lise Kjølsrød (Hg.): Det norske samfunn. 5. utg., 1. oppl. Oslo: Gyldendal, S. 357–383.

Brubaker, Rogers (1992): Citizenship and nationhood in France and Germany. Cambridge Mass.: Harvard University Press.

Bryant, Antony; Charmaz, Kathy (Hg.) (2007): The Sage Handbook of Grounded Theory. Los Angeles: Sage.

Bukow, Wolf-Dietrich; Nikodem, Claudia; Schulze, Erika; Yildiz, Erol (Hg.) (2007): Was heißt hier Parallelgesellschaft? Zum Umgang mit Differenzen. Wiesbaden: VS Verl. für Sozialwiss. (Interkulturelle Studien, 19).

Bukow, Wolf-Dietrich; Yildiz, Erol (2002): Ist die multikulturelle Stadt gescheitert oder wird sie zu einem Erfolgsmodell? In: Wolf-Dietrich Bukow und Erol Yildiz (Hg.): Der Umgang mit der Stadtgesellschaft. Ist die multikulturelle Stadt gescheitert oder wird sie zu einem Erfolgsmodell? Opladen: Leske + Budrich (Interkulturelle Studien, 11), S. 9–22.

Bundesamt für Migration und Flüchtlinge (2008): Wohnen und innerstädtische Segregation von Migranten in Deutschland. Working Paper 21 (Integrationsreport, Teil 4).

Bundesregierung, die (2000): Sechster Familienbericht – Familien ausländischer Herkunft in Deutschland. Vom 20.10.2000 (Drucksache 14/4357).

Butterwegge, Christoph (2007): Normalisierung der Differenz oder Ethnisierung der sozialen Beziehungen? In: Wolf-Dietrich Bukow, Claudia Nikodem, Erika Schulze und Erol Yildiz (Hg.): Was heißt hier Parallelgesellschaft? Zum Umgang mit Differenzen. Wiesbaden: VS Verl. für Sozialwiss. (Interkulturelle Studien, 19), S. 65–80.

Charles, C.Z (2005): Can we live together? Racial preferences and neighborhood outcomes. In: Xavier Souza de Briggs (Hg.): The geography of opportunity. Race and housing choice in metropolitan America. Washington D.C: Brookings Institution Press, S. 45–80.

Clark, William A. V. (1991): Residential Preferences and Neighborhood Racial Segregation: A Test of the Schelling Segregation Model. In: *Demography* 28 (1), S. 1–19.

Clark, William A. V. (1992): Residential Preferences and Residential Choices in a Multiethnic Context. In: *Demography* (29), S. 451–466.

Dangschat, Jens S. (1998): Warum ziehen sich Gegensätze nicht an? Zu einer Mehrebenen-Theorie ethnischer und rassistischer Konflikte um den städtischen Raum. In: Wilhelm Heitmeyer, Rainer Dollase und Otto Backes (Hg.): Die Krise der Städte. Analysen zu den Folgen desintegrativer Stadtentwicklung für das ethnisch-kulturelle Zusammenleben. Frankfurt a. M.: Suhrkamp (Edition Suhrkamp, 2036), S. 21–96.

Dangschat, Jens S. (2000a): Segregation. In: Hartmut Häußermann (Hg.): Großstadt. Soziologische Stichworte. Opladen: Leske + Budrich, S. 209–221.

Dangschat, Jens S. (2000b): Sozial-räumliche Differenzierung in Städten: Pro und Contra. In: Annette Harth, Gitta Scheller und Wulf Tessin (Hg.): Stadt und soziale Ungleichheit. Opladen: Leske + Budrich.

Dangschat, Jens S. (2007): Soziale Ungleichheit, gesellschaftlicher Raum und Segregation. In: Jens S. Dangschat (Hg.): Lebensstile, soziale Lagen und Siedlungsstrukturen. Hannover:

Akad. f. Raumforschung und Landesplanung (Akademie für Raumforschung und Landesplanung: Forschungs- und Sitzungsberichte, 230), S. 21–50.

Diehl, Claudia; Schnell, Rainer (2006): "Reactive Ethnicity" or "Assimilation"? Statements, Arguments, and First Empirical Evidence for Labor Migrants in Germany. In: *International Migration Review* 40 (4), S. 786–816.

Dohnke, Jan; Häußermann, Hartmut; Seidel-Schulze, Antje (2012): Segregation, Konzentration, Polarisierung - sozialräumliche Entwicklung in deutschen Städten 2007-2009. Berlin: Deutsches Institut für Urbanistik (Difu-Impulse, 2012,4).

Drever, Anita (2004): Separate Spaces, Separate Outcomes? Neighbourhood Impacts on Minorities in Germany. In: *Urban Studies* 41 (8), S. 423–439.

Eder, Klaus (2004): Die Einhegung des Anderen: Zum Strukturwandel sozialer Inklusion in der multikulturellen Gesellschaft. In: Klaus Eder, Valentin Rauer und Oliver Schmidtke (Hg.): Die Einhegung des Anderen. Türkische, polnische und russlanddeutsche Einwanderer in Deutschland. 1. Aufl. Wiesbaden: VS Verl. für Sozialwissenschaften, S. 275–290.

Eder, Klaus; Rauer, Valentin; Schmidtke, Oliver (2004a): Das Eigene und das Fremde: Zur politischen Semantik von Inklusion und Exklusion. In: Klaus Eder, Valentin Rauer und Oliver Schmidtke (Hg.): Die Einhegung des Anderen. Türkische, polnische und russlanddeutsche Einwanderer in Deutschland. 1. Aufl. Wiesbaden: VS Verl. für Sozialwissenschaften, S. 11–28.

Eder, Klaus; Rauer, Valentin; Schmidtke, Oliver (Hg.) (2004b): Die Einhegung des Anderen. Türkische, polnische und russlanddeutsche Einwanderer in Deutschland. 1. Aufl. Wiesbaden: VS Verl. für Sozialwissenschaften.

Eder, Klaus; Rauer, Valentin; Schmidtke, Oliver (2004c): Die neuen Beobachtungsverhältnisse: Symbolische Exklusion als Mechanismus der Reproduktion sozialer Ungleichheit. In: Klaus Eder, Valentin Rauer und Oliver Schmidtke (Hg.): Die Einhegung des Anderen. Türkische, polnische und russlanddeutsche Einwanderer in Deutschland. 1. Aufl. Wiesbaden: VS Verl. für Sozialwissenschaften, S. 29–46.

Egeland, Cathrine; Gressgård, Randi (2007): The "Will to Empower": Managing the Complexity of the Others. In: *NORA* 15 (4), S. 207–219.

Eide, Elisabeth; Simonsen, Anne Hege (2008): Verden skapes hjemmefra. Pressedekningen av den ikke-vestlige verden 1902-2002. Oslo: Unipub.

Elias, Norbert (1993): Etablierte und Außenseiter. Gesammelte Schriften. 1. Aufl. Frankfurt am Main: Suhrkamp (4).

Elias, Norbert; Scotson, John L. (1994): The established and the outsiders. A sociological enquiry into community problems. London [u. a.]: Sage Publ. (Theory, culture & society).

Ellefsen, Karl Otto (2005): Studier av byens fysiske transformasjon – Oslos arkitektur i endring. In: Jonny Aspen (Hg.): By og byliv i endring. Studier av byrom og handlingsrom i Oslo. Oslo: Scandinavian Academic Press, S. 53–86.

Ellen, Ingrid Gould (2000): Race-based Neighbourhood Projection: A Proposed Framework for Understanding New Data on Racial Integration. In: *Urban Studies* 37 (9), S. 1513–1533.

Eriksen, Thomas Hylland (1996): Kulturforskjeller i praksis. Perspektiver på det flerkulturelle Norge. Unter Mitarbeit von Torunn Arntsen Sørheim. Oslo: Ad Notam Gyldendal (1. utg., 4. oppl).

Eriksen, Thomas Hylland (1999): Kronikk. In: *Aftenposten*, 16.05.1999.
Eriksen, Thomas Hylland (2002): Ethnicity and nationalism. London [u.a.]: Pluto Press (Anthropology, culture and society).
Eriksen, Thomas Hylland (2004): Røtter og føtter. Identitet i en omskiftelig tid. Oslo: Aschehoug.
Eriksen, Thomas Hylland (2007): Mangfold versus forskjellighet. In: Øivind Fuglerud und Thomas Hylland Eriksen (Hg.): Grenser for kultur? Perspektiver fra norsk minoritetsforskning /. Oslo: Pax Forl., S. 111–130.
Eriksen, Thomas Hylland (2009): Resirkulert debatt. Ausgabe vom 17.4.2009. In: *Dagbladet*, 2009.
Eriksen, Thomas Hylland; Høgmoen, Anders (2011): Et lite stykke anti-Norge. In: *Samtiden* (1).
Esping-Andersen, Gøsta (1990): The three worlds of welfare capitalism. Princeton, N.J: Princeton Univ. Press.
Farwick, Andreas (2001): Segregierte Armut in der Stadt. Ursachen und soziale Folgen der räumlichen Konzentration von Sozialhilfeempfängern. Opladen: Leske + Budrich.
Farwick, Andreas (2009): Segregation und Eingliederung. Zum Einfluss der räumlichen Konzentration von Zuwanderern auf den Eingliederungsprozess. 1. Aufl. Wiesbaden: VS Verl. für Sozialwiss.
Feijten, P.; van Ham, M. (2009): Neighbourhood Change… Reason to Leave? In: *Urban Studies* 46 (10), S. 2103–2122.
Firey, Walter (1974): Gefühl und Symbolik als ökologische Variable. In: Peter M. Atteslander und Bernd Hamm (Hg.): Materialien zur Siedlungssoziologie. Köln: Kiepenheuer & Witsch (Neue Wissenschaftliche Bibliothek ; 69 : Soziologie), S. 139–153.
Floeting, Holger; Reimann, Bettina; Schuleri-Hartje, Ulla-Kristina (2005): Von "Tante Emma" zu "Onkel Ali" - Entwicklung der Migrantenökonomie in den Stadtquartieren deutscher Großstädte. In: *Difu-Berichte* (1-2).
Fossen, Erling (2002): Den sommeren Norge mistet dybden. Oppsummering av Shabana Rehman-debatten. In: *Prosa* (4).
Foucault, Michel (2008): Archäologie des Wissens. Unter Mitarbeit von Ulrich Köppen. 14. Aufl. Frankfurt am Main: Suhrkamp.
Freeman, Lance (2006): There goes the 'hood. Views of gentrification from the ground up. Philadelphia, PA: Temple University Press.
Friedrichs, Jürgen (2000): Ethnische Segregation im Kontext allgemeiner Segregationsprozesse in der Stadt. In: Annette Harth, Gitta Scheller und Wulf Tessin (Hg.): Stadt und soziale Ungleichheit. Opladen: Leske + Budrich, S. 174–196.
Friedrichs, Jürgen; Blasius, Jörg (2000): Leben in benachteiligten Wohngebieten. Opladen: Leske + Budrich.
Friedrichs, Jürgen; Triemer, Sascha (2008): Gespaltene Städte? Soziale und ethnische Segregation in deutschen Großstädten. 1. Aufl. Wiesbaden: VS Verl. für Sozialwiss.
Frontal 21 (2013): Diskriminierung auf dem Wohnungsmarkt. Mietvertrag nur für Deutsche. ZDF, 22.10.2013.
Fuglerud, Øivind (2001): Migrasjonsforståelse. Flytteprosesser, rasisme og globalisering. Oslo: Universitetsforlaget.

Gakkestad, Kjersti (2003): Romsås - en stigmatisert bydel?: en studie av territoriell stigmatisering: medias rolle og konsekvenser for beboerne. Hovedoppgave i samfunnsgeografi. Oslo.

Gans, Herbert J. (2009): Some Problems of and Futures for Urban Sociology. Toward a Sociology of Settlements. In: *City & Community* 8 (3), S. 211–219.

Ganter, Stephan (2001): Zu subtil? In: *Kölner Zeitschrift für Soziologie und Sozialpsychologie* 53 (1), S. 111–135.

Ganter, Stephan; Esser, Hartmut (1998): Ursachen und Formen der Fremdenfeindlichkeit in der Bundesrepublik Deutschland. Bonn: Forschungsinstitut der Friedrich-Ebert-Stiftung Abt. Arbeit u. Sozialpolitik (Gesprächskreis Arbeit und Soziales).

Geißler, Rainer; Pöttker, Horst (Hg.) (2009): Media - Migration - Integration. European and North American Perspectives. 1. Aufl. Bielefeld: Transcript (Medienumbrüche, 33).

Gesemann, Frank (2005): URBACT Mobility Study. Studie zu den Wechselwirkungen von Wanderungsprozessen und Quartiersentwicklung. Gefördert mit Unterstützung des Europäischen Fonds für regionale Entwicklung (EFRE). Hg. v. Senatsverwaltung für Stadtentwicklung Berlin. In Kooperation mit der Camino gGmbH.

Gestring, Norbert; Janßen, Andrea; Polat, Ayça (2006): Prozesse der Integration und Ausgrenzung. Türkische Migranten der zweiten Generation. Wiesbaden: VS, Verl. für Sozialwissenschaften.

Glass, Ruth Lazarus (Hg.) (1964): London; aspects of change. London Centre for Urban Studies. London: MacGibbon & Kee.

Goetze, Dieter (2008): Ethnie und Ethnisierung als Dimension sozialer Ausschließung. In: Roland Anhorn, Frank Bettinger und Johannes Stehr (Hg.): Sozialer Ausschluss und soziale Arbeit. Positionsbestimmungen einer kritischen Theorie und Praxis sozialer Arbeit. 2., überarb. und erw. Aufl. Wiesbaden: VS Verl für Sozialwiss. (Perspektiven kritischer Sozialer Arbeit, 2), S. 257–271.

Goldberg, Andreas; Mourinho, Dora; Kulke, Ursula (1995): Arbeitsmarkt-Diskriminierung gegenüber ausländischen Arbeitnehmern in Deutschland. International Labour Office. Genf.

Gomolla, Mechtild; Radtke, Frank-Olaf (2007): Institutionelle Diskriminierung. Die Herstellung ethnischer Differenz in der Schule. Opladen: Leske + Budrich.

Graumann, Carl Friedrich (1997): Die Erfahrung des Fremden: Lockung und Bedrohung. Kapitel 2. In: Amélie Mummendey und Bernd Simon (Hg.): Identität und Verschiedenheit. Zur Sozialpsychologie der Identität in komplexen Gesellschaften. 1. Aufl. Bern: Huber (Aus dem Programm Huber, 1), S. 39–62.

Gressgård, Randi (2003): Dilemmaet mellom likeverdighet og særegenhet som ramme for flerkulturell dialog. Bergen: Sociology Press.

Gressgård, Randi (2005): Fra identitet til forskjell. Oslo: Scandinavian Academic Press.

Gressgård, Randi (2007): Anerkjennelse: Hvilke forskjeller er relevante? In: *Norsk Tidsskrift for migrasjonsforskning* 8 (1), S. 10–26.

Groenemeyer, Axel; Mansel, Jürgen (Hg.) (2003): Die Ethnisierung von Alltagskonflikten. Opladen: Leske + Budrich.

Gruner, Sabine (2006): What's the problem with "Problematic City Quarters"? In: Barbara Černič-Mali (Hg.): ENHR conference 2006: Housing in an expanding Europe. Theory, policy, implementation and participation. Urban planning institute of the republic of Slovenia.

Gullestad, Marianne (2001): Imagined Sameness: Shifting Notions of 'Us' and 'Them' in Norway. In: Line Alice Ytrehus (Hg.): Forestillinger om "den andre". Images of otherness. Kristiansand: Høyskoleforlaget, S. 33–57.

Gullestad, Marianne (2002): Det norske sett med nye øyne. Kritisk analyse av norsk innvandringsdebatt. Oslo: Univ.-forlaget.

Gullestad, Marianne (2006): Plausible prejudice. Everyday experiences and social images of nation, culture and race. Oslo: Univ.-forlaget.

Gulløy, E.; Blom, S.; Ritland, A. (1997): Levekår blant innvandrere 1996. Statistisk Sentralbyrå. Oslo (Notat, 97/6).

Gupta, Akhil; Ferguson, James (1997): Culture, power, place. Explorations in critical anthropology. Durham, N.C: Duke University Press.

Güttler, Peter O. (2000): Sozialpsychologie. Soziale Einstellungen, Vorurteile, Einstellungsänderungen. 3., überarb. und stark erw. Aufl. München, Wien: Oldenburg.

Hagen, Kåre; Djuve, Anne Britt; Vogt, Pernille (1994): Oslo: En delt by? En analyse av Oslos sosiale geografi. Forskningsstiftelsen for studier av arbeidsliv, fagbevegelse og offentlig politikk (FAFO) (Storbyforskning, 28).

Ha, Kien Nghi (2004): Ethnizität und Migration reloaded. Kulturelle Identität, Differenz und Hybridität im postkolonialen Diskurs. Überarb. und erw. Neuausg. Berlin: wvb, Wiss. Verl.

Hall, Stuart (1988): Minimal Selves. In: Identity: The Real Me (ICA Document) (6).

Hall, Stuart (2000): Rassismus als ideologischer Diskurs. In: Nora Räthzel (Hg.): Theorien über Rassismus. 1. Aufl. Hamburg: Argument Verlag, S. 7–16.

Hall, Stuart (2009): Representation. Cultural representations and signifying practices. London: Sage Publ. [u.a.] (Culture, media and identities).

Hamm, Bernd (1982): Einführung in die Siedlungssoziologie. München: Beck.

Hamm, Bernd (2003): Segregation. In: Bernhard Schäfers (Hg.): Grundbegriffe der Soziologie. 8. Aufl. Opladen: Leske + Budrich, S. 300–302.

Hammer, Antje; Scheiner, Joachim (2006): Lebensstile, Wohnmilieus, Raum und Mobilität - Der Untersuchungsansatz von StadtLeben. In: Klaus Beckmann, Markus Hesse, Christian Holz-Rau und Marcel Hunecke (Hg.): StadtLeben- Wohnen, Mobilität und Lebensstil. Neue Perspektiven für Raum- und Verkehrsentwicklung. 1. Aufl. Wiesbaden: VS Verlag für Sozialwissenschaften, S. 15–30.

Hamnett, Chris (1991): The blind man and the elephant – the explanation of gentrification (Transactions of the Institute of British Geographers) (16(2)), S. S. 173-189.

Hansen, Thorbjørn; Brattbakk, Ingar (2005): Drabantbyene - bedre enn sitt rykte? In: Rolf Barlindhaug (Hg.): Storbyens boligmarked. Drivkrefter, rammebetingelser og handlingsvalg. Oslo: Scandinavian Academic Press, S. 33–66.

Haslum, Hilde (2008): Reading socio-spatial interplay. Oslo: Arkitekthøgskolen i Oslo.

Häußermann, Hartmut (1995): Die Stadt und die Stadtsoziologie. Urbane Lebensweise und die Integration des Fremden. Antrittsvorlesung an der Humboldt-Universität, gehalten am 27. Juni 1994. In: Berliner Journal für Soziologie (1), S. 89–98.

Häußermann, Hartmut (2001): Marginalisierung als Folge sozialräumlichen Wandels in der Großstadt. In: Frank Gesemann (Hg.): Migration und Integration in Berlin. Wissenschaftliche Analysen und politische Perspektiven. Opladen: Leske+Budrich, S. 63–85.

Häußermann, Hartmut (2007a): Effekte der Segregation (Forum Wohneigentum, 5).

Häußermann, Hartmut (2007b): Ihre Parallelgesellschaften, unser Problem. Sind Migrantenviertel ein Hindernis für Integration? In: *Leviathan - Berliner Zeitschrift für Sozialwissenschaft* 35 (4), S. 458–469.

Häußermann, Hartmut (2008a): Statement zur Hertie Berlin Studie. Online verfügbar unter: http://www.hertieberlinstudie.de/presse/pressematerial/texte/Statements_Hurrelman n_Zuern_Haeussermann.pdf (zuletzt geprüft am 15.3.2014).

Häußermann, Hartmut (2008b): Wohnen und Quartier: Ursachen sozialräumlicher Segregation. In: Ernst-Ulrich Huster, Jürgen Boeckh und Hildegard Mogge-Grotjahn (Hg.): Handbuch Armut und Soziale Ausgrenzung. Wiesbaden: VS Verlag für Sozialwissenschaften / GWV Fachverlage GmbH Wiesbaden (Springer-11776 /Dig. Serial]), S. 335–349.

Häußermann, Hartmut (2008c): Einführung. Veranstaltungstitel: "Soziale Spaltung = Räumliche Fragmentierung?". Friedrich-Ebert-Stiftung. Berlin, 19.01.2008.

Häußermann, Hartmut (2008d): Sozialräumliche Segregation in Berlin. Veranstaltungstitel: "Soziale Spaltung = Räumliche Fragmentierung?". Friedrich-Ebert-Stiftung. Berlin, 19.01.2008.

Häußermann, Hartmut (2008e): Eröffnungsvortrag zur Aktualität Georg Simmels für die Stadtforschung. Georg-Simmel-Zentrum für Metropolenforschung (GSZ). Humboldt-Universität zu Berlin, 27.11.2008.

Häußermann, Hartmut; Förste, Daniel (2008): Monitoring Soziale Stadtentwicklung 2008. Kurzfassung. Im Auftrag der Senatsverwaltung für Stadtentwicklung Berlin, Referat I A. Berlin.

Häußermann, Hartmut; Kapphan, Andreas (2002): Berlin: Von der geteilten zur gespaltenen Stadt? Sozialräumlicher Wandel seit 1990. Opladen: Leske + Budrich.

Häußermann, Hartmut; Kemper, Jan (2005): Die soziologische Theoretisierung der Stadt und die 'New Urban Sociology'. In: Helmuth Berking und Martina Löw (Hg.): Die Wirklichkeit der Städte. 1. Aufl. Baden-Baden: Nomos (Soziale Welt, 16), S. 25–53.

Häußermann, Hartmut; Kronauer, Martin; Siebel, Walter (Hg.) (2004): An den Rändern der Städte. Armut und Ausgrenzung. Frankfurt am Main: Suhrkamp (Edition Suhrkamp, 2252).

Häußermann, Hartmut; Siebel, Walter (2001a): Integration und Segregation – Überlegungen zu einer alten Debatte. In: *Deutsche Zeitschrift für Kommunalwissenschaften* (1), S. 68–79.

Häußermann, Hartmut; Siebel, Walter (2001b): Multikulturelle Stadtpolitik: Segregation und Integration. In: Norbert Gestring, Herbert Glasauer, Christine Hannemann, Werner Petrowsky und Jörg Pohlan (Hg.): Jahrbuch StadtRegion: Einwanderungsstadt. Opladen: Leske + Budrich (2001), S. 133–136.

Häußermann, Hartmut; Siebel, Walter (2001c): Soziale Integration und ethnische Schichtung - Zusammenhänge zwischen räumlicher und sozialer Integration -. Gutachten im Auftrag der Unabhängigen Kommission „Zuwanderung". Berlin/Oldenburg.

Häußermann, Hartmut; Siebel, Walter (2004): Stadtsoziologie. Eine Einführung. Frankfurt am Main [u.a.]: Campus Verl.

Häußermann, Hartmut; Siebel, Walter (2007): Integration trotz Segregation - zum Stand der wissenschaftlichen Debatte. In: Handlungsfeld Stadträumliche Integrationspolitik. Ergebnisse des Projektes "Zuwanderer in der Stadt". Darmstadt, S. 92–119.

Heckmann, Friedrich (1992): Ethnische Minderheiten, Volk und Nation. Soziologie interethnischer Beziehungen. Stuttgart: F. Enke.

Heine, Peter (1996): Konflikt der Kulturen oder Feindbild Islam. Alte Vorurteile - neue Klischees - reale Gefahren. Freiburg: Herder.

Heitmeyer, Wilhelm (1996): Für türkische Jugendliche in Deutschland spielt der Islam eine große Rolle. In: *Die Zeit*, 1996 (35).

Heitmeyer, Wilhelm (1998): Versagt die „Integrationsmaschine" Stadt? Zum Problem der ethnisch-kulturellen Segregation und ihrer Konfliktfolgen. In: Wilhelm Heitmeyer, Rainer Dollase und Otto Backes (Hg.): Die Krise der Städte. Analysen zu den Folgen desintegrativer Stadtentwicklung für das ethnisch-kulturelle Zusammenleben. Frankfurt a. M.: Suhrkamp (Edition Suhrkamp, 2036), S. 443–467.

Heitmeyer, Wilhelm (Hg.) (2000): Bedrohte Stadtgesellschaft. Soziale Desintegrationsprozesse und ethnisch-kulturelle Konfliktkonstellationen. Weinheim [u.a.]: Juventa-Verl. (Konflikt- und Gewaltforschung).

Helfferich, Cornelia (2005): Qualität qualitativer Daten – Manual zur Durchführung qualitativer Einzelinterviews. Wiesbaden: VS Verlag.

Herlyn, Ulfert (1974a): Einleitung: Wohnquartier und soziale Schicht. In: Ulfert Herlyn (Hg.): Stadt- und Sozialstruktur. Arbeiten zur sozialen Segregation, Ghettobildung und Stadtplanung. Dreizehn Aufsätze. München: Nymphenburger Verlagshandlung (Nymphenburger Texte zur Wissenschaft : Modelluniversität ; 19), S. 16–41.

Herlyn, Ulfert (Hg.) (1974b): Stadt- und Sozialstruktur. Arbeiten zur sozialen Segregation, Ghettobildung und Stadtplanung. Dreizehn Aufsätze. München: Nymphenburger Verlagshandlung (Nymphenburger Texte zur Wissenschaft : Modelluniversität ; 19).

Hernes, Gudmund; Knudsen, Knud (1990): Svart på hvitt. Norske reaksjoner på flyktninger, asylsøkere og innvandrere (FAFO-rapport, 109).

Holm, Andrej (2006): Die Restrukturierung des Raumes. Stadterneuerung der 90er Jahre in Ostberlin : Interessen und Machtverhältnisse. Bielefeld: Transcript.

Hormel, Ulrike (2007): Diskriminierung in der Einwanderungsgesellschaft. Begründungsprobleme pädagogischer Strategien und Konzepte. 1. Aufl. Wiesbaden: VS Verl. für Sozialwiss.

Hormel, Ulrike; Scherr, Albert (2003): Was heißt „Ethnien "und „ethnische Konflikte "in der modernen Gesellschaft? In: Axel Groenemeyer und Jürgen Mansel (Hg.): Die Ethnisierung von Alltagskonflikten. Opladen: Leske + Budrich, S. 47–68.

Horr, Andreas (2008): Unterschiede der Wohnungssuche und Wohnortwahl türkischer und deutscher Haushalte. In: *vhw FW*, S. 313–317.

Hurrelmann, Klaus; Zürn, Michael (Hg.) (2009): Hertie-Stiftung Berlin Studie. Leben in Deutschlands Hauptstadt. Ausgabe 2009: Hoffmann und Campe.

Huse, Tone; Sæter, Oddrun; Aniksdal, Carsten (2010): Tøyengata. Et nyrikt stykke Norge. Oslo: Flamme.

Hüttermann, Jörg (2006a): Das Minarett. Zur politischen Kultur des Konflikts um islamische Symbole. Weinheim: Juventa.

Hüttermann, Jörg (2006b): Islamische Symbole und "avancierende Fremde. Konfliktkommunikation in Stadt und Gesellschaft. In: Adelheid von Saldern (Hg.): Stadt und Kommunikation in bundesrepublikanischen Umbruchzeiten. Stuttgart: Steiner, S. 285–304.

Hyrve, Inga Gudrun (2005): Ikke-vestlige innvandrere på Grønland. En studie av forankring og territorialfølelse. Masterarbeit. Universitetet i Oslo, Oslo.

Iceland, J.; Sharpe C.; Steinmetz, E. (2005): Class differences in African-American residential patterns in U.S. metropolitan areas, 1990–2000. In: *Social Science Research* 34, S. 252–266.

Inglehart, Ronald (2004): Human beliefs and values. A cross-cultural sourcebook based on the 1999 - 2002 values surveys. 1. ed. México, DF: Siglo XXI Ed.

Jäger, Margret (1996): Fatale Effekte. Die Kritik am Patriarchat im Einwanderungsdiskurs. Duisburg: DISS.

Jäger, Margret; Cleve, Gabriele; Ruth, Ina; Jäger, Siegfried (1998): Von deutschen Einzeltätern und ausländischen Banden. Medien und Straftaten. Mit Vorschlägen zur Vermeidung diskriminierender Berichterstattung. Duisburg: DISS.

Jenkins, Richard (2008): Rethinking ethnicity. 2nd. Thousand Oaks, CA: Sage Publications.

Joas, Hans; Knöbl, Wolfgang (2004): Sozialtheorie. Zwanzig einführende Vorlesungen. 1. Aufl. Frankfurt am Main: Suhrkamp (suhrkamp taschenbuch wissenschaft, 1669).

Johnson, Jeffrey C. (1990): Selecting ethnographic informants. Newbury Park, Calif. [u.a.]: Sage (Qualitative research methods, 22).

Kahraman, Birsen; Knoblich, Günther (2000): «Stechen statt Sprechen»: Valenz und Aktivierbarkeit von Stereotypen über Türken. In: *Zeitschrift für Sozialpsychologie* 31 (1), S. 31–43.

Kalter, Frank (2008): Ethnische Ungleichheit auf dem Arbeitsmarkt. In: Martin Abraham und Thomas Hinz (Hg.): Arbeitsmarktsoziologie. Probleme, Theorien, empirische Befunde. 2. Aufl. Wiesbaden: VS Verl. für Sozialwiss. (Lehrbuch), S. 303–332.

Kaschuba, Wolfgang (2006): Ethnic Division and Urban Staging: Metropolis goes ethnic? New York, 2006.

Kaschuba, Wolfgang (2007): Wie Fremde gemacht werden. Das Gerede von der Parallelgesellschaft ist nicht nur falsch. Es ist als Argumentationsmuster sogar gefährlich. In: *Tagesspiegel*, 2007. Ausgabe vom 14.1.2007.

Kaufman, Jason (2004): Endogeneous Explanation in the Sociology of Culture. In: *Annual review of sociology* Vol. 30 (4), S. 335–357.

Keim, Rolf; Neef, Rainer (2000): Ausgrenzung und Milieu: Über die Lebensbewältigung von Bewohnerinnen und Bewohnern städtischer Problemgebiete. In: Annette Harth, Gitta Scheller und Wulf Tessin (Hg.): Stadt und soziale Ungleichheit. Opladen: Leske + Budrich, S. 248–273.

Keller, Reiner (2008): Wissenssoziologische Diskursanalyse. Grundlegung eines Forschungsprogramms. 2. Auflage. Wiesbaden: VS Verlag für Sozialwissenschaften.

Kilic, Emsal (2008): Erfahrungen von türkischen und türkeistämmigen Migranten bei der Wohnungssuche in Berlin. Diplomarbeit im Fachbereich Stadt- und Regionalsoziologie. Humboldt Universität zu Berlin.

Kjeldstadli, Knut (2006): Den store omdanningen. Fremmedfiendtlighet, utrygghet og klasse. In: Thomas Hylland Eriksen (Hg.): Trygghet. Oslo: Universitetsforlaget, S. 97–115.

Kleff, Sanem; Seidel, Eberhard (2009): Stadt der Vielfalt. Das Entstehen des neuen Berlin durch Migration. Berlin: Der Beauftragte des Senats von Berlin für Integration und Migration.

Klink, Andreas; Wagner, Ulrich (1999): Discrimination Against Ethnic Minorities in Germany: Going Back to the Field1. In: *J Appl Social Pyschol* 29 (2), S. 402–423.

Kommunal- og regionaldepartementet (2004): Innvandringen til Norge og Europa (Norsk offentlig utredning (NOU), 20).

Krieger, Annette (2005): „Ein Haus mit offenen Fenstern und Türen". Metaphern im Einwanderungsdiskurs von 1998-2001. In: Martin Wengeler (Hg.): Sprachgeschichte als Zeitgeschichte. Hildesheim: Olms, S. 410–436.

Kristen, Cornelia (2004): Migranten im deutschen Schulsystem. Zu den Ursachen ethnischer Unterschiede. In: *Recht der Jugend und des Bildungswesens* 52 (1), S. 11–22.

Kristen, Cornelia (2006): Ethnische diskriminierung in der grundschule? In: *Koelner Z.Soziol.u.Soz.Psychol* 58 (1), S. 79–97.

Kronenberg, Clemens (2005): Die Definition der Situation und die variable Rationalität der Akteure. Ein allgemeines Modell des Handelns. In: *Zeitschrift für Soziologie* 34 (5), S. 344–363.

Krotz, Friedrich (2005): Neue Theorien entwickeln. Eine Einführung in die Grounded Theory, die Heuristische Sozialforschung und die Ethnographie anhand von Beispielen aus der Kommunikationsforschung. Köln: Halem.

Krummacher, Michael (2007): Zum Umgang mit „Minderheitenghettos" - Differenzen in der „Sozialen Stadt". In: Wolf-Dietrich Bukow, Claudia Nikodem, Erika Schulze und Erol Yildiz (Hg.): Was heißt hier Parallelgesellschaft? Zum Umgang mit Differenzen. Wiesbaden: VS Verl. für Sozialwiss. (Interkulturelle Studien, 19), S. 109–120.

Krummacher, Michael; Waltz, Viktoria (2000): Polarisierung der Stadt: Folgen und Perspektiven für Migration und Interkulturalität. Hg. v. Institut für Landes und Stadtentwicklungsforschung (ILS). Dortmund (Stadt macht Zukunft. Neue Impulse für eine nachhaltige Infrastrukturpolitik, Heft 170).

Kruse, Jan (2008): Reader „Einführung in die Qualitative Interviewforschung". Vollständig überarbeitete und umfassend ergänzte Version. Freiburg.

Krysan, Maria; Couper, Mick P; Farley, Reynolds; Forman, Tyrone A. (2009): Does Race Matter in Neighborhood Preferences? Results from a Video Experiment. In: *American Journal of Sociology* 115 (2), S. 527–559.

Lakoff, George; Johnson, Mark (2004): Leben in Metaphern. Konstruktion und Gebrauch von Sprachbildern. 4., Aufl. Heidelberg: Carl-Auer-Systeme-Verl.

Lamnek, Siegfried (2005): Gruppendiskussion. Theorie und Praxis. Dr. nach Typoskript, 2., überarb. und erw. Weinheim ;, Basel: Beltz.

Lamont, Michèle; Molnár, Virág (2002): The Study of Boundaries in the Social Sciences. In: *Annual review of sociology* 28, S. 167–195.

Lanz, Stephan (2007): Berlin aufgemischt. Abendländisch, multikulturell, kosmopolitisch? Die politische Konstruktion einer Einwanderungsstadt. Bielefeld: Transcript (Urban studies).

Läpple, Dieter (1991): Gesellschaftszentriertes Raumkonzept : Zur notwendigen Überwindung von physikalisch-mathematischen Raumauffassungen in der Gesellschaftsanalyse. In: Martin Wentz (Hg.): Stadt-Räume. Frankfurt/Main: Campus-Verl. (Die Zukunft des Städtischen, 2), S. 35–46.

Läpple, Dieter; Walter, Gerd (2007): Stadtquartiere und gesellschaftliche Integrationsmuster. In: Jens S. Dangschat (Hg.): Lebensstile, soziale Lagen und Siedlungsstrukturen. Hannover: Akad. f. Raumforschung und Landesplanung (Akademie für Raumforschung und Landesplanung: Forschungs- und Sitzungsberichte, 230), S. 111–138.

Legewie, Heiner (2004): 11. Vorlesung: Qualitative Forschung und der Ansatz der Grounded Theory.

Liell, Christoph (2007): Die Skandalisierung von Differenzen. In: Wolf-Dietrich Bukow, Claudia Nikodem, Erika Schulze und Erol Yildiz (Hg.): Was heißt hier Parallelgesellschaft? Zum Umgang mit Differenzen. Wiesbaden: VS Verl. für Sozialwiss. (Interkulturelle Studien, 19), S. 269–285.

Lindner, Rolf (1990): Die Entdeckung der Stadtkultur. Soziologie aus der Erfahrung der Reportage. 1. Aufl. Frankfurt am Main: Suhrkamp.
Lindner, Rolf (2006): The Cultural Texture of the City. Konferenz vom 25.–29.October. Universität Linköping. European Science Foundation. Vadstena, 2006.
Lindstedt, Mattias (2004): Sære Norge: Form It.
Lin, Susanne (2002): Sozialpsychologische Vorurteilsforschung. Der konflikttheoretische Ansatz. Hg. v. Institut für Friedenspädagogik Tübingen e.V..
Löw, Martina (2008): Einführung in die Stadt- und Raumsoziologie. Unter Mitarbeit von Silke Steets und Sergej Stoetzer. 2., aktualisierte Aufl. Opladen, Farmington Hills: Budrich (UTB, 8348).
Mangold, Werner (1960): Gegenstand und Methode des Gruppendiskussionsverfahrens. Frankfurt a. M.: Europäische Verlagsanstalt.
Mannitz, Sabine (2001): „West Side Stories". Warum Jugendliche aus Migrantenfamilien das wiedervereinigte Berlin als geteilte Stadt erleben. In: Frank Gesemann (Hg.): Migration und Integration in Berlin. Wissenschaftliche Analysen und politische Perspektiven. Opladen: Leske+Budrich, S. 273–291.
Mannitz, Sabine (2006): Die verkannte Integration. Eine Langzeitstudie unter Heranwachsenden aus Immigrantenfamilien. Bielefeld: Transcript (Kultur und soziale Praxis).
Massey, D.; Denton, M. (1989): Hyper Segregation in U.S. Metropolitan Areas: Black and Hispanic Segregation among Five Dimensions. In: *Demography* (26), S. 373–391.
Massey, Douglas S.; Denton, Nancy A. (1993): American apartheid. Segregation and the making of the underclass. Cambridge, Mass: Harvard University Press.
Mead, George Herbert; Morris, Charles W. (1988): Geist, Identität und Gesellschaft. Aus der Sicht des Sozialbehaviorismus. 7. Aufl. Frankfurt am Main, Germany: Suhrkamp.
Mecheril, Paul (1999): Wer spricht und über wen? Gedanken zu einem (re-)konstruktiven Umgang mit dem Anderen des Anderen in den Sozialwissenschaften. In: Wolf-Dietrich Bukow (Hg.): Fundamentalismusverdacht. Plädoyer für eine Neuorientierung der Forschung im Umgang mit allochthonen Jugendlichen. Opladen: Leske + Budrich (Reihe, 4), S. 231–266.
Mecheril, Paul (Hg.) (2010): Spannungsverhältnisse. Assimilationsdiskurse und interkulturell-pädagogische Forschung. Münster ;, München [u.a.]: Waxmann.
Mehrländer, Ursula; Ascheberg, Carsten; Ueltzhöffer, Jörg; Sozialwissenschaftliches Institut für Gegenwartsfragen Mannheim (1996): Repräsentativuntersuchung '95: Situation der ausländischen Arbeitnehmer und ihrer Familienangehörigen in der Bundesrepublik Deutschland. Bonn: Bundesministerium für Arbeit und Sozialordnung, Referat Öffentlichkeitsarbeit.
Mey, Günter; Mruck, Katja (2010): Grounded Theory Reader. 2., aktualisierte u. erweiterte Auflage. Wiesbaden: VS Verlag für Sozialwissenschaften.
Miegel, Meinhard; Wahl, Stefanie; Schulte, Martin (2008): Von Verlierern und Gewinnern - Die Einkommensentwicklung ausgewählter Bevölkerungsgruppen in Deutschland. Institut für Wirtschaft und Gesellschaft Bonn e.V. Bonn.
Morgenbladet (2005): Nasjonalisme på norsk. Von Maria Reinertsen. In: *Morgenbladet* 186, 30.09.2005 (39), S. 6–9.
Moseng, Bera Ulstein (2007): Kultur og økonomi. Forklaringer på stabilitet og endring in norske holdninger til ikke-vestlige innvandrere. In: Øivind Fuglerud und Thomas

Hylland Eriksen (Hg.): Grenser for kultur? Perspektiver fra norsk minoritetsforskning /. Oslo: Pax Forl., S. 253–277.

Mückenberger, Ulrich; Läpple, Dieter; Oßenbrügge, Jürgen (2008): Zeiten und Räume der Stadt. Theorie und Praxis. 1. Aufl. Leverkusen: Budrich Barbara.

Müller, Hans-Peter (1997): Sozialstruktur und Lebensstile. Der neuere theoretische Diskurs über soziale Ungleichheit. 2. Aufl., 2. Dr. Frankfurt am Main: Suhrkamp (Suhrkamp-Taschenbuch Wissenschaft, 982).

Mummendey, Amélie; Simon, Bernd (Hg.) (1997a): Identität und Verschiedenheit. Zur Sozialpsychologie der Identität in komplexen Gesellschaften. 1. Aufl. Bern: Huber (Aus dem Programm Huber, 1).

Mummendey, Amélie; Simon, Bernd (1997b): Selbst, Identität und Gruppe: Eine sozialpsychologische Analyse des Verhältnisses von Individuum und Gruppe. In: Amélie Mummendey und Bernd Simon (Hg.): Identität und Verschiedenheit. Zur Sozialpsychologie der Identität in komplexen Gesellschaften. 1. Aufl. Bern: Huber (Aus dem Programm Huber, 1), S. 11–38.

Musterd, Sako (2005): Social and Ethnic Segregation in Europe: Levels, Causes and Effects. In: *Journal of Urban Affairs* 27 (3), S. 331–348.

Musterd, Sako; Ostendorf, Wim; Breebaart, Matthijs (1997): Muster und Wahrnehmung ethnischer Segregation in Westeuropa. In: Hartmut Häußermann und Ingrid Oswald (Hg.): Zuwanderung und Stadtentwicklung. Opladen, Wiesbaden: Westdt. Verl. (Leviathan, Sonderheft 17), S. 293–307.

Nassehi, Armin (1990): Zum Funktionswandel von Ethnizität im Prozess gesellschaftlicher Modernisierung. Ein Beitrag zur Theorie funktionaler Differenzierung. In: *Soziale Welt* (41), S. 261–282.

Nassehi, Armin (1995): Der Fremde als Vertrauter. Soziologische Beobachtungen zur Konstruktion von Identitäten und Differenzen. In: *Kölner Zeitschrift für Soziologie und Sozialpsychologie* 47 (3), S. 443–463.

Nauck, Bernhard (1988): Sozial-ökologischer Kontext und außerfamiliäre Beziehungen. Ein interkultureller und interkontextueller Vergleich am Beispiel von deutschen und türkischen Familien. In: Jürgen Friedrichs (Hg.): Soziologische Stadtforschung. Kölner Zeitschrift für Soziologie und Sozialpsychologie (29). Opladen: Westdeutscher Verlag, S. 310–327.

Neumann, Iver B. (2002): Mening, materialitet og makt. En innføring i diskursanalyse. 2. opl. Bergen: Fagbokforlaget.

Neumann, Iver B. (2003): Hva så, lille land? Essays om Norges alminnelighet. Oslo: Spartacus.

Newman, Kathe; Wyly, Elvin (2006): The right to stay put, revisited: Gentrification and resistance to displacement in New York city. In: *Urban Studies* 43 (1), S. 23–57.

Niehr, Thomas; Böke, Karin (2004): Diskursanalyse unter linguistischer Perspektive - am Beispiel des Migrationsdiskurses. In: Carsten Keller, Andreas Hierseland, Werner Schneider und Willy Viehöver (Hg.): Handbuch sozialwissenschaftliche Diskursanalyse. 2. Aufl. Wiesbaden: VS Verl für Sozialwiss. (Band 2: Forschungspraxis), S. 325–419.

Nolte, Helmut (2008): Der Beitrag der Sozialpsychologie zum Makro-Mikro-Makro-Modell. In: Jens Greve (Hg.): Das Mikro-Makro-Modell der soziologischen Erklärung. Zur Ontologie Methodologie und Metatheorie eines Forschungsprogramms. 1. Aufl. Wiesbaden: VS Verl. für Sozialwiss., S. 311–356.

Rauch, Viola-Donata (2010): Gestatten, Berlinerin! Vom Verhältnis von Stadt und Zugehörigkeit bei Nachkommen von ImmigrantInnen aus der Türkei. In: Färber, Alexa: Stoffwechsel Berlin. Urbane Präsenzen und Repräsentationen, Berliner Blätter, Panama Verlag.

Øia, Tormod; Vestel, Viggo (2007): Møter i det flerkulturelle. Norsk institutt for forskning om oppvekst, velferd og aldring (NOVA). Oslo (NOVA Rapport, 21).

Oslo Kommune (2010): Bydel Grorud: Fakta om innvandrere, levekår og integrering. Hg. v. Oslo Kommune und Bydel Grorud (Faktahefte).

Østerud, Øivind; Engelstad, Fredrik; Meyer, Siri; Selle, Per; Skjeie, Hege (2003): Makt og demokrati. Sluttrapport fra Makt- og demokratiutredningen. Utredning fra en forskergruppe oppnevnt ved kongelig resolusjon 13. mars 1998. Avgitt til Arbeids- og administrasjonsdepartementet 26. august 2003. Hg. v. Statens forvaltningstjeneste. Oslo (Norsk offentlig utredning (NOU), 19).

Park, Robert E. (1926): The Concept of Position in Sociology. In: *Papers and Proceedings of the American Sociological Society* (20), S. 1–14.

Peach, Ceri (1999): London and New York: contrasts in British and American models of segregation with a comment by Nathan Glazer. In: *Int. J. Popul. Geogr.* 5 (5), S. 319–347.

Pettersen, Silje Vatne (2003): Bosettingsmønster og segregasjon i storbyregionene. Ikkevestlige innvandrere med høy og lav utdanning. Hg. v. Statistisk Sentralbyrå. Oslo (Notater, 39).

Pettigrew, T. F.; Meertens, R. W. (1995): Subtle and blatant prejudice in Western Europe. In: *Eur. J. Soc. Psychol* 25 (1), S. 57–75.

Pott, Andreas (2001): Der räumliche Blick - Zum Zusammenhang von Raum und städtischer Segregation von Migranten. In: Norbert Gestring, Herbert Glasauer, Christine Hannemann, Werner Petrowsky und Jörg Pohlan (Hg.): Jahrbuch StadtRegion: Einwanderungsstadt. Opladen: Leske + Budrich (2001), S. 54–74.

Pott, Andreas (2002): Ethnizität und Raum im Aufstiegsprozeß. Eine Untersuchung zum Bildungsaufstieg in der zweiten türkischen Migrantengeneration. Opladen: Leske + Budrich.

Quillian, Lincoln; Lagrange, Hugues (2013): Socio-Economic Segregation in Large Cities in France and the United States. Northwestern University (Working Paper Series, WP-13-24).

Rauer, Valentin (2004): 'Ausländerghettos' und die 'neue multiethnische Mittelklasse': Eine Medienanalyse zur symbolischen Dimension sozialer Räume. In: Klaus Eder, Valentin Rauer und Oliver Schmidtke (Hg.): Die Einhegung des Anderen. Türkische, polnische und russlanddeutsche Einwanderer in Deutschland. 1. Aufl. Wiesbaden: VS Verl. für Sozialwissenschaften, S. 99–130.

Rauer, Valentin; Schmidtke, Oliver (2004): Integration als Exklusion: Mediale und alltagspraktische Rahmungen eines sozialwissenschaftlichen Konzepts. In: Klaus Eder, Valentin Rauer und Oliver Schmidtke (Hg.): Die Einhegung des Anderen. Türkische, polnische und russlanddeutsche Einwanderer in Deutschland. 1. Aufl. Wiesbaden: VS Verl. für Sozialwissenschaften, S. 249–274.

Rippl, Susanne (2003): Kompensation oder Konflikt? Zur Erklärung negativer Einstellungen zur Zuwanderung. In: *Kölner Zeitschrift für Soziologie und Sozialpsychologie* 55 (2), S. 231–252.

Robbins, Edward (2005): Et nabolag uten naboskap. Virkningene av fornyelsen på Grünerløkka. In: Jonny Aspen (Hg.): By og byliv i endring. Studier av byrom og handlingsrom i Oslo. Oslo: Scandinavian Academic Press, S. 223–250.

Rogstad, Jon (2001): Sist blant likemenn? Synlige minoriteter på arbeidsmarkedet. Oslo: Institutt for samfunnsforskning (Thesis-serien).

Rogstad, Jon (2006): Usaklige hindringer for ikke-vestlige minoriteter på arbeidsmarkedet i Norge. Norsk institutt for samfunnsforskning. Oslo (Rapport, 2006:10).

Rompel, Matthias (2008): Ethnizität und interethnische Beziehungen. In: Herbert Willems (Hg.): Lehr(er)buch Soziologie. Für die pädagogischen und soziologischen Studiengänge Band 2. Wiesbaden: VS Verlag für Sozialwissenschaften / GWV Fachverlage GmbH Wiesbaden (Springer-11776 /Dig. Serial]), S. 655–664.

Ruud, Marit Ekne (2005): Grønland: Byfornyelse og lokale diskurser. In: Jonny Aspen (Hg.): By og byliv i endring. Studier av byrom og handlingsrom i Oslo. Oslo: Scandinavian Academic Press, S. 251–273.

Sæter, Oddrun (2005): Det nye sosiale og symbolske bylandskapet – Med politikken som utgangspunkt. In: Jonny Aspen (Hg.): By og byliv i endring. Studier av byrom og handlingsrom i Oslo. Oslo: Scandinavian Academic Press, S. 153–176.

Sæter, Oddrun; Ruud, Marit Ekne (2005): Byen som symbolsk rom. Bypolitikk, stedsdiskurser og gentrifisering i Gamle Oslo. Oslo: Ex Libris.

Sampson, Robert J. (2012): Great American city. Chicago and the enduring neighborhood effect. Chicago, London: The University of Chicago Press.

Sanchez-Mazas, Margarita; Pérez, Juan Antonio; Mugny, Gabriel; Falomir, Juan Manuel (1997): Veränderung von Einstellungen zwischen Gruppen: Sozialer Einfluss und Ausländerfeindlichkeit. In: Amélie Mummendey und Bernd Simon (Hg.): Identität und Verschiedenheit. Zur Sozialpsychologie der Identität in komplexen Gesellschaften. 1. Aufl. Bern: Huber (Aus dem Programm Huber, 1), S. 149–174.

Schatz, Heribert; Holtz-Bacha, Christina; Nieland, Jörg-Uwe (2000): Migranten und Medien. Neue Herausforderungen an die Integrationsfunktion von Presse und Rundfunk. Wiesbaden: Westdeutscher Verlag.

Scheffer, Bernd (1997): Medien und Fremdenfeindlichkeit. Alltägliche Paradoxien, Dilemmata, Absurditäten und Zynismen. Opladen: Leske + Budrich.

Scheffer, Paul; Seferens, Gregor (2008): Die Eingewanderten. Toleranz in einer grenzenlosen Welt. München: Hanser.

Schelling, Thomas (1971): Dynamic Models of Segregation. In: *Journal of Mathematical Sociology* (1), S. 143–186.

Scherr, Albert (2000): Ethnisierung als Ressource und Praxis. In: *Prokla* 30 (3), S. 399–415.

Scherschel, Karin (2008): Die Macht der Verknüpfung – Konstruktionen des ethnisch Anderen. In: Daniela Klimke (Hg.): Exklusion in der Marktgesellschaft. 1. Aufl. Wiesbaden: VS Verl. für Sozialwiss., S. 191–201.

Schiffauer, Werner (2003): Migration und kulturelle Differenz. Auftragsstudie für das Büro der Ausländerbeauftragten des Senats von Berlin. Berlin.

Schiffauer, Werner (2008): Parallelgesellschaften. Wie viel Wertekonsens braucht unsere Gesellschaft? Für eine kluge Politik der Differenz. Bielefeld: Transcript (X-Texte zu Kultur und Gesellschaft).

Schiffer, Sabine (2005): Der Islam in deutschen Medien. In: *Aus Politik und Zeitgeschichte* (20), S. 23–30.

Schmitt, Rudolf (2003): Methode und Subjektivität in der Systematischen Methapheranalyse. In: *forum qualitiative sozialforschung* 4 (2).
Schneider, Jens (2001): Deutsch sein. Das Eigene, das Fremde und die Vergangenheit im Selbstbildnis des vereinten Deutschland. Frankfurt/M. [u.a.]: Campus-Verl.
Schönwälder, Karen; Bayer-Krumme, Helen; Schmid, Nadine (2008): Ethnizität in der Zuwanderungsgesellschaft Deutschland: Zur Beobachtung ethnischer Identifizierungen, Loyalitäten und Gruppenbildungen. Expertise für das Soziologische Forschungsinstitut Göttingen im Rahmen des Berichts zur sozioökonomischen Entwicklung Deutschlands. Hg. v. Forschungsverbund Berichterstattung zur sozioökonomischen Entwicklung der Bundesrepublik Deutschland: Arbeit und Lebensweisen. SOEB (SOEB Arbeitspapier, 1).
Schroer, Markus (2005): Räume, Orte, Grenzen. Auf dem Weg zu einer Soziologie des Raums. 1. Aufl. Frankfurt am Main: Suhrkamp (suhrkamp taschenbuch wissenschaft, 1761).
Schubert, Herbert (2007): Zur Differenz kultureller Regelsysteme im urbanen Sozialraum. In: Wolf-Dietrich Bukow, Claudia Nikodem, Erika Schulze und Erol Yildiz (Hg.): Was heißt hier Parallelgesellschaft? Zum Umgang mit Differenzen. Wiesbaden: VS Verl. für Sozialwiss. (Interkulturelle Studien, 19), S. 143–155.
Schulze, Erika (2007): Zwischen Ausgrenzung und Unterstützung. Bildungsbiographien von Jugendlichen mit Migrationshintergrund. In: Wolf-Dietrich Bukow, Claudia Nikodem, Erika Schulze und Erol Yildiz (Hg.): Was heißt hier Parallelgesellschaft? Zum Umgang mit Differenzen. Wiesbaden: VS Verl. für Sozialwiss. (Interkulturelle Studien, 19), S. 213–228.
Seeberg, Marie Louise (2002): Alle barn er like? Fra prosjektet "Likhet og multikulturalisme". Basert på feltarbeid i en nederlandsk og en norsk grunnskole. In: *Pedagogisk Profil* 9 (2).
Senat von Berlin (2007): „Vielfalt fördern – Zusammenhalt stärken". Das Berliner Integrationskonzept. Handlungsfelder, Ziele, Leitprojekte. Beschluss vom 3.7.2007. Hg. v. Abgeordnetenhaus Berlin. Berlin (Drucksache, 16/0715).
Senat von Berlin (2011): be Berlinternational. Eine Aktion im Rahmen der be Berlin- Kampagne.
Sennett, Richard (1970): The Uses of Disorder. Personal Identity and City Life.
Sennett, Richard (1998): Der flexible Mensch. Die Kultur des neuen Kapitalismus. 5. Aufl. Berlin: Berlin-Verlag.
Siebel, Walter (1997): Die Stadt und die Zuwanderer. In: Hartmut Häußermann und Ingrid Oswald (Hg.): Zuwanderung und Stadtentwicklung. Opladen, Wiesbaden: Westdt. Verl. (Leviathan, Sonderheft 17), S. 30–41.
Simmel, Georg (1903a): Die Grosstädte und das Geistesleben. In: Th Petermann (Hg.): Die Grossstadt. Vorträge und Aufsätze zur Städteausstellung (Jahrbuch der Gehe-Stiftung Dresden, 9), S. 185–206.
Simmel, Georg (1903b): Soziologie des Raumes. In: Gustav Schmoller (Hg.): Das Jahrbuch für Gesetzgebung, Verwaltung und Rechtspflege des Deutschen Reiches. Neue Folge. Leipzig, S. 27–71.
SMED (2004): Underveis mot et bedre vern 2003. Senter mot etnisk diskriminering.
Smith, Susan (1989): The politics of 'race' and residence. Citizenship, segregation, and white supremacy in Britain. Cambridge, UK, New York, NY, USA: Polity Press; Basil Blackwell.

Söhn, Janina; Schönwälder, Karen (2007): Siedlungsstrukturen von Migranten und Migrantinnen in Deutschland. In: Handlungsfeld Stadträumliche Integrationspolitik. Ergebnisse des Projektes "Zuwanderer in der Stadt". Darmstadt.

Søholt, Susanne (2001): Etniske minoriteter og strategier på boligmarkedet i Oslo. En undersøkelse blant innbyggere med pakistansk, tamilsk og somalisk opprinnelse. Hg. v. Byggforsk (Prosjektrapport, 297).

Søholt, Susanne (2005): Etnisitet og boligpolitikk. Norges byggforskningsinstitutt (NBI). Oslo (Byggforsknotat).

Søholt, Susanne (2007): Gjennom nåløyet - en sammenligning av tilpasninger til boligmarkedet blant hushold av pakistansk, tamilsk og somalisk bakgrunn. Norsk Institutt for by- og regionforskning (NIBR-Rapport, 11).

Solomos, John; Back, Les (1996): Racism and society. New York: St. Martin's Press.

Spellerberg, Annette (2007): Lebensstile im sozialräumlichen Kontext: Wohnlagen und Wunschlagen. In: Jens S. Dangschat (Hg.): Lebensstile, soziale Lagen und Siedlungsstrukturen. Hannover: Akad. f. Raumforschung und Landesplanung (Akademie für Raumforschung und Landesplanung: Forschungs- und Sitzungsberichte, 230), S. 182–204.

Sperschneider, Werner (2001): Fredrik Barth - From Fieldwork to Theory. Produktionsjahr 1997. Göttingen: IWF.

Spiegel-Online (2004): Zuwanderung wird als Bedrohung empfunden. Ein Interview mit Klaus Bade über „Parallelgesellschaften".

Spiegel-TV-Special (2008): „Leben im Brennpunkt: Berlin Neukölln". Von Markus Pohl.

Statistisches Bundesamt (Hg.) (2004): Datenreport 2004. Zahlen und Fakten über die Bundesrepublik Deutschland. Auszug aus Teil 2. In Zusammenarbeit mit dem Wissenschaftszentrum Berlin für Sozialforschung (WZB) und dem Zentrum für Umfragen, Methoden und Analysen, Mannheim (ZUMA). Zweite, aktualisierte Auflage. Bundeszentrale für politische Bildung.

Statistisches Bundesamt; Wissenschaftszentrum Berlin (WZB); Soziooekonomisches Panel (SOEP); Deutsches Institut für Wirtschaftsforschung (DIW Berlin) (Hg.) (2013): Datenreport 2013. Ein Sozialbericht für die Bundesrepublik Deutschland. Deutschland. Bonn.

Statistisk Sentralbyrå (2010): Innvandring - temaside. En oversikt med tall fra 1.Januar 2010. Online verfügbar unter http://www.ssb.no/emner/00/00/10/innvandring/ (zuletzt geprüft am 18.03.2011).

Steinbach, Anja (2004): Soziale Distanz. Ethnische Grenzziehung und die Eingliederung von Zuwanderern in Deutschland. Wiesbaden: VS Verl. für Sozialwiss.

Støren, Liv Anne (2006): Innvandrere med høyere utdanning - hvordan er deres møte med det norske arbeidsmarkedet? In: Jens B. Grøgaard und Liv Anne Støren (Hg.): Kunnskapssamfunnet tar form. Utdanningseksplosjonen og arbeidmarkedets struktur. Oslo: Cappelen (Kunnskapspolitiske studier), S. 141–172.

Strauss, A.L (2007): Grundlagen qualitativer Sozialforschung: Datenanalyse und Theoriebildung in der empirischen soziologischen Forschung: Fink.

Strauss, A.L; Corbin, J.M (1998): Basics of qualitative research: techniques and procedures for developing grounded theory: Sage Publications.

Strauss, Anselm; Corbin, Juliet (1990): Grounded Theory Research: Procedures, Canons and Evaluative Criteria. In: *Zeitschrift für Soziologie* 19 (6), S. 418–427.

Strauss, Anselm; Corbin, Juliet (1996): Grounded Theory: Grundlagen Qualitativer Sozialforschung. Weinheim: Psychologische Verlags Union.

Strübing, Jörg (2004): Grounded Theory. Zur sozialtheoretischen und epistemologischen Fundierung des Verfahrens der empirisch begründeten Theoriebildung. Wiesbaden: VS Verlag.

Stuttgarter Zeitung (2010): Der Migrationsvordergrund. Deutschtürken zur Integrationsdebatte, 18.10.2010.

Tagesspiegel (2008): Ausländischer Name - keine Wohnung. Von Ralf Schönball. In: *Tagesspiegel*, 11.12.2008.

Tajfel, H.; Turner, J. C. (1979): An integrative theory of intergroup conflict. In: W. G. Austin und S. Worchel (Hg.): The social psychology of intergroup relations. Monterey, CA: Brooks/Cole, S. 33–47.

Tajfel, Henri (1975): Soziales Kategorisieren. In: Serge Moscovici (Hg.): Forschungsgebiete der Sozialpsychologie. Frankfurt (Main): Athenäum-Fischer-Taschenbuch-Verlag, S. 345–380.

Tajfel, Henri; Stroebe, Wolfgang (1982): Gruppenkonflikt und Vorurteil. Entstehung und Funktion sozialer Stereotypen. 1. Aufl. Bern: Hans Huber.

Tajfel, Henri; Turner, J. C. (1986): The social identity of intergroup behavior. In: Stephen Worchel und W. G. Austin (Hg.): Psychology of intergroup relations. 2. Aufl. Chicago, Ill: Nelson-Hall, S. 7–24.

Terwey, Michael; Scheuer, Angelika (2007): Etwas mehr Anpassung gewünscht. Einstellungen zur Integration von Ausländern in Deutschland. Datengrundlage aus der ALLBUS-Umfrage von 2006. In: *Informationsdienst Soziale Indikatoren (ISI)* (38).

The Media Education Foundation (2002): Race, the floating signifier. Featuring Stuart Hall. Introduktion und Interviewleitung von Sut Jally. Weitere Beteiligte: The Media Education Foundation. The Media Education Foundation (Regie). 1 DVD. Northampton, MA.

Thränhardt, Dietrich (2008): Kommunales Wahlrecht für Ausländer. Anhörung des Innenausschusses des Deutschen Bundestages. Innenausschuss A-Drs 16(4)459 D, 15.09.2008.

Thune, Henrik; Ulriksen, Ståle (2002): Norway as an Allied Activist - Prestige and Pennance through Peace. Hg. v. Norwegian Institute of International Affairs (NUPI) (Paper, 637).

Treichler, Andreas (2004): Wi(e)der Fremdenfeindlichkeit und Rassismus - Europäische Grundlagen und menschenrechtliche Perspektiven der Antidiskriminierungsarbeit. In: Andreas Treichler und Norbert Cyrus (Hg.): Handbuch Soziale Arbeit in der Einwanderungsgesellschaft. 1. Aufl. Frankfurt a. M.: Brandes & Apsel, S. 71–98.

Turner, John C. (1987): Rediscovering the social group. A Self-categorization theory. Oxford UK, New York NY USA: B. Blackwell.

Turner, Margery Austin; Ross, Stephen L.; Galster, George; Yinger, John (2002): Discrimination in Metropolitan Housing Markets. National Results from Phase I of HDS2000. The Urban Institute.

Tvedt, Terje (2005): Det nasjonale godhetsregimet. Om utviklingshjelp, fredspolitikk og det norske samfunn. In: Ivar Frønes und Lise Kjølsrød (Hg.): Det norske samfunn. 5. utg., 1. oppl. Oslo: Gyldendal, S. 482–510.

van Kempen, Eva (1994): The Dual City and the Poor: Social Polarisation, Social Segregation and Life Chances. In: *Urban Studies* 31 (7), S. 995–1015.
van Kempen, Ronald; Özüekren, A. Sule (1998): Ethnic Segregation in Cities: New Forms and Explanations in a Dynamic World. In: *Urban Stud* 35 (10), S. 1631–1656.
Vassenden, Anders (2008): Flerkulturelle forståelsesformer : en studie av majoritetsnordmenn i multietniske boligområder. Oslo: Unipub (Series of dissertations submitted to the Faculty of Social Sciences, University of Oslo).
Vasta, Ellie (2007): From ethnic minorities to ethnic majority policy: Multiculturalism and the shift to assimilationism in the Netherlands. In: *Ethnic and Racial Studies* 30 (5), S. 713–740.
Vester, Michael (2006): Soziale Milieus im gesellschaftlichen Strukturwandel. Zwischen Integration und Ausgrenzung. 1. Aufl., vollständig überarb., erw. und aktualisierte Fass. der zuerst 1993 im Bund-Verl. erschienen Ausg., [Nachdr.]. Frankfurt am Main: Suhrkamp (Suhrkamp-Taschenbuch Wissenschaft, 1312).
VG-Nett (2006): Reagerer med avsky på boligdiskriminering. SV reagerer med forferdelse og avsky på at osloborgere blir diskriminert på boligmarkedet ut ifra sin hudfarge. In: *VG-Nett*, 19.10.2006.
VG-Nett (2010a): Groruddalen: Nordmenn ut - innvandrere inn. Von Frank Haugsbø. In: *VG-Nett*, 24.06.2010.
VG-Nett (2010b): Barna må bort fra Oslo-slummen. Frykter getto-tilstander i Oslo. Von Geir Arne Kippernes. In: *VG-Nett*, 27.11.2010.
Wacquant, Loic (2008): Urban outcasts. A comparative sociology of advanced marginality. Cambridge, Mass: Polity Press.
Wacquant, Loïc (2004): Roter Gürtel, schwarzer Gürtel. In: Hartmut Häußermann, Martin Kronauer und Walter Siebel (Hg.): An den Rändern der Städte. Armut und Ausgrenzung. Frankfurt am Main: Suhrkamp (Edition Suhrkamp, 2252), S. 148–200.
Wagner, Sandra J. (2005): Jugendliche ohne Berufsausbildung. Eine Längsschnittstudie zum Einfluss von Schule, Herkunft und Geschlecht auf ihre Bildungschancen. Aachen: Shaker (Soziologische Studien).
Weber-Menges, Sonja (2005): Die Wirkungen der Präsentation ethnischer Minderheiten in deutschen Medien. In: Rainer Geißler und Horst Pöttker (Hg.): Massenmedien und die Integration ethnischer Minderheiten in Deutschland. Problemaufriss, Forschungsstand, Bibliographie. Bielefeld: Transcript-Verl. (Medienumbrüche, 9), S. 127–184.
Weber-Menges, Sonja; Geißler, Rainer (2009): Media Reception and Ideas on Media Integration among Turkish, Italian and Russo-German Migrants in Germany. In: Rainer Geißler und Horst Pöttker (Hg.): Media - Migration - Integration. European and North American Perspectives. 1. Aufl. Bielefeld: Transcript (Medienumbrüche, 33), S. 27–44.
Wengeler, Martin (Hg.) (2005): Sprachgeschichte als Zeitgeschichte. Hildesheim: Olms.
Wessel, Terje (1997): Boligsegregasjon - en drøfting av underliggende prosesser. Norges byggforskningsinstitutt. Oslo (Prosjektrapport, 220).
Westin, Charles (1999): Mångfald, integration, rasism och andra ord. Ett lexikon över begrepp inom IMER - Internationell migration och etniska relationer. Hg. v. Socialstyrelsen. Centrum för invandringsforskning (CEIFO). Stockholm (SoS-rapport).
Wieviorka, Michel; Voullié, Ronald (2003): Kulturelle Differenzen und kollektive Identitäten. Hamburg: Hamburger Edition.

Wimmer, Andreas (2008): Ethnische Grenzziehungen in der Immigrationsgesellschaft. Jenseits des Herder'schen Commonsense. In: Frank Kalter (Hg.): Migration und Integration. Wiesbaden: VS Verl., S. 57–80.

Wimmer, Andreas (2010): Ethnische Grenzziehungen Eine prozessorientierte Mehrebenentheorie. In: Marion Müller und Dariuš Zifonun (Hg.): Ethnowissen: VS Verlag für Sozialwissenschaften, S. 99–152.

Winkler, Jürgen R. (2003): Ursachen fremdenfeindlicher Einstellungen in Westeuropa. Befunde einer international vergleichenden Studie. In: *Aus Politik und Zeitgeschichte* (B 26/2003), S. 33–38.

Wippermannn, Carsten; Flaig, Berthold Bodo (2009): Lebenswelten von Migrantinnen und Migranten. In: Katharina Belwe (Hg.): Lebenswelten von Migrantinnen und Migranten. Aus Politik und Zeitgeschichte (5), S. 3–11.

Ytrehus, Line Alice (2001a): Beskrivelser av de andre. Etikk og politikk i forskning på etniske minoriteter. In: Line Alice Ytrehus (Hg.): Forestillinger om "den andre". Images of otherness. Kristiansand: Høyskoleforlaget, S. 218–243.

Ytrehus, Line Alice (Hg.) (2001b): Forestillinger om "den andre". Images of otherness. Kristiansand: Høyskoleforlaget.

Ytrehus, Line Alice (2001c): Innledning: Forestillinger om "den andre". In: Line Alice Ytrehus (Hg.): Forestillinger om "den andre". Images of otherness. Kristiansand: Høyskoleforlaget, S. 10–31.

Zerubavel, Eviatar (1991): The fine line. Making distinctions in everyday life. New York: Free Press [u.a.].

Danksagung

An dieser Stelle möchte ich mich bei all denen bedanken, die mich während der Promotionsphase sowie bei der Fertigstellung des Buches unterstützt haben. Besonders dankbar bin ich meinem wissenschaftlichen Betreuer Prof. Hartmut Häußermann für seine Offenheit für meine kritische Betrachtung der Segregationsforschung und für unsere regen Diskussionen diesbezüglich.

Meinen beiden Gutachtern, Prof. Talja Blokland und Prof. Martin Kronauer möchte ich ebenfalls danken. Durch ihre Gutachten erhielt ich wichtige Hinweise für die Fertigstellung der Publikation, so dass ich darin noch stärkere Akzente setzen und die Relevanz der Arbeit für die Segregationsforschung klarer formulieren konnte.

Auch bin ich für den Austausch mit führenden Forschungspersönlichkeiten in Norwegen – Prof. Thomas Hylland Eriksen, Marianne Gullestad, Randi Gressgård sowie Prof. Terje Wessel – sehr dankbar. Durch ihr Interesse und ihre Anregungen erfuhr ich eine zusätzliche Motivation für meine Arbeit an dem Projekt.

Ein besonderer Dank gilt auch meinen Kollegen, Mitpromovenden und Freunden für fachliche Anregungen, insbesondere Janet Merkel, Christiane Scholz, Christine Baur, und Gabriele Schmidt. Auch danke ich den weiteren Kollegen am Georg-Simmel-Zentrum für eine interessante und fruchtbare interdisziplinäre Zusammenarbeit – hier möchte ich insbesondere Prof. Harald A. Mieg, Heike Oevermann sowie Martin Schwegmann nennen.

In der Phase der Verschriftlichung der Dissertation und in der Überarbeitung für die Buchpublikation habe ich eine unglaubliche Unterstützung durch Freunde, Familie und sonstige Bekannte erfahren. Ganz besonders möchte ich hier Christiane Scholz danken. Eine wertvolle Arbeit haben auch Lisa Bouziane, Jennifer Dymek, Dr. Oda Buchholz, Philipp Kaufmann, Stefanie Wernz, Muriel Wettstein, Denise Klink, Kathrin Schneider und Janna Yaldiz geleistet. Ein großer Dank geht auch an Harald Schnur, Jana Kunze, Anne Mindt, Kathrin Nowak und Maria Balbach für konstruktive Kritik zu Auszügen aus meinen Manuskripten. Zudem danke ich meiner Schwester Benedicte Sundsbø sowie Antje Kooymann und Anja Buchholz für die tatkräftige Unterstützung bei der Transkription des fünfzehnstündigen Interviewmaterials.

Eine wichtige Unterstützung erhielt ich auch durch meine Familie. Meinem Ehepartner Jabrane Ouahyb danke ich für die Unterstützung durch Verständnis und Geduld. Meinen Eltern danke ich dafür, dass sie des Öfteren als „Babysitter" eingesprungen sind. Und meinem Sohn Elias danke ich dafür, dass er mir durch sein freundliches und soziales Gemüt viele Arbeitsstunden ermöglicht hat.

Für die finanzielle Unterstützung des Vorhabens und damit den „Freischuss" zu dessen Bearbeitung danke ich die Hans-Böckler-Stiftung (auch für die Unterstützung dieser Buchpublikation), der Frauenbeauftragten der Humboldt-Universität zu Berlin sowie den DAAD.

Und nicht zuletzt möchte ich meinen Interviewpartnern in Berlin und Oslo für ihre Zeit und Bereitschaft danken, sich der Befragungssituation zu stellen und mit mir über ihre Wohnortpräferenzen und Wahrnehmungen von städtischen Gebieten zu sprechen und zu reflektieren.

VS Forschung | VS Research
Neu im Programm Soziologie

Ina Findeisen
Hürdenlauf zur Exzellenz
Karrierestufen junger Wissenschaftlerinnen und Wissenschaftler
2011. 309 S. Br. EUR 39,95
ISBN 978-3-531-17919-3

David Glowsky
Globale Partnerwahl
Soziale Ungleichheit als Motor transnationaler Heiratsentscheidungen
2011. 246 S. Br. EUR 39,95
ISBN 978-3-531-17672-7

Grit Höppner
Alt und schön
Geschlecht und Körperbilder im Kontext neoliberaler Gesellschaften
2011. 130 S. Br. EUR 29,95
ISBN 978-3-531-17905-6

Andrea Lengerer
Partnerlosigkeit in Deutschland
Entwicklung und soziale Unterschiede
2011. 252 S. Br. EUR 29,95
ISBN 978-3-531-17792-2

Markus Ottersbach / Claus-Ulrich Prölß (Hrsg.)
Flüchtlingsschutz als globale und lokale Herausforderung
2011. 195 S. (Beiträge zur Regional- und Migrationsforschung) Br. EUR 39,95
ISBN 978-3-531-17395-5

Tobias Schröder / Jana Huck / Gerhard de Haan
Transfer sozialer Innovationen
Eine zukunftsorientierte Fallstudie zur nachhaltigen Siedlungsentwicklung
2011. 199 S. Br. EUR 34,95
ISBN 978-3-531-18139-4

Anke Wahl
Die Sprache des Geldes
Finanzmarktengagement zwischen Klassenlage und Lebensstil
2011. 198 S. r. EUR 34,95
ISBN 978-3-531-18206-3

Tobias Wiß
Der Wandel der Alterssicherung in Deutschland
Die Rolle der Sozialpartner
2011. 300 S. Br. EUR 39,95
ISBN 978-3-531-18211-7

Erhältlich im Buchhandel oder beim Verlag.
Änderungen vorbehalten. Stand: Juli 2011.

Einfach bestellen:
SpringerDE-service@springer.com
tel +49 (0)6221 / 3 45 – 4301
springer-vs.de

Springer VS

VS Forschung | VS Research
Neu im Programm Politik

Michaela Allgeier (Hrsg.)
Solidarität, Flexibilität, Selbsthilfe
Zur Modernität der Genossenschaftsidee
2011. 138 S. Br. EUR 39,95
ISBN 978-3-531-17598-0

Susanne von Hehl
Bildung, Betreuung und Erziehung als neue Aufgabe der Politik
Steuerungsaktivitäten in drei Bundesländern
2011. 406 S. (Familie und Familienwissenschaft) Br. EUR 49,95
ISBN 978-3-531-17850-9

Isabel Kneisler
Das italienische Parteiensystem im Wandel
2011. 289 S. Br. EUR 39,95
ISBN 978-3-531-17991-9

Frank Meerkamp
Die Quorenfrage im Volksgesetzgebungsverfahren
Bedeutung und Entwicklung
2011. 596 S. (Bürgergesellschaft und Demokratie Bd. 36) Br. EUR 39,95
ISBN 978-3-531-18064-9

Martin Schröder
Die Macht moralischer Argumente
Produktionsverlagerungen zwischen wirtschaftlichen Interessen und gesellschaftlicher Verantwortung
2011. 237 S. (Bürgergesellschaft und Demokratie Bd. 35) Br. EUR 39,95
ISBN 978-3-531-18058-8

Lilian Schwalb
Kreative Governance?
Public Private Partnerships in der lokalpolitischen Steuerung
2011. 301 S. (Bürgergesellschaft und Demokratie Bd. 37) Br. EUR 39,95
ISBN 978-3-531-18151-6

Kurt Beck / Jan Ziekow (Hrsg.)
Mehr Bürgerbeteiligung wagen
Wege zur Vitalisierung der Demokratie
2011. 214 S. Br. EUR 29,95
ISBN 978-3-531-17861-5

Erhältlich im Buchhandel oder beim Verlag.
Änderungen vorbehalten. Stand: Juli 2011.

Einfach bestellen:
SpringerDE-service@springer.com
tel +49 (0)6221 / 345–4301
springer-vs.de

Springer VS

Printed by Printforce, the Netherlands